中华学人丛书

中国学术之近代命运

◎ 刘 巍 著

北京师范大学出版集团
BEIJING NORMAL UNIVERSITY PUBLISHING GROUP
北京师范大学出版社

自　序

这是我的第一本书。

此《自序》并不愿过多重复书中的内容，只是想就其与书名之相关性上略作题解，以为读此书者理解之一助。

何谓"中国"？

中国是我们生于斯长于斯最终还会死于斯的所在。

"中国"是一个历久不废的现实存在，也是一个意味丰富深长、类如滚雪球般愈演愈阔大而底色未始或变的历史概念。

其政治、文化的内涵的重要性远远超出于地理、种族意义之上，这种特色，在该概念初现时就奠定了。该词"见在"较早于西周青铜器何尊铭文"余其宅兹中或（国），自之义民"一句话中就已有之。其实际地域指涉或与"维［周成］王初迁宅"之"成周"有不可分割的关系，但出自"既克大邑商，则廷告于天"的"武王"之口，其"宅兹中国"之"中国"实为一种"理想型"的政治设计与文化理念，乃是对高高在上的"天"的保证与允诺，表达的是与"天下"之"中"——"土中"① 意识密切相关的理想政治文化诉求；周公秉承武王之遗志"作新大邑"②，也正是对此等理想追求的发扬光大："周公敬念于后，曰：'予畏周室不延，俾中天下。'及将致政，乃作大邑成周于土中。……以为天下之大凑。"③至于从地理学上来说，洛邑是否真为"天下或世界的中心"，则是另一回

---

① 《尚书·召诰》："王来绍上帝，自服于土中。"
② 语出《尚书·康诰》，或以为《洛诰》之脱简。
③ 见《逸周书·作雒》。

事了。①

此种意义，在孟子述圣舜之事中，表达得更为明确："尧崩，三年之丧毕，舜避尧之子于南河之南。天下诸侯朝觐者，不之尧之子而之舜；讼狱者，不之尧之子而之舜；讴歌者，不讴歌尧之子而讴歌舜。故曰天也。夫然后之中国，践天子位焉。"孙奭疏："所谓中国，刘熙云：'帝王所都为中，故曰中国。'"是也。②舜之所都之"中国"，是否真为"天下或世界的中心"，至少从孟子议论中也是看不出来的，或曰本非其措意之所在。这里所谓"中"，显然是指"天下诸侯朝觐者"人心所向之"中"，则是无疑的。③

春秋战国以降，"中国"更多与"四夷"、"蛮夷"、"夷狄"、"戎"等对举，而颇指涉齐、鲁、晋、宋等诸国，不繁屡举。仅以《春秋》之《传》为例，或如《左传·昭公十二年》孔颖达疏所说"《左传》无贬中国从夷狄之法。"而于《公羊传》、《穀梁传》中不数数见之的"夷狄之"或"狄之"之判例所指向的，则颇不乏向来自命为"中国"之诸侯国。《春秋》家立论之家"法"容有不同，而裁判的标准均之为"尊尊"、"亲亲"等政治、伦理原则，而非仅处"中心"或"边缘"的地域之界划则可知也。凡此等文献中实际指涉为一个一个的"中国"，一一相加综计之则可谓复数之"中国"，而该概念所涵盖为一个具有内在统一性的整体，亦可知也。

正如《舜典》"蛮夷猾夏"孔疏所总结的："'夏'训大也，中国有文章光华，礼义之大。定十年《左传》云'裔不谋夏，夷不乱华'，是中国为华夏也。"《左氏·闵公元年传》"管敬仲言于齐侯曰：'戎狄豺狼，不

---

① 有学者说："至于成王迁都洛邑，洛邑接近阳城，故称之为土中，引而伸之，这也是后世称河南地区为中州或中原的由来。但测景台的效能，当然有它的局限性，如果以阳城为天下或世界的中心，显然是不能成立的。"于省吾：《释中国》，见《中华学术论文集》，4页，北京，中华书局，1981。于氏对"中国"之名义有很好的考释，但此段议论，似过于计较"土中"、"中州"、"中原"诸概念之地理意义，而于政治文化内涵之发掘上似尚未达一间。

② 见《孟子注疏·卷九下·万章章句上》。

③ 《孟子注疏·卷八上·离娄章句下》："孟子曰：'舜生于诸冯，迁于负夏，卒于鸣条，东夷之人也。文王生于岐周，卒于毕郢，西夷之人也。地之相去也千有余里，世之相后也千有余岁，得志行乎中国，若合符节。先圣后圣，其揆一也。'"（赵岐注：得志行政于中国，盖谓王也。）孟子关于"东夷"、"西夷"与"中国"之辨，说明的是同一个道理：王道为中。

可厌也；诸夏亲昵，不可弃也；（杜预注：诸夏，中国也。昵，近也。）"孔疏也说："此言诸夏，襄四年传：'魏绛云"诸华必叛"。'华、夏，皆谓中国也。中国而谓之华夏者，夏，大也，言有礼仪之大，有文章之华也。'昵，近'，《释诂》文。舍人曰：'昵，戚之近也。'言中国诸侯情亲而路近。"管仲视"戎狄"为"豺狼"，这一极端的例子，说明，在不断扩大的"中国"共同体的演成中，与不断丰富的"中国"意识的建构过程中，"非我族类，其心必异"的"族类"观念之积淀也是一个不可忽视的侧面，有时还表现得相当激烈，但大体而言，通过"中国"与"华夏"彼此界定，不断超越族类与地域的"文明"之诉求（以"文章"与"礼义"或"礼仪"之"光华"博"大"为祈向），为"中华民族"的抟成之定海神针，这绝不仅仅是经典所规训之价值，也是无法抹杀的历史事实。

这种趋势，因后世有像"蒙元"、"满清"这样非"汉"之"族类"入主中原的王朝之加入，而显得更为复杂，但更具包容性的历史发展并没有改变这一大趋势，这也是毋庸置疑的。

到了晚近，面对更具强势的"异族"与"东邻"的挑战，更有来自"异域"的"民族主义"、"种族主义"等新知的输入与融化，"中华民族"还是能凝成一体，"中国"之绵延依然如故。国人早已知道"若把地球来参详，中国并不在中央，地球本是浑圆物，谁是中央谁四旁？"① 但是国人终于还是把自己的国家称为"中国"，这是为什么呢？既然地球是圆的，则每一个国家都可自认为地球的中心，地球上任何一国都可以自称"中国"，但是为什么只有"中国人"有这样一种独一无二的自我认同呢？这毋庸置疑地指向一个不容改变的事实："中国"主要不是一个地理的存在，而是一个政治的尤其是文化的存在。即使在今天，海峡两岸的国人无论在"两制"或"两区"的框架下，还是要在"一个"之"中国"的观念里，谋划"中华民族"的未来。

有学者指出："每一种文明都有一种种族中心主义的世界幻象，在其

① 皮嘉佑：《醒世歌》，转引自王尔敏：《"中国"名称溯源及其近代诠释》，见《中国近代思想史论》，375页，北京，社会科学文献出版社，2003。

中外来者被约减为易于把握的空间单位。"① 以自我为中心，大概是"每一种文明"都不可避免的历史现象和现实存在，但是我还是要指出："中国"意识的特质，她不仅是一种从自我出发的观念，还是一种以王道关切为中心的、追求自我完善与人类和谐的持久理想。正是在这一意义上，我想强调指出：与"中国"意识不可分割的"天下"观念的顽强。我不想罗列当代学者对于"天下"意识进行重新诠释的诸种新论，就"近代"而言，很多学者所亟亟铺张的，所谓中国传统"天下"观的崩溃，那是过度诠释了"西方的冲击"而割裂了"中国"意识的内在结构，事实上，调整是免不了的，但只要"中国"存在，"天下"观念，虽有时而不彰，终历久而不废。

　　这里不能详细讨论上述看法，但有必要点出个人心目中的"中国"为何。至于本书所用的"近代"，则是一个相对的概念。《汉语大词典》录该词第一义，即旧义，说："指过去不远之时代。"作者不想与史学界的通常用法刻意保持一致、更不想刻意立异。本书所讨论的时段范围不出于晚清、民国之外，正在"近代"范畴之内。本人修习之科目为"专门史"，并不划分"代"际，但供职之科研机构为"近代史所"，所以书名标识"近代"是很自然的。书中也出现了"现代"一词，更是从俗，适用范围上与"近代"有所不同，是不言而喻的。出于"历史的变异性"与"历史的连续性"交互为用的视野，"近代"一词的相对性尤为个人所特别偏好。晚清的有识之士常有"值此三千年（或'四千年'）未有之变局"的忧患意识，时人的认知所据的时代转折点，最可以作为"近代"之上限。

　　至于何谓"中国学术"？梁任公在《清代学术概论》中记其"久抱著《中国学术史》之志"，拟"分为五部：其一，先秦学术；其二，两汉六朝经学及魏晋玄学；其三，隋唐佛学；其四，宋明理学；其五，则清学也。"又从"时代思潮"的角度立说云："凡'时代'非皆有'思潮'；有思潮之时代，必文化昂进之时代也。其在我国，自秦以后，确能成为时代思潮者，则汉之经学，隋唐之佛学，宋及明之理学，清之考证学，四

_____

① ［英］冯客：《近代中国之种族观念》，杨立华译，7页，南京，江苏人民出版社，1999。

者而已。"章太炎《国故论衡》分"国故"为"小学"、"文学"、"诸子学";而其《国学概论》论"国学的派别"则从"经学"、"哲学"、"文学"三部去梳理。两位先贤所述,可以说从"历史"与"逻辑"的角度非常扼要地阐明了"中国学术"的内涵和范围。惟余尝叹古人若《庄子·天下》所述颇能究心于"道术为天下裂",意欲通达"道术"于神圣之"一",而近人则每不免为不能保全传承"中国"之"学术"而忧心,岂"中国学术"日益沦为"地方性知识"而不能有转运之机乎?

笔者不才,既不能通先贤所擅之"学术",故不能撰写稍微整全之"学术史";平日所论撰,又挤不进坊间常见的通论性思想史著作之林或观念性的学术人物谱中去;只能退而求其次,撷取若干侧面,尤其着眼于学术大格局之变和学术传统的内在活力,一探"中国学术之近代命运"而已。

学术的命运永远系乎国运,而国运深深关联到时势。当有识之士纷纷发出面临"三(四)千年未有之变局"的感叹的时候,很快意识到,中国进入到前所未有的"列国并争"时代。在因应外部世界冲击的过程中,朝野上下相继出现过"师夷之长技以制夷"、"西学中源"、"中体西用"、"全盘西化"等方略,保守的心态夹杂着开放的意愿,为证明自我的"寻求富强"的努力伴随着自我迷失的深沉困惑,"向西方寻找真理"的热诚交织着抵御外侮的志气,从物质到精神,从制度到心理,近代中国的更生之变,是异常复杂的。这一切反映到学术中来,更是众象纷生,肌理难剖。中国学术处在"古今中外"纠结混杂、斗争融合的十字街头,就像一位丁香一样的女郎彳亍在望不到边际的雨巷。"古今中外"之间的紧张与汇合,是中国近代学术的最为鲜明的特色。在我看来,人所艳称的中国近代伟大学者王国维那"学无新旧、无中西、无有用无用"之说的为学主张,所彰显的不过是中国近代学术在"古今中外"之局中进退维谷的困境罢了。

本书首先关注的是晚清以降,中国学术传统内部结构的一大裂变,那就是:经学的没落,史学的提升。学有"经""儒"之分,《汉书·艺文志》录刘歆说法:儒家"于道为最高",但也不过"道"中之一"术",

与"帝王之道"之"道术"荟萃的"经"之"学"(见《移书让太常博士》)相比,只能处于"子"学的地位。从《汉志》"七略"六分法到《四库总目》之完全遵用由《隋书·经籍志》定型的经、史、子、集四部分类法,在中国图书类别中,经书为一大宗,经典在士大夫乃至帝王心目中的位置虽有时不及道籍与佛书,经学在中国古代具有不容挑战的尊上地位是毋庸置疑的。就清朝而言,程朱《四书》之学为官方意识形态的钦定教义,为士子进身之阶,但以对《五经》至《十三经》乃至不限于《十三经》的经典研究为核心的清代经学之盛、地位之尊也是有目共睹的。不意进入"近代",经学竟陷入到越来越不能宗主学术体统的格局中。不能不承认中国人自居于"夷狄"心态之彻底,尽管这一取向也多少凭借了固有的思维习惯(诸如有悠久的"中国"│"夷狄"相对化的开放视野为底里),但发展至由以研究经学、小学为志业的专家学者如钱玄同公然呼吁将经典"扔下毛厕去"的地步,则不能不说是,在一定意义上反映了中国学人在一定程度上的精神分裂。顾炎武曾郑重地提出过"亡国"与"亡天下"之辨,而尚能据以建立自处之道;近代中国学人的心灵则被"保国"、"保种"与"保教"等问题撕扯着,常常是保"国"压倒了保"天下",中国文化成为负担,"中国"成为"历史",凡此种种深刻地反映了"中国意识的危机"。

作者从章学诚的"六经皆史"说在学界的沉浮这个特定的角度,探讨经学、史学位置更替的趋势及其意义。章学诚也,生活于清之乾、嘉,学者所艳称之"盛世",固尚未接触到晚清有识之士所大声疾呼的"三(四)千年未有之变局",其感受深切的只是以戴震为代表的昌言经由训诂考据以求圣人之道的经学或标"汉学"的压力,他以"文史校雠"之学与之抗衡,虽显示了他的魄力,但其议论只流传于一二知己,其学术经世之效,"充实斋论学之所至,亦适至于游幕教读而止"①,他一生清寒,落落寡合,不仅是位边缘人物,近乎是一个无名之辈。他的"六经皆史"之说则在身后引起积极的反响,掀起了轩然大波,持续发酵,实属异数。龚自珍、魏源、康有为等得其"经世"之趣,章太炎得其"尊

---

① 见钱穆:《中国近三百年学术史》,自序 2 页,上海,商务印书馆,1937。

史"之旨、刘师培得其"校雠"之法，民国学人如胡适、周予同等则借助于其"经"源于"史"的观念架构，发挥经典"史料"化、甚至"消灭"经学的主张。此说之备受关注与不断演绎、弥失本真，深刻地反映了中国近代经学的衰败及其主导地位被史学所取代、而经典自身不能不以"史料"的身份寄身于"史学"的历史命运。其一人之说，系乎中国学术命运的转移之大有如此者，故本书开编第一章归属之。

　　细心的读者可以发现：作者似乎是略带着一种忧伤的情调，却是冷峻地谱写了一曲关于经典日益丧失其规训价值和教化功能的挽歌。近来幼儿读经等活动的泛起，《论语》之成为"心灵鸡汤"的热闹，孔子是否为"丧家狗"的争议等壮观景象，凸显了这个问题的现实性。而在作者心目中，则一直有南宋朱子的典范在遥遥地指示着方向。众所周知，主要是由于他对《尚书孔传》等的怀疑，引发阎若璩等学者对伪《古文尚书》经传一案的判定，这一英明的断案恐怕是很难再翻案的。但是，另一方面，他很严肃地指出，过于武断灭裂的经学研究"恐倒了六经"。朱子这一伟大榜样给后人的启示在于：对经典文本之历史性的考辨与探讨，和对经典义理之普遍性的揭示与发挥，是缺一不可的。关于这个问题，颇有讨论的余地，不过，我很愿意在此断言：对于在西力东侵、西学东渐的压力下已经生活了很久的当代中国人来说，不是愤青般的抵拒，也不是犬儒式的膜拜，还是那《论语》中所述从从容容"游于艺"[①]的态度，才是适当的选择。

　　经史更替是较长时段所呈现的宿命，但在中国学术的近代行程的若干阶段，经学内部还充满了活力，尽到了学术经世的责任，这主要表现在"经今古文之争"的议题上。本书接着考察了晚清经学对时局的回应及其延伸于后世的"知识转型"。由于作者对"学术"的内涵完全不局限于书本文字之学的界定，所以还是以学术界已做过很多讨论的康有为、章太炎为代表。

　　康有为自号"长素"（意露"凌驾孔子"之狂）。有不可一世之慨，勇于自任之气。他悍然将当时学者士大夫出主入奴的所谓"汉学"、"宋

――――――――――

　　① 《论语》本文"游于艺"中的"艺"，未必指汉人心目中的"六艺"，但这三个字妙于形容对经典的优游涵泳的态度，为我所钟爱。

学"归谬于"古文经学"——即刘歆辅佐王莽所立的"新"朝之学(即
伪朝伪学之"伪经""新学")——亡国之学。貌似出于清代经学考证之
正轨——"辨伪",实本于彻头彻尾的政治实用主义。他判断学术"真
伪"的标准说穿了只有一个:足不足于应付时局,即能不能"经世"。他
由公羊学推演出来的今文经学,有丰富的内涵:他提倡孔教,把孔子视
作教主,是对来自西方的学战教争的模仿式(或可说是比附式)回应,
虽有其苦心孤诣,在当时就不得人心,进入民国甚至与帝制复辟势力合
流,未得善终;但是"素王改制"等主张与"强学会"等社团活动,得
到有识之士普遍响应,实实在在复活了中国固有的旧思想,为当时一辈
地位低下的士人开始关心时务、参与国事、锐意革新,张扬政治、文化
的主体性,提供了组织动力与学术资源,功不可没①;"三世"进化的理
论与"大同"世界等学说,与西学新知冥会,系统而有力,影响深远,
是有助于中国人融入到新世界的有中国特色的普世主义价值观与方法论。
他那渗透"经世"精神的《新学伪经考》、《孔子改制考》到民国,一转
而变为"疑古"史学的先驱。

章太炎也是具有强烈"斯文"担当意识的人物,不过他的政治启蒙
导师不是别人正是康有为,这正是他早年习染《公羊》学不能自拔的因
缘。与康有为为了提升和重建孔子的权威形象而加以浪漫化甚至神秘主
义化的倾向不同,章太炎开启了近代儒学理性化方向,复活了独立批评
的"论衡"精神。他牢牢抓住章学诚"六经皆史"的观念,将经典彻底
"历史文献化",视孔子为民族史的开山、平民教育的导师,把古文经学

---

① 钱穆认为南海康氏"一切务以变法改制为救亡,而托附之于保王(皇)。是复欲以天下
治乱为己任,而又不能使其君深居高处而不过问,则徒为两败之道也。"见钱穆:《中国近三百年
学术史》之《自序》第3页,初版本。文中"保王",中华书局据台湾"商务印书馆"1980年所
出第7版加以影印的1986年版同,商务印书馆1997年新1版作"保皇"。钱氏民族意识特强,又
于士林领袖人物望之深故责之切,故有此严苛之论。其实康氏"托附之于保王(皇)"之"变法"
主张,终于被历史证明确为"败道",但是在鼓动国人"复欲以天下治乱为己任"的责任感和参
与意识、鼓吹"救亡"启蒙意识这一方面,可以说掀开了中国近代学术思想史的新篇章。有学者
竟将康氏的今文经学与"保皇"的政治主张直接挂钩,恐怕既昧于"康学"的"内在理路",亦
不是由史料可以检验的真实的历史联系。而作者对涉及康氏经学抄袭案的诸种夸张看法,也颇有
保留。康有为试图将"孔教"改造成类似基督教一样的组织化的宗教则没有成功,在这种地方看
出章太炎等论敌的力量,也可见违背文化传统的后果。这是关于中国旧思想的"复活"的一个颇
有启示性的例子。

改铸为史学，强调"国史"、"国粹"、"国故"、"国学"的"国性"，是中国近代"民族主义"的奠基者。对于经典，他主张因其为"国史"素材而不可废，更如他的弟子钱玄同所说"先师尊重历史，志切攘夷，早年排满，晚年抗日，有功于中华民族甚大。此思想得力于《春秋》"，① 不过他的学生们更受其影响的还有他早年平日里对经典以及孔子的调侃态度，这大大地出乎由章氏所张扬起来的"子学"精神、对"佛学"的倾心和对"魏晋文章"的偏好。从这个意义上说，他是新文化运动的导师，他为之培养了人才，塑造了他们的群体精神气质。他晚年固执"尊信国史，保全中国语言文字"之志，坚持反对"空谈之哲学、疑古之史学"，② 则又为"后五四"的文化民族主义提供了思想资源。

在中国传统学术向现代学术转型的过程中，康有为、章太炎是承前启后的人物。从经学传流的角度来看，康、章之间抬杠式的"缠斗"，空前猛烈地撑开了经学内部的裂痕，深刻的门户之见，导致后学者如出入"古""今"的钱玄同等将经学的门户一并撤掉、将门户之见一并撕毁。可以说是自掘坟墓。

不必从胡适、顾颉刚那新一代的知识分子开始，"黄金古代"的典范与理想已经在中国读书人的心中崩溃了。康有为那"孔子改制"的系统"辨伪"，就已经宣称古来"帝王之道"所寄的"三代"或"四代"之文明图景均为孔子一手所炮制，"美国人所著《百年一觉》书，是大同影子。"③ 的私语，则显示那样的"理想国"正在西方。章太炎将经典彻底"历史文献化"的努力，对"中国"有别样的期许，但经典所从出的"王官学"，恐怕也只有"历史"根源的意义而没有普遍的价值了。

于是子学亦要凌经学而驾之。本书紧接着就在"哲学"的话语之下"诸子学"代替"王官学"而成为中国学术思想的源头的议题，作了分析。我希望读者注意胡适等一般被称为"西化派知识分子"的典型性。

---

① 见钱玄同 1936 年 7 月 17 日致潘景郑的信。见《钱玄同文集》，第 6 卷，305 页，北京，中国人民大学出版社，2001。

② 语出诸祖耿：《记本师章公自述治学之功夫及志向》，及章太炎之讲演《历史之重要》。参见姚奠中、董国炎：《章太炎学术年谱》，439、444 页，太原，山西古籍出版社，1996。

③ 吴熙钊、邓中好校点：《南海康先生口说》，31 页，广州，中山大学出版社，1985；又见楼宇烈整理：《长兴学记·桂学答问·万木草堂口说》，133 页，北京，中华书局，1988。

由于出身于留学生的身份，而特别关注中国之缺乏"科学"，这种"补课"的心态，可以说支配了其一生的思想和行为方式，而不仅仅只是构成"诸子不出于王官论"的问题意识；我也希望读者留心到，在胡适身上"古今中外"的学识，如何配合而孕育出此创说，而不必以"老学究"视"新学小生"之眼光看轻了前辈的努力；最后，必须指出，这一辈喝过了洋墨水的新人物，所思所想、所作所为颇有得自"反求诸己"的中国精神者。

至于胡适所获致的"诸子不出于王官"这一具体论断，不过是对中国旧有的某一侧面观点的一种极端化理解，不必过于认真。其中表现出来的牵强附会的习气，更是应当警惕的。

一个人的精力有限，失志易梦。也许由于他们本身根底所限，或因过于专注于改进或输入中国文化中所缺失者，胡适等对固有学术之认知有时确不真切。有一个例子可以很好说明其功过。胡适是近代提倡表彰章学诚的一个重要角色，他为之作了年谱，可以说是章氏的功臣，他的年谱学也有示范的作用。但是，正如钱穆指出，他没有意识到自己的"诸子不出于王官论"与章氏本人的核心观念"六经皆史"说是正相反对不能并存的；他也不知道自己将章氏"六经皆史"说成"六经皆史料"犹如钱玄同所揭示的，颇有"增字解释"之失。我们不能不以他在批评别人时所持的一个标准：有没有"条理系统"①来衡量他，至少是不符其所自期的。他那不时表现出来的强古人以就我的做派，正反映了自我定位为启蒙思想家的人物"但开风气"却难为"师"的尴尬，不过他文风清新，明白晓畅，全不像近日之闻人名流好铸"大词"、故弄玄虚，欲引领读者于不知所云之邦｜帮，是深可尊敬的。

本书就梁启超、胡适、钱穆关于"戴震"公案的比较研究，我认为是可以在"汉宋之争"的延续与流变的框架下讨论的议题。这一章是较

---

① 例如他在 1922 年 8 月 28 日的日记中写道："现今的中国学术界真凋敝零落极了。旧式学者只剩王国维、罗振玉、叶德辉、章炳麟四人；其次则半新半旧的过渡学者，也只有梁启超和我们几个人。内中章炳麟在学术上已半僵了，罗与叶没有条理系统，只有王国维最有希望。"中国社会科学院近代史研究所中华民国史研究室编：《胡适的日记》，440 页，香港，中华书局香港分局，1985。此处胡适就以有"没有条理系统"，作为品评学人水准的重要尺度。

早完成与刊布的部分，缘起于个人在研究生阶段对梁、钱两部同名的《中国近三百年学术史》加以对读的阅读体验。"戴震"也许是20世纪二三十年代中学界普遍认为的学术思想史上最有"现代性"的标杆人物了。他的哲学观念中所追求的"解放"被"天理"所宰制的"情感"或"欲望"的思想、他的学术示范所体现的"科学精神"、"科学方法"，或者是他所建设的"理智主义"的哲学，这些似乎很难真正统一在一个人身上的精神特质，被梁、胡了解为中国谋求"科学"或走向"现代"的伟大导师。钱穆虽不否认这位"汉学"的代表人物在清代学术史上的"大师"地位，但是就戴震对朱子的诋毁，钱氏宁取章学诚对戴氏的批评，谓为饮水忘源，他的人品也是可议的，反衬出宋明心性之学在道德践履方面的可贵。在崇尚"宋学"的钱穆的视野中，戴震就好像是走错了路的胡适之类的闻人名流，批评戴震就是批评胡适。有意思的是，钱穆不仅区分了庙堂教义与民间私学两种不同的理学形态，更将"宋学"了解为涵盖了经、史、文学在内的包罗万象的学术类型。表明"汉宋之争"仍然活跃在现代学者的争议之中，① 尽管在内涵与外延上与过往的"汉宋之争"已颇为不同了。

　　将清代的经史考证之学，说成是"科学精神"、"科学方法"，或者说是中国的"文艺复兴"，是那个时代的流行的意见，梁、胡二位不过是其中的代表人物而已。后来的学人认为这样比附颇有不妥，以为中国自宋代就进入近世了，硬要比附，宋代学术更像是中国的"文艺复兴"。如果我们取较为宽容的态度，则不必把目光放在此种论调能否成立，而更多着眼于他们的主观诉求上。最直观地来看，它表达了中国文化缺少"科学"（这是导致近代西方强盛的根源之一）的忧患。从他们将"科学精神"、"科学方法"，与科学研究的对象严格区分开来的做法来看，又表达

---

　　① 有学者谈到"科玄论战"说："新儒家与实证派的论争，令人想起清代汉学与宋学的长期之争……实则，这两次论争之间并没有什么承续关系可言。五四后的论争是发生于当代思想危机的脉络里，而汉宋之争则是传统中内在发展的结果。外国的影响并没有参与到汉宋之争，可是却在最基本的方面影响了新儒家及其对方。"张灏：《新儒家与当代中国的思想危机》，见《张灏自选集》，91页，上海，上海教育出版社，2002。就论战双方"不能免于西方的影响"这一点来说，张氏的论断自然是有根据的，但是却似乎不如当事人丁文江指控玄学派所谓"中外合璧式的玄学及其流毒"来得全面，即双方都是"中外合璧式的"；再从"戴震"公案的例子来看，似更不能将"传统"与"当代"作过于绝对的划分，"汉宋之争"并不只是门面语。

了从固有学术资源中"开出""科学"的"合理期望"。但是，是从清代"汉学"的"为学术而学术"的"精神"中，还是从"宋学"朱子一脉"理智主义"的"哲学"中，来开拓出现代科学呢？最终似乎均流于一种意愿。倒不如像梁漱溟、钱穆等承认中国可以"全盘承受"西方科学那般干脆。梁启超等还由此明确表达了"学术独立"的诉求，这似是学术现代化的应有之义，不过梁氏等所看到的、余英时表述为以宗教般的虔诚态度投身到学术事业中去的精神，在清代学术中所表现的其实只是在尊崇"圣经"的意识之下的辛勤作业，与西方"为知识而知识"的传统可谓风马牛不相及。而在动荡的时局下，很难有充分的社会条件来培养这种风气。进而言之，这首先不是一个学术传统的问题，而是一个现代社会建设尤其是现代政治制度建设的问题。而在体制不完备的情况下，只能去品评"学"者所择"术"之高下，别的似乎很难奢望了。梁漱溟只用《论语》中"匹夫不可夺志也"一句话，来表达他的独立人格，陈寅恪用儒家的道义观念批评俗学之"曲学阿世"，而称颂者更愿意说之以"独立之精神、自由之思想"，这到底是幸还是不幸呢？

20世纪30年代，在日寇威逼的时局之下，钱穆感受更深切的似乎是在现代之人心"解放"（流泆）后将无力应对危机的态势，由此而回眸中国之学术传统，"汉学"乎？"宋学"乎？何去何从。钱氏决绝地说："治近代学术者，当何自始？曰：必始于宋。何以当始于宋？曰：近世揭橥汉学之名以与宋学敌，不知宋学，则无以平汉宋之是非。"这不仅从学术之渊源流变来看是如此，在学术之规模局度以及由体发用之学术经世的精神上，皆是"宋学"远驾于"汉学"。这是那些"应当用'求真即致用'的标准来衡量、处理汉学（道问学）与宋学（尊德性）的关系"的学者很难了解的，在这一点上，陈寅恪对"天水一朝"学术文化的推崇与之最相契合。赵宋一代，国弱而忧思深，文人受尊重；印刷术发达，书籍易流通；"士"气高昂，大家辈出，创局如云；尤其如陈氏所说："其真能于思想上自成系统，有所创获者，必须一方面吸收输入外来之学说，一方面不忘本来民族之地位。此二种相反而适相成之态度，乃道教之真精神，新儒家之旧途径，而二千年吾民族与他民族思想接触史之所昭示者也。"这种来自历史的教训似乎永远不会过时。惟晚近之学人，既囿于对"西方的冲击"的短视，又无心力体察自家学术文化传统的大体，恐怕很难真正赏会其中的奥妙了。

从中国学术格局裂变的角度来看，比经子争原、汉宋竞胜更为重要的是"经学的史学化"的趋势。钱穆早在《国学概论》中就援引柳诒徵《中国文化史》有关论述，而认为"清儒之训诂考核""最其所至，实亦不过为考史之学之一部"。① 即是说，清代经学实近于史学。其弟子余英时就认为："清代经学专尚考证，所谓从古训以明义理，以孔、孟还之孔、孟，其实即是经学的史学化。所以钱先生的最后归宿在史学。"② 作者以钱穆的《刘向歆父子年谱》来探讨"经学的史学化"问题，直接受到余氏的上述观点的启发，尽管最终还是要归到钱氏本人的影响。引申而论之，乾嘉时代的经学，不管如何接近于现代所谓"史学"，但其在学术格局中的地位总是崇高而不可替代的，尊经崇圣的意识更是天经地义的。经学没落、史学提升，经典日益丧失其规训的价值，经学转而融化为史学之一部分，不期然而然蔚为"史学独大"的结局，这实乃中国学术之近代历程中一个最耀眼的或者说是最刺目的现象，也可以说是最基本与最有深意的大趋势。这可从章学诚"六经皆史"说之沉浮中见之，可从康有为、章太炎经学今古文之争的"知识转型"中见之，亦可从钱穆"全据历史记载，就于史学立场，而为经学显真是"的努力见之。如此者，不烦枚举，若冠以一定之名目，确可以"经学的史学化"述之。梁启超在《新史学》中说："于今日泰西通行诸学科中，为中国所固有者，惟史学。"代表了国人较早运用异域知识分类的概念为"中国所固有"的"史学"正名的努力，到周予同说："五四运动以后，'经学'退出了历史舞台，但经学史的研究却急待开展。""经学"已经彻底丧失了正统性，只有蜕化为"经学史的研究"成为"史学"之一部，才获得其身份。我还要再强调一下，这在一个侧面，也深刻地反映了"中国意识的危机。"

作者对经典、经学的命运投入了特别多的关注。因为这不仅关乎中

---

① 钱穆：《国学概论》（下），132～134 页，上海，商务印书馆，1931。

② 余英时：《钱穆与新儒家》，见《钱穆与中国文化》，34 页，上海，上海远东出版社，1994。

国历史的根蒂，也系乎中国人的价值之源。从个人出身于史学的角度来说，她们即流入于我们耕耘的田地，则与我们并不遥远，可以说是一种幸运。但是看到她们常常与"毛厕"、"粪便"、"僵尸"等与下半身的某一器官或与阴间有关的词汇联系在一起时，不免困惑；而当了解了出处之后，则相阅而解：周予同的话出于钱玄同；钱玄同的态度或本于章太炎的"前声已放，驷不及舌，后虽刊落，反为浅人所取"的不羁言论，其措辞或采之颇好插科打诨的吴稚晖。也许有话粗理不粗的时候，但我认为，这一现象的确是在一定意义上反映了中国学人在一定程度上的精神分裂。钱玄同是一个很好的例子。在经学的"今古文"之争及"经学的史学化"等问题上，钱玄同与钱穆一样是笔者最为看重的学者之一，本书采用了不少他的精辟见解。他的确是"学有本源，语多'行话'"，但是在他的专业研究与在公共空间所发的言论之间，似乎让人看到了两幅面孔。而在唠唠叨叨的自言自语里，可以看到更为丰满的钱玄同。为了深入了解他对章学诚"六经皆史"说的看法，在一个挥汗如雨的夏季，我从头至尾逐字披阅了《钱玄同日记影印本》全十二册，当看到他晚年一遍又一遍地施展其小学家的长技，将自己的变幻的名号不断地与故乡的名字联系在一起时，内心为之震动，久久低回不已。联想到钱穆《师友杂忆》有云："其时尚在对日抗战中，滞留北平学人，读此书（按指：《国史大纲》），倍增国家民族之感。闻钱玄同临亡，在病床亦有治学迷途之叹云。"[1] 我原颇为存疑，以为钱穆难免将钱玄同的晚年定论诠释至与自己相近的为学方向上去，回忆录又岂可深信，今则释然矣。

毫无疑问，中国学术之近代命运，系乎中国的国运。作为自我认知、自我理解、自我认同的重要一环，"国史"的创制，可以说是中国近代学术的点睛之笔。本书所选述钱穆的《国史大纲》，是其中较为成功的一个例子，从其讨论的问题目前尚引发激烈争论、持续发酵来看，这确是一部有持久魅力的中国通史。有一位台湾的朋友曾当面告诉我说：钱先生的这部大书，犹如先知的预言。我想，他的见解之所以能深得后人的关切，那是因为他深深走进"中国"历史的缘故。他的目光所贯注，为中

---

① 钱穆：《八十忆双亲·师友杂忆》，229页，北京，生活·读书·新知三联书店，1998.

国历史的长程的进展，所以避免了流行的短视的"文化自谴"。他对民族文化具有毫不掩饰的情感强度，而更值得注意的是他对于"国史"不仅具有求知的热忱而且保持此种热忱直至自己的生命"融入历史"。他所揭橥的中国历史文化绵延不绝的生命体的意识，越来越得到后学的共鸣，不过我也愿意指出，他的"中国"意识也自然而然延伸到了或者说本身就包含了"天下"的关怀。他说："我们《国歌》'以建民国，以进大同'两语，这是说我们建立民国，便走进了世界大同的路上去。……这是中国古代人的理想。"他又说："环顾今天的世界，还远不能和我们古代的战国相比，整个世界大家闹到如此，那有人会问'天下恶乎定'呢？美国季辛吉（按指：基辛格博士）风尘仆仆到处跑，他想联络中国大陆，他也只想中、美团结可有种种便利。但用近代人的话来讲，他心中似乎只可说存有'国际'问题，却决不会存有'天下'问题。……中国古代的大统一思想，就是要从'国'而至于'天下'，这即是'大同'理想。这也是西方人所没有的。"① 无独有偶，在大陆的政治设计中也显豁标明有建设"小康社会"的理想，内在深沉地遥遥指向更高阶段的"大同"，也是无疑的。这一系列冥冥中的巧合，一而再再而三地证明，这绝不是钱氏一己的私见，确代表了中国人根深蒂固的潜意识与大共识、大理想。

　　回到本书的题名。"中国学术之近代命运"，很容易让人联想起美国学者列文森（Joseph R. Levenson）的《儒教中国及其现代命运》（Confucian China and its Modern Fate）。我必须郑重地指出，本书并没有特别针对列氏这本书的任何具体观点展开讨论，尽管当我看到：许多当代新儒家或与之倾向近似的中国知识分子在见到此书之后，纷纷表态自己对中国的历史文化与价值的认同既有"情感的强度"又有"知性的理据"，说明该书多少触动了"现代"乃至当代中国知识分子的神经。作者更无意模拟一个与外人名著貌似相近的书名，以吸引读者的眼球。我想指出的是，本书所谓"命运"，乃取义于钱穆先生的下述说法：

　　　　中国人讲法，世运不同了，世界变了转了。中国古人用一个

---

①　钱穆：《经学大要》，见《讲堂遗录》（一），251、347、353 页，北京，九州出版社，2011。

"运"字，比今天人用"变"字好得多。中国人不说"世变"而说"世运"，为什么？因为你再变变不出这个老花样。……中国人用这个"运"字有极深的意义，在变的中间有一个不变所以就叫"运"，或叫"转"。……中国人这种"运""转"的观念，影响很大，大在哪里？譬如我们讲历史盛衰兴亡，盛了一定要衰的，世界上没有一个国家盛了不衰的。可是换过来说，衰了还会再盛的；兴了没有不亡的，但亡了还会再兴的；这叫"复兴"。

今天我们讲国家要复兴，文化要复兴，这就是我们从前几千年一路传下来的旧观念。[①]

以这样的观点看来，"现代"很快会过去，又成为"近代"，这个经得起"大风浪"的"中国"正处在转"运"之机上，这是本书毫不含糊的寓意之所指向。

本书的主体内容在四年前就已经完成，前后越十年矣。

本书虽然有许多原先设计的某些环节尚未完成，但是始终有一贯的主题，有一定的角度，并围绕着经史之学这一中心，以关键议题、关键人物、关键著作为取径，自有特色。所谓"关键"云者，意味着多有遗漏，但也粗成规模，别具一格。本书迟迟未能面世，虽有种种事辞，说到底，那只是个人修习本国经典文史之学的阶段性作业而已，卑之无甚高论，故置诸待定之阁，伏而未发。若不是友人的推动、前辈的关怀，真不知何日与读者见面了！

值此书稿结集成编，即将出版之际，谨略述撰著大意于书首，以就教于读者诸君。

是为序。

---

① 钱穆：《经学大要》，见《讲堂遗录》（二），529页。

目　录

第一章　经降史升：章学诚
"六经皆史"说的来龙去脉

大体可以鸦片战争为界，随着西力东侵来势汹汹，西学东渐也日益亟迫，有识之士不约而同地认识到，中国面临着"三千年未有之变局"（李鸿章语）或"值四千年之变局"（康有为语），无论是从中国通史或中国学术思想史的角度来看，晚清民国都是中国历史上的大变革时代，"中国学术"的"近代"，无论从任何角度来说，都要跨入清王朝了。

王国维曾总结有清一代学术，其中论及晚清者有云：

> "我朝三百年间，学术三变：国初一变也，乾嘉一变也，道咸以降一变也……道咸以降，途辙稍变，言经者及今文，考史者兼辽、金、元，治地理者逮四裔，务为前人所不为，虽承乾嘉专门之学，然亦逆睹世变，有国初诸老经世之志。故国初之学大，乾嘉之学精，道咸以降之学新……道咸以降，学者尚承乾嘉之风，然其时政治风俗已渐变于昔，国势亦稍稍不振，士大夫有忧之而不知所出，乃或托于先秦西汉之学，以图变革一切，然颇不循国初及乾嘉诸老为学之成法。其所陈夫古者，不必尽如古人之真；而其所以切今者，亦未必适中当世之弊。其言可以情感，而不能尽以理究。如龚璱人、魏默深之俦，其学在道咸后虽不逮国初乾嘉二派之盛，然为此二派之所不能摄其逸而出此者，亦时势使之然也。"[1]

虽然如鲁迅所说，王国维为人老实质朴得就像只火腿，这不妨碍他

---

[1]　王国维：《沈乙庵先生七十寿序》，见王国维著、彭林整理：《观堂集林》（外二种），下册，720～721页，石家庄，河北教育出版社，2001。

是有很强的经学经世取向的人，论及学术之"变"，王氏一再以"时势"为解，则显示其更具有史家的卓识。他很少有经学今古文门户之见，所以能揭示龚自珍、魏源等"言经者及今文"的学者的学术贡献，颇为持平。又说他们的"经世之志"乃"时势使之然也"，尤为深透之见。此等看法堪当讨论此类问题的方法论根据。

当我们将眼光从晚清延伸到民国以降，重审近代中国学术的转折与演变，从中国学术传统内部结构转换与裂变的角度，可以发现一个明显的事实或者说是基本的趋向，那就是：经学的没落，史学的提升。这是一个最重要的"大事因缘"，当无可置疑地写入"中国学术之近代命运"的第一章。

不过，本书不是要描述这一趋势之具体知识史进程，也不涉及诸如科举制度的崩坏等相关背景。而是选取一个特定的切入点，从章学诚"六经皆史"说的沉浮，来考察这一趋势之内在脉络与深层意蕴。章学诚生活在清乾嘉时期，他的生平与思想溢出了本书所限定的晚清民国，且他在世时落寞无闻的，但他的"六经皆史"说实际发生影响而且影响越来越大正是在晚清民国，把它作为"中国学术之近代命运"的引子，那是再恰当不过了。

本章旨在对章学诚的"六经皆史"说及其流传，作原始要终的考察，以论定其在近代学术思想史中的独特地位。笔者不取漫无节制地追溯观念渊源的做法，而特从章氏"文史校雠"之学的取径与成学过程来探究该观念的发生轨迹，认为其发轫于"六艺皆官礼之遗"诸说，从而订正了学术界承袭已久的所谓此说初发于1788年章氏（51岁时）写给孙星衍的信《报孙渊如书》等看法。我们又大体按该观念发展的历史脉络分四个层次梳理了它的基本内涵。笔者还联系晚清今古文经学之争与民国新史学家提出的"六经皆史料"的口号，扼要勾勒了此说之影响与折变；并指出，此说之备受关注，深刻地反映了中国近代经学的衰败及其主导地位被史学所取代、而经典自身不能不以"史料"的身份寄身于"史学"的历史命运。

第一节　章学诚"六经皆史"说的本源与意蕴

一、引　言

"六经皆史"的思想虽非章学诚首倡，但经他奋力阐发以来，于后世影响深远。在乾嘉时代，"六经皆史"涉及史学是否与经学分庭抗礼之争议，又关乎"汉学"与"宋学"之交攻；到了晚清，则与愈演愈烈之今古文经学争议产生了不解之缘；而民国新史学家提出的"六经皆史料"，亦不能与之完全摆脱干系。时至今日，学者对章学诚提出"六经皆史"的本意为何以及对该命题该做出如何评判等问题上的分歧，不是减少了，而是更多了，甚至表现得更难解了。其中，在两个关节点上分歧尤为严重。

其一，究竟是从"史料"扩展的角度，还是从"经世"或"史意"的角度入手探讨，才更能得章氏之本义？

胡适曾说，章学诚所谓"六经皆史"的"本意只是说'一切著作，都是史料'……其实只是说经部中有许多史料。"① 此说开了从"史料"扩展的角度加以诠释的先河。钱穆则批评此类看法为"误会"，认为章氏"六经皆史"之说，"盖所以救当时经学家以训诂考核求道之流弊"而提出来的，"本主通今致用，施之政事"，是有着强烈经世精神的大理论。② 周予同也主张"章学诚所指的'史'，主要是指具有'史意'，能够'经世'的史。"③ 仓修良虽不否认其"经世"之意蕴，而坚执"六经皆史"的"史"具有"史料"之"史"的含义。④ 汪荣祖则指出："期盼章氏将道排除于经史之外，使经史等同一般史料的历史条件，在乾嘉时代根本

---

① 胡适：《章实斋先生年谱》，105～106 页，上海，商务印书馆，1923。
② 由此出发，钱氏又论及此说"影响"之"深宏"及实斋"学术经世"之效用，均颇详审。参见钱穆：《中国近三百年学术史》，390、392 页，上海，商务印书馆，1937。
③ 周予同、汤志钧：《章学诚"六经皆史说"初探》，载《中华文史论丛》，第 1 辑，1962，收入朱维铮编：《周予同经学史论著选集》（增订本），714 页，上海，上海人民出版社，1996。
④ 仓修良：《章学诚和〈文史通义〉》，114～116 页，北京，中华书局，1984；仓修良、叶建华：《章学诚评传》，174～177 页，南京，南京大学出版社，1996。

尚未成熟。"① 近来学者多从"经世"的角度审视此说,比如周启荣、刘广京就认为"'六经皆史'说可说是'学术经世'论的历史证据。"甚至"只是'学术经世'论的历史注脚而已"。② 而汪荣祖对"六经皆史"经世意味之独创价值提出质疑:"无论通经致用、经史致用,或所谓经世史学,在中国传统学术思想中,原是主流……实斋之经世思想,在当时并不特殊,在清代学术思想上,也甚一般。"③ 诸种诠释向度之分歧,迫使研究者必须仔细辨别章氏之"本意"与章说之衍生义。

其二,章学诚的"六经皆史"说是否蕴含了尊史抑经的意味,是否提出了以史代经或以史抗经之说?从而在清代学术史上是否具有创辟的价值,对后世来说是否具有破除对儒家经典迷信的思想启蒙意义?

孙德谦、张尔田均欣赏章氏"六经皆史"说经世之旨,并对章氏"六经皆史"说与当时"汉"学——"训诂音韵名物度数"之学相颉颃之意味已略有揭示。④ 钱穆不但系统深入地阐发了章说所针对的语境,指出戴震与章学诚"盖一主稽古,一主通今,此实两氏议论之分歧点也",⑤ 并称言"实斋唱为六经皆史之论,欲以史学易经学"。⑥ 余英时发挥乃师之说,认为章学诚"通过方志和《史籍考》的编纂,他逐渐建立了'以史概经'、'以今代古'的理论根据。这个理论最后则凝聚在'六经皆史'这一中心命题之中。"⑦ 他尤着墨于从"心理"角度阐发章氏以文史校雠之学与戴震经学抗争之意。

① 汪荣祖:《章实斋六经皆史说再议》,见《史学九章》,322页,台北,麦田出版社,2002。

② 周启荣、刘广京:《学术经世:章学诚之文史论与经世思想》,见"中央研究院"近代史研究所编:《近世中国经世思想研讨会论文集》,123~124页,台北,台湾"商务印书馆"、学生书局、三民书局,1984。

③ 汪荣祖:《章实斋六经皆史说再议》,见《史学九章》,328~330页。

④ 见吴兴刘氏嘉业堂刊:《章氏遗书·序》,收入《章学诚遗书》,北京,文物出版社,1985。张序作于1921年孟夏,孙序作于1922年秋,刘刻《遗书》告成于1922年秋。参见孙次舟编:《章实斋著述流传谱》,见存萃学社编集、周康燮主编:《章实斋先生年谱汇编》,237页,香港,崇文书店,1975。

⑤ 钱穆:《中国近三百年学术史》,384页。

⑥ 钱穆:《中国近三百年学术史》,424页。

⑦ 余英时:《论戴震与章学诚——清代中期学术思想史研究》,61页,北京,生活·读书·新知三联书店,2000。余氏关于此说的系统看法,又见收入韦政通主编:《中国哲学辞典大全》,余英时所撰之"六经皆史"条,166~176页,北京,世界图书出版公司,1989。

与钱、余颇有相通之处，侯外庐高度评价章学诚的"六经皆史"论，称其"不但是清初反理学的发展，而且更有其进步的意义。他大胆地把中国封建社会所崇拜的六经教条，从神圣的宝座拉下来，依据历史观点，作为古代的典章制度的源流演进来处理，并把它们规定为'时会使然'的趋向。他反对人们崇拜那样'离事而言理'的经，更反对离开历史观点而'通'经。"① 此说影响颇广。②

与上述观点相反，柴德赓则认为："可惜，他的意图不是抑经以尊史，实际还是为了尊经。"柴氏指出："学诚心目中不止以为六经是古代史书，而且是最高标准的史书，为后世所不能及，其精意在此。名为尊史，实则尊经，他只是阐明经史的关系而已，并不触动当时理学家和考据家的情绪。"③ 此说亦颇不乏同道，像周启荣、刘广京、林安梧等都能注意到章氏并无以史学代经学之意、更无贬经之企图。④ 汪荣祖甚至断言："儒家经典在明清时代既未动摇，章学诚的六经皆史说也不是要动摇儒家经典。实斋仍受其时代的制约倒是难以动摇的事实。"⑤

当然，分歧绝不止于此，围绕"六经皆史"说的思想来源及其在章氏思想体系中的地位，对"六经皆史"说"维持宋学"或是"反理学"之意旨判定，及其与晚清今古文经学之争的关系，章氏与戴震之争的评

---

① 侯外庐：《中国思想通史》第5卷《中国早期启蒙思想史》，509～510页，北京，人民出版社，1956。

② 如学者所说："傅振伦、陈光崇、仓修良等皆基本认同侯外庐的见解，主张章氏'六经皆史'打破尊经抑史的传统观念，将六经从神圣的宝座上拉了下来，作为历史记录看待。"参见乔治忠：《章学诚学术的百年来研究及其启示》，见瞿林东主编：《史学理论与史学史学刊》（2003年卷），174～175页，北京，社会科学文献出版社，2004。

③ 柴德赓：《试论章学诚的学术思想》，载《光明日报》，1963-05-08。

④ 周启荣、刘广京认为："不过他并没有把六经与后世史籍的地位平列。"他们还认为："由是化经入史，六经独尊的观念可破，而史学、立言、著述的地位可以确立，且该经学于其中。"此论则又可与钱、侯、余氏诸说相通，参见《学术经世：章学诚之文史论与经世思想》，见"中央研究院"近代史研究所编：《近世中国经世思想研讨会论文集》，130、140页；林安梧认为："我们虽可说他亦瓦解了以经典文献之考据为'道'之根本这样的理解方式，但我们实不宜说他是要瓦解整个经学传统，而以为他是要以史学来替代经学。"林安梧：《章学诚"六经皆史"及其相关问题的哲学反省》，见氏著：《中国近现代思想观念史论》，152页，台北，学生书局，1995。

⑤ 汪荣祖：《章实斋六经皆史说再议》，见《史学九章》，343页。梁继红也认为："近代以来，由于在特殊的时代背景之下，章学诚的'六经皆史'论被赋予了太多的思想内容，从而始（'始'疑为'使'字之讹，引者按）之成为近代启蒙思想的代表。"梁继红：《章学诚学术研究》，129页，北京大学博士研究生学位论文，2003。

价等方面，几乎都是歧见丛生的。

吊诡的是，多少年来学者用心发掘出来的"六经皆史"说之"时代"的或超越"时代"的意义，事实上却越来越远离那个让章学诚本人深感寂寞的"时代"！虽然没有人否认"六经皆史"说蕴含着"太多的思想内容"，但是，其中到底有多少是其本身所固有的而后人领略到了，又有多少是硬生生的"被赋予"的，此绝非可以一言而决的。

有鉴于此，在总结既有丰富研究的基础上，从研究方法的层面进行反省尤其必要。有学者敏锐地指出："现有论著中，以逻辑分类方式研究章学诚各种学术见解者多，而以历史的方法考察章氏学术成长轨迹者少，也是需要改进的一个方面。"① 还有论者认为："历史式（演进式）研究，则正可弥补观念式研究模式之不足。"② 其实，如果论及方法，章学诚本人的教言似乎最为精辟，其"校雠之学"（略相当于近人所谓"学术史"或"学术思想史"）之"辨章学术，考镜源流"的旨趣，③ 不正是一种近乎"逻辑与历史相统一"的研究方法吗？笔者旨在对"六经皆史"说的缘起与本旨这个老生常谈的命题，沿着辨章考镜的路径，联系一些争论未决的问题，略抒管见，成一得之见，以求教于方家。

二、"文史校雠"之学的开拓与"六经皆史"说的发轫

学术界对章氏"六经皆史"说的思想渊源的讨论，颇为纷扰。最有代表性的争议是，钱钟书等博洽的溯源工作遭到了仓修良等的尖锐的辩驳。④ 类似的探源考察，确有助于观念源流的澄清，但从方法论的角度，却很有值得反省之处。因为这样的考索，大多是事后诸葛亮似的追查，总不免是后人非常主观地串联起来的观念史，对了解章学诚所承受的思想资源来说，

---

① 乔治忠：《章学诚学术的百年来研究及其启示》，见瞿林东主编：《史学理论与史学史学刊》（2003 年卷），184 页。

② 黄兆强：《近现代章学诚研究评议》，见陈仕华主编、林惠珍编辑：《章学诚研究论丛：第四届中国文献学学术研讨会论文集》，28 页，台北，学生书局，2005。

③ 语出《章学诚〈校雠通义〉自序》，1 页，见（清）章学诚著、王重民通解：《校雠通义通解》，上海，上海古籍出版社，1987。

④ 参见钱钟书：《谈艺录》（补订本），263～266 页，北京，中华书局，1984；仓修良：《章学诚和〈文史通义〉》，101～112 页，北京，中华书局，1984；仓修良、叶建华：《章学诚评传》，155～171 页。

并没有多少切己的意义。所以，较为谨慎的做法，一般是将其追溯至王阳明的"五经亦史"之论就了事了。① 其实，章太炎于1935年6月在苏州演说时就明确讲"阳明有六经皆史之说"，② 此类，不过读书多了，觉得王说先发于学诚，故举其名，偶尔追溯及王说而已，并不能否认太炎之得闻"六经皆史"说实本于将此说发挥得深切著明的章学诚也。③ 进而论之，阳明前后讨论经史关系有先获章氏之心者固颇不乏人，④ 而晚近之讨论此问题，实如章太炎者多承接章学诚之绪论，即今人之追溯探源实亦拜章学诚大力张扬的提醒之赐，要为不可掩之史实，故不必强辩也。

更为重要的是，对章学诚来说，他以什么样的方式获致这一观念，从而能够或者接受或者批判或者改造某些资源来建构自己的学说。所以我们特从章氏的为学取径入手来探讨"六经皆史"说的缘起，以避漫无归宿。我们认为："六经皆史"说乃是章学诚奋力开拓出来的"文史校雠"之学的成果，此说之发轫尤其要从其成学过程去探寻。

乾隆二十九年（1764），27岁的章学诚已经有了自己明确的志向："丈夫生不为史臣，亦当从名公巨卿，执笔充书记，而因得论列当世，以文章见用于时，如纂修志乘，亦其中之一事也。"⑤ 重"史"重"文"，重视"纂修志乘"，注重经"世"致"用"，似乎很早就是他的志趣所在。同年，他与甄松年论"《文选》义例"时，也许是第一次谈到他对六经的看法：

> 经史子集，久列四库，其原始亦非远。试论六艺之初，则经目本无有也。大《易》非以圣人之书而尊之，一子书耳；《书》与《春秋》，两史籍耳；《诗》三百篇，文集耳；《仪礼》、《周官》，律令会

① 参见韦政通主编：《中国哲学辞典大全》，余英时所撰之"六经皆史"条，174～176页。
② 章太炎：《论经史儒之分合》，见马勇编：《章太炎讲演集》，241～242页，石家庄，河北人民出版社，2004。
③ 诚如诸祖耿：《记本师章公自述治学之功夫及志向》，记章氏云："余幼专治《左氏春秋》，谓章实斋'六经皆史'之语为有见。"原载《制言》，第25期，1936，收入陈平原、杜玲玲编：《追忆章太炎》，86页，北京，中国广播电视出版社，1997。这类说法举不胜举，此略。
④ 参见向燕南：《从'荣经陋史'到'六经皆史'——宋明经史关系说的演化及意义之探讨》，载《史学理论研究》，2001（4）；吴海兰：《经世诉求与明后期的尊经重史观念》，见刘钊等主编：《厦大史学》，第2辑，厦门，厦门大学出版社，2006。
⑤ 章学诚：《答甄秀才论修志第一书》，见章学诚著、仓修良编注：《文史通义新编新注》，842页，杭州，浙江古籍出版社，2005。

典耳。自《易》藏太卜而外，其余四者，均隶柱下之籍，而后人取以考证古今得失之林，未闻沾沾取其若纲目纪传者，而专为史类，其他体近繁博，遽不得与于是选也。《诗》亡而后《春秋》作。《诗》类今之文选耳，而亦得与史相终始，何哉？①

他把《易》看作子书，与日后《易教》所阐发的"六经皆先王之政典"等成熟观点比起来相差甚远，但是说"试论六艺之初，则经目本无有也"、"自《易》藏太卜而外，其余四者，均隶柱下之籍"等，其运思的理路实启"六经皆史"说之端。诚如王重民所说："由于甄秀才要'划文于史外'，'不必列文于史中'的辩论，引起了章学诚经与史、子、集三部相通的论辩，成为他以后'六经皆史'说的根源。"② 值得注意的是，"六经皆史"说的发端，初非缘于经史关系的讨论，更不是由史学与经学的抗争激发而起，实起于对四部分类法的反思，这种反省又肇端于文史关系的思考。经之所以要被牵扯进来，乃因其为章氏讨论问题所要取法的"理想型"，用《言公》中的话来说就是"六艺为文字之权舆"。③ 由"文章史事，固相终始者"④ 的见解而推论到四部"相通"的观点，这是"六经皆史"说的发源地。而这正反映了他当时"既志艺文，当仿《三通》、《七略》之意"⑤ 乃至"一仿班《志》、刘《略》"⑥ 的文史校雠思想。

乾隆三十一年春夏之交，章学诚初晤戴震。⑦ 这次会晤使章学诚备受震动。在与戴震会见后不久，章氏给族孙汝楠的信中坦露心迹：

> 学问之途，有流有别，尚考证者薄词章，索义理者略征实，随其性之所近，而各标独得，则服郑训诂，韩、欧文章，程、朱语录，固已角犄鼎峙，而不能相下。必欲各分门户，交相讥议，则义理入于虚无，考证徒为糟粕，文章只为玩物，汉、唐以来，楚失齐得，至今嚣嚣，有未易临决者。惟自通人论之则不然，考证即以实此义

① 章学诚：《驳〈文选〉义例书再答》，见《文史通义新编新注》，854～855 页。
② （清）章学诚著、王重民通解：《校雠通义通解》，183 页。
③ 语出章学诚：《言公上》，见《文史通义新编新注》，201 页。
④ 章学诚：《驳〈文选〉义例书再答》，见《文史通义新编新注》，855 页。
⑤ 章学诚：《答甄秀才论修志第一书》，见《文史通义新编新注》，840 页。
⑥ 章学诚：《修志十议呈天门胡明府》，见《文史通义新编新注》，857 页。
⑦ 参见余英时：《论戴震与章学诚——清代中期学术思想史研究》，7～17 页。

理，而文章乃所以达之之具。①

学者认为，书中所举"通人"之论，疑即指戴震而言。因为在乾隆之世，戴震最早提出义理、考证、词章三分之说，并且对这三者之间的关系不断地有所讨论。② 重要的是，此后该议题成为章学诚造次颠沛必于是的主题，在文章以及给友人的信中反复讨论这个问题，他自己最看重的《原道》篇就是为此义理、考证、词章"三家之分畛域"而写的，乾隆五十四年章学诚在给陈鉴亭的信中说：

> 道无不该，治方术者各以所见为至。古人著《原道》者三家：淮南托于空蒙，刘勰专言文指，韩昌黎氏特为佛老塞源，皆足以发明立言之本。鄙著宗旨，则与三家又殊。《文史通义》，专为著作之林校雠得失；著作本乎学问，而近人所谓学问，则以《尔雅》名物，六书训故，谓足尽经世之大业，虽以周、程义理，韩、欧文辞，不难一映置之。其稍通方者，则分考订、义理、文辞为三家，而谓各有其所长。不知此皆道中之一事耳，著述纷纷，出奴入主，正坐此也。鄙著《原道》之作，盖为三家之分畛域设也，篇名为前人叠见之余，其所发明，实从古未凿之窦，诸君似见题袭前人，遂觉文如常习耳。③

不言而喻，此处所谓"其稍通方者"即上封信中所提到的"通人"，均指戴震。过了 23 年后，章学诚已经自认有了比这位"通人"更高明的见解，但是他久蓄于胸中的意欲解决"考订、义理、文辞"、"三家之分畛域"的问题意识却是不折不扣地承袭自这位"通人"。

另外，戴震的教诲使章学诚的学风更趋踏实。这位经学巨擘之学术示范作用还在于从反面提示他自己根本不可能亦步亦趋地走戴震那样的学术道路。在给族孙汝楠的信中，章氏说：

> 独怪休宁戴东原振臂而呼曰："今之学者，毋论学问文章，先坐

---

① 章学诚：《与族孙汝楠论学书》，见《文史通义新编新注》，799～800 页。
② 参见余英时：《论戴震与章学诚——清代中期学术思想史研究》，15～16 页。
③ 章学诚：《与陈鉴亭论学》，见《文史通义新编新注》，717 页。

不曾识字。"仆骇其说，就而问之。则曰："予弗能究先天后天，河、洛精蕴，即不敢读元亨利贞；弗能知星躔岁差，天象地表，即不敢读钦若敬授；弗能辨声音律吕，古今韵法，即不敢读关关雎鸠；弗能考三统正朔，《周官》典礼，即不敢读春王正月。"仆重愧其言！因忆向日曾语足下所谓"学者只患读书太易，作文太工，义理太贯"之说，指虽有异，理实无殊。充类至尽，我辈于四书一经，正乃未尝开卷卒业，可为惭惕，可为寒心！①

戴震的当头棒喝以及业师朱筠的谆谆教导使章学诚懂得了什么叫做"先求征实，后议扩充"，从而一改以往"好立议论，高而不切"的毛病。② 虽然在他学问成熟之后也曾激烈抨击戴震此类早年曾让他"惭惕"、"寒心"的见解。③ 但是他又说自己如何"自少性与史近"，并"尝以二十一家义例不纯，体要多舛，故欲遍察其中得失利病，约为科律，作书数篇，讨论笔削大旨。"④ 而让人觉得"撰述《文史通义》的设想，早在章学诚三十岁以前已经形成"。⑤ 看来戴震从反面让他警醒的比正面告诫他的还要多。章氏后来自称"粗通大义，不能研究文字，自以意之所至，而侈谈班、刘述业，欲以疏别著述渊源"，⑥ 所谓"不能研究文字"就是戴震所不齿的"不曾识字"，章氏之"善自度"⑦，正离不开有戴震那样的典型在那里树着，从而知所趋避。是"不能"也，非不屑也！此后章氏对"研究文字"再无少年时代那"攻排训诂，驰骛空虚"的轻狂，⑧ 即使日后对戴震这类观点的抨击也只是着眼于不能如此霸权凛然地"以此概人"而已。⑨

乾隆三十七年，章学诚终于踌躇满志地吐露了"斟酌艺林，作为《文

---

① 章学诚：《与族孙汝楠论学书》，见《文史通义新编新注》，800 页。
② 章学诚：《与族孙汝楠论学书》，见《文史通义新编新注》，800 页。
③ 参见章学诚：《又与正甫论文》，见《文史通义新编新注》，807～808 页。
④ 章学诚：《与族孙汝楠论学书》，见《文史通义新编新注》，801 页。
⑤ 章学诚著、仓修良编：《文史通义新编》，前言 1 页，上海，上海古籍出版社，1993。
⑥ 章学诚：《与钱献之书》，见《文史通义新编新注》，793 页。
⑦ 参见章学诚：《家书二》，见《文史通义新编新注》，817 页。
⑧ 语出章学诚：《与族孙汝楠论学书》，见《文史通义新编新注》，800 页。
⑨ 参见章学诚：《又与正甫论文》，见《文史通义新编新注》，807 页。

史通义》"的著述近况。① 这年八月，他已"裒集所著《文史通义》，其已定者，得内篇五，外篇二十有二"。② 次年春天，章氏又抒发其撰著之志云："思敛精神，为校雠之学，上探班、刘，溯源官礼；下该《雕龙》、《史通》，甄别名实，品藻流别，为《文史通义》一书。"③ 众所周知，章氏所谓"校雠之学"乃是非常郑重的用语，与当时学者所称的"目录之学"是界限森严的。④ 从乾隆三十七年八月二十日章学诚写给钱大昕的信——《上晓徵学士书》，我们可以窥见其草创《文史通义》的撰述"大旨"。⑤ ——也就是几年来他"思敛精神，为校雠之学"的核心思想。此书第一次扼要阐

---

① 章学诚：《候国子司业朱春浦先生书》，见《文史通义新编新注》，753 页。

② 章学诚：《上慕堂光禄书》，见《文史通义新编新注》，660 页。

③ 章学诚：《与严冬友侍读》，见《文史通义新编新注》，706 页。

④ 章学诚在《信摭》中对"校雠之学"与时人所谓"目录之学"的分别观，详见《章学诚遗书》，367 页。

⑤ 近来余英时与陈祖武等学者的研究成果大大推进了我们对章氏学术思想发展脉络的认识。余英时的《章学诚文史校雠考论》一文，至少有两个论断是发人深省的。诚如他自己所说，此文第一纠正了自胡适以来，认为《文史通义·内篇》作于《校雠通义》之前的观点，证明《校雠通义》不但成书在前，而且《文史通义》正是建于其上的七宝楼台。第二，此文还论证了"文史通义"一词有广狭二义。在早期是笼统地包括章氏的所有著作，到后来才狭义地指今本《文史通义》。为此他还大致以 1783 年（乾隆四十八年）为界划分章氏学术发展阶段的前后两期，并且认为"他的治学重点早期偏于'校雠'，后期偏于'文史'"。参见余英时：《论戴震与章学诚——清代中期学术思想史研究》，160～180 页。余氏看法大体颇为精当，非常有助于深化对章学诚学术发展过程的历史理解。其可商之处主要有两点，一是关于'校雠'、'文史'前后期之分界过于规整，事实上，正如笔者所展现的，这两方面在章氏那里乃是齐头并进而联成一体的。二是因对《上辛楣宫詹书》没有做出更精准的系年，与之密切相关的是，没有利用收在《章学诚遗书》之外的《上晓徵学士书》，从而将《候国子司业朱春浦先生书》中提到的"辛楣先生候牍"，其实应是《上晓徵学士书》，而误为《上辛楣宫詹书》。关键文献的误置，遗憾地减损了该文的论证力度。而陈祖武《章实斋集外佚札二通考证》一文恰恰弥补了这一缺陷。陈氏不惟考证出《上辛楣宫詹书》确切系年应为嘉庆三年戊午（1798 年），时章氏 61 岁。而且确证了下述重要事实：章实斋乾隆三十七年所致钱竹汀书（此年即 1772，时章氏 35 岁；此书即"辛楣先生候牍"——引者），应为《大公报》1946 年 11 月 6 日刊布之《上晓徵学士书》，而非今本《章氏遗书》所录《上辛楣宫詹书》。见陈祖武：《章实斋集外佚札二通考证》，收入中国社会科学院历史研究所学刊编委会编辑：《中国社会科学院历史研究所学刊》，第 3 集，北京，商务印书馆，2004。关于学术界对《上晓徵学士书》与《上辛楣宫詹书》这两封重要书信的研究史略，并请参见梁继红应仓修良之命所作的报道，梁继红：《章学诚〈文史通义〉自刻本的发现及其研究价值》，见中国历史文献研究会编：《章学诚国际学术研讨会论文集》，211 页，北京，北京图书馆出版社，2004。《上晓徵学士书》系年之确定的重大意义，在于为我们了解章学诚早期学术思想提供了可靠的文献根据。

述了上承郑樵①而又大加发展了的校雠学观点:"古人之学,各有师法,法具于官,官守其书,因以世传其业。"也可见其别出心裁的取径与见解:"故今之学士,有志究三代之盛,而溯源官礼,纲维古今大学术者,独汉《艺文志》一篇而已。"即所谓"上探班、刘,溯源官礼","故比者校雠其书,申明微旨,又取古今载籍,自六艺以降讫于近代作者之林,为之商榷利病,讨论得失,拟为《文史通义》一书。分内外杂篇,成一家言。"这里第一次说明了《文史通义》的撰著旨趣与体例。章氏还认为:"学术之歧,始于晋人文集,著录之舛,始于梁代《七录》,而唐人四库因之",他对图书分类由《七略》六分法而流为"四库"四部分类法的尖锐批评,在此也引出端绪。他对"向、歆之业不传"、"校雠之失传"更是反复致其感慨。②

上述基本见解的获致,使得章学诚不胜其"颇用自赏"之情,③ 所以选了最得意的三篇"内篇三首",请"慕堂光禄(曹学闵)"、"辛楣先生(钱大昕)"、"严冬友侍读(严长明)"求教,但结果却并不理想:"《通义》示人,而人犹疑信参之。"④

值得注意的是,章学诚的见解既不为师友所许可,亦与朝廷之功令格格不入。就在章氏学术初长成之际,朝廷开张了一项盛世大举,那就是四库馆的开设。乾隆三十七年十一月二十五日,章学诚的业师朱筠,奏请访求遗书,建议开馆校书。⑤ 这个折子为四库馆创意之始,胡适推测"此奏似实斋与邵晋涵都曾与闻。"⑥ 此无确据,理或然也。值得注意的是,此折所拟办法四条之一的"著录校雠,当并重也"与章氏之见意虽相通,而细目颇有距离。此折提出的群书分类原则是:"或依《七略》,

① 章学诚:《文集》有云:"古人有专家之学而后有专门之书,有专门之书而后有专门之授受,(郑樵盖尝云尔)。"乃自道其学所本之一端也,见《文史通义新编新注》,319 页。
② 参见章学诚:《上晓徵学士书》,见《文史通义新编新注》,648~651 页。
③ 语出章学诚:《与严冬友侍读》,见《文史通义新编新注》,706 页。
④ 语出章学诚:《〈和州志·志隅〉自叙》,见《文史通义新编新注》,887 页。
⑤ 《安徽学政朱筠奏陈购访遗书及校核〈永乐大典〉意见折》,见中国第一历史档案馆编:《纂修四库全书档案》(上),20~21 页,上海,上海古籍出版社,1997。
⑥ 胡适著、姚名达订补:《章实斋先生年谱》,16 页,见周康燮主编:《章实斋先生年谱汇编》,198 页。胡适将此事系于乾隆三十六年,而姚名达系于乾隆三十八年,均误。

或准四部"① 也许是既为下臣拟议，当俟大臣讨论圣上钦定，不便过于决绝，但此处显为两可之说、未定之见，与章氏致钱大昕的信中力主《七略》、《汉志》之说大相径庭。② 乾隆三十八年二月十二日，清廷开馆校核《永乐大典》，高宗确定他日采录成编，题名《四库全书》。谕中有曰："朕意从来四库书目，以经、史、子、集为纲领，裒辑分储，实古今不易之法。"③ 一主《七略》，一主四库（部），其不合也必矣！此谕可以说注定了章学诚难逃日后寂寞的命运。

在无人喝彩的情况下，第二年，执著而自信的章学诚就将上述想法又"推行"到《和州志》上去了。真是愈挫而愈奋，在乾隆三十九年季夏之月所写的《〈和州志·志隅〉自叙》中，章氏直抒胸臆：

> 获麟而后，迁、固极著作之能，向、歆尽条别之理，史家所谓规矩方圆之至也……然郑樵有史识而未有史学；曾巩具史学而不具史法；刘知几得史法而不得史意，此予《文史通义》所为作也……呜呼！迁、固、向、歆不可作矣。诚得如刘知几、曾巩、郑樵其人而与之，由识以进之学，由学而通乎法，庶几神明于古人之意焉。则《春秋》经世之学，可以昌明。④

章学诚是一位格调古雅的、自然在某种意义上也是好唱高调的学者，他所师法的古人，决不仅限于刘向、刘歆父子、刘勰、刘知几，而必欲由"刘知几、曾巩、郑樵其人"上攀迁、固、向、歆而追本孔夫子。所谓"《春秋》经世之学"也就是将上文提到的"校雠之学"进一步明确其旨趣，"著作之能"与"条理之别"，虽各有侧重，而实相济为功，而义之所归就在于"校雠师法，不可不传；而著录专家，不可不立也。"⑤ 这

---

① 中国第一历史档案馆编：《纂修四库全书档案》（上），21 页。

② 上文已提到章氏在 27 岁时已有"夫既志艺文，当仿三通、《七略》之意"的想法，同年略后或次年《修志十议呈天门胡明府》"议征文"一条，进一步主张"今拟更定凡例，一仿班《志》、刘《略》，标分部汇，删芜撷秀，跋其端委，自勒一考，可为他日馆阁校雠取材，斯则有裨文献耳。"见《文史通义新编新注》，840、857 页。章氏一以《七略》为归之志愈益坚定，而其"为他日馆阁校雠取材"的准备也是由来已久。

③ 参见陈祖武、朱彤窗：《乾嘉学术编年》，225 页，石家庄，河北人民出版社，2005。

④ 章学诚：《〈和州志·志隅〉自叙》，见《文史通义新编新注》，887 页。

⑤ 语出《章氏遗书外编卷第十七：和州志二》，见《章学诚遗书》，557 页。

也就是日后学诚自称所"从事"的"文史校雠"之学。① 至此，章学诚非常清楚要开拓什么样的学问了，其学术的基本精神也已经确立，如影随形，他关于六经的见解也进入了新境界。

章学诚在给钱大昕的信中说："盖向、歆所为《七略》、《别录》者，其叙六艺百家，悉惟本于古人官守，不尽为艺林述文墨也。"② 可见在草创之处，他下意识地将自己的新解与向、歆父子的原有看法混在一起了，因为从《汉书·艺文志》来看，他们是将"九流"（即此函所谓"百家"）"本于古人官守"，即有所谓"诸子出于王官说"或称为"九流出于王官说"，并没有将"六艺""悉惟本于古人官守"。不过他当时也许认为自己的见解不过本于向、歆父子而向前推原而来，故不必视为己出。

章学诚在《和州志》中则大大发挥《上晓徵学士书》已经引出端绪的推源"三代"学术的看法："三代之盛，法具于书，书守之官。天下之术业，皆出于官师之掌故。"③ 而六经为掌故之典型，从而明确提出了"六经皆周官掌故"的见解：

> 六经皆周官掌故。《易》藏太卜，《书》、《春秋》掌于外史（掌三皇五帝之书、四方之志），《诗》在太师，《礼》归宗伯，《乐》属司成。孔子删定，存先王之旧典，所谓述而不作。故六艺为经，群书为传。④

> 不为官师职业所存，是为非法，虽孔子言礼，必访柱下之藏是也……六经皆属掌故，如《易》藏太卜，《诗》在太师之类。⑤

此说明确界定六经的性质为政府官书，渊源于官司职掌，并以孔子

---

① 比如章学诚：《上辛楣宫詹书》所谓"学诚从事于文史校雠，盖将有所发明。"《文史通义新编新注》，657 页；章学诚：《与孙渊如观察论学十规》所谓"惟文史校雠二事，鄙人颇涉藩篱，以谓向、歆以后，校雠绝学失传，区区略有窥测"以及"鄙人所业，文史校雠，文史之争义例，校雠之辨源流，与执事所为考核疏证之文，途辙虽异，作用所颇同"云云，见《文史通义新编新注》，393、398 页。《与陈鉴亭论学》写在《原道》等成熟的重要论著完成之后，其中提到："《文史通义》，专为著作之林校雠得失"，《文史通义新编新注》，717 页。可见，也不必将"文史"与"校雠"划分得过执了。

② 章学诚：《上晓徵学士书》，见《文史通义新编新注》，648 页。

③ 《章氏遗书外编卷第十七：和州志二》，见《章学诚遗书》，556 页。

④ 《章氏遗书外编卷第十七：和州志二》，见《章学诚遗书》，558 页。

⑤ 《章氏遗书外编卷第十七：和州志二》，见《章学诚遗书》，556 页。

"述而不作"之论证明之。

诚如学者指出的，章学诚在《和州志·艺文书》中贯彻了当时的学术主张而采用了《七略》的分类体系，不过，此后他所编其他的地方艺文志和《史籍考》却都放弃了这样的做法，把"复古"改为"宗刘"，把"宗刘"解释为宗师刘氏父子目录学的理论和方法，重新建立新的分类体系，而不是回到《七略》六分的分类形式，即"就四部之成法，而能讨论流别，以使之恍然于古人官师合一之故。"① 而循此方法校雠出来的基本看法，愈出而愈进，关于六经之见解，是其一也。

上述主张在《校雠通义》的《原道第一》以及《汉志六艺第十三》等处作了我们所熟知的系统的阐发。② 有学者将《校雠通义》与其最早稿本的抄本——北图所藏朱氏抄本《续通志校雠略拟稿》进行校勘可知，今三卷本《校雠通义》即是章学诚在乾隆五十三年校正后的定本，与乾隆四十四年写成的原稿仅有文字上的不同，但并无文义上多大的差别。这并非以前人们所说经过了多么严重的修改。今本《校雠通义》与《续通志校雠略拟稿》朱氏抄本在文字上的出入，略如抄本"著录先明大道论三篇"今本《校雠通义》题为"原道"，"四部当宗七略论八篇"今本题为"宗刘"之类。③ 是故上述见解自乾隆四十九年至乾隆五十三年间均未有更张。

撰著于乾隆四十八年的《诗教》④，本上述关于六经的见解，发挥"古无私门之著述"之说，论证"至战国而著述之事专"的观点时，其文有小注曰："详见外篇《较雠略》'著录先明大道论'。"⑤ 又曰："六艺为官礼之遗，其说亦详外篇《较雠略》中《著录先明大道论》。"⑥ 是知章学诚自己认为早已得关于六经的新见解，并明确规定为"六艺为官礼之遗"

---

① 章学诚著、王重民通解：《校雠通义通解》，6、190 页。

② 章学诚著、王重民通解：《校雠通义通解》，2~3、75 页。

③ 章学诚著、王重民通解：《校雠通义通解》，192~196 页；以及梁继红对前贤之说的修正，梁继红：《论章学诚校雠理论的发展脉络》，见北京大学中国古文献研究中心编：《北京大学中国古文献研究中心集刊》，第 4 辑，北京，北京大学出版社，2004。

④ 《诗教》系年，见《章实斋先生年谱汇编》，101 页。

⑤ 章学诚：《诗教上》，见《文史通义新编新注》，47 页。仓修良标点为："详见外篇《较雠略》、《著录先明大道论》。"是将《较雠略》与《著录先明大道论》视为可并列的两篇，其实后者为前者之一部分，故改正。

⑥ 章学诚：《诗教下》，见《文史通义新编新注》，59 页。

之"说"。① 此说是章氏是立志开拓"（文史）校雠之学"草创"文史通义"之始就欲努力发挥的观点，故于致钱大昕的信中已隐约见之，复申之于《和州志》之《艺文书》等诸序例，又条理化于《续通志校雠略拟稿》，即"外篇《较雠略》中《著录先明大道论》"，乃至《校雠通义》定稿亦承其绪余。而像《诗教》等《文史通义》之重要篇什无不以此说为立论根据，并不断有新的发挥。

但要真正了解"六经皆史"说之如何由章氏"文史校雠"之学所探得，仅仅清查其文献出处是不够的，还必须考察其如何被推拓出来之理路。

章学诚在乾隆三十七年给钱大昕的信中就吐露过他的工作纲领："故今之学士，有志究三代之盛，而溯源官礼，纲维古今大学术者，独汉《艺文志》一篇而已。"他对"三代""官师合一"（即"治""学"合一）的典型"官礼遗意"的向往，很显然的是受了《汉书·艺文志》本于《七略》将"九流"十家诸子之学分别溯源于古者某官的做法的启发："刘歆《七略》，班固删其《辑略》而存其六……即此数语窥之，刘歆盖深明乎古人官师合一之道，而有以知乎私门初无著述之故也。"② 虽然他对《汉志》将阴阳家溯源到羲和之官等具体论断是不满的。③ 他甚至批评说："诸子推本古人官守，当矣；六艺各有专官而不与发明，岂为博士之业所误耶？"④ 可见，章氏自己的六经探源工作是在《汉志》的基础上再往前推得的。《周礼》当然是他悟得"六卿联事之意"、是他所追本的"专官"的文献出处，⑤ 在推论思路上则更得益于《庄子·天下篇》，对此，如《校雠通义》所说："观其首章列叙旧法世传之史与《诗》、《书》六艺之文，则后世经史之大原也。"⑥ 这一句话就把"六艺皆古史之遗"⑦

---

① 但是，有的研究成果将1788年章学诚51岁时给孙星衍的信《报孙渊如书》中提到的"愚之所见，以为盈天地间，凡涉著作之林，皆是史学，六经特圣人取此六种之史以垂训者耳。"云云，视为章氏初次发表他的"六经皆史"的新颖见解。此说不确，辨亦详见后文。

② 章学诚著、王重民通解：《校雠通义通解》，4页。

③ 章学诚著、王重民通解：《校雠通义通解》，98～99页。

④ 章学诚著、王重民通解：《校雠通义通解》，46页。

⑤ 章学诚著、王重民通解：《校雠通义通解》，3～4页。

⑥ 章学诚著、王重民通解：《校雠通义通解》，108～109页。

⑦ "六艺皆古史之遗"为"六经皆史"说的诸种表述中之一种，《丙辰札记》，见《章学诚遗书》，388页。

说的立论之根据和盘托出了。此外，章氏不时言及将不幸不见"古人之大体"之类的话，议论之中又充满了"道术将为天下裂"的感慨，在"经史之大原"问题上，深受《庄子》之启发，这点似无疑问。

总之，"六艺为官礼之遗"说，实为章学诚秉承刘氏"向、歆所为《七略》、《别录》"以及班固《汉书·艺文志》推源子学的"校雠"方法，百尺竿头推源六艺，而将《周礼》、《庄子》等有关文献条理化的心得。就"六经皆史"观念的缘起来说，从章氏自己文字的指示获得认识，也许要比漫无节制的推说要切实一些。①

三、"六经皆史"说的基本内涵

学界对章氏"六经皆史"说旨趣之探讨似乎到了爱极而厌的地步，以至于有学者言之凿凿地将"六经皆先王之政典也"与"六经皆史"说强行分拆开来，并断言："'六经皆史'并非是章学诚晚年深思熟虑的结论。"② 也有学者力图将关于此说的"现代"诠释与其本意划清界限："所谓章氏的六经皆史说具有许多现代含义，大都是现代人的诠释，现代人认为章之六经皆史说应该如此，而未必能真实反映乾嘉时代章氏的学术思想。"③ 笔者不想别树一义以更增一层纠葛。但是，在对"六经皆史"说的本源进行探讨之后，对其基本内涵略作表白似乎也是必需的。为了准确掌握章氏本人的立论脉络，这里将其大体分为四个层次或者说四个

---

① 近人讨论章说缘起，多汗漫，亦有人木三分者，如余嘉锡认为：《隋志》言'史官既立，经籍于是兴焉'，已开章氏之先声矣。"但无章学诚自己的文字相印证，只能算作推测之辞而聊备一说，参见余嘉锡：《目录学发微》，见李学勤、刘国忠、王志平编校：《中国现代学术经典·余嘉锡杨树达卷》，69页，石家庄，河北教育出版社，1996；如侯外庐则认识到："学诚的古代文化史论，大都依据'天下篇'的道理。'天下篇'说道之'明而在数度者，旧法世传之史尚多有之'。学诚从而发挥古者无私门著述之学……"参见侯外庐：《中国思想通史》第5卷《中国早期启蒙思想史》，510页；如钱穆则认为，章氏以"六经皆史"说为代表的学问特长在于"从学术史观点来讲学术"，那一套东西并不像他自认为的那样来自浙东学派、阳明之学，"我想他特别是从《汉书·艺文志》来，又兼之以郑樵《通志》，而创出了章实斋讨论古代学术一项重大的创见。"参见钱穆：《中国史学名著》，253～254页，北京，生活·读书·新知三联书店，2000，此说尤为中肯。从我们的立场来看，余、侯、钱等学者的上述见解与章氏"文史校雠"之学的取径颇为符合，比起别种推论来，更值得重视，但也都不如章氏本人的指点更亲切而顺理成章。

② 梁继红：《章学诚学术研究》，119页。

③ 汪荣祖：《章实斋六经皆史说再议》，见《史学九章》，313～314页。

段落加以展开，我们的关注点不仅放在义理上的相关性上，也兼顾到其表述的是否紧扣主题，以及对后世的影响力等方面。

1. 作为王官学的六艺："六经皆周官掌故"与"古无私门著述"

要了解"六经皆史"说的基本内涵，就必须从章学诚的"六经皆周官掌故"的见解起步。《和州志·艺文书》序列开宗明义第一段话，对"六经"何以为"周官掌故"有明确的交代：

> 《易》曰："上古结绳而治，后世圣人，易之以书契，百官以治，万民以察。"夫文字之原，古人所以为治法也。三代之盛，法具于书，书守之官。天下之术业，皆出于官师之掌故，道艺于此焉齐，德行于此焉通，天下所以以同文为治。而《周官》六篇，皆古人所以即官守而存师法者也。不为官师职业所存，是为非法，虽孔子言礼，必访柱下之藏是也。三代而后，文字不隶于职司，于是官府章程，师儒习业，分而为二，以致人自为书，家自为说，盖泛滥而出于百司掌故之外者，遂纷然矣。（六经皆属掌故，如《易》藏太卜，《诗》在太师之类。）书既散在天下，无所统宗，于是著录部次之法，出而治之，亦势之所不容已。①

章学诚以非常凝练的笔调，勾勒了从黄金古代到后世之文明演变史。他先是提出了"文字"的根源与功能在于务为"治法"的观念，他引《易》为说，不过是将早就有的"古人文字，其初繁然杂出，惟用所适"②的想法理论化了而已，鲜明地透露了他那一贯的经世致用气质。从这一原则出发，他又充分表达了对以周官掌故为典型的政与教、治与学合一（"官师合一"）的"三代"鼎"盛"的"同文为治"的高度礼赞。这当然是从他所领悟的"六卿联事之义"③发挥而来的。他又看到了"三代盛时"（他不断用这个词汇，与"衰周"之世相对照）到"三代而后""学术"大转折的历史趋向，即由"官师合一"走向"官"、"师""分"，百"家"私学兴，"书既散在天下，无所统宗，于是著录部次之法"起的过

---

① 《章氏遗书外编卷第十七：和州志二》，见《章学诚遗书》，556 页。
② 章学诚：《驳〈文选〉义例书再答》，见《文史通义新编新注》，854 页。
③ 章学诚：《上晓徵学士书》，见《文史通义新编新注》，648 页。

程。章氏以某种历史学家的敏感意识到此乃"势"也，而非私意所可改变。"六经"的意义正是要从这种类似于某种大裂变或大灾变的背景下去理解。他在注文中特意指出的"六经皆属掌故"，显然是说，"六经"是与衰世"人自为书，家自为说""泛滥"无归的百"家"私学性质完全不同的东西，是"三代""盛治"的结晶，也就是周代的王官学的遗产。（他后来用的概念"官礼之遗"正是此意，注意，他用"遗"字是与"变"字相对比为文的①）更是后世学术要溯源的"统宗"。钱穆曾指出："章学诚《文史通义》所谓'六经皆史'之'史'字，并不指历史言，而实指的官学言。古代政府掌管各衙门文件档案者皆称'史'，此所谓'史'者，实略当于后世之所谓'吏'。"② 此论可谓深得其旨。

与这一基本见解相辅相成的是"古无私门著述"之说。前述《续通志校雠略》、《校雠通义》已经明确论述道："由秦人'以吏为师'之言，想见三代盛时，《礼》以宗伯为师，《乐》以司乐为师，《诗》以太师为师，《书》以外史为师，《三易》、《春秋》亦若是则已矣，又安有私门之著述哉？"③《诗教》复申之曰：

> 三代盛时，各守人官物曲之世氏，是以相传以口耳，而孔、孟以前，未尝得见其书也。至战国而官守师传之道废，通其学者述旧闻而著于竹帛焉……古初无著述，而战国始以竹帛代口耳。（外史掌三皇五帝之书及四方之志，与孔子所述六艺旧典，皆非著述一类，其说已见于前）④

可见，一方面是因为六经各有官守，"皆为宪章"，圣如孔子不能以"私意"兴作。"六艺存周公之旧典，夫子未尝著述也"。另一方面，至战国才"始"有"以竹帛代口耳"的历史条件，著之竹帛为著述。是以"至战国而著述之事专"，正言若反，则"古无私门之著述"是也。这里

---

① 参见章学诚：《诗教下》，见《文史通义新编新注》，59 页。

② 钱穆：《孔子与〈春秋〉》，见《两汉经学今古文平议》，278 页，北京，商务印书馆，2001。

③ 章学诚著、王重民通解：《校雠通义通解》，2 页。章学诚：《妇学》有小注云："古无私门著述，说详《校雠通义》。"见《文史通义新编新注》，308 页。

④ 章学诚：《诗教上》，见《文史通义新编新注》，47 页。

的"著述",一方面是作为"私"学而与作为"官"典的六艺不同;另一方面是以著之"竹帛"的形式出现,而与"相传以口耳"的"官守师传之道"不同。有学者据《诗教》小注"孔子所述六艺旧典,皆非著述一类"说,六艺既"非著述",则必具"史料"之义,这样的解释不能不说是大大偏离了章学诚立论的主导方向。而小注所谓"其说已见于前",从上下文来看,正是前面提到的详见外篇《较雠略》"著录先明大道论"的"六艺为官礼之遗"说,义均相通。但是,也许还会有爱抠字眼的学者提出质疑:何以必知此亦属"六经皆史"之说呢?《方志立三书议》以不容置疑的口吻写道:"古无私门之著述,六经皆史也。"①

总之,"六经皆周官掌故"以及"古无私门之著述"为章学诚"六经皆史"说的最基本的也是很重要的见解,他不单本于此说批驳汪中的申张墨学之论,② 而且还根据此说纠弹孙星衍对古籍年代的考证。③ 这也就是周永清曾"当面作书指驳"而章氏不屑置答的"仆《诗教》篇言三代之盛未有著述文字"之说。④

2. 以史明道的"六经皆史"说申义

"六经皆史"说表达了"以史明道"的观念,有关这一点,在价值评判上观点相左的余英时与汪荣祖均无异辞。笔者则更多在该观念之由来以及章学诚如何表述方面稍费笔墨,主要从道器合一的六艺观以及史家"述作"之道以及史学与经学之争等相互关联的诸方面,看看他本人的所思所想。

欲知章氏"以史明道"的见解,必须先明"道寓于器"的六艺观。值得注意的是,前引《和州志·艺文书》序列之第一部分豁然标目为"《原道》",言下之意很明白,他虽然认为"六典亡而为《七略》,是官失其守也;《七略》亡而为四部,是师失其传也。"均为"势之所不容已"者,但是通过"校雠师法"、"著录专家"之"立","深明官师之掌,而后悉流别之故,竟末流之失","学者苟能循流而溯源,虽由艺小数,诐辞邪说,皆可返而通乎大道。"面对"三代"理想国的一去不可复返,章

---

① 章学诚:《方志立三书议》,见《文史通义新编新注》,827 页。
② 章学诚:《〈述学〉驳文》,见《文史通义新编新注》,365~366 页。
③ 章学诚:《与孙渊如观察论学十规》,见《文史通义新编新注》,393~399 页。
④ 章学诚:《与周永清论文》,见《文史通义新编新注》,725 页。

学诚不能自抑其浓浓的"复古"情怀，他自信通过自己的"文史校雠"之学可以"循流而溯源""通乎大道"，而他要追本的正是出于官师掌故之"六经"，因为那正是"三代盛时"古人"由器明道"的典范。乾隆四十年，章氏又于《〈藉书园书目〉叙》中对此意再加阐明：

> 夫古者官府守书，道寓于器；《诗》、《书》六艺，学者肄于掌故而已……扩四部而通之，更为部次条别，申明家学，使求其书者可即类以明学，由流而溯源，庶几通于大道之要，而有以刊落夫无实之文词，泛滥之记诵，则学术当而风俗成矣。①

章学诚真是孤独的求道者，至少来说，他那以《七略》为宗的学术主张与当时蔚为壮观的以四部分类为编辑原则的四库馆治书工程不能合辙。因此在这些地方透露出深刻的批评之意与桀骜的坚执之志。而不必如学者所说"当时""没有（大概是不敢）发言指责"，而到晚年才畅所欲言。② 信心十足的章学诚显然是掌握了"道"枢，才能如此居高临下地针对"无实之文词"与"泛滥之记诵"而"持风气"了。他的独门秘诀就是酝酿已久的道器合一的"六经皆周官掌故"的观念："夫古者官府守书，道寓于器；《诗》、《书》六艺，学者肄于掌故而已。"③。

而正是秉持着这一观念，使他有底气批评他所久仰的经学大师戴震"不解史学"④：

> 嗟乎！道之不明也久矣。《六经》皆史也。"形而上者谓之道，形而下者谓之器。"孔子之作《春秋》也，盖曰："我欲托之空言，不如见诸行事之深切著明。"然则典章事实，作者之所不敢忽，盖将即器而明道耳。其书足以明道矣，笾豆之事，则存有司，君子不以是为琐琐也。道不明而争于器，实不足而竞于文，其弊与空言制胜华辩伤理者，相去不能以寸焉，而世之溺者不察也。太史公曰："好

---

① 章学诚：《〈藉书园书目〉叙》，见《文史通义新编新注》，513～514 页。

② 此说见章学诚著、王重民通解：《校雠通义通解》，191 页。

③ 这一观念成为日后诸种成熟见解的立论根据，像《经解中》所谓"事有实据而理无定形，故夫子之述六经，皆取先王典章，未尝离事而著理"等见解以及《原道中》中赫赫有名的"六经皆器也"之说都是由此发展来的。

④ 语出章学诚：《记与戴东原论修志》，见《文史通义新编新注》，884 页。

学深思，心知其意。"当今之世，安得知意之人与论作述之旨哉！①

这段话出于《答客问》，章氏又有意旨密切相关的《释通》、《申郑》，都是缘于"癸巳（乾隆三十八年，章氏36岁——引者）在杭州，闻戴征君震（即戴震——引者）与吴处士颖芳谈次，痛诋郑君《通志》"而作的。② 近有学者重新考证这三篇文字的撰著年代，认为大体写成于乾隆四十八年或以前，而非乾隆五十五年至五十六年间的作品。③ 如作者所考证，则此处"六经皆史也"这一论断，为已知章氏文献中关于此说之最早的明确文字表述，的确值得重视。也诚如作者所说，此论断在此说明的是"理事合一的关系"。更准确地说，是"道器合一"的关系。但是只要不以辞害意，章学诚关于六经为"道器合一"之典范的看法，实本于"六经皆周官掌故"的见解。"然则典章事实，作者之所不敢忽，盖将即器而明道耳。"，所谓"典章事实"就是来自"周官掌故"，"六经皆史也"之"史"字就是对它的概括。

而章氏之所以旗帜鲜明地如此主张并如此表述，很可能与他与戴震之间的史学与经学之争有关。而要了解这一点，我们必须先弄明白章氏意味深长地提到的"作述之旨"。《和州志·前志列传》序列上开篇就说：

记曰："疏通知远，《书》教也；比事属辞，《春秋》教也。"言述作殊方，而风教有异也。孟子曰："颂其诗，读其书，不知其人可乎？"言坟籍具存，而作者之旨，不可不辨也。古者史官，各有成法，辞文旨远，存乎其人，孟子所谓其文则史，孔子以谓义则窃取。明乎史官法度不可易，而义意为圣人所独裁。然则良史善书，亦必有道矣。④

---

① 章学诚：《答客问上》，见《文史通义新编新注》，253页。
② 章学诚：《答客问上》，见《文史通义新编新注》，252页。
③ 梁继红：《章学诚学术研究》，81～82、119、156～157页。但是作者由此大张所谓"六经皆史"与"六经皆政典"为各自独立的命题、"六经皆史"之"史"字不可等同于政典等诸新说，参见梁继红：《章学诚学术研究》，第7章"章学诚的道学"之第一节"六经皆史与六经皆政典"。诸说对此命题的疏解叠床架屋，反而徒增纠葛。与胡楚生"推本于章氏'官师合一'的说法，也更要溯源于章氏'道器合一'的观点"对"六经皆史说"所作的阐义相比，大为倒退。参见胡楚生：《清代学术史研究》，第12节"章实斋'六经皆史说'阐义"，台北，学生书店，1988。
④ 《章氏遗书外编卷第十八：和州志三》，见《章学诚遗书》，572～573页；又见章学诚：《〈和州志·前志列传〉序列上》，收入《文史通义新编新注》，931页。

需要特别注意的是，章学诚引经据典地在讨论的是史家"述作"之"道"，"述"、"作"之方是缺一不可的，当然也是不一样的。所谓"述作殊方"，一言以蔽之，"史官法度不可易，而义意为圣人所独裁"。而"史官法度"之所以"不可易"，正由于"古者史官，各有成法"。此"法"又为何"法"乎？正是前文已经引及之"周官掌故"之法："《周官》六篇，皆古人所以即官守而存师法者也。不为官师职业所存，是为非法，虽孔子言礼，必访柱下之藏是也。"所以孔子之"存先王之旧典，所谓述而不作"，就是面对"不可易"之"古者史官，各有成法"的"周官掌故"而说的。① 我们可以论断，所谓"六经皆史"说首先是就章氏所要揭櫫的史家尤其是其鼻祖孔夫子的"述"道的理论概括。在《校雠通义》中则作了这样的经典表述："六经之文，皆周公之旧典，以其出于官守，而皆为宪章，故述之而无所用作。"② 将此处所谓"文"字实不容轻忽过去，所谓"六经之文"中的"文"，正是章氏取用孟子所引的"其文则史，其义则（丘）窃取之"③ 中之"文"，是出于"古者史官"而本于王官学的。而"六经"之"义"则显然与孔子有关，在此，如果区分了孔子"未删"之"六经"与孔子所"定"的"六经"，意义就更显豁了："夫子未删之《诗》、《书》，未定之《易》、《礼》、《春秋》，皆先王之旧典也。然非夫子之论定，则不可以传之学者矣。"④ 所以切不可以为章学诚心目中的孔夫子是只"述"不"作"的，而他要彰显的史家"作"道，即所谓"辞文旨趣，存乎其人"而"义意为圣人所独裁"之学，则主要存在于反复申明的"《春秋》家学"中。

在《答客问》中，史家"述"道又被发挥为史家"整齐故事之业"与夫"比次之书"："若夫君臣事迹，官司典章，王者易姓受命，综核前代，纂辑比类，以存一代之旧物，是则所谓整齐故事之业也。"⑤ 又言："若夫比次之书，则掌故令史之孔目，簿书记注之成格，其原虽本柱下之

---

① 参见《礼教》对此类见解的发挥，《文史通义新编新注》，71～72 页。
② 章学诚著、王重民通解：《校雠通义通解》，75 页。
③ 参见章学诚：《言公上》有关文字，《文史通义新编新注》，202 页。
④ 章学诚：《答客问下》，见《文史通义新编新注》，259 页。
⑤ 章学诚：《答客问上》，见《文史通义新编新注》，253 页。

所藏，其用止于备稽检而供采择，初无他奇也。"① 然而他们为"独断之学"所"取裁"，为"考索之功"所"按据"。因此"不可轻议也"。但是，"不名家学，不立识解，以之整齐故事，而待后人之裁定，是则比次欲其愚之效也。举而登诸著作之堂，亦自标名为家学，谈何容易邪！"②

我们看到其"原"为"柱下之所藏"的周官掌故，其流别只是不登"著作之堂"的"整齐故事之业"与夫"比次之书"，难怪有的学者不是将"六经皆史"之"史"理解为官府所掌之"档案"就是"史料"。其用意之轻重所在容有不同；然而，或知其"原"意，或疏其流别，均只是从章氏所阐述的史家的"述"道方面作的引申发挥。

章氏欲彰明的更在史家"作"道。《申郑》说：

> 孔子作《春秋》，盖曰其事则齐桓、晋文，其文则史，其义则孔子自谓有取乎尔。夫事即后世考据家之所尚也，文既后世词章家之所重也，然夫子所取，不在彼而在此，则史家著述之道，岂可不求义意所归乎？③

我们已然知道章学诚早就与戴震讨论过面对"义理"、"考据"、"词章"严重分裂分化的情势如何自处的问题，章氏此时正是在与戴震的抗争中找到了以史明道的道路，在学理上的表现就是从孔夫子那里找到了以后应对一切偏弊风气的理论根据。

在《答客问》中章氏尤其精练地发挥了《春秋》家学：

> 章子曰：史之大原本乎《春秋》，《春秋》之义昭乎笔削。笔削之义，不仅事具始末、文成规矩已也。以夫子义则窃取之旨观之，固将纲纪天人，推明大道，所以通古今之变而成一家之言者，必有详人之所略，异人之所同，重人之所轻，而忽人之所谨，绳墨之所不可得而拘，类例之所不可得而泥，而后微茫秒忽之际有以独断于一心。及其书之成也，自然可以参天地而质鬼神，契前修而俟后圣，

---

① 章学诚：《答客问中》，见《文史通义新编新注》，257 页。
② 章学诚：《答客问中》，见《文史通义新编新注》，257 页。
③ 章学诚：《申郑》，见《文史通义新编新注》，250 页。

此家学之所以可贵也。①

"史之大原本乎《春秋》"之"史"，其实是指"史学"或"史家"，是《春秋》"家学"，用后来《史考释例》的话说："古无史学，其以史见长者，大抵深于《春秋》者也。"② 与"六经"所本的王官掌故即"六经皆史"之"史"义不同科。但是，由孔夫子所垂范的"史学"，禀赋了"纲纪天人，推明大道，所以通古今之变而成一家之言"崇高使命，因而与"六经"相流通，因为其意旨所归，都指向明"道"。《释通》与《答客问》的主旨，用《说林》的概括来说，是在发明"整齐故事与专门家学之义"。③ 而章氏的论证方法，是以《春秋》为"专门家学"的典范；又以孔子未定前的六艺为"整齐故事"的典范。两者虽均不可忽，但意义轻重所在，则皎然也。

所以一句"六经皆史也"在这具体语境中大概有三层含义：第一，"整齐故事"为史学明道之资，"整齐故事"应以明道为归。第二，"专门家学"肩负史学明道之重任，义例与"整齐故事"有严格的区别，不可混为一谈。第三，批评学以明道自期的经学大师戴震完全不懂这一套，而猖猖置辩于锥刀之末。

关于此处所涉及的史学与经学之争，还需略作交代。章氏认为"史学"与"经学"明道之途径不同，在地位上却不可任意轩轾。他在《〈永清县志·前志列传〉序例》中已发以史明道之旨曰：

> 纪述之重史官，犹《儒林》之重经师，《文苑》之重作者也。《儒林列传》当明大道散著，师授渊源；《文苑列传》当明风会变迁，文人流别。此则所谓史家之书，非徒纪事，亦以明道也……况史学之重，远绍《春秋》，而后史不立专篇，乃令专门著述之业，湮而莫考，岂非史家弗思之甚邪？④

---

① 章学诚：《答客问上》，见《文史通义新编新注》，252页。
② 章学诚：《史考释例》，见《文史通义新编新注》，439页。
③ 章学诚：《说林》，见《文史通义新编新注》，222页。
④ 章学诚：《〈永清县志·前志列传〉序例》，见《文史通义新编新注》，985页。乾隆四十二年，章氏应永清县知事周震荣之邀请主修《永清县志》，四十四年七月书成。参见《文史通义新编新注》，946～947页。

以史官传"申明家学"上侪经师《儒林》列传之意亦早见乎类此的见解:"夫马、班著史,等于伏、孔传经,大义微言,心传口授……后代史官之传,苟能熟究古人师法,略仿经师传例,标史为纲,因以作述流别,互相经纬。"① 诚如日后的夫子自道,此等乃其久蓄之意:"列传于《儒林》、《文苑》之外更当史官传,此皆当日之旧论也"、"廿三四时所笔记者"。②

《答客问》则说之以"高明者"的"独断之学"与夫"沉潜者"的"考索之功"之别:

> 高明者多独断之学,沉潜者尚考索之功,天下之学术不能不具此二途。譬犹日昼而月夜,暑夏而寒冬,以之推代而成岁功,则有相需之益;以之自封而立畛域,则有两伤之弊。故马、班史祖而伏郑经师,迁乎其地而弗能为良,亦并行其道而不相为背者也。③

在当时经学占据了话语霸权的情势下,所谓"有相需之益",那是章氏在为史学争地位;所谓"以之自封而立畛域,则有两伤之弊",是在批评经学家如戴震者之盛气凌人若有伤我者,是为受经学压抑的史学抒愤懑焉;而"高明者"的"独断之学"与夫"沉潜者"的"考索之功"的界划,则骎骎乎大有视"史学"凌驾于"经学"之势矣!

3. 由《史籍考》的编撰所激发的"尊史"的专业意识及其经史相通的观念

"六经皆史"表达了章学诚独特的"尊史"④ 的观念。而这一专业自尊的意识,显然由于《史籍考》的编撰而愈发张扬了。

乾隆五十三年三月,章氏开始为毕沅纂修《史籍考》,以此事为起点,章学诚学问进入新境界。最可注意者,是他在"经史之大原"问题上别出"新解"。是年五月二十三日,他在给孙星衍的信中说:

---

① 章学诚:《〈和州志·前志列传〉序例上》,见《文史通义新编新注》,932页。乾隆三十八年,章氏经朱筠介绍,应知州刘长卿之聘,编修《和州志》,次年书成,因故未能刊刻。参见《文史通义新编新注》,887页。

② 章学诚:《家书六》,见《文史通义新编新注》,823页。

③ 章学诚:《答客问中》,见《文史通义新编新注》,256~257页。

④ 章太炎《訄书》重订本有《尊史》篇,其意容有本于章学诚者,今借此两字以形容章学诚的思想倾向。

承询《史籍考》事，取多用宏，包经而兼采子集，不特如所问地理之类已也……愚之所见，以为盈天地间，凡涉著作之林，皆是史学，六经特圣人取此六种之史以垂训者耳。子集诸家，其源皆出于史，末流忘所自出，自生分别，故于天地之间，别为一种不可收拾、不可部次之物，不得不分四种门户矣。此种议论，知骇俗下耳目，故不敢多言；然朱少白所钞鄙著中，已有道及此等处者，特未畅耳。俟为尚书公（指毕沅——引者）成书之后，亦当以涉历所及，自勒一家之言，所为聊此自娱，不敢问世也。①

这段话引起学者高度的重视，有学者认为在此章学诚首度提出了他的"六经皆史"的新见解，而更多分歧集中于能否从"史料"扩展的角度去理解章氏的论点。② 首发之说恐应加以修正。首先，因为章氏的"六艺为官礼之遗"诸说早已发之于前，"《六经》皆史也"的呐喊在《答客问》中也呼而出之了，更何况他自己也说"朱少白所钞鄙著中，已有道及此等处者，特未畅耳。"故此处不能视为破天荒之见。其次，这段论述引起了学者超乎寻常的重视，但是我们认为这段表述其实十分含混，这一点正是最值得重视的。当明了了章学诚所阐发的史家"作述"之道后，我们更不能接受所谓以"六经"为代表的"著作之林"——"史学"，会

———————————————

① 章学诚：《报孙渊如书》，见《文史通义新编新注》，721 页。

② 自胡适在《章实斋先生年谱》（见该书 104～106 页）中节引《报孙渊如书》，与《《史考释例》论六经的流别皆为史部所不得不收"等见解疏通证明，从"史料"扩展的角度发挥《易教》首句"六经皆史也"以来，此段文字引起学者热烈的讨论。钱穆的看法与胡适颇为不同："按是书，实斋初发六经皆史之论，其时《文史通义》中重要诸篇均未作也。（《史释》篇亦后成，近人皆以本篇义说六经皆史，实未得实斋渊旨。）"见钱穆：《中国近三百年学术史》，392、421 页。钱氏侧重从《史释》等篇了解"六经皆史"之"渊旨"，故认为此处不过"初发"论端。余英时又发挥师说道："这是实斋第一次发表他的'六经皆史'的新颖见解；而这个见解则显然是从《史籍考》的编纂过程中悟得。"见余英时：《论戴震与章学诚——清代中期学术思想史研究》46～47 页；他还指出："近人误会章氏原文，以'一切文字遗存都是史料'之意解之，失之远矣。"见收入韦政通主编：《中国哲学辞典大全》中余英时所撰之"六经皆史"条，该辞典第 167 页。当然，也有刘节、仓修良等学者从"史料"的角度解释信中所云"盈天地间，凡涉著作之林，皆是史学"。仓氏则坚定不移地主张："那种认为只具'史意'而不具'史料'的说法，是绝对错误的，持此说者是丢掉了'盈天地间，凡涉著作之林皆是史学'这句话的精神，而只顾按自己的意图在做文章，自然不可能符合章学诚论'六经皆史'的本意。刘说详参刘节：《章学诚的史学》，见《中国史学史稿》，421 页，台北，弘文馆出版社，1986；仓说见《文史通义新编新注》，4 页。

是从"史料"角度立论的。这里所谓"六经"显然是指经过"圣人"孔子所"定"的六经,其目的或功能为"垂训",取材为"六种之史"。这里确实容易引起后人的误解,因为正是这"六种之史"很容易让人有"史料"的联想。但是只要明确分辨章氏"史学"与"史"之别,圣人所定与未定的六经之别,则章氏的看法或为一切"著作"皆是"史学"。①无论如何,这的确是一种相当违背常识的看法,也可能是一种冲动的颇为夸张的感想,甚至是一种相当罗曼蒂克的抒情,未必能够真正代表章学诚"史学"理论的成熟的理性表述。这段表述分明流露出常常苦于谋不到"官书旧生业"②的章学诚一时志得意满的心理状态,当然,他更是以一种不可思议的方式表达了他自尊所业的专业思想。关于这一点,只要联系同年稍早他在给洪亮吉的信以及《论史籍考要略》等文献来看就更清楚了。他在信中说:"三月朔日为始,排日编辑《史考》,检阅《明史》,及四库子部目录,中间颇有感会,增长新解。"③

看来他的"新解",与他对形式化的"四部"分类所造成的不可会通的"末流"之弊的一贯反思息息相关,所以他会如此激烈地攻击这"四种门户"。④而很可能对经尊史卑之格局尤其不能释怀,他在《论史籍考要略》中更明确地表达了他的"尊史"与经史会通的见解:

> 一曰古逸宜存。史之部次后于经,而史之原起,实先于经。《周官》外史掌三皇五帝之书,仓颉尝为黄帝之史,则经名未立,而先有史矣。后世著录惟以《史》、《汉》为首,则《尚书》、《春秋》尊为经训故也。

又说:

---

① 事实上,直到好几年后,他才将真正想表达的意思说清楚:"六经以还,著述之才,不尽于经解、诸子、诗赋、文集,而尽于史学。凡百家之学,攻取而才见优者,人于史学而无不缀也。"章学诚:《与陈观民工部论史学》,见《文史通义新编新注》,406页。而章学诚:《报黄大俞先生》所谓"才识之士,必以史学为归"云云意亦近之。《文史通义新编新注》,634页。此两文均作于乾隆五十九年,参见《文史通义新编新注》409、634页。另外,《杂说》有"盖诸子风衰,苟有志于著述,未有不究心于史学者也。"《上朱大司马论文》亦有"似古人著述,必以史学为归。"云云。分别见《文史通义新编新注》,355、767页。

② 语出章学诚:《与严冬友侍读》,见《文史通义新编新注》,706页。

③ 《与洪稚存博士书》,见《章学诚遗书》,222页。

④ 我们对此种带有"复古"精神的"文史校雠"之学的见解并不陌生,而如此这般的思考方向,已经见前述章氏早年《与甄秀才论〈文选〉义例书》以及《〈藉书园书目〉叙》等文字。

　　　　六曰经部宜通。古无经史之别，六艺皆掌之史官，不特《尚书》
　　与《春秋》也。今六艺以圣训而尊，初非以其体用不入史也。而经
　　部之所以浩繁，则因训诂解义音训而多，若六艺本书，即是诸史根
　　源，岂可离哉！①

　　章学诚认为"史之原起，实先于经"、"经名未立，而先有史矣"，并
追溯到"黄帝之史""仓颉"。这既是"史学"的推源方法获得的见解，
也反映了他自尊所学，"史学"意识的高涨，可与"盈天地间，凡涉著作
之林，皆是史学"之说相参，其中颇有与当时如火如荼的经学考证之风
相颉颃的意味。

　　"古无经史之别，六艺皆掌之史官"的说法，很显然是从原有的"六
艺为官礼之遗"的见解发展来的，而明确归于"史官"，则同样透露了
"尊史"的消息。

　　不过必须强调的是，与烦琐经学考证相对抗，章氏他所采取的是张
大"门户"沟通经史的取径，而不是用画地为牢的办法。他从经书史书
的"体用"的角度发挥经史相通"六艺本书，即是诸史根源"的新见解，
与前述从"源"的角度揭示经之根柢于古史方向有所不同而相得益彰，
这是从"流"别的角度立论。②

　　这种看法当然是针对一般人心目中经尊史卑、经史不能相入的传统
偏见而发的。比如朱子论《春秋》三传异同时就说过："《左氏》是史学，
《公》、《榖》是经学。史学者记得事却详，于道理上便差；经学者于义理

---

　　① 章学诚：《论修史籍考要略》，见《文史通义新编新注》，432、433 页。
　　② 章学诚从流别的角度讨论"经之流变必入于史"的一个典型例子可从章氏为"方志立三
书议"所寻找的理论根据见之："古无私门之著述，六经皆史也。后世袭用而莫之或废者，惟
《春秋》、《诗》、《礼》三家之流别耳。纪传正史，《春秋》之流别也；掌故典要，官礼之流别也；
文征诸选，风《诗》之流别也。"章学诚：《方志立三书议》，见《文史通义新编新注》，827 页；
又可参见章学诚：《为毕制府撰〈湖北通志〉序》，见《文史通义新编新注》，1009 页。罗炳绵已
能从六经流别为史部所不得不收以及史之流入于子、集等"流别"方面阐发此说，并注意到章氏
有关见解的重要："实斋自己所说的'六艺本书，即是诸史根源'十个字，其实就是六经皆史的
最好注脚。后人都从《文史通义》、《易教》、《经解》、《史释》等篇中求解析六经皆史，乃至有六
经皆'史料'等说法，大起争论，言人之殊，却都忽略了这十个字。"参见罗炳绵：《〈史籍考〉
修纂的探讨》（上），载《新亚学报》，第 6 卷，第 1 期；《〈史籍考〉修纂的探讨》（下），载《新
亚学报》，第 7 卷，第 1 期。引文见该学报 423 页。此说确有所见，但是也反映了学术界普遍存
在的抓住一点不及其余的偏颇风气，贤者不免，是故系统全面之把握尤为必要也。

上有功,然记事多误。"① 这是经学、史学"道理"、"记事"截然两分的看法。苏洵更早在其著名的《史论》中提出与之相近而更为经典的论说:"大凡文之用四:事以实之,词以章之,道以通之,法以检。此经、史所兼而有之者也。虽然,经以道、法胜,史以事、词胜。经不得史,无以证其褒贬;史不得经,无以酌其轻重。经非一代之实录,史非万世之常法,体不相沿,而用实相资焉。"②

但是即使是苏氏那种相当能承认"用实相资"的看法,也不免遭到了章学诚的批评:

> ……如首篇言经非(据《史论》"经非一代之实录,史非万世之常法"之说,此处"非"之疑为"为"字之讹,或者是章氏的理解不确——引者)万世常法,亦非一代实录,为圣人道、法所寓。不知古无经史之分,圣人亦无私自作经以寓道、法之理。六艺皆古史之遗,后人不尽得其渊源,故觉经异于史耳。其云经文简约,以道、法胜,史文详尽,以事、辞胜,尤为冒昧。古今时异,故文字繁简不同。六经不以事、辞为主,圣人岂以空言欺世者耶?后史不能尽圣人之道、法,自是作者学力未至,岂有截分道法与事辞为二事哉?孟子言《春秋》之作,则云"其事齐桓、晋文,其文则史,孔子曰:其义则某窃取之。"然则事辞犹骸体也,道法犹精神也,苟不以骸体为生人之质,则精神于何附乎?此亦止就《春秋》而言,为苏氏之所论及者耳。六经皆史,则非苏氏所可喻矣。③

章氏大体从两个层次阐述"六经皆史"的道理。先就"渊源"说,

---

① (宋)黎靖德编、王星贤点校:《朱子语类》(全 8 册),第 6 册,2152 页,北京,中华书局,1994。

② 苏洵:《史论上》,见《苏洵集》,76 页,北京,中国书店,2000。此论引起后学高度的重视和讨论的兴趣,如明儒薛应旂说:"苏洵氏谓:经以道法胜,史以事词胜。而世儒相沿,动谓经以载道,史以载事。不知道见于事,事寓乎道,经亦载事,史亦载道,要之不可以殊观也。"薛应旂:《宋元通鉴·序》,见《四库全书存目丛书》,史部,第 9 册,686 页。(转引自吴海兰:《经世诉求与明后期的尊经重史观念》,引文经校正。又见向燕南:《从"荣经陋史"到"六经皆史"——宋明经史关系说的演化及意义之探讨》一文亦已引述讨论及之矣。)未知章学诚之说是否得闻此类见解而发挥者乎?

③ 《丙辰札记》,见《章学诚遗书》,387~388 页。

"六艺皆古史之遗"，这是对"六艺为官礼之遗"说的发挥，这是他持之终身不变的看法；他用"骸体""精神"之喻分析"事辞""道法"的关系，发挥因"事"与"文"而见"义"的也即由"事辞"而明"道法"的见解，是他的"六经皆史"的又一个重要见解。六经"初非以其体用不入史""六艺本书，即是诸史根源"等见解不由此道就费解了。这种观念既是对苏洵"截分道法与事辞为二事"见解的反拨，更是从孔子所示范的《春秋》中体会出来而加以推演的。关于这一点，显然是接着上述《答客问》中的有关看法的系统化，我们就不在这里辞费了。值得注意的倒是，面对苏氏"经非一代之实录，史非万世之常法"的见解，他是用什么样的看法取而代之的呢？章氏主张的是："经"非"万世之常法"而是"一代之实录"；还是"经"既是"万世之常法"又是"一代之实录"呢？

4.《原道》、《经解》、《史释》、《易教》等篇所彰显的经史观念

如果上述三个段落的分析有助于我们看清"六经皆史"说这一观念的几个重要的面向和建立的轨迹话，那么《原道》、《经解》、《史释》、《易教》等《文史通义》的核心篇章所彰显的经史观念，是其水到渠成的结晶，也是对后世产生影响的关键，有几个要点是必须阐明的。

第一，探讨经之实质与名义的来由。

章学诚关于六经之实质的认识，起步于"《六经》皆周官掌故"的见解，而凝结为"《六经》为先王之政典"的理论。《易教》开篇曰："六经皆史也。古人不著书；古人未尝离事而言理，《六经》皆先王之政典也。"所谓"古人不著书"，意为："古无私门之著述"；所谓"古人未尝离事而言理"，意为：六经为"道器"或"理事"合一的王官学。总之，"《六经》皆先王之政典也。"圣如孔子不能得而据，只能"述而不作"，因为他"有德无位"。此"非力有所不能，理势固有所不可也。"因为"政典"为"一代之法宪"为"先王"之"创制立法"，比如《易》经，章氏说：

　　　　韩宣子之聘鲁也，观书于太史氏，得见《易》象、《春秋》，以为周礼在鲁。夫《春秋》乃周公之旧典，谓周礼之在鲁可也。《易》象亦称周礼，其为政教典章，切于民用而非一己空言，自垂昭代而

非相沿旧制，则又明矣。

《易》为王者改制之巨典，事与治历明时相表里，其义昭然若揭矣。

与"《春秋》乃周公之旧典"一样，"周武既定天下，遂名《周易》而立一代之典教"，这不是在发挥"经"为"一代之实录"的见解吗？此固不独《春秋》与《周易》为然：

> 若夫六经，皆先王得位行道，经纬世宙之迹，而非托于空言，故以夫子之圣，犹且述而不作。如其不知妄作，不特有拟圣之嫌，抑且蹈于僭窃王章之罪也，可不慎欤！①

> 然则今之所谓经，其强半皆古人之所谓传也；古之所谓经，乃三代盛时，典章法度见于政教行事之实，而非圣人有意作为文字以传后世也。②

> 大抵为典为经，皆是有德有位纲纪人伦之所制作，今之六艺是也。③

志向古雅的章学诚决不会执"今之所谓经"见为满足，必复"古之所谓经"见而后可。说到底，章氏对经的见解是：《六经》皆史也。《六经》的流别可以及于后世所谓之"史学"，但其渊源与本质实为特殊身份之"史"，是"先王得位行道，经纬世宙之迹"是"三代盛时，典章法度见于政教行事之实"，是高于后世所谓"私门著述"又是较之更为平易近人④的"先王之政典"——"王章"。

经之实既如是，经之名又是从何而来的呢？"《易》曰：'云雷屯，君子以经纶。'经纶之言，纲纪世宙之谓也。郑氏注谓：'论撰书礼乐，施政事'，经之命名所由昉乎？"⑤ 《白虎通》曰："经，常也。"⑥ 刘勰说：

---

① 以上引文均见《易教》，见《文史通义新编新注》，1～19页。
② 章学诚：《经解上》，见《文史通义新编新注》，77页。
③ 章学诚：《传记》，见《文史通义新编新注》，280页。
④ 如章学诚：《为谢司马撰〈楚辞章句〉序》说："六艺先王旧典，以言建事，其道简易平直，人皆可知"，见《文史通义新编新注》，515页。此即章学诚：《〈四书释理〉序》所谓"六经简明易直，古人因事寓理之旨"，见《文史通义新编新注》，535页。
⑤ 章学诚：《经解上》，见《文史通义新编新注》，76页。
⑥ 语出《白虎通》论"五经"之"五经象五常"章，见（清）陈立撰、吴则虞点校：《白虎通疏证》（全二册），下册，447页，北京，中华书局，1994。

"经也者，恒久之至道，不刊之鸿教也。"① 世皆以为至理名言，而章氏乃推原其得名原于"纲纪世宙"之经世义，可谓别出心裁："六经初不为尊称，义取经纶为世法耳。六艺皆周公之政典，故立为经。夫子之圣非逊周公，而《论语》诸篇不称经者，以其非政典也。"然则"六经初不为尊称"，却如后人引申说意在推原而贬经乎？此又不尽然。章氏曰："异学称经以抗六艺，愚也；儒者僭经以拟六艺，妄也。"② 又曰："经固尊称，其义亦取综要，非如后世之严也。"③ 然则尊经之意，义别有在焉？"制度之经，时王之法，一道同风，不必皆以经名，而礼时为大，既为当代臣民，固当率由而不越；既服膺六艺，亦出遵王制之一端也。"④

此义非推至时王之制度当尊于六经而不能止息。经之内在意义经如此规定，则其功能固可发挥淋漓尽致，其"通今"之义旨得到贯彻，而其向来超越性的地位不期然而然地极易倒转。章氏有言曰："然而以意尊之，则可以意僭之矣。"⑤ 不料章氏竟自食之，章氏于经，固极"以意尊之"矣，而结果却"以意僭之"，尊经而适足以贬经，在他当然不是自觉之事，然不能不说是势有必至。

第二，诠之以道器并落实于"府史之史"。

章学诚关于六经的观念确有将经视为"一代"之"政典"或"王章"，即前文所谓"一代之实录"的新见，但是现代学者，对于此说之"历史"面向似乎又存在过渡诠释的倾向。⑥ 章氏是否要对传统所谓经为

---

① 语出《文心雕龙》之"宗经"篇，见刘勰著、范文澜注：《文心雕龙注》，上册，21页，北京，人民文学出版社，1958。

② 以上均见章学诚：《经解下》，见《文史通义新编新注》，87页。

③ 章学诚：《经解上》，见《文史通义新编新注》，77页。

④ 章学诚：《经解中》，见《文史通义新编新注》，81页。

⑤ 章学诚：《经解中》，见《文史通义新编新注》，80页。

⑥ 如余英时说："六经皆史而史不尽于六经。必须如此下转语，'六经皆史'的全幅含义始能显现。可见在这个命题中，实斋所未言者远比他所已言者为重要……实斋以'道'在历史进程中不断展现。六经既只是古史，则最多只能透露一些'道'在古代发展的消息。至于'事变之出于后者，六经不能言'；三代以下之道便只有求之于三代以后之史了。"参见余英时：《论戴震与章学诚——清代中期学术思想史研究》，60页。余氏与侯外庐等一样均能于章氏"反对离开历史观点而'通'经"的思想，有深切的了解，但是诚如柴德赓、周启荣、刘广京与汪荣祖等看到的，它还有不能为"历史观点"所化约的意蕴，无论如何，就探究章氏本人的观念来说，似不必将"实斋所未言者"来代实斋立言。

常道的观念实施根本的反动呢？我们可以从他如何以"道""器"范畴界定六经来获知。

章学诚有著名的"六经皆器"之说：

> 《易》曰："形而上者谓之道，形而下者谓之器。"道不离器，犹影不离形。后世服夫子之教者自六经，以谓六经载道之书也，而不知六经皆器也。《易》之为书，所以开物成物，掌于《春官》太卜，则固有官守而列于掌故矣。《书》在外史，《诗》领太师，《礼》自宗伯，《乐》有司成，《春秋》各有国史。三代以前，《诗》、《书》六艺，未尝不以教人，非如后世尊奉六经，别为儒学一门而专称为载道之书者。

从上下文可知，"六经皆器"之说，实本于"六经为周官掌故"的见解。"三代以前"的政教典型实具有特殊的重要性，学诚所欲为者乃将其绝对化而非相对化，他所注重的是"《诗》、《书》六艺"所涵盖的先王的历史经验所昭示的切近人事的经世性质，他所反对的是后世"私"将六经"别为儒学一门"所造成的对经典的教条化的狭隘处置方式。所以他说："治教无二，官师合一，岂有空言以存其私说哉！儒家者流尊奉孔子，若将私为儒者之宗师，则亦不知孔子矣。孔子立人道之极，未可以谓立儒道之极也。"又说："然则学夫子者，岂曰屏弃事功，预期道不行而垂其教邪？"章氏最在意者为"事功"与"行道"，是故又说："则政教典章人伦日用之外，更无别出著述之道，亦已明矣。""夫天下岂有离器言道，离形存影者哉！彼舍天下事物人伦日用，而守六籍以言道，则固不可与言夫道矣。"[①] 我们知道，章氏一生最用心于探讨的正是"著述之道"，但他的高见却是，六经启示人们不能离开"政教典章人伦日用"而空言"道"。后世所谓"载道之书"所谓"六籍"，乃是已然偏离道体的"言""说"，是所谓"空言著述"。[②] 与之不可并论的是，"三代以前"的六经乃是"器"，其可贵之处，正在可以"由器明道"，其所谓"器"，正

---

① 以上均见章学诚：《原道中》，见《文史通义新编新注》，100～101 页。

② 章学诚：《浙东学术》有："或问：事功气节，果可与著述相提并论乎？曰：史学所以经世，固非空言著述也。"可以参见《文史通义新编新注》，122 页。

是指的"政教典章人伦日用"。从章氏一再强调"道""器"为形影不离之关系，可知"六经皆器"之说意不在贬经，而是反复申言必须找到明"道"的正确道路而已，也就是必须准确领会六经的启示意义，即确立对六经的正确态度而已。所以他既批评"儒家者流"私据六经"彼舍天下事物人伦日用，而守六籍以言道"，也批评"而诸子纷纷则已言道矣"，均为"舍器而言道"。因为"夫道因器而显，不因人而名也。"还批评宋儒对"记诵之学，文辞之才"之因噎废食的态度："宋儒起而争之，以谓是皆溺于器而不知道也。夫溺于器而不知道者，亦即器而示之以道斯可矣。而其弊也，则欲使人舍器而言道。"①

章氏不单从六经的启示中找到了明道行道的原则，而且试图由此阐明"原道"的具体途径。他说：

> 训诂章句，疏解义理，考求名物，皆不足以言道也。取三者而兼用之，则以萃聚之力补遥溯之功，或可庶几耳。

> 义理不可空言也，博学以实之，文章以达之，三者合于一，庶几哉周、孔之道虽远，不啻累译而通矣。顾经师互诋，文人相轻，而性理诸儒，又有朱、陆之同异，从朱从陆者之交攻，而言学问与文章者又逐风气而不悟，庄生所谓"百家往而不返，必不合矣"，悲夫！②

"己所不欲，勿施于人"，备受经学压抑的章学诚固然充满了"以史明道"的自尊与自信，却并不挟持惟史明道的独断，他的《原道》就旨在分别为义理、考据、词章保留地盘，论证他们均为通向大道的学术门径，尤其强调相济为用的必要性。诚如学者指出的："这使中国知识分子未踏入'现代'的阶段前，即已具备一种观念，可以从容接受专业知识及学术分工的观念。"③

只是，"原道"的观念毕竟是指向以"三代"为黄金时代的"周、孔之道"，所谓"不啻累译而通矣"，正是经由"遥溯之功"，即章氏早已经

---

① 以上见章学诚：《原道中》、《原道下》，见《文史通义新编新注》，100～105 页。

② 以上均见章学诚：《原道下》，见《文史通义新编新注》，103、105 页。

③ 周启荣、刘广京：《学术经世：章学诚之文史论与经世思想》，见"中央研究院"近代史研究所编：《近世中国经世思想研讨会论文集》，153～154 页。

确立的通过"校雠师法"、"著录专家"而"通乎大道"的必然趋向。而"周、孔之道"显然也就是《校雠通义》所谓"故经之有六,著于《礼记》,标于《庄子》,损为五而不可,增为七而不能,所以为常道也"之道,以及《博约下》所谓"守先待后之道"①。章氏又有经之流通入史、子,"可使六艺不为虚器"之说;② "经史之不可判也,如道器之必不可分也"之说;③ "经之流变必入于史"④ 以及"贵约《六经》之旨而随时撰述以究大道也"⑤ 诸说。在在表明由源导流由流溯源以究大道之意,非谓后史抛开"三代"六经独可明大道也。故反复三致意曰:"六经之道,如日中天"⑥ 曰:"道备于六经"⑦ 曰:"六经大义,昭如日星,三代损益,可推百世。"⑧ 曰:"先王制作,存乎六艺,明其条贯,天下示诸掌乎。"⑨

所以,章学诚对六经的见解,完整地说,六经既是"一代之实录"又是"万世之常法"。

问题是,从贯通古今的观点来看,谁真正掌握了由"器"明"道"的法门呢?是那些掌握了经典解释权的经学家吗?不是,而是地位卑微却关系重大的"府史"之史。正如钱穆所指出的,章氏唱"六经皆史"之说,盖所以救当时经学家以训诂考核求道之流弊,"其所谓史者,详见于《通义》内篇卷五之《史释篇》"。⑩

《史释》的中心思想,是在阐明"府史之史通于五史"的道理:"学者昧今而博古,荒掌故而通经术,是能胜《周官》卿士之所难而不知求府史之所易也。故舍器而求道,舍今而求古,舍人伦日用而求学问精微,皆不知府史之史通于五史之义者也。"

所谓"五史",是指《周官》所载内史、外史、太史、小史、御史,

---

① 章学诚:《博约下》,见《文史通义新编新注》,120 页。
② 章学诚著、王重民通解:《校雠通义通解》,8 页。
③ 章学诚:《书坊刻诗话后》,见《文史通义新编新注》,300 页。
④ 章学诚:《与汪龙庄书》,见《文史通义新编新注》,693 页。
⑤ 章学诚:《原道下》,见《文史通义新编新注》,104 页。
⑥ 章学诚:《经解中》,见《文史通义新编新注》,81 页。
⑦ 章学诚:《原道下》,见《文史通义新编新注》,104 页。
⑧ 章学诚:《博约下》,见《文史通义新编新注》,119 页。
⑨ 章学诚:《〈亳州志·掌故〉例议上》,见《文史通义新编新注》,1001 页。
⑩ 钱穆:《中国近三百年学术史》,390 页。

是政府中地位较高的职官，"五史则卿、大夫、士为之，所掌图书、纪载、命令、法式之事，今之所谓内阁六科、翰林中书之属是也。"所谓"府史之史"，是指《周官》所载政府中地位低下的底层服务人员，"府史之史，庶人在官供书役者，今之所谓书吏是也。"章学诚认为两者各有所职，而"府史之史"更有特殊的重要性："然而卿、士、大夫讨论国计，得其远大，若问库藏之纤悉，必曰府也。""五史以卿、士大夫之选，推论精微；史则守其文诰、图籍、章程、故事而不敢自专。然而问掌故之委折，必曰史也。"虽则然职掌与地位判若霄壤，"然而无异义者，则皆守掌故而以法存先王之道也。""先王道法，非有二也；卿、大夫能论其道，而府史仅守其法，人之知识有可使能与不可使能尔，非府史所守之外，别有先王之道也。"

章学诚通过阐发"府史之史通于五史之义"，旨在示范"掌故"之重要、"贵时王之制度"之重要、"以吏为师"之重要，学问"知时""通""今"经世致用之重要：

> 故道隐而难知，士大夫之学问文章，未必足备国家之用也；法显而易守，书吏所存之掌故，实国家之制度所存，亦即尧、舜以来因革损益之实迹也。

> 要其一朝典制，可以垂奕世而致一时之治平者，未有不于古先圣王之道得其仿佛者也。故当代典章，官司掌故，未有不可通于《诗》、《书》六艺之所垂。①

说到底，从何才能真正探得"《诗》、《书》六艺"之精微？必由"书吏所存之掌故"，反之亦然，从何发用"古先圣王之道"？必施之于"当代典章，官司掌故"。章学诚对六经本原与功能的透彻理解紧紧绾合着"当代"之"治平"，而其主体则寄望并落实于地位卑下之"书吏"。

如果我们再进一步追究一下章氏"府史之史通于五史"见解的来源，就更能理解章氏之隐衷了。在《〈永清县志·六书〉例议》中，章氏就这样主张了：

> 州县修志，古者侯封，一国之书也。吏户兵刑之事，具体而微

———————————

① 以上引文均见章学诚：《史释》，见《文史通义新编新注》，270～272 页。

焉。今无其官而有吏，是亦职守之所在，掌故莫备于是，治法莫备于是矣。且府史之属，《周官》具书其数，会典亦存其制。而所职一县之典章，实兼该而可以为纲领，惟其人数，而缙绅所不道，故志家不以取裁焉。然有入境而问故，舍是莫由知其要，是以书吏为令史，首领之官曰典史；知令史典史之史，即纲纪掌故之史也，可以得修志之要义矣。①

所谓"府史之史通于五史之义"，实从"令史典史之史，即纲纪掌故之史也"的见解发展而来，可知，此种见解实本于其修志的实践。我们更不会忘记章氏曾自抒怀抱："丈夫生不为史臣，亦当从名公巨卿，执笔充书记"② 其一生际遇不是任书院之讲席，就是替基层官员编纂书志，也正约在"史臣"与"书记"之间，而实近于"书吏"。这充分反映了他本人的政治参与意识及其由此参透经义大道的自任与自信。所以，章学诚之解经原道虽然遥遥地根源于三代，但其通经致用的经世趋向却踏实地指向当代，且深深寄寓了其一生的志愿抱负与身世感怀。是故"六经皆史"之说，与其说是史家的卓见，不如说是"书吏"之危言。③

四、章氏"六经皆史"说的时代意义

我们对章学诚"六经皆史"说的了解已经触及了颇具个性的感伤情节，但是我们若不深入考察他对身处的时代与时代潮流的整体见解，则仍不能充分把握其时代意义。

章学诚对其时代的刻画比他的缠绵自顾要明朗得多也浪漫得多了，也许他的郁郁不得志正是他那样看好的黄金时代映照的吧。后人也许不易理解，章氏的"六经皆史"说不仅毋庸置辩地预设了"唐虞三代"为理想的黄金时代的绝对认知前提，更重要的是他赤诚热烈地相信"本朝"距离这种郅治之世近在咫尺。乾隆五十六年，章学诚有信给朱锡庚品评

---

① 章学诚：《〈永清县志·六书〉例议》，见《文史通义新编新注》，968 页。

② 章学诚：《答甄秀才论修志第一书》，见《文史通义新编新注》，842 页。

③ 张尔田认为"章氏只知六艺之为史，而不知六艺之由史而为经"是将孔子大圣人视为"抄胥"了："以抄胥为圣人，宜其推大成于周公而不知孔子为万世之教祖也。"故颇表不满之意。参见张尔田著、黄曙辉点校：《史微》，228 页，上海，上海书店出版社，2006。其实，章氏的见解正是要从"抄胥"入手，通经致用道得道经世也。

比较朱筠之文与欧阳修之文说：

> ……而先生之集，不如欧阳之壮，则时不同也。欧阳谏疏，辉光简册，先生不为言官，且亦时无失政，故无所用也。欧阳碑版，彪炳丹青，先生生逢尧、舜在上，将相公卿，奔走率职，不似叔季之世，遇变而显瑰奇之行，有以峥嵘其文字也。①

这段书函最能够与《丙辰札记》中"自唐虞三代以还，得天下之正者，未有如我大清"云云那一段著名的为"本朝"争正统的话②相发明，一为给友人的私函，一为写给自己看的札记，最能反映他对所处"时""世"的真实看法。章氏认为欧阳修所处的北宋不过"叔季之世"，而自处于"尧、舜在上""时无失政"之盛世。看来，在章氏眼里，"本朝"与"唐虞三代"的距离，比之好高唱"回向'三代'"③的宋代士大夫之视本朝与"三代"的距离，要近得多。这不能不说是学者所艳称的"乾隆盛世"在士人心理上的自然投影。可知"今兹幸值右文盛治"④以及"伏惟皇上稽古右文，阐经裁史，以明政学。盖尧、舜之执中，而为尼山之笔削，千古所仅觏矣"⑤云云，绝非面谀之辞。有学者认为章学诚关于经典古代的观念分享了根植于宋代儒学复兴中更为广泛的乌托邦思想、尤其得益于王阳明的"知行合一"的观念，⑥其实章氏对"我大清""本朝"的时代经验与切身感受更为重要得多。正是那种"唐虞三代"之治唾手可及的自我感觉的良好，才使得他有底气反复批评"后儒"说：

> 人道所当为者，广矣大矣，岂当身皆无所遇，而必出于守先待后，不复涉于人世哉！……然则学夫子者，岂曰屏弃事功，预期道不行而垂其教邪？⑦

---

① 章学诚：《又与朱少白论文》，见《文史通义新编新注》，771页。

② 参见《丙辰札记》，见《章学诚遗书》，390页。

③ 参见余英时：《朱熹的历史世界：宋代士大夫政治文化的研究》，184～198页，北京，生活·读书·新知三联书店，2004。

④ 语出章学诚：《为毕制军与钱辛楣宫詹论续鉴书》，见《文史通义新编新注》，653页。

⑤ 语出章学诚：《为毕制府撰〈湖北通志〉序》，见《文史通义新编新注》，1008页。

⑥ 参见倪德卫（David S. Nivison）：《章学诚的生平与思想》，杨立华译，86～91页，台北，唐山出版社，2003。

⑦ 章学诚：《原道中》，见《文史通义新编新注》，100页。

后儒非处衰周不可为之世，辄谓师法孔子必当著述以垂后，岂有不得已者乎？何其蔑视同时之人而惓惓于后世邪！①

是故，章氏那"谓集大成者周公而非孔子，学者不可妄分周、孔。学孔子者不当先以垂教万世为心"②的见解，实有其"本朝"绝"非处衰周不可为之世"的时代根据。章氏将孔子之道推本于周公，实寓其盛世"明道"并"行道"经世之志，假途于"书吏"等"府史之史"是找到了切合自己身份的道路。我们看他如何煞有介事地将"周官遗意""推行"到方志的纂修，可知这绝不是一句空话。与其说是他的文史校雠学思想找不到适合表达的地方而不得已在这些角落小题大做，不如说是他的高涨的经世意识不可抑制地找到了适当的喷火口。他对"官礼之遗"的"六艺"典型采取的是"师"其"意"③、溯其源的态度，所以他的见解的调子虽高而入手处却颇为切实。他的目标当然是希望他的"本朝"——大清——达到"天下以同文为治"的。"三通馆"、"四库馆"渐次以开，士大夫躬逢其盛，怎能不有所作为呢？我们再看他的《校雠通义》原名《续通志校雠略拟稿》，而《校雠通义》卷一"叙"头两个字"叙曰：……"《续通志校雠略拟稿》（卷一）"续通志校雠略第一""（叙）"为："臣等谨按：……"④ 可知此稿原拟进献给朝廷的，就像宋代的郑樵苦心经营《通志》一书以备天颜眷顾一样。更何况从康熙时李光地等人已经鼓吹本朝可"复启尧舜之运"的高调了："臣又观道统之与治统，古者出于一，后世出于二……至我皇上……应王者之期，躬圣贤之学，天其殆将复启尧舜之运，而道与治之统复合乎！"⑤ 此种舆论到章学诚的时

---

① 章学诚：《与陈鉴亭论学》，见《文史通义新编新注》，717页。

② 这一段话，是伍崇曜对章学诚核心思想的概括，颇为扼要恰当。语出《伍崇曜〈文史通义〉跋》，见《文史通义新编新注》，1081页。

③ 犹如章学诚：《书教下》中所云："经不可学而能，意固可师而仿也。"见《文史通义新编新注》，38页；如《州县请立志科议》中所云："夫文章视诸政事而已矣。三代以后之文章，可无三代之遗制；三代以后之政事，不能不师三代之遗意也。"见《文史通义新编新注》，835页；又如《同居》中所云："夫师古而得其意，固胜乎泥古而被其毒也。"见《文史通义新编新注》，342页，等等。

④ 参见梁继红：《论章学诚校雠理论的发展脉络》，见北京大学中国古文献研究中心编：《北京大学中国古文献研究中心集刊》，第4辑，489页。

⑤ 李光地：《榕村全集》，卷10《进读书笔录及论说序记杂文序》，转引自侯外庐：《中国思想通史》，第5卷《中国早期启蒙思想史》，412页。

代更成气候。章氏对"周官遗意"的"推行"，对"六经皆史"说的阐发，及其中所蕴含的以"官师合一"、"治教合一"为贵的价值观念，正是上述思想的顺理成章的发展，他的古色古香的理论正是激荡于鲜活的现实世界，从这个意义上说，不管他的取径是如何的别出心裁，他的见解仍然典型地反映了那个时代的思潮。

章学诚必欲将"今之所谓六艺"以及孔子之道推本于周公，立意于纠"儒者流误欲法六经而师孔子"之偏，其所谓"儒者"虽泛指"孟子以后命为通儒者"，① 而实多针对宋儒而发："宋人推尊孔、孟，多不近情；盖不知圣贤之实，务以空言相高，往往入于飘渺玄虚，翻觉不近情也。动谓夫子贤过尧、舜，百王曾不足当孔、孟之一映，六经亦不敌《语》、《孟》之片言。"甚至认为宋儒为学取向的虚妄之过重于秦始皇的"咸阳之焚"。② 章氏曾自道："至于'两庑牲牢'等语，本无足为戴轻重，仆偶举为《原道》诸篇非有私意之旁证耳。"③ 此地无银三百两，章氏虽不似戴震之对于朱子施谩骂，然确乎有意于甘当宋儒之净友也。章氏亦本此意批评当时经学之"博杂"："夫学无所主，而耻一物之不知，是欲智过孔子也。孔子之大，如天之不可极，然而其学可以一言尽也。孔子所欲学者，周公也。"④ 并直言规谏孙星衍等的学问之"少归宿"："天地之大可一言尽，学故贵博，守必欲约，人如孔子，不过学《周礼》一言，足以尽其生平。"⑤

然则章氏尊经乎，贬经乎？"维持宋学"乎，"反理学"乎？与当时"经学"有争意乎，欲以"史学"代"经学"乎？

章氏当然是尊经的，他最不愿看到的是一干人等"一向高阁六经，置之'尊而不亲'之列，不知六经固如日月，虽高不可逾，而无日不与

---

①　章学诚：《与陈鉴亭论学》，见《文史通义新编新注》，717～718 页。

②　章学诚：《〈淮南子洪保〉辨》，见《文史通义新编新注》，376～377 页。

③　章学诚：《答邵二云书》，见《文史通义新编新注》，683 页。而从"大梁本"与"《遗书》本"《文史通义》两种版本的文字出入，尤其是《原道上》之末段的异文以及"大梁本"对《说林》的部分内容的删节来看（参见章学诚著、仓修良编：《文史通义新编》之编者所作的校勘记，限于篇幅，文繁不录），公然批评程朱"理学"，在章氏生前乃至于死后相当一段时间还是颇有顾忌的事，但确为章氏意欲表达的重要见解。

④　章学诚：《博杂》，见《文史通义新编新注》，339 页。

⑤　章学诚：《与孙渊如观察论学十规》，见《文史通义新编新注》，398 页。

人相切近。"① 是故他对六经的意义的新解释，正是要人既"尊"且"亲"之的。章学诚显然无意动摇六经的权威地位，相反，他的新诠释的冲动，与对六经的不可替代的示范功能的绝对认知，是须臾不可离的。用《言公》中的话来说就是"六艺为文字之权舆"② 用《答客问中》的话来说就是"六经之于典籍也，犹天之有日月也。"③ 但是也正因为他对六经采用的是"师"其"意"的态度和必将当前的文事治道溯源联结于"唐虞三代"的做法，竟出人意料地起到了模糊或打破六经神圣性的媒介作用，比如以"周官掌故"为史家述道之典范而几于将经典等于"档案"与"史料"，此外如以经拟"时王之制度"、以经拟"时文"，④ 都微妙地存在"以意尊之"之意图而适足以收获"以意僭之"之后果。这大概也是侯外庐等看到的"依据历史观点"而"通经"的必然逻辑吧。

章学诚确实是不满于空谈性天"以'道'名学"⑤ 的"宋学"流弊的，他以孔子为学本周公、以《六经》统《四书》⑥，就是用经世的精神对宋学加以规正，他也看到了"汉学"的"墨守"⑦ 与破碎之弊，他还看到无论"宋学""汉学"均失之于不"文"，但是站在《原道》的立场，他是不可能用"史学"代替"经学"或"理学"的，所以他承认如阮元《车考》之类"考索之家，亦不易易"⑧ 更极诋袁枚以所谓"著述家"的名义菲薄"考据"。⑨ 也能承认"宋儒之学，自是三代以后讲求诚正治平

---

① 章学诚：《清漳书院留别条训三十三篇》，见《文史通义新编新注》，609 页。

② 章学诚：《言公上》，见《文史通义新编新注》，201 页。

③ 章学诚：《答客问中》，见《文史通义新编新注》，256 页。

④ 参见章学诚：《与邵二云论文》，见《文史通义新编新注》，668～669 页。

⑤ 语出章学诚：《家书五》，见《文史通义新编新注》，822 页。此类说法甚多，不赘。

⑥ 比如《〈四书释理〉序》曰："古无专门说理之书，说理有专书，理斯晦矣。六艺，先王旧典，圣人即是明理，而教亦寓焉……然而四子之书，无非发明六艺之旨，故刘、班《七略》，皆叙六艺之书，列为九种，则以《孝经》、《论语》、《尔雅》三书，故为传而非经，不得混其目也。"《文史通义新编新注》，535 页。

⑦ 参见章学诚：《〈郑学斋记〉书后》，见《文史通义新编新注》，581 页；章学诚：《说林》亦曰："尊汉学，尚郑、许，今之风尚如此，此乃学古，非即古学也，居然唾弃一切，若隐有所恃。"《文史通义新编新注》，226 页。

⑧ 章学诚：《答沈枫墀论学》，见《文史通义新编新注》，714 页。

⑨ 章学诚：《诗话》，见《文史通义新编新注》，294～295 页。

正路"，①"其析理之精，践履之笃，汉、唐之儒未之闻也。"② 章学诚对"经"与"经学"自有明确的分际，如前所述，他当然是崇经的，所以要明其大义以致用，并将"史"与"六艺本书"相系连亦以自尊所学，从这一角度看，说"六经皆史"蕴含了"以史概经"的意义，实可以理解；而对"经学"尤其是当代之流于"襞绩补苴"③ 的经史之学也确不吝惜以齿冷，不仅因为受其压迫，更鄙其既不得大道又不足以适用也，所以他沉痛地说："德者，行道而有得于心之谓，不必一定圣人道德之极至也；凡立言者，必于学问先有所得，否则六经、三史，皆时文耳，况于他乎！"④ 又说："六经三史，学术之渊源也，吾见不善治者之瘝厉矣。"⑤ 在这个意义上，说章氏要用他的史学取代"这个样子的"经学，也不为过。他又从戴震这样的经学大师身上看到了知识与道德的分裂而意识到宋学"躬行实践"崇德践履精神之可贵，又在《文德》篇强调"敬恕"的重要、还在《史德》篇中还发挥程子关于《诗》朱子关于《骚》的充满名教大义的解释来宣扬著书者所应贵之心术。那么他真的要"维持宋学"了吗？"吾谓维持宋学，最忌凿空立说，诚以班、马之业而明程、朱之道，君家念鲁（即章氏好友邵晋涵的祖父邵廷采——引者）志也，宜善成之！"⑥ 不如说他是以史学改造发挥理学更为恰当，是故他的晚年定论是"言性命者必究于史"：意之所居，正在超越理学之"空言德性"、超越经学之"空言问学"，⑦ 而以史学经世之义绾合知识与道德，所以他既在《浙东学术》中，又在绝笔《邵与桐别传》中一再推本说："昔史迁著书，自命《春秋》经世，实本董氏天人性命之学，渊源甚深。"⑧ 与以戴震为代表的"经学即理学"的洪波巨流相比，章学诚那堪称"史学即理学"的治学倾向显然是独秀一枝，暗香隽永。章学诚确实是对"经学"理论基础进行了深刻反思，但并不是以另一种新经学取而代之；他对宋

---

① 语出章学诚：《家书五》，见《文史通义新编新注》，822 页。
② 语出章学诚：《原道下》，见《文史通义新编新注》，105 页。
③ 语出章学诚：《博约中》，见《文史通义新编新注》，118 页。
④ 章学诚：《再答周筤谷论课蒙书》，见《文史通义新编新注》，733 页。
⑤ 章学诚：《说林》，见《文史通义新编新注》，229 页。
⑥ 章学诚：《家书五》，见《文史通义新编新注》，822 页。
⑦ 参见章学诚：《浙东学术》，见《文史通义新编新注》，121～122 页。
⑧ 《邵与桐别传》，见《章学诚遗书》，177 页。

学流弊也持强烈的批评态度，只是对宋学的崇德精神的坚执远不是"智识主义化"之说可以概之的。换言之，"六经皆史"反映了章学诚在"汉学"与"宋学"分化之初就欲站在史学立场加以统合的新动向。①

总结本节的讨论。章学诚循着"文史校雠"之学的取径建立起"六艺皆官礼之遗"诸说，实为"六经皆史"观念之根源。从该理论的形成发展过程中可以看到其丰富的意蕴：由"六经皆周官掌故"与"古无私门之著述"所指涉的"道器合一"、"官师合一"、"治教合一"的价值观念；由与经学的抗争而激起的从"述作"角度诠释的"以史明道"的主张；由《史籍考》的编纂而突显的"尊史"的专业思想；由修志的实践而悟到的以"府史之史"即"书吏"的卑微身份以道自任的主体意识；从以史通今的立场出发，既将经典视为"一代之实录"，又深深维护经典为"万世之常法"的思想。章学诚对六经的新认识与他应对当时"汉学"、"宋学"交攻的学术风气密切相关，更与如何发挥经典在他所处时代的作用这一问题有关。正因为他对六经采用的是"师"其"意"的态度和必将当前的文事治道溯联结于"唐虞三代"的做法，竟出人意料地起到了模糊或打破六经神圣性的媒介作用。

第二节　经典的没落与章学诚"六经皆史"说的提升

这一节我们将看到的是：晚清以降随着西力东侵、西学东渐，国势衰危之际，经典不再是士大夫发挥政治与文化理想的最高思想资源，"六经皆史"遂成为流行的时代思潮。本书主要联系晚清今古文经学之争与民国新史学家提出的"六经皆史料"的口号，扼要勾勒了章学诚的"六经皆史"说在晚清民国的影响与折变。从"六经皆史"，到"夷六艺于古史"，再到"六经皆史料"，此说之备受关注，深刻地反映了中国近代经学的衰败及其主导地位被史学所取代、而经典自身不能不以"史料"的身份寄身于"史学"的历史命运。经典之权威地位的丧失与"六经皆史"说之提升齐头并进、恰成反悖而有密切的内在关系，尤为深刻地反映了

---

① 诚如《天喻》所揭露的，当时学术状况是："汉学宋学之交讧，训诂辞章之互诋，德性学问之纷争，是皆知其然而不知其所以然也。"见《文史通义新编新注》，332 页。

时势的变动。

经典日趋丧失其权威地位而至于要被"扔下毛厕去"①，经学日趋败落而至于"终结"②，乃是中国近代文化史之主旋律，也可以说是一部较之敦煌学史毫不逊其沉痛度的"伤心史"。描述其过程，揭示其所以然之故，是一个关乎中国文化发展方向的巨大系统工程，吸引了越来越多的有识之士倾力于此。③ 笔者拟以晚近学人对章学诚的"六经皆史"说的接受与再诠释为视角，切入此题。晚清以降，尤其是民国以来，学术界流行着一种对章学诚的"六经皆史"说的独断诠释，即认为此说蕴含着夷经于史甚至尊史抑经的意义，具有打破经典权威的思想解放作用，还兼备了以六经为史料的史学观念。虽有学者对此加以辨正，但是占主导地位的看法形成了时代潮流，或者争颂"六经皆史"的口号而不自知其借用与章氏之原意本不相合，或者在章氏基础上进一步提出"六经皆史料"的主张以建设新史学。从打破经典与经学的权威为理所当然的观点来看，章学诚自然很容易成为现代新史学的先知先觉；从对经典与经学怀抱较为宽容与建设性的立场，尤其是从拉长时段的历史理解的角度来审视，则结论就会有所不同。问题是如此尖锐地摆在那里：孰谓能得章氏之本意？何以喧哗之众声皆会聚焦于本题，致使章氏生前的寂寞与此说日后的堂皇之间形成如此强烈的反差？都有待于深入的探讨。此议题之特殊性，使探讨的正当途径竟有类如诠释之循环：如果对"章学诚学术的百年来研究"不作深入的反思，则很难了解"六经皆史"说的缘起与本旨，反之亦然，若不考实此说之发生演变以及后世影响，其意义就无从谈起。这自然使得此项研究，虽本于章学诚而绝不能局限于章学诚。尤其是对章氏是否抑经以及章氏是否卑视六经为史料等问题的探讨，牵扯出来的实在是中国经学的近代命运这个母题，就更不仅关乎对章氏一人学术思想的评骘了。我们之所以要将他联系起来讨论，也是为探得此论题之深

---

① 语出钱玄同：《废话——原经》，见《钱玄同文集》，第 2 卷，234 页，北京，中国人民大学出版社，1999。

② 语出汤志钧：《近代经学与政治》，第八章《经学的终结》，北京，中华书局，1989。

③ 有关经学在近代式微的原因的探讨，陈以爱从思想、制度等层面，综述有关研究成果较详细，可参见陈以爱：《中国现代学术研究机构的兴起——以北京大学研究所国学门为中心的探讨（1922—1927）》，265～266 页，台北，政治大学历史学系出版，1999。

层意蕴而不能不设置一个略为方便的比较向度而已。怀抱同情的历史理解也许比满怀乡愁的感伤要有力一些，我们只能围绕着"六经皆史"说所涉及的方面，探讨经典与经学的沉浮与变动的时代之间的关系，好比是从浮在海面的冰山一角的摇曳，试略探一探深隐在海中的庞大冰体之挪移。

本章上节《章学诚"六经皆史"说的本源与意蕴》，已先作了正本清源的梳理，或可为评骘章说之"流变"及其与近代经学之命运关系，提供较为切实之张本。然而，此等工作乃建立于对前贤研究成果的"反思"之基础上，而"六经皆史"议题的凸显实在章氏之殁后而非生前，是故，此说在近代之流传与播迁，即此问题意识之张扬历程，反而是本源，亦为笔者关注之缘起。

一、"六经皆史也"：在《文史通义》位列首句之谜案

我们首先要探讨的是，章氏"六经皆史"说发生影响的偶然性问题。

章学诚在他那个时代多少有点异类，他虽然自负才学，而生前确乎是寂寞的。当时就有翁方纲向其友人刘端临征询章氏"学业究何门路"，[①]又有阮元在给洪亮吉的信中问及："会稽有章实斋，所学与吾辈绝异，而自有一种不可埋没气象，不知是何路数，足下能定之否？愚意此亦一时之奇士也"云云。[②] 等，可知在当时也并非湮没无闻，但他的学问"路数"无疑成为不被人知的障碍。不过他的身后也着实是光彩夺目的。越来越深入的研究表明，1928年姚名达订补胡适《章实斋先生年谱》，在书末说："十一年（1922）春，本书初版出版，国人始知章先生。"这话未免夸张；[③] 论者所谓"其身后大名，主要还是由于日本学者在20世纪的

---

① 章学诚：《家书二》，见《文史通义新编新注》，817页，杭州，浙江古籍出版社，2005。

② 章学诚：《与朱少白书》，见《文史通义新编新注》，787～788页。

③ 除了余英时批评其"夸张"之外（余说见氏著：《论戴震与章学诚——清代中期学术思想史研究》，162页，北京，生活·读书·新知三联书店，2000），吴天任早就批评"这句话未免大言不惭了！"并进一步以王宗炎、谭献等人对章氏学问的了解为据，指出："实斋不为一般汉学家所欢迎，原是事实。但说汉学家使实斋事迹埋没了一百二十年无人知道，这又是一段笑话了！……总之，实斋事迹，后人虽非全部了解；也断不至有埋没一百二十年无人知道；而必须等到胡谱出版后才知道的道理。"参见吴天任：《胡著姚订章实斋年谱商榷》，见《章实斋的史学》，293～294页，台北，台湾"商务印书馆"，1979。

新发现"，① 就更过分了。事实上，他的著述之影响还颇为深远。② 他的
学术声誉大致可以章太炎的一句话概括之："会稽章学诚为《文史》、《校
雠》诸通义，以复歆、固之学，其卓约近《史通》。"③ 正得力于迥异乎侪
辈的学术取径及其卓识；从更长的时段来看，更与其由"文史校雠之学"
所获致的"六经皆史"的大论断息息相关。不过，这一观念在章氏的学
术思想中占据如此重要的地位，赢得如此广泛的声誉，却也有出人意外
的缘由。多少具有传奇色彩的是："六经皆史也"很可能不是章氏自拟
《文史通义》开门见山的第一句话。

　　学者多认为今本《文史通义》第一篇《易教》第一句话"六经皆史
也"不仅是《文史通义》的中心思想也是章氏学术思想的纲领。但是我
们要在这里提出一个对本论题的存在价值及其重要性也许构成严重威胁
的质疑，如果《文史通义》的第一句话不是"六经皆史也"的话，那么，
这个命题还会受到如此经久不息的关注吗？它在学术思想史上还会有那
么大的影响吗？无论如何，我们要论证的一个重要假设，就是，以这一
句话开宗明义的《易教》④，很不可能是章氏自拟中的《文史通义》的第
一篇。学术界近来的研究，逐渐逼近于对这个问题作彻底的清查。嘉庆
元年（1796），章学诚曾选取《文史通义》中少数篇章编刻出版，此即
《文史通义》自刻本，也是《文史通义》的最早刻本。北京大学图书馆现
藏华绂抄本中就附有《文史通义》自刻本，篇目中包含有《易教》、《书
教》、《诗教》等诸篇，梁继红在钱穆的有关研究基础上进一步认为"恰
是因这些文章入选自刻本而说明这些文章并非十分逆人视听，也并非章
学诚论学最为核心的文字。"而乾隆五十四年（1789）"此年所作《原

---

① 汪荣祖：《槐聚说史阐论五篇》，见《史学九章》，312页，台北，麦田出版社，2002。
② 关于章学诚的学术思想对后世的影响，钱基博较早有颇为细致的讨论，参见氏著：《〈文
史通义〉解题及其读法》，上海，龙虎书店，1935。有学者以刘师培《国学发微》、张尔田《史
微》、柳诒徵《国史要义》为例，专章讨论"章学诚对后世的影响"，参见朱敬武：《章学诚的历
史文化哲学》，台北，文津出版社有限公司，1996；又有学者从"六经皆史"说、治学合一论、
方志学思想等方面讨论章学诚对龚自珍、魏源、李慈铭、谭献、郑观应、康有为、蔡元培、章太
炎、梁启超等人的影响，参见陈鹏鸣：《试论章学诚对于近代学者的影响》，收入中国历史文献研
究会编：《章学诚国际学术研讨会论文集》，北京，北京图书馆出版社，2004。
③ 章太炎：《检论》之《清儒》篇，见朱维铮编校：《章太炎全集》（三），474页，上海，
上海人民出版社，1984。
④ 如今通行的大梁本与嘉业堂刻《遗书》本《文史通义》，皆以《易教》居全书之首。

道》、《经解》、《原学》等集中言道的文章当是章学诚论学中心之中心，故而按照章学诚编纂《文史通义》的原则，《原道》诸篇当代替《易教》诸篇居于《文史通义》全本之首。"①

我们认为，由于章学诚的"文史校雠之学"的理论出发点，乃建立在从"三代盛时"的官师合一到"三代以后"政、学分离的"学术"分野之上，是故像《原学》实属发挥《原道》见解的，分析私学兴起后的发展状况而非"集中言道的文章"，此篇似未必定居于各篇经"教"如《易教》等之前，相对而言，从章氏一贯"尊史"的立场来看，《史释》在《文史通义》中的排序会比较靠前，无论如何，《原道》、《经解》确有可能位列头排，而《原道》之为《文史通义》全本之第一篇，更是毋庸置疑的。我们知道，《原道》是章氏一生治学的终极关怀。他在《和州志·艺文书》序列之第一部分标题就是《原道》。《续通志校雠略拟稿》中的相关内容题名为"著录先明大道论"，今本《校雠通义》恢复标题为《原道》，从广义的《文史通义》独立出来的《文史通义》更必须有他颇为自得的《原道》篇，拙作《章学诚"六经皆史"说的本源与意蕴》一文已经交代过，其宗旨是要解决自与戴震初晤以来就未曾释怀的重大问题。它的重要性，自然要使得它在无论是广义的还是狭义的《文史通义》（该书名有广、狭两义，用余英时说）必然是稳居首席的。另外，章学诚是那种对著述体例在意到几近苛求的人，他在《立言有本》中对汪中《述学》体例的指摘，证明他在这方面正是不屑假借的严厉君子。而他本人早就声言他的《文史通义》是要"下该《雕龙》"的②，刘勰《文心雕龙》的第一篇为《原道》、第二篇是《徵圣》、第三篇才是《宗经》，这样的排列次第怎么能不让他效法！因此，章学诚自拟的《文史通义》的第一篇只能是《原道》而非《易教》。这一点的澄清对本论题有什么意义呢？由于章学诚遗稿的编纂者，或者不明章氏之"义例"，或者出于某种忌讳，而把最重要的《原道》篇往后挪，而造成了《易教》为今本《文

---

① 钱穆：《中国近三百年学术史》，424～427页，上海，商务印书馆，1937；钱穆：《记钞本〈章氏遗书〉》，原刊于《北平图书季刊》，第三卷，第四期，1936，见《中国学术思想史论丛》（卷八），合肥，安徽教育出版社，2004。梁继红：《章学诚〈文史通义〉自刻本的发现及其研究价值》，见中国历史文献研究会：《章学诚国际学术研讨会论文集》，206页。

② 章学诚：《与严冬友侍读》，见《文史通义新编新注》，706页。

史通义》的第一篇，从而也就很偶然地造成了"六经皆史也"成为今本《文史通义》开宗明义第一句话的事实。

这一事实提醒我们，现有的研究中普遍存在的动辄将《文史通义》乃至《校雠通义》诸篇笼统视为"六经皆史也"一句五字的注脚的做法，颇有夸张之处。

二、"六经皆史"说的传延：章氏的影响与新时代意识建构之间的互动

这样，自然产生一个问题：百年来它的辉煌的被接受史、被一再诠释的故事是否也是偶然的呢？事情绝不那么简单。消解此惑，不但要求我们溯自章学诚的生前，更须征之于其身后。片言不足以解纷，容笔者进一步从传延与折变两个大的方面来探讨它在后世的播迁。这两方面当然是不能简单剖判开来的，为了讨论的方便起见才有必要如此，希望我们所做的学术思想史的个案分析，能跟得上该观念发展史的自然流程。

章学诚的"六经皆史"说，蕴含了从"王官之学"与"百家""私学"分野的角度讲中国古代学术的取径与卓识，颇为难能可贵。钱穆因此将章氏的这一见解推崇为是"极大的创见"。① 此种评论堪称得当。其实，章太炎在《訄书》重订本《清儒》中明确主张"六艺者，官书，异于口说。"② 显而易见为近承自章学诚以六艺为王官学的见解。又如顾颉刚认为："中国的古籍，经和子占两大部分。普泛的说来，经是官书，子是一家之言。或者说，经是政治史的材料，子是思想史的材料。"说穿了，也是在发挥章学诚的"官学""私学"两分的见解，而以"材料"论之，则难掩其"时代精神"而已。③ 至于钱穆，更是擅用"王官学与百家言对峙"的观点讲中国学术思想史的。④ 如此等，从一个侧面，我们可以

① 钱穆：《中国史学名著》，254页，北京，生活·读书·新知三联书店，2000。
② 朱维铮编校：《章太炎全集》（三），160页。
③ 顾颉刚：《古史辨》，第4册《顾序》（1933-02-12），15～16页，上海，上海古籍出版社，1982。
④ 参见夏长朴：《王官学与百家言对峙——试论钱穆先生对汉代学术发展的一个看法》，见台湾大学中国文学系编印：《纪念钱穆先生逝世十周年国际学术研讨会论文集》，45～80页，2001。

说，章学诚的"六经皆史"说获得了光辉的下场。此说还涉及中国学术史上的一个重要问题，即中国学术思想的源头是否可以追溯到史官文化的问题，且不说别的，我们看龚自珍如何发挥"古史钩沉论"，刘师培如何在《论古学出于史官》后复作《补古学出于史官论》，以及"后来之扬其波者，如张尔田、江瑔、金兆丰，皆谓诸子百家，莫不原本人事，共出于史官。"① 尤其是，刘氏宗主在古文经学，龚、张氏则倾向于今文经学，而均愿意为章说作注脚，如此等，真足让人感喟见识之长竟有非烦琐考证所能望其项背于万一者，岂得谓此等命题"显然没有多少知识上的意义"呢？

"六经皆史"说内含的经世大义，亦颇不乏解人。"谓集大成者周公而非孔子，学者不可妄分周、孔。学孔子者不当先以垂教万世为心。"此说既为伍崇曜所激赏，② 魏源复采入《学校应增祀先圣周公议》。③ 龚自珍 25 岁时作的《乙丙之际著议第六》，以及言经颇及今文后撰于 42 岁的《六经正名论》等，都在深沉地发挥章氏这一核心观念。④ 道光六年（1826）魏源还把《乙丙之际著议第六》收编入《皇朝经世文编》"一卷《学术》"，⑤ 看来，龚、魏均深赏章氏"治学"合一、"官师"合一的学术观念及其经世致用的意蕴，这一点很可能启迪了他们那种"喜以经术作政论"⑥ 的学风。又诚如钱穆所说："章氏六经皆史之论，本主通今致用，施之政事"影响及于包世臣等人。⑦ 在更为年青一代的康有为身上，我们也找到了影响的踪迹。章学诚在《经解上》中有云："《易》曰：'云雷屯，君子以经纶。'经纶之言，纲纪世宙之谓也。郑氏注谓：'论撰书礼

① 语出金毓黻：《中国史学史》，329 页，石家庄，河北教育出版社，2000。

② 《伍崇曜〈文史通义〉跋》，见章学诚著、仓修良编注：《文史通义新编新注》，"附录"之一，1081 页。

③ 魏源：《学校应增祀先圣周公议》，见《古微堂外集》卷一，收入《魏源全集》（全 20 册），第 12 册，长沙，岳麓书社，2004。魏氏本于章说，参见余英时：《论戴震与章学诚——清代中期学术思想史研究》，57 页。

④ 关于龚自珍诸篇的撰著时间，参见樊克政：《龚自珍年谱考略》，北京，商务印书馆，2004。

⑤ 参见樊克政：《龚自珍年谱考略》，295 页。

⑥ 语出梁启超，见朱维铮校注：《梁启超论清学史二种》，63 页，上海，复旦大学出版社，1985。

⑦ 钱穆：《中国近三百年学术史》，392 页。

乐，施政事'，经之命名所由昉乎？"此说引起康有为的极大关注并采纳于《教学通义》一书："四者（指《诗》、《书》、《礼》、《乐》——引者）为先王典章，故称为经。经者，经纶之谓，非有所尊也。（章实斋尝有是说）。"后来确立了今文经学立场的康氏在《新学伪经考》中批评章学诚说："近世会稽章学诚亦谓周公乃为集大成，非孔子也。皆中歆（指刘歆——引者）之毒者。"但是这绝不能掩其曾深受章氏"六经皆史"说影响的事实，① 毋宁说章氏对经之注重经之"经纶"功能的态度既成为康氏他走向具有强烈经世精神的今文经学的桥梁，最后亦与之合流了。甚至到民国年间，也还有像孙德谦的《申章实斋六经皆史说》② 等文章仍然在发挥"六经皆史"说这方面的意蕴。

当然，章氏"六经皆史"说留给后世最大的遗产，是为中国近代学术思想史的最为重要的"大事因缘"——"经学的史学化"提供了不可或缺的也许还是别无选择的和最为合体的观念构架或概念工具。

晚近古文经学之领军人物章太炎在清末曾揭橥其学术旨趣说：

> 孔氏之教，本以历史为宗，宗孔氏者，当沙汰其干禄致用之术，惟取前王成迹可以感怀者，流连弗替。《春秋》而上，则有六经，固孔氏历史之学也。《春秋》而下，则有《史记》、《汉书》以至历代书志、纪传，亦孔氏历史之学也。③

这是明白主张以"历史之学"贯通经史的，其"历史"的观念或别有假借于西人，④ 其"沙汰其干禄致用之术"之主张为对今文经学之"通经致用"流弊痛下针砭，在精神上均大大有别于章学诚之所谓"史"，但是他以"前王成迹"视经，实本于章学诚"若夫六经，皆先王得位行道，经纬世宙之迹"之论，他以《春秋》上下推演"孔氏历史之学"，亦继乎

① 参见本书第二章第一节："《教学通义》与康有为的早期经学路向及其转向"。
② 此文原载《学衡》，第二十四期，1923，收入存萃学社编集、周康燮主编：《中国近三百年学术思想论集（六编）——章学诚研究专辑》，香港，崇文书店，1975。
③ 章太炎：《答铁铮》（原载《民报》，第14号，1907-06-08），见马勇编：《章太炎书信集》，179页，石家庄，河北人民出版社，2003。
④ 来自西洋的"历史"观念与中国之"史"的观念之间的差别及关联，可参见岛田虔次：《六经皆史说》，见刘俊文主编、许洋主等译：《日本学者研究中国史论著选译》，第七卷《思想宗教》，186～190页，北京，中华书局，1993。

章学诚以"六艺本书,即是诸史根源"之所见。其间之演进脉络,岂不明哉!

后有新史学"疑古学派"的主将顾颉刚,也曾于民初极推章学诚"六经皆史"之说云:

> 自从清代的朴学施下了实地的功夫,考究一番,始晓得"垂教万世的经书"乃是"一代典章的史书",既然是部史书,则所做疏解、考证的功夫当然与史学无异。章学诚处此潮流,奋其裁断,所以说"六经皆史";"集六经之大成者不在孔子,而在周公"。看六经是学问的材料,不拿学问当做六经的臣仆;拿从前对于经学的界说根本撤销,做经学的人只是考古,并非希圣,说得明明白白。①

顾氏所谓"清代的朴学""所做疏解、考证的功夫当然与史学无异"的看法足以与后来柳诒徵所持乾、嘉"诸儒治经,实皆考史"的见解②相互发明。颇能明了"经学史学化"已经萌芽于乾嘉时代经学的端倪。③ 这一趋势到了晚清,"国粹学派"在与廖平、康有为等今文经学派分道扬镳的过程中,普遍接受章学诚"六经皆史"的观念,并改造为"夷六艺于古史"的主张,他们所要保存的"国粹"是"以历史为主"的,④ 他们的经学主要也就是史学,诚如上文章太炎所指明者。顾颉刚的看法其实多少反映了经"国粹学派"过滤后的经史观念,而他又身处前所未有的打破圣经贤传的时代,所以他能斩钉截铁地说:"看六经是学问的材料,不

---

① 顾颉刚:《中国近来学术思想界的变迁观》,见中国哲学编辑部编:《中国哲学》,第11辑,307页,北京,人民出版社,1984。王煦华据顾氏日记定此文"原为《新潮》第三号的'思想问题'专号而作",写作时间是"一九一九年一月"。参见该文所附之"后记"。

② 此说见柳诒徵编著:《中国文化史》(下),747~748页,上海,东方出版中心,1988。

③ 我们可以回顾一下戴震向章学诚道及的治学路数:"予弗能究先天后天,河、洛精蕴,即不敢读元亨利贞;弗能知星躔岁差,天象地表,即不敢读钦若敬授;弗能辨声音律吕,古今韵法,即不敢读关关雎鸠;弗能考三统正朔,《周官》典礼,即不敢读春王正月。"章学诚:《与族孙汝楠论学书》,见《文史通义新编新注》,800页。将这与章学诚后来根据邵廷采引用《孟子》的话来批评戴震(参见余英时:《论戴震与章学诚——清代中期学术思想史研究》,39~41页)等做法略做比较可知,戴震的治学方法颇具历史感,而章氏的论说反而上纲上线更具"经学"精神。章学诚:《又与正甫论文》,见《文史通义新编新注》,807~808页。

④ 参见郑师渠:《晚清国粹派文化思想研究》,北京,北京师范大学出版社,1997;罗志田:《清季民初经学的边缘化与史学的走向中心》,见《权势转移:近代中国的思想、社会与学术》,武汉,湖北人民出版社,1999。

拿学问当做六经的臣仆；拿从前对于经学的界说根本撤销，做经学的人只是考古，并非希圣!"我们当然能够品尝到此处所论已非复章学诚观念的原汁原味了，但是我们似亦不能在两者之间来一个彻底的抽刀断水，正像侯外庐对"六经皆史"说的评论①给我们造成的印象一样，因为很显然地，顾、侯诸先贤是在传述章学诚的见解，所以若说此类观念完全为"现代人"所"赋予"，则不免对这些"现代人"过于轻慢，而对于章学诚也太不公平了。

事实上，类似的观念正是时代的意见，而非少数人的特见，或者说"现代人"正需要这样的观念套子。稍后胡适、梁启超等都有程度不等的以章说为"六经皆史料"的见解。②唯需引起特别注意的一个普遍现象是：他们的观念与章氏的见解其实有很大的距离，而每每极愿牵引章氏"六经皆史"为说。为什么会是这样的呢？

以胡适为例。在撰著《章实斋年谱》期间，也正是在发起轰轰烈烈的"整理国故"运动的1921年，胡适在东南大学作了题为"研究国故的方法"的演讲，其中提到研究国故要运用"历史的观念"时说：

> 现在一般青年，所以对于国故，没有研究兴趣的缘故，就是没有历史的观念。我们看旧书，可当他做历史看。清乾隆时，有个叫章学诚的，著了一本《文史通义》，上边说，"六经皆史也"。我现在进一步言之，"一切旧书——古书——都是史也"。本了历史的观念，就不由然而然的生出兴趣了。③

胡适这段援引章氏的话，最足与他所作的年谱对"六经皆史"的解释相互发明，有丰富的内涵。年谱强调的是，章学诚所谓"六经皆史"的"本意只是说'一切著作，都是史料'……其实只是说经部中有许多史料。"④此说开了从"史料"扩展的角度加以诠释的先河，有绵延至今

---

① 参见侯外庐：《中国思想通史》，第5卷《中国早期启蒙思想史》，509～510页，北京，人民出版社，1956。参见上一节"章学诚'六经皆史'说的本源与意蕴"，此处不赘。

② 参见本书第五章《经学的史学化：〈刘向歆父子年谱〉如何结束经学争议》。

③ 胡适：《研究国故的方法》（在东南大学演讲，枕薪笔记），原载《东方杂志》，第18卷，第16号，发表于1921年8月。收入蒋大椿主编：《史学探渊——中国近代史学理论文编》，长春，吉林教育出版社，1991。引文见该书第683页，经校核。

④ 胡适：《章实斋先生年谱》，105～106页，上海，商务印书馆，1923。

的深远而持久的影响力，可以说是 20 世纪最具势力的经典诠释。然而令人震惊的是：年谱所谓的章氏"本意"恰恰就是"我（胡适）现在进一步"的主张，"一切著作，都是史料"与"一切旧书——古书——都是史也"有什么原则性的分别吗？听者的笔记也许不能精确传达讲演者的观念，但只要不以辞害意，思路是绝不会记错的，尤其所谓"进一步"的提法绝不可能是听者加上去的。那么，胡适为什么会有此混淆呢？也许只有一个解释：胡适出于"整理国故"的需要，有意无意地把章学诚的观念解释成自己的思想，而章学诚那明快响亮（至少在字面上来说是如此）的主张，经过一番改造后成为"整理国故"运动的强大支援意识，当然，它的影响绝不会以此为限。更值得注意的是，章氏的观念被赋予了做梦都想象不到的新意义。我们知道，胡适所谓"历史的观念"本于乃师杜威之"历史的方法——'祖孙的方法'"，是具有特定内涵的学术观念，① 扼要地说，这种观念的最大特点是一方面给所处理的对象以一定的地位，但也只是限于历史上的地位，一方面则将其价值相对化、极端的时候甚至是虚无化（比如胡适后来就说"整理国故"旨在"打鬼"等等），总之是历史化。从上文来看，当年的语境是，"现在一般青年""对于国故，没有研究兴趣"，而胡适的说法是给以"国故"（当然包括"六经"）以一定的地位，并想方设法让他们对之感起"兴趣"来，所以他的"历史的观念"有这方面的积极肯定它的妙用。但是从"国故"之中"六经"的地位来看，他们原来具有的崇高地位，在"历史的观念"系统中，被彻底颠覆。在中国历史上，经典之所以为经典，正因为是圣贤所述常道之所寄托，是普世性的或超历史的——历经检验而持久有价值与效用的东西，才备受尊奉。现在他们不但要与其他"古书"并列，而成为"历史"或"历史"上的东西，既不必成为研究的重心或主张不要成为研究的重心而要打破"儒书一尊"的成见，甚至认为经书只配有"史料"的价值，那么他们凭什么成为"经"呢，他们还是"经"吗？"经学"不过是"历史"上的名词而已。章学诚虽然在当年因感受到"襞绩补苴"的"经学"的压力，为提升"史学"的地位，提倡另类的对"经"的研

---

① 参见本书第三章《经、子易位：'诸子不出于王官论'的建立、影响与意义》。

究与致用取径，将之包容于"史学"，而用推本溯源的方法，将"史学"归宿于周代之官"史"乃至黄帝之"史"，但是他恰恰是为了发挥经典的普世价值而不是打倒他们。胡适在演讲中引用了章学诚的话头而不作解释，反而赋予了它绝不曾有过的意义，不过是运用口号做宣传罢了。这可以说是他的"实用主义"运作的一个极端例子。我们可以进一步探讨胡适之所以如此的根由。其中的一个原因是，像胡适等既然有志于用外来的"比较参考的材料"或观念来解古书，若解得不好，则难免有将古人思想现代化的毛病。胡适所谓"史料"与章学诚所谓"史"的一字之别，折射出的却是经过了欧风美雨的洗礼后的现代"史学"观念与中国传统的"经史"观念尤其是特别的章氏之"经"、"史"观念的遥远距离。更重要的恐怕是，章氏所提供的思想架构太适合当事人（开创新史学）的需要了，以至于他们无心去分辨自己的主张与他们所好援引的章氏那朗朗上口的口号之间的深层裂痕。无论如何，他们只会坚定地宣称自己的主张是在章学诚的基础上"进一步"呢！诸如此类，也许是章学诚的"六经皆史"说，在生前默默无闻，反而与现代人有纠缠不清的亲密关系的原因吧。

当然有明达之士，在此等诠释甫兴起之初就指出它的不当了。1922年12月11日，钱玄同在日记中就批评胡适的解读法说：

> 适之据章氏《报孙渊如书》中"……"数语，谓"六经皆史"是说"六经皆史料"。此说我不以为然，不但有增字解释之失，实在和《文史通义》全书都不相合。今天我想研究之后来做一篇——《述章实斋的六经皆史说并且评判它的得失》。[1]

钱玄同后来并没有写出《述章实斋的六经皆史说并且评判它的得失》一文，因此我们很难了解他对章氏"六经皆史"说的正面看法，但是他对章氏的学术有深刻的认知。他经历了由注重其"文"论到欣赏其"思想"的过程，又经历了从因迷于康有为、崔适、廖平等的今文家说而

---

① 北京鲁迅博物馆编：《钱玄同日记影印本》，第5册（1922.9—1923.12），2412页，福州，福建教育出版社，2002。

"对于'六经皆史'之说弃之如遗"① 到对此说与晚清经学今古文争议之纠葛有超越门户的卓越见解②的过程。他又高度评价道:"清代学者中思想高卓者,实有二人,一戴震一章学诚也。"③ 钱穆若见此说,当许为英雄所见略同了。钱玄同在 1930 年 1 月 6 日又精辟地指出:

> 章实斋决非"……史料",但他也是托古改制,因为他要"方志立三书",因托"志"于《尚书》、《春秋》(合二经为一),托"掌故"于《礼》,托"文徵"于《诗》耳。而《易》无用,故曰:"上古治详天道……"也。④

看来钱氏一直不能接受胡适式的误读。他显然看出章学诚的方志编撰计划还是要借助于经典的权威来"托古改制",所以在章氏心目中还是把经典当崇高的标准与规范,这与现代学者所谓"史料"是风马牛不相及的。这一论断很合乎章氏思想的实际。钱氏也确能当得起"学有本源,语多'行话'"⑤ 的称誉,他用"增字解释"⑥ 四个字真是点到了胡适之"失"的要害。如他经常调侃并略带自负地宣称的那样:"我所研究的学问是'经学'与'小学'"⑦ 他看惯了"增字解经"的例子,所以能一眼挑出胡适增一"料"字解"六经皆史"的毛病——即将"六经皆史"误释为"六经皆史料"。

话说回来,像钱玄同虽是很能分辨章学诚的观念与胡适的思想的,但他本人对于经的成熟见解是极近于胡适而远于章氏的,"六经皆史料",

---

① 北京鲁迅博物馆编:《钱玄同日记影印本》,第 5 册 (1922.9—1923.12),2407~2411 页。

② 参见本书第五章《经学的史学化:〈刘向歆父子年谱〉如何结束经学争议》;以及本书第二章第二节《从援今文义说古文经到铸古文经学为史学——对章太炎早期经学思想发展轨迹的探讨》。

③ 参见北京鲁迅博物馆编:《钱玄同日记影印本》,第 5 册 (1922.9—1923.12),2403 页。

④ 参见北京鲁迅博物馆编:《钱玄同日记影印本》,第 7 册 (1927.1—1930.12),3738 页。

⑤ 语出黎锦熙:《钱玄同先生传》,见曹述敬:《钱玄同年谱》,170 页,济南,齐鲁书社,1986。

⑥ 已有学者注意到上引 1922 年 12 月 11 日钱玄同这段日记的重要史料价值,见刘贵福:《论钱玄同的疑古思想》,载《史学理论研究》,2001 (3)。但是,把"增字解释"认作"增高解释",不确。恐怕是因"字"与"高"两字草书字体形近而误,何况所谓"增高解释"甚为不词,绝非钱玄同所能用。今正之。

⑦ 语出钱玄同:《我对于周豫才君之追忆与略评》,见《钱玄同文集》,第 2 卷,310 页。

恰是确当的概括。① 他甚至认为从"史料"的观点来看，六经的价值远不及《史记》、《新唐书》：

> 到了近代，章学诚和章炳麟都主张"《六经》皆史"，就是说孔丘作《六经》是修史。这话本有许多讲不通的地方，现在且不论。但我们即使完全让步，承认二章之说，我们又应该知道，这几部历史之信实的价值远在《史记》和《新唐书》之下，因为孔丘所得的史料远不及司马迁、宋祁、欧阳修诸人，"夏礼殷礼不足徵"之语便是铁证。②

钱玄同的挚友黎锦熙似颇能明了这一类见解的渊源：

> 一般人只看见钱先生并不和他老师一样的反对"今文"经学，而且研讲"今文"，表章南海，就以为他于章氏的"古文"经学竟无所承，殊不知他在"新文化"运动中，大胆说话，能奏摧枯拉朽之功，其基本观念就在"六经皆史"这一点上，不过在《新青年》上他的文章中，一般人不易看出这个意识上的渊源来耳。③

黎氏的看法盖得自钱氏之夫子自道，钱玄同曾在日记中就这样提到其在"经学"（"经学"为其"副业"，"小学"才是其"正业"）上"与章公真正关系"：

> 止接受其经为古史之说耳，"古文经"我决不信也。④

所以说，黎氏认为，钱玄同在新文化运动中"能奏摧枯拉朽之功"的"大胆说话"，"其基本观念"实本于乃师章太炎"六经皆史"的见解，这无疑是极有史识的精辟论断。问题是，严格来说，只有"六经皆史料"才能更确当地表述钱玄同的思想，难道是这位语文学家一时用词不当吗？不是的。事实上，没有任何一个词能比"六经皆史"这四个字更能表述前后辈之间的学术"渊源"关系了。章太炎从章学诚那里接过来的，钱玄同又从章太炎那里继承的正是前文已经点出的那个思想架构：经史相

---

① 参见本书第五章《经学的史学化：〈刘向歆父子年谱〉如何结束经学争议》。
② 钱玄同：《研究国学应该首先知道的事》，见《钱玄同文集》，第4卷，256页。
③ 黎锦熙：《钱玄同先生传》，见曹述敬：《钱玄同年谱》，176页。
④ 北京鲁迅博物馆编：《钱玄同日记影印本》，第12册（1937.11—1939.1），6894页。

通的观念。这段话说于 1939 年 5 月，作为语文学家的黎锦熙还在使用这个毕竟显得笼统的概念，深刻地说明了提倡"民族主义"史学的章太炎需要依托这个架构，处于"新文化运动"时代的钱玄同也需要借助于这个架构，1939 年黎锦熙也还是认可这个架构的。当然，明智的读者不会认为他们的具体见解都是一致的。

在大张旗鼓地展开"新文化"运动的时代，像钱玄同那样把自己的思想与章学诚的观念区分得较为清楚的毕竟是少数，而像钱玄同所批评的"增字解释"与钱穆所批评的"误会"的例子却是时代的潮流。而这种误解在熏染了西学新知的更为年轻一代的留学生身上尤为明显，傅斯年《与顾颉刚论古史书》的下述议论就很典型：

> "史"之成一观念，是很后来的。章实斋说"六经皆史"，实在是把后来的名词，后来的观念，加到古人的物事上而齐之，等于说"六经皆理学"一样的不通。且中国人于史的观念从来未十分客观过。司马氏、班氏都是自比于孔子而作经。即司马君实也是重在"资治"上。郑夹漈也是要去贯天人的。严格说来，恐怕客观的历史家要从顾颉刚算起罢。[1]

身在欧洲的傅斯年，此时拜倒在提出"累层地造成的中国古史"说的顾颉刚脚下，这是在提出他对《春秋》的看法时说的话。他不认可"后人以历史"看待《春秋》，而视之为"当时贵族社会中一种伦理的设用"，诚然是富于历史感的高见。但是他如此援引章氏"六经皆史"为说，则充满了误解。章氏认为"六经皆先王之政典"，开之者为有德有位之圣王，掌之者为太卜、外史、太师、宗伯、司成、国史诸职官守（见《原道中》），又高倡"府史之史通于五史之义"，意谓高高在上的"内史、外史、太史、小史、御史之史"所存"先王之道"，就寄托原本于卑卑居下的"府史之史"——"书吏"所守之掌故。其"尊史"的"经世"思想皆由此而来。章学诚所发明的"六经皆史"之"史"的观念，毋宁说

---

① 傅斯年：《与顾颉刚论古史书》，原载《国立第一中山大学语言历史学研究所周刊》，第二集，第十三、十四期，1928-01-23、31。见欧阳哲生主编：《傅斯年全集》，第 1 卷，457 页，长沙，湖南教育出版社，2003。

是古义，而绝非"很后来的观念"。不用说，那种"十分客观"的"史的观念"或"客观的历史家"的念头，更是章学诚梦想不到的。在这里，"把后来的名词，后来的观念，加到古人的物事上而齐之"恰恰是傅氏而非章氏。而那"是很后来的"尤其是很外来的"实证主义"的（即所谓"客观"的）"史"或"历史"的观念，无疑使他更弄不清章氏的苦心孤诣了。

不过，"严格说来，恐怕客观的历史家要从顾颉刚算起罢。"这一句发自肺腑的品鉴，确能让人看到新一代"历史家"告别传统史学创建现代新史学的冲天豪气。告别那与"作经"的意图纠缠不清的不独立的"史"的观念，告别那过于注重"资治"或"伦理的设用"的"习惯"，创建那由重建过去确如其实的"客观"观念所支配的、以严格审定的"史料"与努力搜求的"证据"为根据的新史学。这正是像顾颉刚、傅斯年那一辈人的志业。

而更为明确地宣扬"六经皆史料"的主张以建设新史学的，以周予同的说法最具代表性：

> 中国经学研究的现阶段，绝不是以经来隶役史，如《汉书·艺文志》将史部的《史记》隶属于经部的《春秋》；也不是以经和史对等地研究，如《隋书·经籍志》以来有所谓经部史部之分。就是清末章学诚所叫出的"六经皆史"说，在我们现在研究的阶级上，也仍然感到不够；因为我们不仅将经分隶于史，而且要明白地主张"六经皆史料"说……明显地说，中国经学研究的现阶段是在不徇情地消灭经学，是在用正确的史学来统一经学。①

这一番话最足以反映新时代新史学以史御经的锐气，真不啻史学时代取代经学时代的宣言书。他显然是受到了章学诚先见之明的启发的，所以才有百尺竿头更进一步的看法，他也是意识到自己的工作与章氏不可等量齐观的，所以在二十年多年后周予同还要来辨析胡适等从"史料"角度来解读"六经皆史"说为不得章氏之旨：

---

① 周予同：《治经与治史》，原载《申报·每周增刊》，第一卷，第三十六号，1936，见朱维铮编：《周予同经学史论著选集》（增订本），622～623页，上海，上海人民出版社，1996。

　　有人以为章学诚曾经说过"盈天地间,凡涉著作之林,皆是史学",从而认为章学诚所谓"六经皆史"的史,就是历史资料,这是不够恰当的。①

　　请读者注意,立论者是曾经明确主张"六经"为"历史资料"的这一过来人的特殊身份,是故,如此这般澄清章氏本意的努力,实际上仍然不正是为将他们自己这一代人的工作与章学诚划清界限吗?就比章学诚"进一步"(见前引胡适讲演语)这一点来说,周予同难道不是胡适的最好的学生辈吗?

　　纵观上述讨论,大多取材于趋"新"人士的言论,这诚然是不得已的,因为这不折不扣是一股强大的"新潮"。为充分宣明论旨,笔者愿再举一个这一潮流对颇有"旧"的关怀的学者的学术成果的看法的例子,可以明白它是掌控了如何强势的话语权,具有如何巨大的形塑力量了。

　　1936 年 1 月王国华序《海宁王静安先生遗书》,论及其兄学术道:

　　　　先兄治学之方,虽有类于乾嘉诸老,而实非乾嘉诸老所能范围。其疑古也,不仅抉其理之所难符而必寻其伪之所自出;其创新也,不仅罗其证之所应有而必通其类例之所在。此有得于西欧学术精湛绵密之助也。并世贤者,今文家轻疑古书,古文家墨守师说,俱不外以经治经,而先兄以史治经,不轻疑古,亦不欲以墨守自封,必求其真。故六经皆史之论虽发于前人,而以之与地下史料相印证,立今后新史学之骨干者,谓之始于先兄可也。②

　　王氏谓乃兄之治学方法"实非乾嘉诸老所能范围",诚是也。其比论王国维以及并世之今古文经学家,则颇有不得其情者。今文家轻疑古书,自当有之,说"古文家墨守师说",则不确,如钱玄同所说,近代的经学家"虽或宗今文,或宗古文,实则他们并非仅述旧说,很多自创的新解"。③ 说他们不外"以经治经"尤不当,如廖平所批评的康有为之《新

_____

　　① 周予同:《章学诚"六经皆史说"初探》,见朱维铮编:《周予同经学史论著选集》(增订本),713 页。
　　② 见《海宁王静安先生遗书》,第 1 册,上海,商务印书馆,1940。
　　③ 参见钱玄同:《重论经今古文学问题》,见《钱玄同文集》,第 4 卷,217 页。

学伪经考》，"外貌虽极炳烺……而内无底蕴，不出史学目录二派之窠臼"①，固已然"以史治经"矣，更不必说那执"六经皆史"之见以治古文经学，又且大做将"六经历史文献化"（用王汎森说）工作如章太炎者。王国华的看法很有一些替乃兄来自我作古的偏颇。但是，他以"二重证据"的业绩（即所谓"相印证"云云）来称誉述乃兄为"新史学"之开山，并标举以真正实现了"六经皆史"说之富于历史意识之判语，则绝非泛泛出于亲情之私见，实代表了王国维沉湖之后学术界主流的评断。其著者如王国维的弟子吴其昌就强调，王氏并不以经学家自视，更不以明经卫道为己任，即使与经学遗留下来的问题有关之论著，无论就其实质或宗旨说，都属考史而非敷经之作。② 马克思主义史学之祭酒郭沫若极推王氏为"新史学的开山"，③ 更是众所周知的。

　　此类看法虽有相当的根据，然实有拘泥于趋"新"方面定位王氏学术之偏颇。今试略申其作为经学家之怀抱，以见学者的自期与后人的取舍评骘之不能尽合辙也。1922 年春，北京大学研究所成立，其中的"国学门"内部分"文字学、文学、哲学、史学、考古学"五个研究室，除本校教授讲师分任指导外，校外聘请罗振玉、王国维为函授导师。11 月，王氏为研究生提出四个研究的问题是：第一，《诗》、《书》中成语之研究；第二，古字母之研究；第三、古文学中联绵字之研究；第四，共和以前年代之研究。依次分别是经学、"古字母之学"（属于小学）、"文学"兼"小学"、史学。由此可以略识其教学旨趣所在。④ 1923 年 3 月，其代表作《观堂集林》版行于世，所收诸文，依"艺林"（即经学）、"史林"（广义的史学）、"缀林"（序传、散记及诗词，可谓之文学）之秩编次，也是说经之作居首。⑤ 前有罗振玉之序，述王氏学术变迁之迹与"变化之故"甚精要，此序实为王氏自作，罗氏"仅稍易数字"而已。⑥ 结语云：

　　① 转引自钱穆：《中国近三百年学术史》，646 页。
　　② 说见吴其昌：《王观堂先生学述》，见《国学论丛王静安先生纪念号》，1928。参见许冠三：《新史学九十年》，88 页，长沙，岳麓书社，2003。
　　③ 参见许冠三：《新史学九十年》，82 页。
　　④ 参见袁英光、刘寅生：《王国维年谱长编（1877—1927）》，362～365 页，天津，天津人民出版社，1996。
　　⑤ 参见王国维著、彭林整理：《观堂集林》（外二种）（上），李学勤所撰《前言》。
　　⑥ 参见 1923 年 6 月 9 日罗振玉致王国维信，见王庆祥、萧立文校注、罗继祖审订：《罗振玉王国维往来书信》，570～571 页，北京，东方出版社，2000；以及罗继祖之按语。

"自兹以往，固将揖伏生、申公而与之同游，非徒比肩程、吴而已。"① 意谓更要效法"伏生、申公"，致力于保存遗经的经学工作，而不以程瑶田、吴大澂式的古文字、古器物之学为止境。但此说颇不能为趋"新"之士所接受，比如许冠三就指出，前引"吴（指吴其昌——引者）的辩驳实针对罗振玉等人的论调。按《观堂集林》序文，罗曾期待国维'将揖伏生、申公而与之同游'。"② 今既知道此序为王氏自作，则"期待"固是事实，且绝非罗氏之一厢情愿也。1919 年 2 月 26 日，王氏致罗氏信中说："乙老（指沈曾植——引者）言，我辈今日须作孔鲋伏生藏书之计。虽系愤激之谈，或将有此日耶？"③ 可见此类说法亦出于沈曾植，这是遗老遗少之间常常挂在嘴边的互勉励志的话，④ 确实能代表其治学取向。序中又特举《殷卜辞中所见先公先王考》及《殷周制度论》为赞："义据精深，方法缜密，极考证家之能事，而于周代立制之源及成王周公所以治天下之意，言之尤为真切。自来说诸经大义，未有如此之贯串者。"⑤ 此二文在《观堂集林》中虽列于"史林"，而作者之自负，却尤在于"说""经"，这是至可注意的。他的故交樊少泉（抗父）也许能了解此种意态，所以推崇《殷周制度论》为"实近世经史二学上第一篇大文字。"⑥ 惟这篇大文字非由夫子自道，外人实难于领会其更深的"经世"怀抱："……政治上之理想，殆未有尚于此者……此文于考据之中，寓经世之意，可几亭林先生。"⑦ 而此处虽直抒胸臆，对于圈外人来说仍嫌过于简约，也许下文可为之注脚："时局如此，乃西人数百年讲求富强之结果，恐我辈

① 《观堂集林·序一》，见《观堂集林》（外二种）（上），4 页。

② 参见许冠三：《新史学九十年》，88 页。

③ 参见王庆祥、萧立文校注、罗继祖审订：《罗振玉王国维往来书信》，443 页。

④ 类似的话又见于《沈乙庵先生七十寿序》："使伏生、浮邱伯辈，天不畀以期颐之寿，则《诗》、《书》绝于秦火矣……若先生者，非所谓学术所寄者欤？"此处，则是王氏以传经之儒伏生、浮邱伯比拟沈曾植。参见《观堂集林》（外二种）（下），721～722 页。

⑤ 《观堂集林·序一》，见《观堂集林》（外二种）（上），4 页。

⑥ 抗父：《最近二十年间中国旧学之进步》，原载《东方杂志》，第 19 卷，第 3 号，1922。罗志田导读、徐亮工编校、章太炎、刘师培等撰：《中国近三百年学术史论》，387 页，上海，上海古籍出版社，2006。樊氏此论断，后被赵万里作《王静安先生年谱》所吸收，见袁英光、刘寅生：《王国维年谱长编（1877—1927）》，225 页。

⑦ 参见 1917 年 9 月 13 日王国维致罗振玉的信，见王庆祥、萧立文校注、罗继祖审订：《罗振玉王国维往来书信》，290 页。

之言将验。若世界人民将来尚有孑遗，则非采用东方之道德及政治不可也。"① 先是经历了辛亥之变，又见识了第一次世界大战及以后世界政治与文化的新动向，王国维坚信他所致力探讨的周孔之道等具有普世的价值，不仅当时的中国应实行此种"政治上之理想"，即"将来"之"世界人民"亦当以此等"东方之道德及政治"为唯一的指南针。这不仅是他的政治观也是他的文化观，他的《殷周制度论》最能代表他的这一主张，所以也就最为他本人所看重。这可以说最能反映王国维作为经学家的志趣的那一面了。但是"新"派的学人多能欣赏的是他的"考据"而非"经世"，是他的"史学"而非"经学"。比如傅斯年在对《殷周制度论》所作的眉批中，有曰："殷周之际有一大变迁，事甚明显，然必引《礼记》为材料以成所谓周公之盛德，则非历史学矣。"② 今按：关于"三代"之因革关系，自孔夫子以降的传统观点，认为殷因于夏礼，周因于殷礼，"三代"一脉相承，有损益而无大变革。而《殷周制度论》则主张"中国政治与文化之变革，莫剧于殷、周之际"，乃绝大创说，③ 傅氏接受王氏举证与论证之大体，所以才会说"事甚明显"，否则哪能有那么轻巧的话。惟傅斯年心目中之"历史学"，是前文已涉及之不必重"资治"也不必"贯天人"的颇需"客观"之新史学，他所批评的"非历史学矣"，正是王国维最意欲努力发抒之深"寓""经世之意"之"经学"，即其颇为自负的"自来""未有如此之贯串者"之"诸经大义"。这是很耐人寻味的。

所以王国华用"六经皆史"之说来涵盖他的兄长的学术业绩，颇有未达一间的隔膜；但就以此来说明王国维与"新史学"的关系来说，又有其合理之处。像王国维那样有强烈"旧"关怀的学者学术贡献也需要用已经颇富"新"意的"六经皆史"说来界定其地位，深刻地说明了

① 参见1919年3月14日王国维致罗振玉的信，见王庆祥、萧立文校注、罗继祖审订：《罗振玉王国维往来书信》，447页。
② 转引自王汎森：《一个新学术观点的形成——从王国维的〈殷周制度论〉到傅斯年的〈夷夏东西说〉》，见《中国近代思想与学术的系谱》，281页，石家庄，河北教育出版社，2001。
③ 随着大批新卜辞的不断出土、考古学与历史学的发展，后学者又纷纷质疑王国维的看法，反而与传统观点趋近。参见胡厚宣：《甲骨学商史论丛初集》；陈梦家：《殷墟卜辞综述》第十九章"总结"第一节"《殷周制度论》的批判"；张光直：《中国青铜时代》；等等。

"六经皆史"说已经成了一个时代潮流所铸就的思想架构，不可或缺。

三、"六经皆史"说的折变与经典权威地位之失落

由上述讨论，可知章氏"六经皆史"说影响之广远。"影响"云者，有发挥其说的，有误解其说而仍不能不援据其说的，亦有赋予其说以新意而不必举其名的，要之，章学诚实不必尽为后世所演诸"六经皆史"新义负责，即是说，"六经皆史"乃脱离其主阐者而成为了独立之新思潮也。其所以如此之故，乃晚近学术思想史所应当处理之重要议题，而章氏一人之得失高下，反而只居于边缘的地位，此不可不先明之。

近世学人批评章氏学术之失，余嘉锡《书章实斋遗书后》[①] 可为代表，陈垣亦有此意，牟润孙援乃师之说并论及章氏之"六经皆史"云：

> 先师很少批评人，时常诵"不薄今人爱古人"这句诗。五四以后，梁任公、胡适都大捧章实斋，我曾问过先师"章实斋学问如何？"先生笑说"乡曲之士"！我当初不明白为什么说他是乡下人？后来看到章氏著《史籍考》，自称仿效朱彝尊著的《经义考》，却不知朱氏之书是仿自僧祐的《出三藏记集》。所见不广，岂不是乡下人？先师时常说，"读书少的人，好发议论"。我读了钱钟书的《谈艺录》，才知道六经皆史之说除袁枚持论与章氏类似之外，认为经即是史的，早于章实斋者，有七人之多，在钱钟书所举之外，我更找到明人何良俊《四友斋丛说》，其中也有"史之与经，上古原无所分"的话。先师说读书少的人好发议论，其意或指章实斋。[②]

今按，牟氏之言诚能启人新知，陈垣所谓"读书少的人，好发议论"，后学者尤当置之座右，时时自警。其实，即使深受章学诚熏陶的章太炎，亦曾批评章氏道："凡说古艺文者，不观会通，不参始末，专以私意揣量，随情取舍，上者为章学诚，下者为姚际恒，疑误后生多矣。"[③]

---

① 余嘉锡：《书章实斋遗书后》，见《余嘉锡文史论集》，长沙，岳麓书社，1997。
② 牟润孙：《励耘书屋问学回忆——陈援庵先生诞生百年纪念感言》，见陈智超编：《励耘书屋问学记》（增订本），76 页，北京，生活·读书·新知三联书店，2006。
③ 章太炎：《国故论衡·原经》，见刘梦溪主编：《中国现代学术经典·章太炎卷》，55 页，石家庄，河北教育出版社，1996。

可以说是学界的共识。惟不论发明权归属为谁，也不能局限于"五四以后，梁任公、胡适都大捧章实斋"诸情实，章氏之"六经皆史"说为近世学人争议之焦点，乃为不争的事实，其意义远远超出了对其一人思想之评骘。

"六经皆史"说的内涵在后世经历了复杂深巨的被接受与被改造的过程，一个重大关节是晚清的经今古文经学之争与之发生了密切的关系。郭斌龢有一段评论已指涉及此：

> 实斋推原《官礼》，以周公与孔子并重。谓孔子述而不作，经之与史，仅为程度上之区别，而非性质上之区别。六经，特圣人取此六种之史，以垂训者耳。此六经皆史之说，与古文学家相近。然其主通今致用，重思想，重发挥，不仅为个别事实之考订，而为原则原理之推求，又与今文学家有暗合之处。①

余英时有更为简约的说法：

> 早期今文学派的龚自珍从"经世"的观点宣扬"六经皆史"的深层涵义，晚清古文学派的章炳麟则用"六经皆史"的命题来摧破廖平、康有为关于孔子"托古改制"的论点。所以到了《国粹学报》时期（1905—1911），《文史通义》与《校雠通义》两书早已脍炙人口。②

两人之说，纲举而目张，而尤有未尽也。今更当明者，章氏之"六经皆史"说所蕴含之"周孔"论述，实不必牵合古文经学以为说。章氏"以周公与孔子并重"，甚至以周公为高过孔子之权威，远则批评并改造亚圣孟子的"孔子之谓集大成"、"集大成也者，金声而玉振之也"诸说，先将"集大成"之冠转戴诸周公；复以周孔一道而分辩说："周公其玉振之大成，孔子其金声之大成欤！"一为承前一为启后。章氏证之以制度与圣言曰："故隋唐以前，学校并祀周、孔，以周公为先圣，孔子为先师，盖言

---

① 郭斌龢：《章实斋在清代学术史上之地位》，见《国立浙江大学文学院集刊》，第 1 集，57 页，1941。

② 余英时：《"通古今之变，成一家之言"——〈章学诚的生平与思想〉中译本代序》，见倪德卫（David S. Nivision）：《章学诚的生平与思想》，杨立华译，台北，唐山出版社，2003。

制作之为圣,而立教之为师。故孟子曰:'周公、仲尼之道,一也。'"① 今按,据叶瑛注引《礼记·文王世子》郑注、《新唐书·礼乐志》以及黄进兴对孔庙祭祀制度的研究,② 章说实有所本而略有夸张。而其中涉及的尊周抑孔之义理根据,则如黄氏所说:"惟后世今文学家往往归罪刘歆以下古文学家长远之影响,此说能否确立,犹待详考。"③ 章氏此处援引孟子之言以证周孔一贯,更有多处援据孟子所述:"……其事则齐桓、晋文,其文则史;孔子曰:'其义则丘窃取之矣'"④ 以证章氏所谓史家之"独断",惟不如"后世今文学家"好引"《春秋》,天子之事也。"⑤(章氏亦颇好引《孟子》,而很少引此句)以宣腾其孔子"为汉制法""托古改制"诸说,此岂亦为古文经学与今文经学之别乎?又章氏之"周孔"论述,近则实为针对唐代大儒韩愈著名的《原道》篇的下述观点而发,此又不可不知。韩愈在此文中拉出一长串道统系谱后,指出:"由周公而上,上而为君,故其事行;由周公而下,下而为臣,故其说长。"⑥ 众所周知,韩愈《原道》为宋明道学道统论之张本,章学诚以他那种独特的推论原始的思维方式很自然地意识到,韩愈那"君"之"事"与"臣"之"说"分判过严的论调,造成后儒长于空"说"而短于实"事"的流弊,此不可不正也。所以他自己的《原道中》开篇即引韩氏《原道》中的这段话,并批评道:"夫说长者道之所由明,而说长者亦即道之所由晦也。夫子尽周公之道而明其教于万世,夫子未尝自为说也。"由此才引发出六艺为"周公之旧典"、孔子"述而不作"等一套理论。⑦ 其中的关键是,章氏自居处于道统与治统合一的时代,而对宋儒过分偏执于"说""教"的道统说提出了有力的批评,这就更不是什么今古文之争了。

当然,诚如章学诚的公子章华绂所称扬的,其父"大抵推原《官

---

① 章学诚:《原道上》,见《文史通义新编新注》,94~97页。

② 参见章学诚著、叶瑛校注:《文史通义校注》,129页,北京,中华书局,1994;黄进兴:《权力与信仰:孔庙祭祀制度的形成》,见《圣贤与圣徒》,北京,北京大学出版社,2005。

③ 黄进兴:《权力与信仰:孔庙祭祀制度的形成》,见《圣贤与圣徒》,40页。

④ 语出《孟子·离娄下》。

⑤ 语出《孟子·滕文公下》。

⑥ 韩愈:《原道》,见《韩昌黎文集校注》,18页,上海,上海古籍出版社,1986。

⑦ 章学诚:《原道中》,见《文史通义新编新注》,100页。

礼》，而有得于向、歆父子之传，故于古今学术渊源，辄能条别而得其宗旨。"① 学者服其中肯，许为"知言"。章氏之"推原《官礼》"，立论深本于古文经典《周礼》，乃为不争的事实。但是他的学术争议的对象为流于破碎的"汉学"与夫流于空虚的"宋学"，他更没有经今文古文壁垒森严乃至你死我活的意识，如果有学者以后世愈演愈烈的经今古文门户之见将其划归古文经学一派，这是他所不能承受的。章氏连"经史门户之见"② 都在所必弃，更何况如此不合体的高帽呢？

是故，如章太炎所言，章学诚"专以私意揣量，随情取舍"容或有之，若以后起之今古文经学门户之见纠缠之，则不免如傅斯年所说"实在是把后来的名词，后来的观念，加到古人的物事上而齐之"。在考察此类问题时，似不能不具备一点历史感。循着这一视界，我们还能看到的重要信息是，如郭斌龢、余英时所触及的，章学诚"六经皆史"的见解对后世今古文经学两派均有深刻影响，尽管影响的方式可能不同。进而论之，像龚自珍、魏源、康有为等之今文经学的立场之确立与接受"六经皆史"的观念并不是同步的，但是"六经皆史"的"经世"含义对他们都有很强的吸引力，在他们走向具有强烈"通经致用"精神的今文经学的路上也不会不发生作用。然而，在明确今文经学立场的康有为、皮锡瑞等人那里，"章学诚乃谓周公集大成，孔子非集大成矣。"③ 的见解成了他们的眼中钉，关键在于"六经皆史"所内含的"周孔"论述妨碍了他们那孔子作六经、"孔子'托古改制'"等观念。因为他们的主旨是要让孔子去包融西学新知、去统摄东西一切文化的，所以不容别有创世者的。而章氏之"周孔"论述，原本是意在对"宋学"、"汉学"流弊均施批评的"经世"观念。到章太炎、刘师培那里，却成为古文经学家打破今文经学家上述观念的最有力的历史根据。比如刘师培《经学教科书》"第四课：西周之《六经》"有曰：

> 故周公者集周代学术之大成者也。（用魏源《学校应增祀先圣周
> 公议》说。）六经皆周公旧典，用章学诚《校雠通义》说。足证孔子

———————

① 章华绂：《大梁本〈文史通义〉原序》，见《文史通义新编新注》，1080 页。

② 语出章学诚：《上朱中堂世叔》，见《文史通义新编新注》，760 页。

③ （清）皮锡瑞著、周予同注释：《经学历史》，2 页，北京，中华书局，2004。

以前久有《六经》矣。①

由前文可知魏氏之说亦取于章学诚，是故刘氏乃全本章氏之说以敌今文家言。"六经皆史"的观念又被章太炎视作判分今古文经学立场的基本标准，② 此类说法还影响到周予同等现代学者对经学分派的理解。③ 此为章学诚"六经皆史"说之一变。

在此等变化的历程中，经典的意义非复神圣，经典的地位可以说每况愈下。

让我们还是从章学诚对经典的态度说起。我们已经讨论过，章氏的"六经皆史"说之孕育，有其深刻的时代背景或时代根据，这就是学者所艳称的"乾隆盛世"以及章氏所执迷的"唐虞三代"之郅治将复现于"本朝"的狂想。《周官》所设计的各种制度"美备"而又带有很强的统制色彩的宏伟蓝图，正是章氏的政治理想与文化理想的最好寄托。所谓"治教合一"、"政学合一"、"以吏为师"、"周孔一道"等都是这种政学观念的反映。他以"书吏"的身份而能非常自信地以道自任，表明在他的心目中这是一个大有可为的时代，也是经典能焕发青春光彩的时代。然而，从乾隆晚年到嘉庆初，国家多事，非复昔日之盛。作为底层幕僚，多悉民生细故的章学诚对时世认识得更清醒了，在嘉庆帝亲政、权臣和珅赐死的嘉庆四年（1799），62岁的章学诚终于按捺不住济世之心，在一年之内向上上下下的有关当局连呈六篇论时政书，事关财政之亏空、吏治之坏、谏官之法的整顿、贡举之改革等等。④ 两年后，章氏就殁了。从论时政书的有关内容来看，此时他对"本朝"与"唐虞三代"的距离的认知，绝不会像过去那么乐观了，但是从生命终结前大放异彩的议政之举来看，他是非常忠实地实践了"六经皆史"的经世主张的，尤其是以自己"位卑未敢忘忧国"的言行，为他所用心阐发的"府史之史通于五史之义"作了最好的注脚。这也从一个侧面说明，经典在那个时代仍然

---

　① 刘师培著、陈居渊注：《经学教科书》，15页，上海，上海古籍出版社，2006。

　② 参见本书第二章第二节《从援今文义说古文经到铸古文经学为史学——对章太炎早期经学思想发展轨迹的探讨》。

　③ 参见本书第五章《经学的史学化：〈刘向歆父子年谱〉如何结束经学争议》。

　④ 参见《章实斋先生年谱汇编》，186～190页，香港，崇文书店，1975。

具有权威的地位、自足的功用。因为这是一个在传统的"天下"观里安之若素的世界，是一个与日益咄咄逼人的西方尚未有实质性的接触与较量的国度。在这样的"天下"里，作为"唐虞三代"之郅治的结晶的"经"典，仍然是士大夫发挥政治与文化理想的宝藏，仍然高居于万民言行之最高标准地位，那是毫不奇怪的。

是故，当康有为早年的重要著作《教学通义》深受章学诚的影响而对周代"美备"之"教学"制度称述不已之时，可以说在一定意义上象征着：中国的士大夫在整体上还没有走出日后"新学小生"所批评的"理想化古代"——在政治与文化观念上习惯性地不能不依托于"黄金古代"的格局。正如康氏之自白：

> 吾谓古今递嬗，不外质文递更：前汉质，后汉文；六朝质，唐文；五代质，宋文；元、明质，国朝文。然对三代较之，则二千年皆质也。后有作者，其复于文乎？①

所谓"质文递更"、"复于""三代"，正是尚未步入或尚未被纳入民族国家体系的新世界的士大夫们最典型的思维方式。而当确立了今文经学立场后当，他对曾"酷好《周礼》"这一点讳莫如深，而对章学诚复痛下针砭，又高倡"孔子改制"之说。诚如其高徒梁启超揭示其底蕴曰：

> 有为谓孔子之改制，上掩百世，下掩百世，故尊之为教主；误认欧洲之尊景教为致强之本，故恒欲侪孔子于基督，乃杂引谶纬之言以实之；于是有为心目中之孔子，又带有"神秘性"矣。②

这不仅仅是康氏一人之"误"，一定意义上也是西人威逼与眩惑地结果，是中西之间有所接触而又未能充分了解之时的看朱成碧，也是国人面对"西潮"的冲击某种不得已的反应方式。这当然是晚清以来有见识之士"开眼看世界"（用范文澜语）之后才有的事，古来"三代"的理想在今日之西方已然至少有部分的实现，则吾人必须先自认"夷狄"才能

---

① 康有为：《教学通义》，见姜义华、吴根樑编校：《康有为全集》，第1集，144页，上海，上海古籍出版社，1987。

② 朱维铮校注：《梁启超论清学史二种》，65页。

进至于"夏"。无论如何，这是从向"三代"汲取郅治之方一变而为"向西方寻找真理"（用毛泽东语）。康有为那影响深远的"大同"构想，在这方面更为典型。一向好涂抹文稿倒填年月以超圣先知自居的康有为，有时在弟子们面前也会坦坦荡荡地倾吐家底道：

> 美国人所著《百年一觉》书，是大同影子。《春秋》，大小远近若一，是大同极功。①

不难理解，"认欧洲之尊景教为致强之本"以及"美国人所著《百年一觉》"之类的西学新知，正是曾经迷恋过的《周礼》之类经典的替代品。诚所谓"值四千年之变局"，身处"列国并立"、"并争之世"，而非复天下"一统之世"，② 美轮美奂的种种治国方案夹枪带棒地进入禹域，在此等时势下的康有为自不能也不必像章学诚那样"故今之学士，有志究三代之盛，而溯源官礼，纲维古今大学术者，独汉《艺文志》一篇而已。"也不必并不能像龚自珍那样"药方只贩古时丹"了。古文经典主要因为无用（即不足以救国）而被康有为开除"经"籍，③ 当然，在康有为那里，经典并没有彻底崩坏，他要用公羊《春秋》去融会诸如美国人的"大同影子"，他把孔子的权威反而树得更高，让它沉重地去担负统摄那"体制改革"、"进步"、"平等"等新价值的历史使命。

从康有为告别此说的过程，可以看到他与前辈已有很大的不同之处，就在于：西力东侵与西学东渐，使得经典的权威地位大为动摇，他们不复是中国士大夫寄托和构筑政治和文化"理想国"的最高的资源了。

---

① 吴熙钊、邓中好校点：《南海康先生口说》，31 页，广州，中山大学出版社，1985；又见楼宇烈整理，康有为：《长兴学记·桂学答问·万木草堂口说》，133 页，北京，中华书局，1988。熊月之：《西学东渐与晚清社会》，上海，上海人民出版社，1994，已经引这段话的前一句，即"美国人所著《百年一觉》书，是大同影子。"来说明《百年一觉》对康有为等中国士大夫的影响。1891 年 12 月至 1892 年 4 月，《万国公报》连载了李提摩太翻译的《回头看纪略》。1894 年，广学会出版了此书的单行本，改名《百年一觉》，发行两千册。此书原作者毕拉宓（1850—1898），今译贝拉米，是美国 19 世纪著名作家、空想社会主义者。原书是一部幻想小说，出版于 1888 年，书名 Looking Backward，2000—1887，凡 28 章，出版后风行一时。见熊书 409～413 页。

② 语出康有为：《上清帝第二书》（一八九五年五月二日），史称"公车上书"，收入汤志钧编：《康有为政论集》（上），北京，中华书局，1981。

③ 参见本书第二章第三节《康有为、章太炎经学今古文之争的"知识转型"》。

类似的故事，也发生在经学立场与之大异其趣的章太炎、刘师培等人身上。

章太炎是晚清大张旗鼓地宣扬章学诚的"六经皆史"说并用以建构其古文经学的代表人物，后学者中很多人、尤其"新学小生"们，是由章太炎而获知章学诚此说的。然而他对经典的态度与章学诚相比也是不可同日而语。"挽世有章学诚，以经皆官书，不宜以庶士僭拟，故深非扬雄、王通。"① 章太炎对此持批评态度，如学者所说："经的价值只是提供历史知识，遂把经的作用完全限于史。这样才能说，用史来取代经，才能说把经从神圣的宝座上拉下来。正因为如此，实斋所谓六经乃先王政典不可拟作之论，对太炎而言，也就毫无意义。"② 他那"夷六艺于古史"③ 的激烈主张，虽然是缘于对康有为等"神秘"化孔子的反动，但是一样深深依据了外来的学理，不仅"历史"的观念从日本转手得之于西人，若无同样是借道于日本的以"进化"论为依托的"社会学"学理，他怎么能将在章学诚那里还是至高无上的"六艺"，视为"上世社会污隆之迹"，从而大做其将"六经历史文献化"（用王汎森语）的工作呢？

而刘师培呢，是的，他的确写过《古学出于史官论》、《补古学出于史官论》等发挥章学诚的见解。但刘氏论及"古代之时""有官学而无私学"的情况却说：

> 凡专制之时代，不独政界无自由之权也，即学界亦无自由之权，（今文明国之宪法，莫不载明言论、思想、出版之自由，而宪法未定之国，臣民无此权利。）故威权极盛之世，学术皆定于一尊。（与欧洲宗教专制相同。）龚定庵曰："周之世官，大者史。史之外无有语言焉，史之外无有文字焉，史之外无人伦品目焉。"（《古史钩沉论》一。）章实斋曰："官守学业皆出于一，而天下以同文为治，故私门无著述。"（《校雠通义》上卷。）则有周一代为学术专制之时代明矣。学术专制与政体之专制相表里，周代之政体渐趋专制，故学术亦

---

① 语出章太炎：《国故论衡·原经》，见刘梦溪主编、陈平原编校：《中国现代学术经典》、《章太炎卷》，52页。

② 汪荣祖：《槐聚说史阐论五篇》，见《史学九章》，331页。

③ 朱维铮编校：《章太炎全集》（三），159页。

然……（无识陋儒皆以学术定于一尊为治世，岂知此实阻学术进步之第一原因哉！观弥儿《自由原理》，此理自明。）①

章学诚、龚自珍所称慕不止的周代王官之学，在刘师培那里适足成为周代"专制""愚民"的证据！其间的取舍，真有让人恍若隔世之慨。为什么会这样呢？那是因为有了世界"文明"史的比较（抑或比附？）视野，那是因为秉持了像"弥儿《自由原理》"这样的西方经典。真是见怪不怪，上述观点，与氏著《中国民约精义》"直以中国文化史上与西方现代文化价值相符合的成分为中国的'国粹'"② 相比，就算不得什么了。更有意思的是，刘师培于一九〇五、一九〇六年间，在《国粹学报》刊有《读左札记》，谈到《左传》的精义时，竟说：

> 挽近数年，哲种政法学术播入中土，卢氏《民约》之论，孟氏《法意》之编，咸为知言君子所乐道；复援引旧籍，互相发明，以证哲种所言君民之理，皆前儒所已发。由是治经学者，咸好引《公》、《穀》二传之书，以其所言民权多足附会西籍，而《春秋左氏传》，则引者阙如……以证君由民立，与《公》、《穀》二传相同……且《左氏传》所载粹言，亦多合民权之说……足证春秋之时，各国之中，政由民议，合于《周礼》"询危询迁"之旨……而遗文佚事，咸赖《左传》而始传，则左氏之功甚巨矣。彼世之诋诽《左氏》者，何足以窥《左氏》之精深哉！③

东汉章帝时，贾逵为争得《左传》的官学地位而发挥"《左氏传》大义长于二传者"，乃"摘出《左氏》三十事尤著明者，斯皆君臣之正义，父子之纪纲"。认为《左传》高过《公羊》的中心理由，是所谓"《左氏》义深于君父，《公羊》多任于权变"云云。④ 当年争执之要害主要看孰为更能贴近"君为臣纲、父为子纲"的政治伦理标准，到刘师培之时，竟

---

① 刘师培：《补古学出于史官论》，见《刘师培史学论著选集》，16～17 页，上海，上海古籍出版社，2006。

② 参见余英时：《中国知识分子的边缘化》，载《二十一世纪》，1991（6）。

③ 刘师培：《读左札记》，见《刘师培史学论著选集》，24～25 页。此文系年见该书第 621 页。

④ （宋）范晔撰、（唐）李贤等注：《后汉书·贾逵传》，1236 页，北京，中华书局，1965。

争的焦点却在于谁更符合"民权之说"，而刘氏所云，简直是要与今文经学家比赛谁更能"附会西籍"（如《卢氏《民约》之论，孟氏《法意》之编"）了！这真是比中国历史上佛教传入初期之文化格义时代走得更远的时代，这确是以西方的经典为经典的时代，这就是从一位当时中国最有希望的青年经学家意识深处传达出来的时代精神。经典地位之随时势之变而转移，还有比之更为极端的例子吗？

　　而"六经皆史"说更进一步的折变，是它寄身于"六经皆史料"的口号并继续发挥着更新观念的桥梁作用。现代学者像胡适、周予同等之所以在鼓荡其具有强烈自我作古色彩的奋发意气而高唱新口号时还不能不提到他，正是因为"六经皆史料"说的观念前提之不可或缺者，正是"经史相通"这一内在逻辑，而章学诚毫无疑问是这一架构的最伟大的建设者，这也是他们所能利用的最切近最经典最有用的思想资源。这是章学诚的"六经皆史"的观念在现代的延展性。另一方面，这一观念内部经历了深刻的裂变或者说是自我否定，这集中体现在："六经皆史料"的观念，对章学诚的"六经皆史"的观念所蕴含的重要思想——以"三代"为理想的黄金古代等圣经贤传的观念的自觉扬弃、更严重地说是刻意打破上。

　　胡适是民初"大捧章实斋"关键人物，他对章氏学问的去取就很耐人寻味。钱穆后来提到研究章学诚的正当取径，评论及以胡适为代表的"近代学人"的有关见解说：

　　　　在我认为，研究他的学问，该看重他讲古代学术史，从《汉书·艺文志》入门，然后才有"六经皆史"一语……而我们近代学人如胡适之，他就最先写了一篇《诸子不出于王官论》。（来反对《汉志》的"九流出于王官说"——引者据钱氏上下文）……胡氏又写了一部《章实斋年谱》，来提倡章氏史学。他不想，既是主张诸子不出于王官，则章实斋六经皆史一语又就无法讲。他既要提倡章实斋史学，而又要推翻《汉书·艺文志》，实把章实斋最有心得的在古代学术史上提出的精要地方忽略了。[1]

---

　　① 钱穆：《中国史学名著》，254～255 页。

　　钱穆对章学诚的学问大体有着比胡适更为深刻全面的理解，所以他能一眼看出胡适的"诸子不出于王官论"与章学诚的"六经皆史"说的内在矛盾。其中的关键之一就在于对经典的态度大不一样，换句话说，其分野就在于"尊经抑子"与"尊子抑经"的不同。如果我们对胡适也多一点同情和了解的话，这当然是这位新一代留学生立意掀起中国的"文艺复兴"运动题中应有之义，借助晚清经今文家打倒《汉书·艺文志》的激烈见解，又本乎从美国学来的文献高级批判学以及"实用主义"等西学新知，铸就了锋利的"疑古"剃刀，胡适操起它来就将章学诚念兹在兹的"王官之学"一把剃去了，① 其历史效应恰如顾颉刚所说："这一改把我们一班人充满着三皇五帝的脑筋骤然作一个重大的打击，骇得一堂中舌挢而不能下。"② 真不啻中国人历史意识的大革命！作为一股强大的动力，如此这般引导顾颉刚走上疑古史学之路。从这些地方，我们可以看到胡适对章学诚"六经皆史"作"实用"解释，借古人酒杯，浇自己心中块垒的深层理由。

　　钱玄同那"离经叛道非圣无法的《六经》论"③ 就更激烈了："'六经'固非姬旦的政典，亦非孔丘的'托古'的著作……'六经'的大部分固无信史的价值，亦无哲理和政论的价值。"；④"'经'这样东西压根儿就是没有的"。⑤ 这是晚清今古文经学相持不下而两败俱伤之必然结果，也是"新文化运动"的干将们"把他们（指今文家与古文家——引者）的假面目一齐撕破"⑥ 的工作业绩。

　　被胡适视为观点"正统"的冯友兰的《中国哲学史》，也肯定并采用章学诚那"古无私门之著述"的见解，但这是在"除去其理想化之部分"之后的事，而他指出的此论所含有的"理想化古代之嫌"，批评的正是章学诚对"三代"尤其是对"周"代的想象。⑦

---

① 参见本书第三章：《经、子易位：〈诸子不出于王官论〉的建立、影响与意义》。
② 顾颉刚编著：《古史辨》，第1册《自序》，36页，北京，朴社，1926。
③ 语出钱玄同：《研究国学应该首先知道的事》，见《钱玄同文集》，第4卷，256页。
④ 钱玄同：《答顾颉刚先生》，见《钱玄同文集》，第4卷，238页。
⑤ 钱玄同：《〈春秋〉与孔子》，见《钱玄同文集》，第4卷，261页。
⑥ 语出顾颉刚：《秦汉的方士与儒生·序》，4页，上海，上海古籍出版社，1998。
⑦ 参见冯友兰：《中国哲学史》（上册），18～19页，上海，华东师范大学出版社，2000。

诸如此类对章氏"六经皆史"观念所持的分析取舍态度普遍地存在于现代学者当中，比如刘节的观点就很有代表性：

> 照我们现在看，"六经"还只能说是史料，尚不能谓之史学。即是说六经也不过是古代史的史料而已。这样说法，就完全正确了。这一开宗明义，一方面是有贡献的，另一方面又是很模糊的。章实斋的缺点就是相信中国的黄金时代是三代，这仍旧是最古老的经生见解，与他自己的许多新发现是很不相称的。①

可以清楚地看到，现代学者头脑中的"六经皆史料"的观念，与章学诚"六经皆史"说的最大区别就在于是否拥有对"中国的黄金时代是三代"的信仰，后者旨在发挥它的示范功能，而前者必欲置之于死地。有学者用"反历史主义的历史主义"去把握"六经皆史说"的深层结构，难免治丝益棼，② 倒不如说，"赋诗断章"的传统、乃至"断章取义"的习惯乃是像"六经皆史"这样富于诠释潜能的观念发展史的普遍运作机制；如果不局限于章学诚而是在该观念展开与流变的历史中来观察，我们不仅从一个侧面看到传统世界观特别是历史观的崩溃过程，她尤其集中反映了经学的衰败及其主导地位被史学取代，而经典自身不能不以"史料"的身份寄人篱下于"史学"的历史命运，这也正是这个观念受到如此经久不息的关注与讨论的根本原因。再也找不到另一个观念，比"六经皆史"说的沉浮史更能述说中国近代经学所面临的困境了。1910年，章太炎在一篇名为《经的大意》的白话文中说：

> 这样说，经典到底是什么用处呢？中间要分几派的话。汉朝人是今文派多，不晓得六经是什么书，以为孔子预先定了，替汉朝制定法度，就有几个古人（"人"字疑为"文"字之讹——引者）派的，还不敢透露的驳他。宋朝人又看经典作修身的书。直到近来，

---

① 刘节：《章学诚的史学》，见《中国史学史稿》，418 页，台北，弘文馆出版社，1986。

② 章学诚的"六经皆史"观念，固然充满了"流"变的"历史"观念，但是那回溯于"三代"的根源意识，即"史"本的观念，保证了再丰富的"历史"感也必须是统之有元会之有宗的。有学者用其极端难免不流入"相对主义"的"历史主义"来把握"六经皆史"，自然又要多一层"反历史主义的"纠葛，这些地方也许才见出我们这些"现代"人好玩漂亮的抽象概念（又曰"大词"，或者还是来自"西方"的？）叠加的游戏来把捉古人思想的削足适履吧。

百年前有个章学诚，说"六经皆史"，意见就说六经都是历史。这句话，真是拨云雾见青天！

同文又说：

> 若怕人说经典没用，就要废绝，也只要问那个人，历史还有用么？如果他说有用，那么经典是最初的历史，怎么可以废得！①

"经典"的"用处"必须委身于"历史"，甚至，"经典"之"废得"还是废不得必须命悬于是否被判定为"历史"之一线，这是"百年前"那个章学诚梦想得到的吗？

无独有偶，1919 年 1 月，顾颉刚在《中国近来学术思想的变迁观》一文中也说：

> "道"、"礼"等名词原是抽象的，也没有什么固定的善恶，经书原是史书，有何可燔之理？②

这是在表达与当时已经兴起的"用'不塞不流、不止不行'的专制手段"去打倒"孔教"不同的颇具历史感的温和态度，顾氏那多少意在为经书辩护的理由正与他的前辈章太炎一鼻孔出气："经书原是史书"；而形势则更为严峻，已经到了必须抉择要不要将经书付之一炬的地步了。

假如章学诚能够穿越时光的隧道而看到他的"六经皆史"说起到了这样的作用，他会作何感想呢，幸乎？不幸乎？我们真愿意起章氏于地下而问之！

尤有进者，钱玄同在写于 1925 年的《废话——原经》一文中，更积极主张对于儒家经典："不必说现在，在商鞅、李斯时代，早就该将它扔下毛厕去了！"其中对于《春秋左传》，他说了一段发狠的话道：

> 我们是主张"读书以求知识"的，本来就没有想效法书中的鸟道理，所以不管什么奸庶母，奸妹子，奸嫂子，奸媳妇，奸侄媳妇，交换老婆，国君奸大夫之妻，祖母吊孙子的膀子，儿子杀老子，老

---

① 章太炎：《经的大意》，见陈平原选编：《章太炎的白话文》，82、87 页，贵阳，贵州教育出版社，2001。

② 顾颉刚：《中国近来学术思想界的变迁观》，见《中国哲学》，第11辑，313页。

子杀儿子，哥哥杀兄弟，兄弟杀哥哥……种种丑怪的历史，既然有此事实，不必"塞住耳孔吃海蜇"，尽可以看看读读。他们是主张"读书以明理"，要以书中人事为模范的，像那种经书似乎还以不读为宜。①

看来钱氏确实是"动了感情"，要不怎么会如此口无遮拦呢。像《左传》这类经典确实记载了此类史实，但是正因为如此，所以才有种种所谓"义法"云云去规范它，是以此为戒而绝不是以此为法的；像为钱氏所不齿的"那班卫道先生们"，再不济，也绝不会公然提倡乱伦行为的。可钱氏连这些基本的事实都不顾，以新权威自居而极力用粗率丑诋之辞加诸经典，真不知其居心何在。还是他的密友黎锦熙对此类言论有同情的体谅："这不是说孔子要不得，乃是说二千年来借着孔子的招牌来开店做买卖的就非打翻不可，其意义也就等于反对'崇拜偶像'"。② 我们不能以其人之道还诸其人之身，所以对此也不必深责，但是我们终究不明白既然可以"读书以求知识"，为什么就不允许"读书以明理"呢？钱玄同晚年评价乃师章太炎的话似乎告诉我们更多的东西：

> 先师在学术上之地位，自可上媲东原。东原作《孟子字义疏证》，斥程朱以理杀人，有功于世道甚大。故挽辞云然。先师尊重历史，志切攘夷，早年排满，晚年抗日，有功于中华民族甚大。此思想得力于《春秋》，《国故论衡》之"原经"篇中说明此旨，去年所讲之"经学略说"亦及此义。故弟等即以昔人挽戴之辞，易"孟子"为"素王"，以挽先师也。③

钱氏认为章氏"有功于中华民族甚大"的种种业绩，"此思想得力于《春秋》"，这是非常恰当的论断。有意思的是，钱玄同曾经在《废话——原经》等文章中不惜骂骂咧咧地极力如是主张过："想知道孔丘的思想的人们，可以看看《论语》。若要以那里面的话为现代道德的标准，那个人

---

① 钱玄同：《废话——原经》，见《钱玄同文集》，第2卷，234～235页。
② 黎锦熙：《钱玄同先生传》，见曹述敬：《钱玄同年谱》，175页。
③ 钱玄同1936年7月17日致潘景郑的信。见《钱玄同文集》，第6卷，305页。钱氏殁于1939年1月17日，信中有关内容可视为他对章太炎学术、功业的晚年定论。

就是混蛋！"①《春秋》无疑是类似《论语》的经典，如果以这类见解为评论标准，则章太炎也应该被归入"混蛋"之列，而绝不是什么"素王"！因为按照引文所说，章氏分明主要就是以《春秋》"那里面的话为现代道德的标准"的。这是多么令钱氏尴尬的推论，然而却内含了不容辩驳的逻辑。这是不是历史的讽刺呢？也许是随着时势的变化，阅世渐深，他的观点也有所调整，也许是钱氏本来就是一个思想不周延而好随意说说"废话"的人，对此，我们在这里不能贸然论定，但是所有这些出自一人之口的话，不是同样振聋发聩、不是更加引人深思吗?!

---

① 钱玄同：《废话——原经》，见《钱玄同文集》，第 2 卷，240 页。

第二章 "今古文辨义"：康有为、章太炎的经学争议与现代人文学术

经史位移，那是中国学术近代史宏大叙事中的大趋势，其严重性，或可用"乾坤大挪移"那样的字眼，庶可当之。经学内部，分争益亟，晚清"今古文辨义"之激烈深刻程度，史上之学辩、学争，难可与比，还用王国维的话来说："亦时势使之然也"。

我们还是选择老生常谈的康、章作为讨论的对象，那是因为本书对"中国学术"的界定，绝不限于"书本文字之学"而止，而把目光更多地放在他们所自负的经学应对时局的变动所呈现出来的活力。希望读者更多地留意到：康有为开辟其今文经学之旨趣与效应，乃在于提供了当时一般地位低下的士人积极参与国事的政治文化主动权与主体性。其动力，固然有时事的激荡与新学或西学或由日本转手之外来之学的诱导，但"素王改制"等思想的的确确相当程度上是旧学术的复活，是他心目中的孔子等的灵魂附体。在这个问题上，要时时警惕的是，不要说，我们与先圣、先哲、先贤的悠怀、与中国古代的思想世界已经很隔膜，连已经作古的"近代"人士的心胸也很难把握了。钱玄同为章太炎题的挽联，恰恰也称其为"素王"，这是很耐人寻味的。康的学说颇有普世主义的基调、兼有浪漫主义的味道，这在很大程度上是由《公羊》学推演出来的，"大同"等观念与"社会主义"等西说冥会，影响了一代又一代的"知识分子"与"群众"，这是有助于"中国"融入这个新"世界"的。章太炎将古文经学转化为史学，由此演绎"国史"、"国粹"、"国故"等观念、主义、学术，对于异族统治有抗争、对于列强欺压振作民气、对于外寇入侵严"华夷之辨"，他是近代中国"民族主义"的奠基者。更不用说康

的大胆怀疑的精神、章的经史观念子学研究等均直接开启了"古史辨"等现代人文学术的方向。而他们的经学争议导致的经学内部分裂与败坏，也为民国"新学术"之创制提供了空间。

当然，本章在此讨论的仍然只是两位学术生命的"前半生"，对于他们自身而言，各自晚年的学术思想发展变化，也是很重要的，不过，他们的影响很快被刻意要取而代之的新一代知识领袖胡适等盖过，这既是民国学术界很有意思的现象，也是本书从大局着眼作这样安排的一个理由。

第一节　《教学通义》与康有为的早期经学路向及其转向——兼及康有为与廖平的学术纠葛

康有为与廖平之间有一桩著名的学术公案：廖平说康有为的《新学伪经考》、《孔子改制考》分别"祖述"自他的《辟刘篇》、《知圣篇》，[①]康有为予以否认。

康氏自称，其"发古文经之伪，明今学之正"，既因 1888 年冬上书失败的刺激，[②]又承常州公羊学派之风而起，当然更得自他本人的不经意间然而却颇为神奇的对《史记》、《汉书》所作的孤明独发的比较研究。[③]

而康有为的弟子梁启超却不为师讳，他既在《论中国学术思想变迁之大势》中称："康先生之治《公羊》治今文也，其渊源颇出自井研，不可诬也。"[④]（引者按：廖平为四川井研人，此处"井研"，指廖平）又在《清代学术概论》中揭其底蕴："有为早年，酷好《周礼》，尝贯穴之著《政学通议》。后见廖平所著书，乃尽弃其旧说。"[⑤] 鉴于梁启超的特殊身

---

① 廖平：《四益馆经学四变记》，见李耀仙主编：《廖平选集》（上），549 页，成都，巴蜀书社，1998。

② 参见楼宇烈整理：《康南海自编年谱》（外二种），16 页，北京，中华书局，1992。

③ 参见康有为：《重刻伪经考后序》，见《新学伪经考》，400～401 页，北京，生活·读书·新知三联书店，1998。

④ 梁启超撰、夏晓虹导读：《论中国学术思想变迁之大势》，128 页，上海，上海古籍出版社，2001。

⑤ 梁启超：《清代学术概论》，见《梁启超论清学史二种》，63 页，上海，复旦大学出版社，1985。

份，学者多重视其指证而信从廖平的指控。

无论如何，梁启超所提到的《政学通议》确很重要，因为此稿不单可以为有兴趣重探此案的学者提供线索，也是探讨康有为早年经学思想及其演变的不可或缺的材料。不过此稿在 20 世纪 80 年代以前颇不易见到，现有经过整理的两个版本可供参考。一是收入《中国文化研究集刊》第 3 辑的题为《教学通议》的本子；① 二是收入《康有为全集》第 1 集的题为《教学通义》的本子。② 从该书扉页所收"图三《教学通义》手稿"的书影看，题名应以《教学通义》为是。③

通过《教学通义》而考察康有为早期经学取向的，迄今为止大体有三种看法。一是认为此稿基本倾向古文经学。以汤志钧为代表。他认为康有为虽不能算古文经学家，但是"尊周公、崇《周礼》，在他这时的思想上，确占重要地位。"④ 此说与梁启超的看法很接近。二是认为此稿体现了康有为在今古学之间的自相矛盾。以朱维铮为代表。他把《教学通义》与廖平的《今古学考》联系起来考察，认为该手稿"内容可证康有为早年的确'酷好《周礼》'，但涉及经学，前宗刘歆，后斥刘歆，必非同时所撰，可能是见廖平《今古学考》后曾加修改，但无法克服今古文矛盾，最终只好弃其旧说，另撰《新学伪经考》。"⑤ 这可以说是把对康氏承袭廖平学说的怀疑，从《新学伪经考》、《孔子改制考》蔓延到更早的著作《教学通义》上去了。受这种看法的影响，张勇认为《教学通义》"现存抄本'春秋第十一'一节，有'孔子改制'一段，其意旨与全书及

---

① 见《中国文化研究集刊》，第 3 辑，343～413 页，上海，复旦大学出版社，1986。"编者按"说："本稿的整理校点，由上海博物馆丁义忠、朱仲岳担任。初稿完成后，由本刊编者作了加工。"

② 姜义华、吴根樑编校：《康有为全集》，第 1 集，80～163 页，上海，上海古籍出版社，1987。

③ 另外，下文将说明康有为《教学通义》的经学思想深受章学诚在《文史通义》中表达的经学观念的影响，故很可能连书名也脱胎于章氏之"通义"。这加强了笔者认为该稿题名应为《教学通义》而非《教学通议》的判断。

④ 汤志钧：《重论康有为与今古文问题》，见《康有为与戊戌变法》，23 页，北京，中华书局，1984。

⑤ 朱维铮：《康有为在十九世纪》，见《求索真文明——晚清学术史论》，207 页，上海，上海古籍出版社，1996；以及《中国文化研究集刊》，第 3 辑《教学通议》之"编者按"。

该节思路不符，显然为后来添加。"① 三是重视《教学通义》中的今文经学思想，认为康有为早期思想中已早有此一面向，他日后专宗今文，并非突发事件。此说以房德邻为代表。他也将《教学通义》与康、廖之间的学术公案联系起来考察，而着眼点与结论与上述见解大相径庭。他认为："康有为在晤见廖平以前已有某些今文经学观点，见到廖平以后，受廖影响，完全转向今文。""廖对康的影响主要是在安徽会馆长时间的'谈论'，即'辟刘之议'。"而所谓廖平有《辟刘篇》和《知圣篇》交给康有为等说法均为不实之辞。② 与房氏见解比较接近而从此方向走得更远的是丁亚杰，他认为："《教学通义》作于光绪十二年（1886），从我们所析述诸观点，康有为此时以今学为主，但又徘徊于今古之间，廖平尊今抑古，导引康有为完全以今学为主，康有为深讳其事，可能就在此。《教学通义》已略具日后思想规模，以康有为抄袭廖平，未免过甚其言。《教学通义》作于 29 岁，也符合康有为所说乙酉之年（光绪十一年，1885）而学大定，不复有进之言。"③

上述研究对我们了解《教学通义》的旨趣和经学取向颇有推进之功，但也颇有值得深入探讨之处。《教学通义》"尊周公、崇《周礼》"是比较明显的事实，但是如何处理这一部分的内容与"孔子改制"之类的内容的关系呢？说《教学通义》"前宗刘歆，后斥刘歆"，"必非同时所撰"，"可能是见廖平《今古学考》后曾加修改"，这是作者本人都不能不承认的"逻辑推论"，④ 并没有坚强的证据；而"春秋第十一"一节中为什么会有"孔子改制"一段，正是需要解释的问题，恐怕不是将其从文中剔

① 蔡乐苏、张勇、王宪明：《戊戌变法史述论稿》，125 页，北京，清华大学出版社，2001。作者又通过对《新学伪经考》、《孔子改制考》与《教学通义》在"叙事结构"上的一致性等的分析，作了有新意的解释："由此再来看一些相关的问题，比如，康有为'剽窃'廖平的那段公案，比如公羊今文说在康有为思想中的地位和作用，以及所谓近代的今古文经之争的问题等，也许都会有一些更真切、更符合实际的解说。"见同书第 134 页。这种探讨又与第三种观点的取向相接近。

② 房德邻：《康有为和廖平的一桩学术公案》，载《近代史研究》，1990（4）；房德邻：《儒学的危机与嬗变——康有为与近代儒学》，台北，文津出版社，1992。陈其泰接受房氏的看法，见陈其泰：《清代公羊学》，272、283 页，北京，东方出版社，1997。

③ 丁亚杰：《清末民初公羊学研究——皮锡瑞、廖平、康有为》，205 页，台北，万卷楼图书有限公司，2002。

④ 朱维铮：《康有为在十九世纪》，见《求索真文明——晚清学术史论》，207 页。

除出去这样一劳永逸的方式处理得了的吧。比康有为的心术更有必要反思的应该还有持论者所持的判断尺度，这种评价标准有可能恰恰来自今文经学家廖平、康有为的门户之见，这当然是草《教学通义》时的康有为没法梦见的。针对那些专注于廖平研究而习惯将康氏见解归到廖平名下的学者的论证方法，房氏的研究不啻是一服清醒剂，但是"今文经学观点"在《教学通义》中究竟占有怎样的地位呢？它的分量已到了像丁氏所说的"以今学为主"的地步了吗？它与专攻古文时的思想界限在哪里呢？它又如何与"尊周公、崇《周礼》"的思想协调呢？

总之，就目前的研究而言，虽然学者作出了种种的努力，但是《教学通义》所关涉的康有为早年经学取向之宗今宗古，莫衷一是；它属于何种形态，处于何种阶段，何等地位，具何意义，亦未有定谳。

之所以会如此，其症结不外有二：过分纠缠于廖、康交涉而忽视了康氏思想之内在理路，故厚此而薄彼；沿袭廖平"平分今古""尊今抑古"经学六变之前两变，以及康后来专攻古文的门户森严之见来审视早先壁垒未起时的看法，故扞隔而难通。

笔者不是、也没有能力来重审学术史上的这一大公案，不过愿着眼于康有为思想中非常重要的"经世"观念①及其与其经学思想的关联处，从这一角度，为康有为经学思想的演变及其所以然这一问题，进一解。

一、周公·刘歆·古文经

现有的研究，一般都不否认《教学通义》之"尊周公、崇《周礼》"，但很少有人去深究早年康有为尊崇周公、周制的思想来源。

大概唯有朱维铮在有关文章中稍稍道及，他通过龚自珍对康有为的影响而上溯至王安石："康有为'早年酷好《周礼》'（梁启超语），很难说不是王安石特著《周官新义》作为变法依据的遥远回响。"②

---

① 关于儒家思想传统中的"经世"观念，可以参看余英时：《清代学术思想史重要观念通释》中的"经世致用"条，收入氏著：《文史传统与文化建设》，北京，生活·读书·新知三联书店，2004；张灏：《宋明以来儒家经世思想试释》，原载《近世中国经世思想研讨会论文集》，台北，"中研院"近代史研究所编，1984；又见《张灏自选集》，上海，上海教育出版社，2002。

② 朱维铮：《重评〈新学伪经考〉》，见《求索真文明——晚清学术史论》，228页；又见朱维铮：《康有为和朱一新》，载《中国文化》，1991（5）。

这种可能性并不是不存在，只是如此推寻毕竟是过于"遥远"了。《教学通义》引据繁博，但通篇来看，康有为在基本观念上直接承受章学诚的影响，却是最值得注意的重要事实。对此，他本人亦未加隐讳，在"六经"一节，康氏道出其经学观念所本：

> 四者（指《诗》、《书》、《礼》、《乐》——引者据上下文按）为先王典章，故称为经。经者，经纶之谓，非有所尊也。（章实斋尝有是说）。①

其实，不光是对"经"的看法，甚至可以说《教学通义》通篇所着力发挥的，正是章学诚在《文史通义》中苦心经营的"六经皆史"论。

只是我们须知，章氏之"六经皆史"论，非经后人如胡适、梁启超等作了现代诠释的"六经皆史料"之类的褊狭指谓。② 乃为"救当时经学家以训诂考核求道之流弊"而发，"本主通今致用，施之政事"，大有经世精神的大理论。③ 他由"文史校雠"之道，而发明"六经"为先王之政典，尤其是周王朝的政府档案、官书，非私家著述，从而将圣人之道由有德无位的孔子上溯至有德有位的周公，因为周公有"制作之权"而孔子无。学孔子，就要学孔子之所学，即学周公，因为周公才是先王政教之"集大成"者。而"孔子之大"，不过如此："述而不作"。这样，原属孟子称誉孔子的美辞"集大成"，由章氏夺来只配加诸周公头上："集大成者，周公所独也。"④ 以上是章氏理论的扼要，是他的新发明。

《教学通义·备学》说：

---

① 康有为：《教学通义》，见姜义华、吴根樑编校：《康有为全集》，第 1 集，119 页。《文史通义》之开篇《易教上》第一句话，即揭明宗旨："《六经》皆史也。古人不著书；古人未尝离事而言理，《六经》皆先王之政典也。"《文史通义·经解上》，其中有曰："《易》曰：'云雷屯，君子以经纶。'经纶之言，纲纪世宙之谓也……"等，即为康氏此说所本。参见章学诚著、刘公纯标点：《文史通义》，1、28 页，上海，上海古籍出版社，1956。六经之中，因对《春秋》的看法较为复杂，有所不同，待下文讨论，其基本见解如出一辙。

② 关于胡适、梁启超等对"六经皆史"的解读，可以参见本书第五章："经学的史学化：《刘向歆父子年谱》如何结束经学争议"。

③ 参见钱穆：《中国近三百年学术史》（上），390、392 页，北京，中华书局，1986；余英时：《论戴震与章学诚——清代中期学术思想史研究》，"内篇"第五章中之"'六经皆史'说发微"一节，北京，生活·读书·新知三联书店，2000。

④ 上述概述本于《文史通义》，凡加引号的引文，悉为原书所有，行文简洁起见，恕不一一注明所出之篇名。

周公兼三王而施事，监二代以为文，凡四代之学皆并设之，三百六十之官皆兼张之，天人之道咸备……盖黄帝相传之制，至周公而极其美备，制度、典章集大成而范天下，人士循之，道法俱举。盖经纬人天，绝无遗憾，而无事于师儒学校之矜矜言道也。①

《教学通义·六经》说：

周公之制，有"六德"、"六行"、"六艺"、读法之公学，有百官之专学，有王公、卿士、师儒之大学……盖承黄帝、尧、舜之积法，监二代之文，兼三王之事，集诸圣之成，遭遇其事，得位行道，故能创制显庸，极其美备也。②

周公以天位而制礼，故范围百官万民，无不曲备。孔子以布衣之贱，不得位而但行教事……③

经虽出于孔子，而其典章皆周公经纶之迹，后世以是为学，岂不美哉！④

这难道不是在发挥章学诚那"得位"才能"创制"、周公才是先王典章制度"集大成"者的理论吗？所谓"备学"的观念不是来自章学诚那周公"集大成"而"道备"的见解吗？

章学诚论及六经本于官守之说云：

《易》掌太卜，《书》藏外史，《礼》在宗伯，《乐》隶司乐，《诗》领于太师，《春秋》存乎国史……秦人禁偶语《诗》、《书》，而云'欲学法令者，以吏为师'。其弃《诗》、《书》，非也，其曰"以吏为师"，则犹官守学业合一之谓也。⑤

《教学通义·备学》也有极相近的看法：

若太卜掌《易》，太师掌《诗》，外史掌《书》，宗伯掌《礼》，其余农、工之事皆然。官司之所守，即师资之所在。秦人以吏为师，

---

① 康有为：《教学通义》，见《康有为全集》，第1集，85页。
② 康有为：《教学通义》，见《康有为全集》，第1集，117页。
③ 康有为：《教学通义》，见《康有为全集》，第1集，118页。
④ 康有为：《教学通义》，见《康有为全集》，第1集，121页。
⑤ 章学诚：《校雠通义》，见《文史通义校注》（下），951页，北京，中华书局，1985。

犹是古法。①

学者喜将廖平之书与康有为之书比较，审其剽窃之迹，不如将章学诚之书与康有为之书对校，更能得承袭之趣也。

不仅如此。章学诚有"道始三人居室"之议，② 而康有为有"群居五人，则长者异席，此礼义之造端，朝仪庭训之椎轮也"之论；③ 章学诚有"故知道器合一，方可言学；道器合一之故，必求端于周孔之分"的理论，④ 而康有为有"古者道与器合，治与教合，士与民合。"⑤ 春秋时"周公之道器已散"⑥ "六经"仅为"天子之一官"⑦ 的申说；章学诚有"贵时王之制度"之建言，⑧ 康有为有"从今"之主张。⑨

一言以蔽之，在对周代"教学"制度的探究上，在对当代"教学"的重视上，在对经世精神的张扬上，康有为之宗"周"，乃得之于章学诚，恐非过甚其词吧！

了解这一点，对于我们把握康氏《教学通义》的经学取向是至关重要的。

后来确立了今文经学立场的康有为在《新学伪经考》中说："近世会稽章学诚亦谓周公乃为集大成，非孔子也。皆中歆之毒者。"⑩ 他在《孔子改制考》中也说："章学诚直以集大成为周公，非孔子。"⑪ 这是对崇尚

① 康有为：《教学通义》，见《康有为全集》，第 1 集，85 页。《教学通义》还有多处论及之，恕不一一征引。

② "道始三人居室"，为章学诚的族子廷枫对章氏《文史通义·原道》篇的一个观点的概括，参见《文史通义》，44 页。

③ 康有为：《教学通义》，见《康有为全集》，第 1 集，83 页。又可参见同书第 142 页"群居五人，则长者必异席是也"云云。《康子内外篇》有曰："三人具，则豪长上坐而礼生焉⋯⋯"与此也很接近。参见康有为著，楼宇烈整理：《康子内外篇（外六种）》，12 页，北京，中华书局，1988。

④ 章学诚：《与陈鉴亭论学》，见《文史通义》，311 页。

⑤ 康有为：《教学通义》，见《康有为全集》，第 1 集，127 页。

⑥ 康有为：《教学通义》，见《康有为全集》，第 1 集，113 页。

⑦ 康有为：《教学通义》，见《康有为全集》，第 1 集，115 页。

⑧ 章学诚：《史释》，见《文史通义》，148 页。

⑨ 康有为：《教学通义》，见《康有为全集》，第 1 集，134～137 页。

⑩ 康有为著，朱维铮、廖梅编校：《新学伪经考》，121 页。

⑪ 康有为：《孔子改制考》，见朱维铮编校：《中国现代学术经典·康有为卷》，491 页，石家庄，河北教育出版社，1996。

周公的刘歆与章学诚的批评，又何尝不是自我反省呢？可见他对曾"中"章氏之"毒"耿耿于怀，到如今，真可以说是"乃尽弃其旧说"了。

从深受廖平与康有为等影响的今古文经学判分标准来看，章学诚的"六经皆史"论是典型的古文经说。① 而钱玄同的观点则更为可取：

> "《六经》皆史"之说，汉宋学者从未说过，乃是章实斋所新创的，龚氏能采用它，这也可以证明他没有门户之见。（或谓"《六经》皆史"系古文说，这是完全错误的。刘歆诸人何尝说过什么"《六经》皆史"！为此说者，殆因章太炎师亦云"《六经》皆史"之故。其实是今文学者的龚定庵与古文学者的章太炎师皆采用此章实斋之新说而已……）②

不妨说，康有为之采用"六经皆史"说，实与龚自珍相仿佛，并不是因为其宗主古文经学，而是此时尚无"门户之见"也。

钱穆甚至谈到晚清今文家说与章氏理论的相通关系：

> 经生窃其说治经，乃有公羊改制之论，龚定庵言之最可喜，而定庵为文，固时袭实斋之绪余者。公羊今文之说，其实与六经皆史之意相通流，则实斋论学，影响于当时者不为不深宏矣。③

不知道康有为是否由龚自珍而上接章学诚之绪论，但是，实斋论学，影响于后世者尚有康有为其人，实为不可掩的事实。诚如钱穆所说，"公羊今文之说，其实与六经皆史之意相通流"，那么，《教学通义》中又有"孔子改制"等"公羊改制之论"，从有章学诚这一环节来看，又有什么可奇怪的呢？

在深入讨论这个问题之前，先来看看：《教学通义》如何对待与"尊周公，崇《周礼》"都大有干系的刘歆以及古文经。

《教学通义》中出现有"《周礼》容有刘歆窜润"的说法，有学者据

---

① 参见周予同：《经今古文学》，见《周予同经学史论著选集》（增订本），9 页，上海，上海人民出版社，1996。

② 钱玄同：《〈左氏春秋考证〉书后》，见《钱玄同文集》，第 4 卷，305～306 页，北京，中国人民大学出版社，1999。

③ 参见钱穆：《中国近三百年学术史》（上），392 页。

此认为："他怀疑古文经典《周礼》的真实性。他在《教学通议》中尊周公，崇周制，但是并不崇《周礼》。"并把它作为"康有为在晤见廖平以前，已经接受了某些今文经学的观点，表现出转向今文经的迹象。"的一个"事实"。① 此说不确。原文如下：

> 考自夔至周，教胄皆以诗、乐。《周礼》容有刘歆窜润，《大司乐》章则魏文侯乐人窦公之所献，其为周典无疑。②

"尊周公，崇周制"与"崇《周礼》"不能混为一谈，此理甚是。但此段重点在于强调《周礼·春官宗伯》之《大司乐》章之"为周典无疑"，而非"刘歆窜润"；考虑到自东汉临硕、何休以降学者对《周礼》的疑辨几乎无代无之的语境，则康氏之"尊周公，崇《周礼》"，可以说情见乎辞。若不是对《周礼》抱基本信从的态度，《教学通义》也就不可能主要据此书来渲染周代的"教学"制度了。

学者认为《教学通义》中有属于"今文经学的观点"的又一"事实"是："康有为不相信在秦朝的'焚书坑儒'以后儒家经典流失的说法。"③ 此说亦不确。持论者的根据是：

> 六官人人守之，奚俟一、二儒生大呼自鸣耶？昔尝疑秦焚书而书存，周公不焚书，而夏、殷之礼，杞、宋无征。④

从上下文来看，康氏强调的是，就经典亡佚来说，周之"失官"（即由于"诸侯力争，王政失统"导致王朝官学之亡）⑤ 甚于秦之"焚书"。所以有六经仅为"天子之一官"之说。非如《新学伪经考》所谓"秦焚六经未尝亡缺"云云也。所以后文又有"汉人搜遗经于烬火屋壁之中""仅得先王师、保之半官以治天下"的惋惜，⑥ 更有"不幸遭秦禁儒业，天下弃学，高、惠、文、景皆不好儒，中间百年，于是孔门大明之'六

---

① 房德邻：《康有为和廖平的一桩学术公案》，载《近代史研究》，1990（4）。
② 康有为：《教学通义》，见《康有为全集》，第1集，99页。
③ 房德邻：《康有为和廖平的一桩学术公案》，载《近代史研究》，1990（4）。
④ 康有为：《教学通义》，见《康有为全集》，第1集，114页。
⑤ 康有为：《教学通义》，见《康有为全集》，第1集，114页。
⑥ 康有为：《教学通义》，见《康有为全集》，第1集，115页。

经'复成残缺矣"的感慨。①

据持论者之注，其根据可能还有下一段话：

> 夫秦始焚书，而"六艺""九流"灿然并在，周公修学而夏礼殷乐荡尽无传，亦可异矣。以为竹简易蠹，何以中秘古文下逮汉、晋？且遗耇顽民，口耳讽诵，亦何能遽灭？皆无可解。②

康有为的解释是，周制以时王为法，新王变更礼制，前朝典礼自无所容，不待焚而自废。他着力阐述的是章学诚那"贵时王之制度"的思想。我们不否认，"夫秦始焚书，而'六艺''九流'灿然并在"作为一种思想因子可以在经过自我否定之后可以成为"新学伪经"说的观念前提，但是在《教学通义》的思想系统中，他不过是彰显"先圣教学之原，王者经世之本，生民托命之故"③的一个论证环节罢了。

由此，当然很有必要追踪《教学通义》对"古文"的系统看法。

> 书则惟存教学童书《史籀》十五篇，然与壁中古文不同，其为列国之文，而非先王之文，尚不可知。且建武时仅亡六篇，犹存九篇，而今《说文》所存籀文仅千字，则十五篇之遗文殆亦无多。汉人略识古文者……其人盖寡……及郡国山川往往出钟鼎，而传文盖寥寥。壁经所出，人无尽通之者。上阅古者，已如历数，书学实亡。④

可知，康有为所深惜者，是古文"传文"太少，"识者"亦太少。所感叹的是，周代"公学"的精华——"六艺之学"（礼、乐、射、御、书、数）之一的"书学"之亡，而非"古文"之被人伪造也。

> 武帝末，壁中古文出，得多十六篇。无论传者之真伪，然残缺不得其半矣。（百篇说出于刘歆《七略》志，虽不足尽信，然杂见传记，绝不止五十七篇也。）⑤

---

① 康有为：《教学通义》，见《康有为全集》，第1集，122～123页。
② 康有为：《教学通义》，见《康有为全集》，第1集，135页。
③ 康有为：《教学通义》，见《康有为全集》，第1集，136页。
④ 康有为：《教学通义》，见《康有为全集》，第1集，116～117页。
⑤ 康有为：《教学通义》，见《康有为全集》，第1集，123页。

学者据此认为："康有为对壁中书的说法将信将疑……这一观点，他后来写入《新学伪经考》中。"[①]《新学伪经考》认为，伏生所传今文《尚书》二十八篇为足本，与此处所谓"绝不止五十七篇也"，其观点之相左亦不可以道里计也。

更重要的还有下文：

> 《礼》尤破坏，惟高堂生传《士礼》十七篇，淹中多得三十九篇及《明堂阴阳》、《王史氏记》，河间献王得《周官经》及七十子后学所记百三十一篇。然淹中经藏于秘府，不立学官，简册亦减，致推《士礼》而致于天子，坏崩甚矣。[②]

康有为在《重刻伪经考后序》中自诩发现并无"得古文经"、"献书开壁"事为其不经意之间独得的大发明；[③]"河间献王及鲁共王无得古文经之事"，亦被钱玄同推许为《新学伪经考》的两点"最重大的发明"之一。《汉书河间献王鲁共王传辨伪》"这一篇是他做《新学伪经考》的起点"。[④] 我们看《教学通义》上文，可知到这时康有为也还没有将《史记》与《汉书》对勘，所谓"今以《儒林传》、《艺文志》考之"，[⑤] 仅仅是根据《汉书》来立论罢了。从这一节的标题为"亡经"而非"伪经"，我们也能知道此时的看法距离日后的定见是多么遥远了。

另外，《教学通义》前部（"《春秋》"一节之前）提到刘歆"任校书之职"时，[⑥] 也未加疑辨，后部（"《春秋》"一节之后）叙及刘歆"增置诸古文博士"，[⑦] 也毫无"伪经"的指斥，标举《汉书·艺文志》的看法，评论说："善哉！刘向之论诸子，以为皆出于先王之官。信其能知先王之道也。惜其考求'六艺'，而不知原本先王之官……盖犹惑于汉儒传经之习，而不知先王'六艺'之本，公学、私学之分也。"[⑧] 表彰"刘向述九

① 房德邻：《康有为和廖平的一桩学术公案》，载《近代史研究》，1990（4）。
② 康有为：《教学通义》，见《康有为全集》，第1集，123页。
③ 康有为：《重刻伪经考后序》，见《新学伪经考》，400～401页。
④ 钱玄同：《重论经今古文学问题》，见《钱玄同文集》，第4卷，141、145页。
⑤ 康有为：《教学通义》，见《康有为全集》，第1集，123页。
⑥ 康有为：《教学通义》，见《康有为全集》，第1集，117页。
⑦ 康有为：《教学通义》，见《康有为全集》，第1集，129页。
⑧ 康有为：《教学通义》，见《康有为全集》，第1集，96页。

流之本"，批评"向、歆之识似未及"六经等的本源所出。① 关于《汉书·艺文志》的主名，或单提刘向或单提刘歆或以向、歆父子并举，非如《新学伪经考》将《汉书·艺文志》看作古文经说的大本营，尽归于刘歆，并认为向、歆父子一为今学一为古学父子异学。康有为此时只是嫌向、歆父子的看法推溯得不够古呢。

这样看下来，实在不必对《尊朱》一节出现的"自变乱于汉歆"② 寥寥数字作过度的诠释，似乎《教学通义》从前文到后文有了多么了不起的变化。其实所谓"变乱"云者，大概是指刘歆利用古文经来助王莽行政，即前文所谓"《周礼》容有刘歆窜润"之类，与后来的"遍伪群经"之说，岂可同日而语？否则如《长兴学记》所说，"宋儒""亦为歆所丰蔀"③，或如《新学伪经考》所说，朱子为刘歆所"欺绐"，他岂能成为"孔子后一人而已"？朱子又如何值得"尊"呢？（朱子诚有不足处："惟于孔子改制之学，未之深思，析义过微，而经世之业少，注解过多。"④）退一步说，他如果真对刘歆有超越前贤的新看法，按照"新学伪经"的理论，该称呼刘歆为"新歆"才是，怎么能是"汉歆"呢？我们不清楚学者所谓《教学通义》"前宗刘歆，后斥刘歆"的确切指谓，尤其"特别在后半部，又指责刘歆作伪"⑤ 的证据何在。⑥ 就笔者见到的情况来看，康氏在《教学通义》中对刘歆的看法前后文并无大矛盾，大体不出传统见解。就这些见解而言，与其说是康有为固守古文经学的看法，不如说是《汉书》以降的老调重弹罢了。

---

① 康有为：《教学通义》，见《康有为全集》，第1集，115页。
② 康有为：《教学通义》，见《康有为全集》，第1集，137页。
③ （清）康有为撰、陈汉才校注：《长兴学记》，57页，广州，广东高等教育出版社，1991。
④ 康有为：《教学通义》，见《康有为全集》，第1集，138页。
⑤ 《中国文化研究集刊》，第3辑，343～344页。
⑥ 有学者指出："康有为将孔子改制与斥刘歆之伪联系起来的最早文献是撰于1891年前的《孟子诗亡然后春秋作解》……文中限于斥刘歆对《左传》的伪窜，尚未深究全部古文经学……"参见宋德华：《岭南维新思想述论》，216页，北京，中华书局，2002。宋氏的观察是很细致的。而《教学通义》尚未有此等见解，也很明显。

二、孔子与《春秋》

前文揭示了康有为将周代的"教学"制度作为理想范式，是秉承了章学诚"六经皆史"的基本观念。当然，康有为不是止步于接受章氏旧说而已。别的且不论，他对《春秋》的看法就与这位前辈大不一样，章学诚不能不把《春秋》看做是六艺王官之学，康有为则斩钉截铁地认定《春秋》为素王改制之书。而这对于康有为来说，其意义自不容小觑。

钱穆曾非常敏锐地指出，章学诚"六经皆史"理论有一个他本人没法解决的大"破绽"：

> 孔子明明作《春秋》，如何说孔子有"述"无"作"呢？所以《文史通义》开首即有《易教》、《书教》、《诗教》、《礼教》各篇，而独缺了《春秋教》。章氏治学，重史又过于重经，《春秋教》一篇，万不该不作。大抵章氏遇到这题目，实苦于无从著笔呀！①

余英时交代其中的道理说：

> 盖实斋既谓"六经皆先王之政典"，则《春秋》一经自亦不能例外。然孔子不在其位，并无制作之权，从实斋的理论系统论，又何能肯定孔子著《春秋》之意义乎？②

我们引钱、余之说，不光是为说明章氏理论的内在问题，而是想进一步指出，接受其基本观点的康有为，照道理讲，必然也全盘承受"此一理论上的困难"。但事实却不是这样，康有为竟能顺理成章地说：

> 诸经皆出于周公，惟《春秋》独为孔子之作。欲窥孔子之学者，必于《春秋》。③

严格来讲，康有为的观念可以说是"五经皆史"说，它要引出的就

---

① 钱穆：《孔子与〈春秋〉》，见《两汉经学今古文平议》，302 页，北京，商务印书馆，2001。

② 余英时：《论戴震与章学诚——清代中期学术思想史研究》，57 页。

③ 康有为：《教学通义》，见《康有为全集》，第 1 集，124 页。其实不只在《春秋》一节，《六经》一节早已说："惟《春秋》则孔子因鲁史而笔削，则全为孔子自著之书。"康有为：《教学通义》，见《康有为全集》，第 1 集，120 页。

是"孔子改制"论。以这句话为开头的《教学通义》之《春秋》一节就是集中论述这一观点的。

也就是说，对康有为来说非常幸运的是，有一套新的学说可以使得康有为很轻易地接受过来解决这一"理论上的困难"，这一派学说就是到康有为时代已经有了充分发展的常州公羊学派，缘于解决章氏理论的内在要求和契机，是康有为接受公羊学的始点。岂是必待抄袭廖平而后可呢？

> 《左氏》但为鲁史，不传经义。今欲见孔子之新作，非《公》、《穀》不可得也。①

这是刘逢禄等发挥汉代今文家所谓"《左氏》不传《春秋》"而大张旗鼓的看法（请注意：康氏于此处尚不认为《左传》是被人伪造的）。

> 孔子答颜子问"为邦"而论四代，答子张问"十世"而言"继周"。②

这是从刘逢禄《论语述何》、宋翔凤《论语说义》到戴望《注论语》等一脉相传的以《公羊》沟通《论语》的取径。

> 孟子述舜、禹、汤、文、周公而及孔子，则曰："王者之迹熄而《诗》亡，《诗》亡而后《春秋》作。"其辟许行，亦以孔子作《春秋》，继尧、禹、周公之事业，以为天子之事。孔子亦曰，"知我"以之，"罪我"以之。良以匹夫改制，无征不信，故托之行事，而后深切著明。③

《教学通义》明引《孟子》所说，《春秋》行天子之事，继王者之迹；又暗引董仲舒、司马迁之说，阐述"匹夫改制"。这也是常州公羊学派惯用的论证方法。

比较有康有为个人色彩的也许是他的征引子书：

> 庄子曰："《春秋》经世先王之志。"且尊孔子为先王。《淮南

---

① 康有为：《教学通义》，见《康有为全集》，第1集，124页。
② 康有为：《教学通义》，见《康有为全集》，第1集，124页。
③ 康有为：《教学通义》，见《康有为全集》，第1集，124～125页。

子》：“殷继夏，周继殷，《春秋》继周，三代之礼不同。”① 直以孔子为一代矣。②

上述看法，在日后有进一步的发挥，比如《春秋董氏学》卷五“春秋改制第五”之“春秋作新王”条，就引《孟子》、《淮南子》为素材。③《孔子改制考》卷八“孔子为制法之王考”的“孔子为先王”一节，④ 可以说完全是由“庄子曰：‘《春秋》经世先王之志。’且尊孔子为先王。”这一句话延展开来的。

《教学通义》的结论是：

> 故自周、汉之间，无不以《春秋》为孔子改制之书。（《王制》者，素王之制也。其说与《孟子》、《公》、《穀》及汉前传记皆合，吾有《王制集证》。）尊孔子者，不类后人尊孔子之道德、而尊孔子能制作《春秋》，亦可异矣。⑤

“故自周汉之间，无不以《春秋》为孔子改制之书。”这当然是从此以后康有为一直坚持的基本看法。

“《王制》者，素王之制也。”这一观点与廖平的看法是一致的，与康有为不同的是，廖平在《今古学考》中老实交代说：“俞荫甫先生以《王制》为《公羊》礼，其说是也。”⑥ 如果要说有抄袭的嫌疑，那么抄俞樾的可能性也应该大于剽窃廖平。我们甚至也不能排除康氏自得之的可能性，因为他只在这一观点下有自注云：“吾有《王制集证》”，只是他或许不知道已有人先发于前罢了。

如上所述，《教学通义》中确有非常明显的公羊学观点，学者们聚焦于《春秋》一节，那是再自然不过的事。但是，对有关内容似也不必作过度的评价，似乎已到了“以今学为主”的地步了。

---

① 引者按：康氏为意引，与原文有出入，《淮南子·氾论训》有云：“夫殷变夏，周变殷，春秋变周，三代之礼不同，何古之从！”
② 康有为：《教学通义》，见《康有为全集》，第1集，125页。
③ 康有为：《春秋董氏学》，见《中国现代学术经典·康有为卷》，211页。
④ 康有为：《孔子改制考》，见《中国现代学术经典·康有为卷》，527～529页。
⑤ 康有为：《教学通义》，见《康有为全集》，第1集，125页。
⑥ 廖平：《今古学考》，见《廖平选集》（上），90、76页。

首先是，《春秋》在六经中的地位并不高，其"布衣"的地位甚为尴尬。尤其不可与"有德有位""集大成"的周公之制作相提并论。

> 《春秋》感乱贼，据《周礼》明君臣，取新义，明制作，然率为天下、国家、王公、卿、大夫，不逮士民，近于大学，犹非童偲民竖之公学。[1]

要完全明白这句话的意思，请与下文参看：

> 孔子以布衣之贱，不得位而但行教事，所教皆英才之士，故皆授以王、公、卿、士之学，而未尝为农、工、商、贾、畜牧百业之民计，以百业之学有周公之制在也。[2]

《春秋》虽为"孔子改制"之书，但是"犹非童偲民竖之公学"，其不及《教学通义》最为推崇的周代理想美备的"公学"，是不言而喻的。《教学通义》"《春秋》"一节虽然有"匹夫改制"云云，那种很强烈的由于"以布衣之贱，不得位"而引出的被压抑感，还是弥漫于通篇。

其次是，所谓"孔子改制"的实质内容还非常简单。

> 《春秋》者，孔子感乱贼，酌周礼，据策书，明制作，立王道，笔则笔，削则削，所谓微言大义于是乎在。[3]

通过《公羊》、《穀梁》可得之"微言大义"只是：

> 讥世卿，明助法，讥丧昏娶，定百里之封，逮三等之爵，存三统之正，皆孔子制作之微文，与周公之礼绝异。[4]

与后来如《孔子改制考》将孔子视为创教之教主、改制之圣王比较起来，可谓了无新意。

他所彰显的"孔子之功""《春秋》之治"，也不过是："尊""君""卑""臣"，只是对王权的维护[5]：

---

① 康有为：《教学通义》，见《康有为全集》，第1集，120页。
② 康有为：《教学通义》，见《康有为全集》，第1集，118页。
③ 康有为：《教学通义》，见《康有为全集》，第1集，124页。
④ 康有为：《教学通义》，见《康有为全集》，第1集，124页。
⑤ 有学者已指出："这里'君尊臣卑'的《春秋》大义与后来制改说的始于拨乱（托文王以行君主之仁政）、终于太平（托尧舜以行民主之政）的'微言大义'在性质上迥然不同，其对'三世'演变，君权日尊的称道与同时所著《民功篇》中对尊君抑臣的批判亦显相矛盾。"参见宋德华：《岭南维新思想述论》，215页。

> 《春秋》之学，专以道名分，辨上下，以定民志，其大义也。自汉以后，《春秋》日明，君日尊，臣日卑。依变言之，凡有三世……

"自晋至六朝为一世"，"自唐至宋为一世"，"自明至本朝"为一世，越到后世，"篡弑"越寡，"乱""逆"越少，"天下"越安定。这里也许是康有为最早表述他的"三世"观念，其微言大义不过尔尔。

他还认为："且《春秋》之显孔子之功，非徒施于中国，又莫大于日本焉。"由于"《春秋》及《通鉴纲目》大行焉"，日本自宋以来"大将军霸天下""历六百七十六年，其天皇守府，而卒不敢易名号、废其君。今王睦仁卒得起而废之。""复其故统"。① 其着眼点还是在于护卫王纲。这与康有为后来撰《日本变政考》仿效日本明治（也就是"今王睦仁"）天皇利用王权取法西方变法是大不一样的，与康氏默认梁启超、谭嗣同等在湖南仿效日本幕府经营地方势力规划实施"亡后之图"更不相同。

一言以蔽之，此时康有为对"《春秋》之学"的了解不出庄子所谓"《春秋》以道名分"这一句话。而在确立今文经学宗旨之后，他就放弃这一立场了：

> 制度有穷时，惟孔子大义要明，《春秋》大义要明。《春秋》之微也，董子亦云，庄子谓《春秋》以道名分，浅矣。②

第三，今文经学的观念远未确立。

有学者指出：《教学通义》论"改制亦限于《春秋》一经，尚未扩展至'六经'"③ 此说未必尽是，下文将讨论到康氏"今学者，孔子改制之作也"的观念统摄礼学中"今学"部分，可知孔子改制的观念已不限于《公》、《穀》，还波及《礼记》中的《王制》、《仪礼》之"记"等，但通观《教学通义》，确没有以《公羊》统摄群经的观念。龚自珍那种"直接以《公羊春秋》来统摄五经的态度"，④ 在《教学通义》中是见不到踪影的；更毋论以今文为是古文为非的门户之见了。事实上，既然将五经归

---

① 以上引文均见康有为：《教学通义》，见《康有为全集》，第1集，125~126页。

② 康有为：《万木草堂口说》，见《长兴学记·桂学答问·万木草堂口说》，189页，北京，中华书局，1988。

③ 参见宋德华：《岭南维新思想述论》，214页。

④ 参见孙春在：《清末的公羊思想》，48页，台北，台湾"商务印书馆"，1985。

于周公，《左传》既非伪书，《周礼》大体可信，也不可能有更狂放的思想了。

《教学通义》反映了康有为最初接触常州公羊学说时的思想与情绪。所以他一方面批评朱子："惟于孔子改制之学，未之深思，析义过微，而经世之业少，注解过多。"① 其根据似就在于："故自周、汉之间，无不以《春秋》为孔子改制之书。"但他紧接着说："尊孔子者，不类后人尊孔子之道德、而尊孔子能制作《春秋》，亦可异矣。"② "亦可异矣"！这四个字，再清楚也不过地表达了：康有为从"后人尊孔子之道德"（大致可说是宋明理学的观念）到"尊孔子能制作《春秋》"（公羊学说）过渡间的心情。

三、礼学中的今古学之辨

《教学通义》之"六艺（上）礼"一节，有一大段论述与廖平的《今古学考》确很相近，值得我们作进一步的探讨。

文中说：

> 今修《礼案》，欲决诸经之讼，平先儒之争，先在辨古今之学。今古之学，许叔重《五经异义》（今陈氏辑本尚存百余可据。）、何休《公羊解诂》辨之，近儒陈左海、陈卓人详发之。古学者，周公之制；今学者，孔子改制之作也。辨古今礼，当先别其书。今③学者，周公之制，以《周礼》为宗，而《左》、《国》守之。孔子改制之作，《春秋》、《王制》为宗，而《公》、《穀》守之……

以下分别论述：孟子、荀子及战国诸子、《仪礼》经记、两《戴记》各篇、《易》、《诗》、《书》诸家的今古学分属情况，及两汉经今古学分野大势（从"率皆今学"到"多古学"）。④

如果我们将这一段论述从上下文中抽出来看，无论是就其划分今古学的标准、对两《戴记》各篇的分析、还是对两汉经学发展趋势的描述

---

① 康有为：《教学通义》，见《康有为全集》，第1集，138页。
② 康有为：《教学通义》，见《康有为全集》，第1集，125页。
③ "今"，疑当做"古"——编校者按。
④ 康有为：《教学通义》，见《康有为全集》，第1集，147～148页。

等都与《今古学考》多有相同之处。所以有学者说:"以《教学通议》有
关古学今学的论述,同廖著(指《今古学考》——引者按)对照,则袭
用廖说的痕迹,显然无法掩饰。"① 并非毫无根据。

但是我们将有关论述返还《教学通义》全文的语境,康有为与廖平
的看法实在也有相当大的差异,这些证据不单足以让我们重新考虑"袭
用"的可能性,还促使我们更全面地把握康有为此时的治经取向。

第一,关于判分今古学的旨趣。这一部分的内容是归属于《教学通
义》之"六艺(上)礼"这一标题之下的,这是他旨在恢复周代伟大的
"公学"(包括:"幼学"、"德行学"、"艺学"、"国法"等)之重要内容的
"艺学"(即"六艺":礼、乐、射、御、书、数)的第一项,即礼学,而
规划的《礼案》,他认为要编好《礼案》,须"先在辨古今之学"。而《礼
案》的功能是:"夫存案之设,所以备时行律例之穷,为参考酌改之用,
非以博闻见也。"② 廖平《今古学考》的用心则在于:"予创为今、古二
派,以复西京之旧,欲集同人之力,统著《十八经注疏》(原文有注,此
略,引者按),以成蜀学。"③ 这种志在经营天下的志士的怀抱,与考古析
学的经生的努力是大不一样的。

第二,关于从礼制分别今古文。当然,康有为的工作的根据地有
"陈氏辑本"之"许叔重《五经异义》",即陈寿祺的辑注本《五经异义疏
证》,以及"近儒陈左海、陈卓人"等已经作了充分讨论的成果。这与廖
平《今古学考》的一部分根据相同,所以结论有相近之处,也不奇怪。
但是康有为仅仅是从礼制、礼学的范围来讨论今古学的分野问题,许慎
的《五经异义》"本为评述礼制之书",④ 又诚如廖平指出的"以今古分别
礼说,陈左海、陈卓人已立此宗旨矣",⑤《教学通义》不过循古贤近贤之
旧途径罢了。并不像《今古学考》蔓延至群经划分为今与今同古与古同

---

① 朱维铮:《重评〈新学伪经考〉》,见《求索真文明——晚清学术史论》,228页。黄开国
也认为"康有为之说全据廖平之说立论",参见黄开国:《廖平评传》,287页,南昌,百花洲文
艺出版社,1993。

② 康有为:《教学通义》,见《康有为全集》,第1集,146页。

③ 廖平:《今古学考》,见《廖平选集》(上),89页。

④ 李学勤:《〈今古学考〉与〈五经异义〉》,见《古文献丛论》,327页,上海,上海远东
出版社,1996。

⑤ 廖平:《今古学考》,见《廖平选集》(上),76页。

各自道一风同势同水火的两大派。① 《今古学考》有孔子早年、晚年分别两派之说，而《教学通义》则专心于分辨"周孔之异制"，这也不能说是无差别的。至于以《王制》与《周官》为纲领分判今古学，虽在《今古学考》中有更系统而宽泛的论证，此意也早已由宋翔凤先得之了。② 当然，根据礼制来谈今古学的分野，这是他们可以相通之处，难怪康有为要就《今古学考》引廖平为知己了。

第三，《教学通义》与《今古学考》对《公羊》与"口说"在今文经学中的地位的认知的分歧也不小。《今古学考》的根源一大部分在于其《穀梁》学的研究，廖平的心得是《穀梁》的礼制与《王制》相通，这是他将《王制》作为今学纲领的重要根据，他认为《穀梁》为纯今学，而《公羊》是杂有古学的，所以在他的今学观念里《穀梁》的地位一定是在《公羊》之上的。这无论在取径与见解上，都是别具一格的。③ 而《教学通义》则无例外地必将《公羊》的位置摆在《穀梁》之上的。它还引纬书"《孝经纬》曰：'商传《春秋》'"来论证"《公羊》、《穀梁》，子夏所传，实为孔子微言"④《今古学考》论学重"明文"而轻"口说"、重本源而轻"推例"。所以它提出新见解说："实则群经著录，皆在先秦以前。《公羊》之有齐语，是秦前先师，非汉后晚师。不如旧说孔子畏祸远言，不著竹帛也。"⑤ 而《教学通义》强调的恰恰是"《春秋》以口说流行"，⑥ 拾取的恰恰是"旧说"："《春秋》既改制度，戮当世大人，自不能容于世，故以微文见义，别详口授，而竹帛不著焉，亦其势也……"⑦

第四，关于郑玄的评价。《今古学考》认为，经学今与今合古与古合的西汉森严的师法，至郑玄混合今古，经学为之一大变，郑氏不啻为经学之罪人。廖平治经，务与之相反："郑君之学，主意在混合今、古。予

---

① 关于廖平《今古学考》与许慎《五经异义》的关系，参见前引李学勤：《〈今古学考〉与〈五经异义〉》一文。

② 参见孙春在：《清末的公羊思想》，43 页。

③ 蒙文通：《井研廖季平师与近代今文学》，见《经史抉原》，成都，巴蜀书社，1995。

④ 康有为：《教学通义》，见《康有为全集》，第 1 集，124 页。

⑤ 廖平：《今古学考》，见《廖平选集》（上），83 页。

⑥ 康有为：《教学通义》，见《康有为全集》，第 1 集，124 页。

⑦ 康有为：《教学通义》，见《康有为全集》，第 1 集，125 页。

之治经，力与郑反，意将其所误合之处，悉为分出。"① 而《教学通义》却绝不见廖平式的攻击，它甚至认为"考今古礼之有无同异"当取法"郑康成《三礼》注，其编次不从原文，颇得行礼之节次。"② 后来在《郑康成笃信谶纬辨》中，康有为认为："郑君之学，揉合今、古，故并注谶纬。"以"谶"为"刘歆、王莽所伪作"，虽然批评"其注谶，为时所惑也。"但是称许"郑君之注纬，宜也。"因为"纬"属于"今学"。③ 到这时也还能表彰了郑玄在"揉合今古"中保存了"今学"，而未有严词斥及"混合今古"。只有到《长兴学记》中才大攻："郑康成兼揉今古，尽乱家法……"④ 这才像是廖平《今古学考》中的论调，如此说来《教学通义》很可能是未见《今古学考》时所草，这也可算是一证吧。

由上述可知，《教学通义》多凑集旧说，《今古学考》则多发新义，非要说前稿抄后书，需要怀疑的就只剩下康有为的抄袭能力了。

还是让我们从文抄案中解放出来，看看《教学通义》的取向吧。为修好《礼案》，除了要知道今古学之辨，"次当考今古礼之有无同异"。原则是"顺之以四代之次，考之以各经之异。""然后按《通考》之例"，也就是说用历史的观念处理纷繁的礼学材料，以时代为纲，今古学既不可"混合"，也不分轩轾。当然也不是没有重点。接着他就强调说：

> 学《礼》莫要于《戴记》矣。《仪礼》虽为古经，而琐屑不见先王制度之大。《周礼》制度精密，朱子称为盛水不漏，非周公不能作，而不能知礼之本原，且于家礼、乡礼无所考，修身善世之义未及著。大哉《戴记》！天道人事，圣德王道，无不备矣。其精者，为孔子之粹言；其驳者，亦孔门后学之师说。学者通制度，识义理，未有过于此书者也。⑤

这一段话最能体现此时其治礼学的取向了。根据上下文，"《仪礼》，经为古，记为今"，却太"琐屑"；《周礼》为古学"周公之制"之"宗"，

① 廖平：《今古学考》，见《廖平选集》（上），89页。
② 康有为：《教学通义》，见《康有为全集》，第1集，148页。
③ 康有为：《郑康成笃信谶纬辨》，见《康有为全集》，第1集，531页。
④ （清）康有为撰、陈汉才校注：《长兴学记》，57页。
⑤ 康有为：《教学通义》，见《康有为全集》，第1集，149页。

但用晚清的流行用语来说，也太"国家主义"而不够"社会主义"了。康有为最推崇的倒是"今古杂业"的两《戴记》!① 我们看看他称述的理由，可知我们用宗今、宗古的尺子来衡量其治经取向，实在是隔靴搔痒。内圣外王、制度义理之周备才是他最真实的祈向！在这一层次上是完全不必理会什么今学古学的。如果我们非用今古的概念来界说不可，一句话，基于经世理念的今古学兼取并用，或许能得其仿佛吧。用他自己的话来表达就是："夫所尊乎经教者，欲以教学化民也。"所以他能这样批评说："后世不知守先王之道在于通变以宜民，而务讲于古礼制度之微，绝不为经国化民之计，言而不行，学而不用。""夫圣人之作经，犹生民之立君，非以称尊，以便民也……琐琐经学，相习成风，非此不尊，其不以之亡中国之教也几希！"② 由此可见，康有为忧"中国之教"之"亡"之心何其可悯，其治经用世之志又何其可嘉，后学者又何必呶呶置辨于今学古学之分、抄袭不抄袭之别呢?!

四、从"记诵之学"起脚，到"以经营天下为志"

《教学通义》所反映出来的，实际上是一种基于经世理念的今古学兼用的取向。对此，要获致大体明晰的历史埋解，就必须追溯他的为学历程。

1888 年冬天，康有为上清帝第一书不能上达天听之后，良有感触，在致友人沈曾植的信中对自己的学术经历作了披肝沥胆的陈述：

> 仆受质甚热，得痴黠之半。十一龄知属文，读《会典》、《通鉴》、《明史》。十五后涉说部、兵家书，于时蓄不知学，而有奇特之想。将近冠年，从九江朱先生游，乃知学术之大，于是约己肆学，始研经穷史，及为骈散文词，博采纵涉，渔猎不休，如是者六、七年。二十四、五乃翻然于记诵之学，近于谀（疑为'謏'字之讹，引者按。）闻，乃弃小学、考据、诗词、骈体不为。于是内返之躬行心

---

① 有学者已提到这一点，并认为：康氏"是主张混合古今，择善而从的"。参见房德邻：《康有为和廖平的一桩学术公案》，载《近代史研究》，1990（4）。此说不确。"择善而从"容或有之，"混合古今"则决非也。

② 以上引文见康有为：《教学通义》，见《康有为全集》，第 1 集，149～150 页。

得，外求之经纬业务，研辨宋、元以来诸儒义理之说，及古今掌故之得失，以及外夷政事、学术之异，乐律、天文、算术之琐，深思造化之故，而悟天地人物生生之理，及治教之宜，阴阖阳辟，变化错综，独立远游，至乙酉之年而学大定，不复有进矣。[1]

参以《教学通义》、《实理公法全书》、《康子内外篇》等早年著作，有如学者所说："康氏于力主今文改制之前，其思想不属任何宗派。"[2] 但是经世意识的不断高涨，可以说是康有为早期思想的基调。这是我们必须首先注意的。

而他成长路途上最重要的"大事因缘"，莫过于从岭南大儒朱次琦游。事在光绪二年（1876），时康有为 19 岁。[3] 他虽"六岁而受经"，[4] 但真正研究经学也是从投入九江先生门下才开始的，所谓"始研经穷史"。又可知康有为初治经时，亦循乾嘉以降"汉学"旧轨，从"小学"入手，重"考据"："攻《周礼》、《仪礼》、《尔雅》、《说文》、《水经》之学"。[5] 所谓"记诵之学"是也。后来康有为感念朱次琦启发他"粗闻大道之传，决以圣人为可学而尽弃俗学，自此始也。"[6] 康氏在礼山草堂就学才两年时间，[7] 朱次琦也已是七旬老翁，在对"俗学"的"翻然"而悟等方面，朱氏是否能起到康氏所自称的那么大的作用，真不好说。但是他那"特重气节，而主济人经世"的学风，[8] 肯定会对康氏有很大的影

---

① 康有为：《与沈刑部子培书》（1889），见《康有为全集》，第 1 集，380 页。

② 汪荣祖：《从传统中求变——晚清思想史研究》，205 页，南昌，百花洲文艺出版社，2002。

③ 《康南海自编年谱（外二种）》，6 页。

④ 康有为：《礼运注叙》，汤志钧编：《康有为政论集》（上），192 页，北京，中华书局，1981；康有为的《自编年谱》于同治二年（1863）条，叙康氏 6 岁："从番禺简侣琴先生凤仪读《大学》、《中庸》、《论语》并朱注《孝经》。"见《康南海自编年谱（外二种）》，3 页。可知康有为幼年所受经学教育以宋学为主，这对他一生的影响虽深远，但未见有何特异于时流处。

⑤ 《康南海自编年谱（外二种）》，8 页。光绪四年（1878）条，时康有为 21 岁。

⑥ 康有为：《朱九江先生佚文序》，见陈永正编注：《康有为诗文选》，582 页，广州，广东人民出版社，1983。

⑦ 参见吴天任：《康有为先生年谱》（上），20 页，台北，艺文印书馆，1994；朱维铮：《康有为在十九世纪》，见《求索真文明——晚清学术史论》，172 页。

⑧ 《康南海自编年谱（外二种）》，6 页。

响。我们可以从朱氏"扫去汉宋之门户，而归宗于孔子"的气概中，① 看到清儒所谓"汉学"非真汉学而只是"新学"而宋学则不过是"偏安"之学等康氏日后宏论的影子；朱氏"通经将以致用"的观念，② 也一定会左右他的弟子的治经风格。康有为在自编年谱的光绪五年（1879）（时康氏22岁）条下，记道：

> 于时，舍弃考据帖括之学，专意养心。既念民生艰难，天与我聪明才力拯救之，乃哀物悼世，以经营天下为志，则时时取《周礼》、《王制》、《太平经国书》、《文献通考》、《经世文编》、《天下郡国利病全书》、《读史方舆纪要》，纬划之。偈读仰思，笔记皆经纬世宙之言。③

此时已是离开礼山草堂之后了，也许不必过分强调乃师对他的影响，也没有旁证说明上述事情就是发生在那一年，但是大概在这一阶段他就有如许的经世怀抱，可以说是毋庸置疑的。值得注意的有以下几点：

第一，正如有学者指出的："康有为能在这些书籍上用功夫，说明他的志趣所在。他不是一个皓首穷经的书生，也不是猎取功名的俗人，他是以学致用的志士，所以到京后即有'公车上书'。"④ 而《周礼》、《王制》被列为诸书之首，不难明白他治经的取向。而此时的取向与前引将《周礼》与《尔雅》、《说文》诸学并治时的取向已经大不一样，也是不能不注意的。这也是康氏"思考据家著书满家，如戴东原，究复何用？"⑤之后的必然结果。

第二，在经书之中，他把《周礼》与《礼记》的《王制》篇特提出

---

① 《康南海自编年谱（外二种）》，7页。康有为的《朱九江先生佚文序》一文，开篇标举乃师为学宗旨说："以躬行为宗，以无欲为尚，气节摩青苍，穷极问学，舍汉释宋，原本孔子，而以经世救民为归"。陈永正编注：《康有为诗文选》，579页。且不论康有为对朱次琦的学术把握得是否准确，从他的反复强调来看，"舍汉释宋，原本孔子，而以经世救民为归"对他的影响是可以肯定的。

② 参见蔡乐苏、张勇、王宪明：《戊戌变法史述论稿》，72页。

③ 《康南海自编年谱（外二种）》，9页。

④ 杨向奎：《清末今文经学三大师对〈春秋〉经传的议论得失》，见《杨向奎学术文选》，58页，北京，人民出版社，2000。

⑤ 《康南海自编年谱（外二种）》，8页。

来并治，其中的意味，也弥足深玩。梁启超说："有为早年，酷好《周礼》"，[①] 可以说远有渊源。康有为的喜欢，想必是苏绰、王安石式的喜欢，是要用《周礼》"经营天下"的。康氏对《王制》也是作如是观。不过，无论是从廖平经学第一变"平分今古"的观点来看，或是康有为与廖平声气相通的"尊今抑古"的观点来看，《周礼》都是经古文学的纲领，而《王制》则是与之针锋相对的经今文学的纲领。我们似不可用后来的经学见解来评说此时康有为的今古混杂，而只能说，基于经世的观念，兼取并用，而无今古文门户之见，正是康有为经学思想发展一定阶段的特点。了解这一点，对判断稍后《教学通义》等著作的经学思想的总体倾向，是非常重要的。可以说《教学通义》一方面将《周礼》作为周代"教学"制度的基本依据，另一方面又将《王制》视为素王之制，在这时就可以看到苗头了。

有意思的是，次年"治经及《公羊》学，著《何氏纠谬》，专攻何劭公者，既而自悟其非，焚去。"[②] 不知道康氏是从什么角度批评何休的，又从何时开始"自悟其非"的，而《教学通义》则已无"专攻何劭公"之见了。

从上述的介绍可以看到，康有为早年治经颇重礼制，这使得他可以与一位年轻人有共同语言，并通过这位年轻人接触到更伟大的一脉学统，这位年轻人就是英年早逝的陈树镛，他的老师是比朱次琦声光远为显赫的岭南大儒陈澧。[③] 陈澧、曾国藩等大力鼓吹、孜孜讲求的"以礼经世"的学风，不仅颇为契合康有为的脾气，还加强了他那学以"经营天下"的意志。

他的比《教学通义》更早的遗稿《毛诗礼征》，的确如学者所说，表明"康有为辑录时的取向在'周礼'"[④] 这是《教学通义》尊崇周公、周

---

① 梁启超：《清代学术概论》，见《梁启超论清学史二种》，63 页。
② 《康南海自编年谱（外二种）》，10 页，光绪六年（1880）条。时康有为23 岁。
③ 关于康有为与陈树镛的交谊，参见朱维铮：《康有为在十九世纪》，见《求索真文明——晚清学术史论》。
④ 朱维铮：《康有为在十九世纪》，见《求索真文明——晚清学术史论》，206 页。

制的前奏。他的与《教学通义》几乎同时①的遗稿《民功篇》辑录的是从伏羲、神农、黄帝、尧、舜到大禹等的有"功"于"民"的"制作"。与《教学通义》之将周、孔并举一样，反映的都是经不论今古、学唯求致用而经世意识愈益高涨的取向。

还是来看看《教学通义》提纲挈领的前言是怎么说的吧：

> 上推唐、虞，中述周、孔，下称朱子，明教学之分，别师儒官学之条，举"六艺"之意，统而贯之，条而理之，反古复始，创法立制。王者取法，必施于世，生民托命，先圣［中缺］其谛。②

康有为于兹篇自许甚高自期甚殷，所谓"王者取法""生民托命"，他对《教学通义》的自视，套用康氏后来的一句话来说是："犹黄梨洲之有《明夷待访录》，顾亭林之有《日知录》"。③ 他所取法的先王先圣，也在这里交代得面面俱到，虽然他的一瓣心香尤在周公，但是如果像学者说的有关"孔子改制"的内容非原篇所有"显然为后来添加"的话，那么从何着手"中述周、孔"呢？"周、孔"的关系当然颇费思量，但是反映的是今古学的自相矛盾吗？事实上，《民功篇》已经捅破这一层窗户纸了：

> 惟有周公圣知才美，独能润色其治，广大纤悉，几几乎尧、舜而上之。孔子曰："周监于三代，郁郁乎文哉。"又曰："唐尧之际，于斯为盛。"许周公之文与尧同美，盖尧、舜之后，踵事加美，为元宗之子者，一周公而已。然德制既盛，则尊之太至，以为尺寸不可踰，又以传子之故，即积久弊生，子孙不敢变祖宗之法。至于春秋，列侯并争，民日事兵，暴骨如莽，盖军功、民功之进退消长，在此

---

① 《教学通义》有云："黄帝至尧、舜仅百年，制作为人道之极美。余别有说，详《民功篇》。"康有为：《教学通义》，姜义华、吴根樑编校：《康有为全集》，第1集，84页。可知两稿撰著时间相当接近。那么《教学通义》写于何时呢？康有为自己系于光绪十二年（1886），参见楼宇烈整理：《康南海自编年谱（外二种）》，14页。汤志钧"曾见稿本"，"全书约三万八千字，上署'光绪十二年正月辑定'。"参见汤志钧：《重论康有为与今古文问题》，见《康有为与戊戌变法》，20～21页。尽管没有旁证确认这一点，但是"光绪十二年"与我们的分析不相冲突，所以实是一个有参考价值的系年。

② 康有为：《教学通义》，见《康有为全集》，第1集，81页。

③ 语出康有为撰、陈汉才校注：《长兴学记》，56页。

时矣。孔子有元宗之才，尝损益四代之礼乐，于《王制》立选举，于《春秋》尹氏卒讥世卿，又追想大同之世，其有意于变周公之制而光大之矣。①

真可谓不薄孔子爱周公！这里所阐发的"周、孔"关系之理，与《教学通义》所述密合无间。所谓"讥世卿，明助法，讥丧婚娶，存三统之正，皆孔子制作之微文，与周公之礼绝异。"所谓"《王制》者，素王之制也。"等，② 不是在表彰孔子"其有意于变周公之制而光大之矣"吗？如果牢牢地抓住了"通变以宜民"的"变政"观念，③ 我们还会认为将"周、孔"并举是自相矛盾的事吗？

正因为康有为与朱子一样，推崇"礼，时为大"的古义，所以他对朱子的下面一段话莫逆于心：

> 礼坏乐崩二千余年，若以大数观之，后来必有大人出来尽数拆洗一番。④

康有为既生于"此晦盲否塞至于今日"之乱世，势必期待"有王者作，扫除而更张之"的。⑤ 所以他在《康子内外篇》中，期望中国"以其君独尊"之王权来变法，那是毫不奇怪的：

> 匹夫倡论，犹能易风俗，况以天子之尊，独任之权，一嚬笑若日月之照临焉，一喜怒若雷雨之震动焉。卷舒开合，抚天下于股掌

---

① 康有为：《民功篇》，见《康有为全集》，第1集，68页。

② "《左传》大夫皆世。《公》、《穀》于尹氏卒，讥世卿。《王制》诸侯贡士于天子，《射义》试之于射宫，则以射为选举之事；《左传》、《周礼》无之。"见康有为：《教学通义》，见《康有为全集》，第1集，145页。

③ 这是康有为早年就有日后又有很大发展的重要政治观念，在《民功篇》与《教学通义》中均有述及。参见姜义华、吴根樑编校：《康有为全集》，第1集，25～26页。所谓若不"自变其政"则"必待易姓者改纪其政"的"自""变政"的观念，则明显来自龚自珍的"自改革"思想。康有为的"变法"思想就渊源于此，后来康有为的《俄彼得变政记》、《日本变政考》等以"变政"为名的著作连书名也径出于此。

④ 康有为：《教学通义》，见《康有为全集》，第1集，144页。《教学通义》之"《从今》"一节结尾处又引朱子的话说："古礼必不可行于今，如有大本领人出，必扫除更新之。"见康有为：《教学通义》，见《康有为全集》，第1集，137页。

⑤ 康有为：《教学通义》，见《康有为全集》，第1集，144页。

之上，但精神能运之，气魄能镇之，则意指所属，顾盼自定。①

由此也不难理解《教学通义》对孔子的倾心决不会在周公之上的。此时康有为对孔子"良以匹夫改制，无征不信，故托之行事，而后深切著明"的话，大概也只有书面的领会，绝不会有切肤之痛的。《教学通义》的末尾，也还有"《师保》"的设计，他也是期望王者周围的"师保"能发挥大作用的。这也是他一次次不惜厚着脸皮请托关系上书潘祖荫、翁同龢、徐桐等昌言国事的理论根据吧。

1888 年冬天，由于"外夷交迫"②的时局的激荡，加上风闻"中朝有意明年亲政"③的政象预报，康有为终于忍不住了，作出惊人之举，不顾清代上书体制，以"布衣"身份直接向慈禧太后、光绪皇帝上书，提出"变成法"、"通下情"、"慎左右"的变法主张。他的《上清帝第一书》虽然未能上达天听。但大臣翁同龢对这一上书却作了非常认真的摘抄，其中关于议郎问题，抄文有曰：

> 周有土训诵训之官，汉有光禄大夫太中大夫议郎等官，今若设训议之官，召耆贤以抒下情，则远洞万里之外矣。④

所谓"周有土训诵训之官"，出于《周礼·地官司徒》之"土训""诵训"两节。像这样引经据典的建言，能深深打动这位光绪皇帝身边的"师保"的心，这大概也可以说是康有为以《周礼》来通经致用的一个实际效应吧。

五、《教学通义》的弃去与康有为的今文经学立场的确立

梁启超说："有为早年，酷好《周礼》，尝贯穴之著《教学通义》。后见廖平所著书，乃尽弃其旧说。"今天看来，梁氏的看法与事实颇有出

---

① 康有为著，楼宇烈整理：《康子内外篇（外六种）》，1 页。
② 语出康有为：《上清帝第一书》，见《康有为政论集》（上），52 页
③ 语出康有为：《与幼博书》（1888 年），见《康有为全集》，第 2 集，5 页，上海，上海古籍出版社，1990。
④ 引自孔祥吉：《翁同龢与康有为上清帝第一书》，见《晚清佚闻丛考——以戊戌维新为中心》，151 页，成都，巴蜀书社，1998。

入。他竟然没有注意到《教学通义》中也有"孔子改制"的内容。① 他对康有为与廖平的学术纠葛的处理也过于简单，事实上，康有为即使在确定了攻古文经的方略后，也没有"尽弃其旧说"。

写于光绪十七年二月（1891）的《长兴学记》已经明确表述了"新学伪经"的观点："至刘歆挟校书之权，伪撰古文，杂乱诸经，于是有《毛诗》、《周官》、《左氏春秋》，伪经增多……"② 但是在同一篇《长兴学记》释"学"时说："自黄帝、尧、舜开物成务，以厚生民。周公、孔子垂学立教，以迪来士，皆以为仁也。"③ 等于是概括了《教学通义》的旨趣。它还不时称述："《周官》称'六德'"④、"《周官》六艺为'礼、乐、射、御、书、数'"⑤、"周人有'六艺'之学，为公学；有专官之学，为私学，皆经世之学也。"⑥ 虽"补'六艺'之学"，但还是那样由衷地赞叹："欲复古制，切于人事，便于经世，周人'六艺'之学最美矣。"⑦

如何理解这看似矛盾的论述？事实可能是，即使到此时，它也不认为《周礼》中记载的包括"六艺之学"、"六德"等在内的有关"周人之学"是被刘歆窜改的，《周礼》之为"伪经"是指由刘歆"伪撰"直接为王莽新朝政治服务的部分。⑧ 当然，周人之学美则美矣，《长兴学记》主旨却在强调"以孔子为折中"，其间重点的转移是至关重要的。对康有为来说最大的变化是原来据以经世致用的《周礼》成为攻击的主要对象。其间心路历程的曲折，恐怕更是为外人所很难想象的。

梁启超对《教学通义》的了解虽然有限，但是他指出康有为今文经学观点的确立基本前提是对《周礼》看法的大转变，并且与廖平有关，

---

① 关于这一点，房德邻已经指出了。参见氏著：《康有为和廖平的一桩学术公案》，载《近代史研究》，1990（4）。

② 康有为撰、陈汉才校注：《长兴学记》，56 页。

③ 康有为撰、陈汉才校注：《长兴学记》，8 页。

④ 康有为撰、陈汉才校注：《长兴学记》，21 页。

⑤ 康有为撰、陈汉才校注：《长兴学记》，32 页。

⑥ 康有为撰、陈汉才校注：《长兴学记》，35 页。

⑦ 康有为撰、陈汉才校注：《长兴学记》，35 页。

⑧ 到他认为："以礼、乐、射、御、书、数为六艺者，伪《周官》也，古文说也。六艺者，《诗》、《书》、《礼》、《乐》、《易》、《春秋》是也。"或许才可以说是"乃尽弃其旧说"吧。参见《康南海先生讲学记》，见姜义华、吴根樑编校：《康有为全集》，第 2 集，233 页。此说亦遍见于《新学伪经考》。

大体都不错。廖平曾亲致书康有为说：

> 昔年在广雅，足下投书相戒，谓《今古学考》为至善，以攻新
> 莽为好名。①

康有为当年犹持《教学通义》的见解，对《今古学考》颇能同情。
而所谓"以攻新莽为好名"应该主要是指他对廖平将《周礼》归入"新
莽"刘歆之"古学"表示不满。何以见得？正如同一封信中廖平所说
"足下以《左》学列入新莽，则殊与鄙意相左。"② 在经学二变之后，廖平
是将《左传》视为六经总传，所谓"不但传《春秋》，兼足为六艺之传"，
推崇甚至，而绝不认为是不得经意的史书。③ 这是他与康有为大不同处
（无论是《教学通义》或《新学伪经考》），也是能得章太炎的欣赏之处。
既然廖平主要是将《周礼》"列入新莽"，所以康有为批评廖平"以攻新
莽为好名"主要是针对廖平对他所一贯崇信的《周礼》的处理而发。但
是为什么后来有那么大的反复呢？也许1890年的羊城之会起了说服的作
用，无论如何，有如学者所说："《新学伪经考》之作，受有廖平学说的
影响是没有问题的，无论康氏是肯定廖说，或否定廖说，是先有廖说而
引起康氏之著《新学伪经考》。"④

但这仍不足以充分说明何以康有为有如此大幅度的思想转变。尤其
是对康有为来说，得出《周礼》为刘歆伪造比说《左传》为刘歆伪造要
困难得多也晚得多。⑤ 按照康有为的思维方式，除非《周礼》已经不足以
经世致用了，或者他终于发现《周礼》必须要对现实的腐败政治负责任，

---

① 廖平：《致某人书》，见《四益馆文集》，转引自钱穆：《中国近三百年学术史》（下），
646页。

② 廖平：《致某人书》，见《四益馆文集》，转引自钱穆：《中国近三百年学术史》（下），
646页。

③ 廖平：《知圣篇》，见《廖平选集》（上），200、202页。

④ 杨向奎：《清儒学案新编》（四），352页，济南，齐鲁书社，1994。

⑤ 有学者已经指出："康有为将孔子改制与斥刘歆之伪联系起来的最早文献是撰于1891年
前的《孟子诗亡然后春秋作解》……文中限于斥刘歆对《左传》的伪窜，尚未深究全部古文经
学……"参见宋德华：《岭南维新思想述论》，216页。联系此章的讨论可知，《教学通义》只是
认为"《左氏》但为鲁史，不传经义。"尚不涉及伪造之说，至《孟子诗亡然后春秋作解》乃深斥
"刘歆伪窜《左氏春秋》"，而未波及《周礼》，到后来才有对《周礼》的大攻击。其见解前后演变
之迹甚明。

他才会彻底接受《周礼》为伪经说。这可不是经生的考据完全能奏效的。至少来讲，"新学伪经说"不能缺少这一方面的思想动力。

当《新学伪经考》尚未完稿，而"新学伪经"说已经确立之时，他给朱一新的信中阐述"伪经之祸"说：

> 今不能遍举，惟举阉寺一政……自刘歆伪《周礼》，上因汉制而存阉宦，后此常侍弄权，党人戮辱，高名善士先受其祸，而国步随之而亡。唐则神策握政，门生天子，甘露之变，惨被将相，而唐祚随之。明则神庙假权，熹宗昏弱，忠贤柄国，戮辱东林，社稷献城，明亦随之而亡。今则李莲英复弄政矣。后此忠贤复出，清流之祸方长，是刘歆一言丧三朝矣。古今之祸，孰烈于此？……至于后世，君日尊侈，惟辟玉食之言，叶水心早已疑之。（仆亦意此为古文家乱入者。）然未有如《周礼·天官》之侈供张者，甚非树后王君公，惟以乱民之义……①

这也许是现存康氏文献中最早的激烈抨击《周礼》的大段文字。学者当然可以不同意他的看法，②但是如果我们不去理会这种将一两条经义的政治功能夸大得无边的经学思维方式，那么，所谓"新学伪经"说也好，"孔子改制"说也好，尽成怪物。不仅如此，"今则李莲英复弄政矣"很可能恰是刺激康有为重新反思《周礼》的时代经验之一。它不全是为敷衍曾因弹劾过李莲英弄权而遭罪的朱一新而说的。我们看他的《自编年谱》于光绪十四年（1888）条不下两处谴责"宦寺"李莲英（《自编年谱》作"李联英"）之干预政事，③可知康有为确实是有感而发的。《新学伪经考》前序也郑重地说：

> 且后世之大祸，曰任奄寺、广女色、人主奢纵、权臣篡盗，是尝累毒生民、覆宗社者矣！古无有是，而皆自刘歆开之。是上为圣经之篡贼，下为国家之鸩毒者也。④

---

① 康有为：《致朱蓉生书》，见《康子内外篇（外六种）》，158 页。
② 比如朱维铮就认为，这样的看法"令人瞠目"。参见氏著：《康有为和朱一新》，载《中国文化》，第 5 期，1991。
③ 楼宇烈整理：《康南海自编年谱（外二种）》，17、18 页。
④ 康有为著，朱维铮、廖梅编校：《新学伪经考》，2 页。

　　我们将这一段话与《汉书刘歆王莽传辨伪》的相关内容结合起来看，康有为显然认为，《周礼》的某些章节，实在是后世有国者铺张浪费腐败堕落的理论根据、祸国殃民的罪魁祸首。再将这些内容，与《自编年谱》于光绪十四年（1888）所记载的大篇幅的有关"西后"慈禧的动摇国本的挥霍情节联系起来看，我们就不禁会有以下的观感：第一，梁启超称"有为、启超皆抱启蒙期'致用'的观念，借经术以文饰其政论"，[1]这或可算一例。在康有为身处的时代，在公开的场合，除了用这种方式还能用什么办法批评最高当局呢？第二，反之亦然，或许正是这些时代经验激起对《周礼》的反思，引出对《周礼》态度的一百八十度的大转弯？第三，康有为自称，光绪十四年（1888）冬上书（《上清帝第一书》）失败后，"既不谈政事，复事经说，发古文经之伪，明今学之正"。[2]这一经世道路上的大顿挫，很可能真的是促使其经学思想大转向的"大事因缘"。而完全不是像有的学者所说，为了掩饰他对廖平的剽窃而"将他古文经学之伪的观点的形成提前二年多"。[3]

　　不管怎么说，对向最高执政者上书失败，这件事更是不容轻忽。它对"翼幸一悟尧、舜之主"[4]、希望用独尊之王权来变法的康有为的打击的确是很大的：

　　　　落魄空为《梁父吟》，英雄迟暮感黄金。长安乞食谁人识？只许朱公知季心！

　　那是虽自命"英雄"，实不得君王"识"的匹夫的自伤。

　　　　海水夜啸黑风猎，杜鹃啼血秋山裂。虎豹狰狞守九关，帝阍沉沉叫不得。[5]

　　那里有对国事的忧患，更有对有国者的失望。

　　当然，康有为是属于"受质近厚，仁心太盛"[6]，秉承朱门师教，对

────────────

① 梁启超：《清代学术概论》，见朱维铮校注：《梁启超论清学史二种》，5页。
② 楼宇烈整理：《康南海自编年谱（外二种）》，16页。
③ 黄开国：《廖平评传》，243页。
④ 康有为：《与沈刑部子培书》（1889），见《康有为全集》，第1集，381页。
⑤ 上引两诗见康有为：《己丑上书不达出都》（二首），见《康有为诗文选》，82～83页。
⑥ 康有为：《与沈刑部子培书》（1889），见《康有为全集》，第1集，380页。

"伊尹之任"颇有会心的志士。① "治安一策知难上,只是江湖心未灰。"②
在上者既然不可期望,匹夫岂不可以天下事自任?从《长兴学记》还专
门列入"科举之学",以及日后仍然保持了一再上书的劲头来看,权力之
门虽然冷冰冰地紧闭着不对他开放,但是他的流连顾盼一往情深地向着
对方,他那依重最高王权变法的单相思似乎未有更张。但这次吃到闭门
羹太发人深省了,终于激发他开辟"异""教"③的奇志。这时他对"良
以匹夫改制,无征不信,故托之行事,而后深切著明"的孔子的感同身
受,才会远远超越对"有位"有"制作之权"但高高在上难以仰仗更无
法左右的周公的向往:

> 自古至今,以地而论,则中国与印度;以人而论,则儒与佛。
> 儒者,孔子之国号也。孔子未改制以前,皆淫佚无度,而孔子以布
> 衣整顿之。故孟子称周公则只曰兼夷狄、驱猛兽;至称孔子作《春
> 秋》,则曰天子之事也。④

《教学通义》中"有德无位"的孔子,纵然稍能"改制",但在"有
德有位"而且"集大成"的周公映照下,不免相形见绌。在这里,"布
衣"孔子之伟大犹在周公之上。此等处,最能体现经学路向的大转折。
如果撇开上书失败对当权者大失望的语境,似乎是很难理解的。

英年早逝的康有为得意弟子陈千秋,对乃师走向今文经学的心路历
程有深切地领会:

> 孔子创造《六经》,改制圣法,传于七十,以法后王……吾师康
> 先生,思圣道之衰,悯王制之缺,慨然发愤,思易天下,既绌之于
> 国,乃讲之于乡。⑤

---

① 参见(清)康有为撰、陈汉才校注:《长兴学记》,9页。
② 康有为:《感事》(1888),见《康有为政论集》(上),62页。
③ 语出康有为:《与沈刑部子培书》(1889),见姜义华、吴根樑编校:《康有为全集》第1
集,383页,"仆最爱佛氏入门有发誓坚信之说,峭耸精警,世变大,则教亦异,不复能拘常守
旧,惟是正之。"参见房德邻:《儒学的危机与嬗变——康有为与近代儒学》,16~17页。
④ 康有为:《万木草堂口说》,见楼宇烈整理:《长兴学记·桂学答问·万木草堂口说》,66
页。
⑤ 《陈千秋跋》,见《长兴学记》,66页。

"既绌之于国，乃讲之于乡。"乃是对康有为确立今文经学的心理背景的最好概括。它当然是对上书不达的全面反应。

在这种语境之下，他对《公羊》学的诠释才充满了既为匹夫更勇于担当的精神：

> 《公羊》：王者孰谓？谓文王也。《诗》之四始，皆本文王。盖三分有二，以服事殷，文王大让，孔子以之，故孔子托文王。此系孔子直以文自承当，绝不谦让，与《公羊》符合，《论语》微言，至为明确。①

这种"绝不谦让"的思想是那些认为"保国、保种、保教"纯属有国者之事的庙堂人物害怕听到的。

1898 年 7 月，孙家鼐上奏折，揭露康有为的《孔子改制考》是教人"人人存改制之心，人人谓素王可作"足以"蛊惑民志，是导天下于乱也。"② 康有为为此特上书自辩说："臣盖引历代帝王儒生尊孔子为王耳，非谓孔子自称王也。"③ 其实康有为的辩解反映了已经得光绪皇帝垂青后借王权变法的思想与策略的重新抬头，与其今文经学的初衷并不合。而孙家鼐的攻击却确能深得《孔子改制考》甚至其整套今文经学的宗纲。时值危急存亡之秋，在在上者一无可望的情况下，"人人存改制之心，人人谓素王可作"，也许才是中国的唯一生机。康有为的今文经学，是其上行路线走不通而不得已开辟下行路线，申张"民权"，而开拓的"异""教"。所谓"从知天下为公产，应合民权救我疆。"④ 这是他告别《周礼》而另寻旨归、舍周公而宗孔子的关键，而其转捩点则不能不追溯到 1888 年底那一次终归失败了的政治实践。

说康有为的今文经学蕴含了"民权"的表述，不仅仅是指康有为拿西方的观念来比附经义那样的简单事实，这里特指他对孔子的诠释所张

---

① 康有为著，楼宇烈整理：《长兴学记·桂学答问·万木草堂口说》，107 页。

② 参见清华大学历史系编：《戊戌变法文献资料系日》，790 页，上海，上海书店出版社，1998。

③ 参见清华大学历史系编：《戊戌变法文献资料系日》，902 页。

④ 语出《胶旅割后，各国索地，吾与各省志士开会自保，末乃合全国士大夫开保国会，集者数千人。累被飞章，散会谢客，门可罗雀矣》（1898-04），见汤志钧编：《康有为政论集》（上），242 页。

扬出来的士大夫乃至于无权无位的一介匹夫的勇于担当的精神、主动创造的精神，它也不仅包括中国近代波澜壮阔的"维新"的精神，还启导了浩浩荡荡的"革命"精神，这当然需要另文讨论了，在这里不能不说一句点题的话：这样的新精神，难道不是中国儒家思想中的"经世"老传统生发出来的吗？

第二节　从援今文义说古文经到铸古文经学为史学
——对章太炎早期经学思想发展轨迹的探讨

　　章太炎是晚清经学古文派之领军人物。其弟子钱玄同用"专宗古文，痛诋今文"的"纯粹的古文家"[①] 来概括其经学立场，可谓深得乃师成年期学术之大体。而其经学取向并非历来如此。钱氏曾提示读者，从早年的《春秋左传读》到后来的《春秋左传读叙录》及《刘子政左氏说》到晚年所作《春秋左氏疑义答问》，章氏治《左传》"前后见解大异"；"窃谓欲知先师治《左氏》学之意见之前后变迁，此三时期之四部书皆极重要"。[②]《左传》学固为章氏学术思想之大本营，其经学思想的"前后变迁"以此为根底，而不以此为限。此后就有学者注意到章氏并非自始即是一位专宗古文的经学家，其早年经学多染今文义[③]，近来有学者对早年章太炎深受今文家说影响这一事实有更为彻底地揭发，并发展出一种极端之论，竟以某种流传甚广而并无实据的判断尺度以为"章太炎早年并不是一个经古文学者"。[④] 这样，章太炎早年是不是一个经古文学者竟成为问题。无论如何，学者已认识到章太炎的经学思想经历了一段与今文

---

　　① 以上两条引语出处分别见《论今古文经学及〈辨伪丛书〉书》、《论〈说文〉及壁中古文经书》，见《钱玄同文集》，第4卷，225、266页，北京，中国人民大学出版社，1999。

　　② 钱玄同：《与顾起潜书》，原载《制言》，第50期，1939。转引自汤志钧：《章太炎年谱长编》，32～33页，北京，中华书局，1979。

　　③ 比如汤志钧：《辛亥革命前章炳麟学术思想评价》，载《文史哲》，1964（2）。《章太炎年谱长编》等书文就颇多留意及此。

　　④ 张勇：《戊戌时期章太炎与康有为经学思想的歧异》，载《历史研究》，1994（3）。

家言的艰苦抗争过程①，但是，对他转向专宗古文之重大关节仍不能有深入的讨论。又有学者有见于"论者常把康、章之争约化为经今古文之争"的偏颇，进而主张康、章的政学分歧"不能用传统的经今古文之争来概括"②，研究者当然不能无视晚清经学的复杂学术思想背景与资源，但如此则不啻浪弃了从经学观点来讨论章氏之学术思想的取径，这样的见解离章氏本人之自我意识益远矣，更不知其所谓"传统的经今古文之争"究何所指，不免因噎废食。笔者不揣冒昧，意欲探究章太炎早期（截止《訄书》重订本）经学思想"前后变迁"的轨迹。先厘清章氏早年的经学取向，再围绕《訄书》的修订探讨其而立之年经学思想的激变和新古文经学揭竿而起的过程，分析其所以然并揭示意义，以就教于方家。

一、章太炎早年的经学立场

1. 今文学日趋风靡下的宗古的"学派"意识

据章氏自述，他从 18 岁开始"壹意治经"，③ 其"始治经，独求通训诂知典礼而已；及从俞先生游，（1890 年，章氏时年 23 岁。引者按）转益精审，然终未窥大体。二十四岁，始分别古今文师说。"④

"始分别古今文师说"，此　治经学之"大体"之"窥"得，以及此后经学取向的定位，乃是章氏一生学术思想发展的重要关节，故《自定年谱》有郑重的交代：

> 谭先生好称阳湖庄氏，余侍坐，但问文章，初不及经义。与穗卿交，穗卿时张公羊、齐诗之说，余以为诡诞。专慕刘子骏，刻印自言私淑。其后遍寻荀卿、贾生、太史公、张子高、刘子政诸家左氏古义，至是书成（指 1896 年，《春秋左传读》完稿，引者按⑤），

---

① 如王汎森所说："经过与今文家数十年对垒后，其所宣扬的古文经内容，亦相对地改变了。大家都知道太炎是一个古文家，却较少留意他不是一开始就以这样或那样的古文家出现。在与论敌长期缠斗的过程中，他的思想也同时被论敌制约形塑成一个特殊的风貌。"参见氏著《章太炎的思想（1868—1919）及其对儒学传统的冲击》，59 页，台北，时报文化出版事业有限公司，1985。

② 汪荣祖：《康有为章炳麟合论》，见《"中研院"近代史研究所集刊》，第 15 期，1986。

③ 章炳麟：《太炎先生自定年谱》，载《近代史资料》，1957（1）。

④ 章炳麟：《太炎先生自定年谱》，载《近代史资料》，1957（1）。

⑤ 参见姚奠中、董国炎：《章太炎学术年谱》，32 页，太原，山西古籍出版社，1996。

然尚多凌杂，中岁以还，悉删不用，独以《叙录》一卷、《刘子政左氏说》一卷行世。

章氏复为追溯，当初乃师俞樾以康有为的《新学伪经考》相激励，而章氏"赠币"赞助康有为及其同志组织的强学会。

> 至是，有为弟子新会梁启超卓如与穗卿集资就上海作"时报"，（中脱一"务"字，应为"时务报"，引者按）招余撰述，余应其请，始去诂经精舍，俞先生颇不怿。然古今文经说，余始终不能与彼合也。①

章太炎此番夫子自道，给人的强烈印象是他自始至终都是一位坚定的古文经学家。也许不是有意的掩饰，而是成年以后愈益深刻的门户之见遮蔽了他早年习染今文经说的心路历程。正如有学者指出的，在1893年前写成的、收于《诂经精舍课艺》7集的文字中，章氏对今文经说尚未排斥、且加援用，并且认为"《左氏》可通于《公羊》"②。戊戌前后章氏"以革政挽革命"的基本政治观念，即本于"《齐诗》五际之说"。《论学会大有益于黄人亟宜保护》一文中就用了"大一统"、"通三统"等《春秋》公羊家言。③ 更有学者指出章太炎早年在《膏兰室札记·孝经本夏法说》以及《春秋左传读》中多处，甚至赞成"孔子改制"说，而这是今文经说的重要观念，也是戊戌时康有为鼓吹今文经的核心所在。章氏曾在政治上追随康、梁，赞成"改制"，是以其学术上的见解为依据的。④

可见，章太炎对早年的古文经学立场作了自我夸张。他在早年对"公羊、齐诗之说"，殊非"以为诡诞"，对康有为经今文说，亦非自"始""不能与彼合也"。事实上，深感变革之急迫而倾心于今文家言，乃晚清之时代思潮。且不说，当时同信今文者之间就一人有一义。即使不齿于"新学伪经"说者，对康有为以今文经学论政亦多有谅解。如孙诒让、宋恕、孙宝瑄等，大都如此。

---

① 章炳麟：《太炎先生自定年谱》，载《近代史资料》，1957（1）。
② 汤志钧：《章太炎年谱长编》，18～19页。
③ 参见汤志钧：《辛亥革命前章炳麟学术思想评价》、《章太炎年谱长编》等书文。
④ 张勇：《戊戌时期章太炎与康有为经学思想的歧异》，载《历史研究》，1994（3）。

但是，所谓"章太炎早年并不是一个经古文学者"的看法，却是不能成立的。不仅因为论者所持的标准，即周予同的看法值得商榷①；这一判断还与一项基本的事实颇不相符合，即：章氏很早就对今古文之争极为敏感，并自任以重振古文派的使命。

章门弟子沈延国《膏兰室札记校点后记》有云：

> 第一卷首，有"札记"题端，右有"时辛卯仲春梅叔署于膏兰室"一行。（据一九八〇年四月潘景郑来书）……第二卷首，有先生自题"札记"，右有"时壬辰夏至梅叔署于膏兰室"一行……第三卷首，有"札记"题端，右有"刘子骏私淑弟子"长方朱印，未署年月，按第二卷第三百八条下先生自注：以下癸巳十月下旬记。则《札记》为辛卯、壬辰、癸巳诸岁札录者也……《札记》所载，肄业诂经精舍第二年，即辛卯年仲春起，壬辰、癸巳继之，随日札记。是时，《春秋左传读》同时著述。②

众所周知，汉代《公羊》家何休有"左氏膏肓"之见，章太炎盖有激于晚清经今文派对古文经的冲击，于1891年就自名其室为"膏兰"，自誓与相抗争。1891年开始撰写的《春秋左传读》主要针对清代常州公羊学派重镇刘逢禄而发，以期釜底抽薪。并至少于1893年，已"专慕刘子骏，刻印自言私淑"。此处提到的"'刘子骏私淑弟子'长方朱印"，似为已知文献中记载的章太炎最早的用印证据。章氏后来又有《驳箴膏肓评》一文③，其旨趣与《春秋左传读》一脉相承，而手稿封面上亦有"刘子骏私淑弟子"印章④。

章太炎立足古文的立场，甚至并不因与"康党"在政学观念上的亲

---

① 详见后文。

② 《章太炎全集》（一），302～303页，上海，上海人民出版社，1982。

③ 汤志钧将此文系于1896年，见《章太炎年谱长编》，37页；姜义华认为此文"撰于一九〇二年"，见《章太炎全集》（二）《春秋左传读校点说明》，2页，上海，上海人民出版社，1982。

④ 见《章太炎全集》（二）"《驳箴膏肓评》手稿封面"的照片。有关章太炎研究的诸多书文，提到章氏曾有"刘子政私淑弟子"的笔名，未知何所据。盖承袭汤志钧《章太炎年谱长编》第2页之偶尔笔误而来。我们参见该谱第33页，就未误。而汤氏在《七略别录佚文征校点后记》中又将"刘子骏私淑弟子"误为"刘子政私淑弟子"，见《章太炎全集》（一），381页。

近而改变。1897 年 4 月，章太炎与"康党"闹翻。原因固不单纯①，但有经今古学之争为纠结，实不可谓不明显。孙宝瑄《忘山庐日记》丁酉（1897 年）"三月甲辰""十四日"条，有云："章枚叔过谈。枚叔以酒醉失言，诋康长素教匪，为康党所闻，来与枚叔斗辨〔辩〕，至挥拳……夜，观章枚叔所著《春秋左传读》。"②《春秋左传读》很可能是章氏因此事的激发而拿来给孙氏看的，可见这一冲突的思想底蕴。同年"三月十九"（1897 年 4 月 20 日），章氏致函谭献，在谈完与康争斗经过后，又说："《新学伪经考》，前已有驳议数十条，近杜门谢客，将次第续成之。"③ 章氏曾将"驳《伪经考》数十事"就教于孙诒让，正因为"炳麟素治《左氏春秋》，闻先生治《周官》，皆刘氏学"④。可见，康有为《新学伪经考》出后，章太炎即有"驳议"，此等学术思想上的分歧，正是他与"康党"闹翻的伏流，又因此事而加剧，章氏正因立足于"刘氏学"，固"终不能与彼合也"。从中可见他在"学派"宗主意识上的执著。

章氏早年又有《七略别录佚文征》之作，撰于"辛丑二月"（1901 年三四月间）的《七略别录佚文征序》中有曰：

> 余性好《春秋》古文之学，既为《左传读》及《贾子》校正，复董理刘氏书，撰用《北堂书钞》、《艺文类聚》、《初学记》、诸经释文正义释疏、《文选注》、《太平御览》，为《佚文征》一卷。以其父子同业，不可割异，故仍题《七略别录》。⑤

综上所述，其据守古文、自我振作的基本立场确实是由来已早，历久而弥坚。

2. 援今入古、以古统今的经学取向

我们已经清楚地看到：早年的章太炎治经，一方面昭然杂糅今文说，

---

① 张勇：《也谈〈新学伪经考〉的影响——兼及戊戌时期的"学术之争"》，载《近代史研究》1999（3）；蔡乐苏、张勇、王宪明：《戊戌变法史述论稿》，219～221 页，北京，清华大学出版社，2001；廖梅：《汪康年：从民权论到文化保守主义》，183～184 页，上海，上海古籍出版社，2001。

② 孙宝瑄：《忘山庐日记》（上），183～184 页，上海，上海古籍出版社，1983。

③ 马勇编：《章太炎书信集》，3～4 页，石家庄，河北人民出版社，2003。

④ 章太炎：《瑞安孙先生伤辞》，见《章太炎全集》（四），224 页，上海，上海人民出版社，1985。

⑤ 《章太炎全集》（一），360 页。

另一方面彰彰欲振古文学。这到底是怎么回事呢？

章氏《自定年谱》在《春秋左传读》完稿之年（1896年），叙述其与今文派的关系，可谓别具匠心，《春秋左传读》确可代表其早年的经学见解。我们以此书为径，试探其经学取向。

1896年2月，章氏致书谭献说："今辄呈《左传读》为别，奉赐刊剟，令中权度。"其中概括了此书用力及用意所在：

> 尝掸喷于荀、贾，微文于迁、向，微言绝恉，迥出虑表，修举故训，成《左氏读》。志在纂疏，斯为属草，欲使庄、孔解戈，刘、宋弢镞，则鳞生之始愿已。

又论及《春秋左传读》之大义有云：

> 夫经义废兴，与时张弛，睹微知著，即用觇国，故黜周王鲁之谊申，则替君主民之论起。然《左氏》篇首以摄诘经，天下为宦，故具微旨，索大同于《礼运》，籀逊让于《书序》，齐、鲁二传，同入环内，苟畅斯解，则何、郑同室释甲势冰矣。

何休当年曾感叹，"康成入吾室，操吾矛，以伐我乎！"章太炎所为亦不外乎此。"黜周王鲁之谊"可通于《左氏》，"齐、鲁二传，同入环内"，如此则何、郑不必有门户之争矣，何论庄、孔、刘、宋！

章氏尤以荀子为统合今古文义之枢纽："大儒荀卿，照邻殆庶，并受二传，疆易无分。秉此说经，庶歫怊悔。"[1]

用章太炎1903年致刘师培信中的话来说，就是："鄙人素治兹书，盖尝上溯周汉，得其传人，有所陈义，则以孙卿、贾傅为本，次即子骏父子。"[2]

我们且来看《春秋左传读》在根本大义上如何以《荀子》为纲领来贯穿古今，以概其余。

卷一"公羊以隐公为受命王"条（隐公元年）有云：

> 麟按：终以《公羊》为长。《荀子·解蔽》云："孔子仁智且不

---

[1] 以上引文均见汤志钧：《章太炎年谱长编》，30～31页。
[2] 马勇编：《章太炎书信集》，71页。

蔽，故学乱术足以为先王者也。一家得周道，举而用之，不蔽于成积也，故德与周公齐，名与三王并。此不蔽之福也。"周道，谓余五经也；一家，谓《春秋》也。则《春秋》非周道，《左氏》、《穀梁》皆同矣。且自号素王，则托王复何嫌乎？《孔子世家》云："因史记作《春秋》，据鲁，亲（即新）周，故殷，运之三代。"史公极尊《左氏》，不治《公羊》，而其说如此，然则《左氏》家亦同《公羊》说也。且《春秋》改制，孔子已亲行之。①

卷五"取郜大鼎于宋"条（桓公二年）有云：

> 按：《左氏》谊亦当然。《荀子·正名》云："后王之成名：刑名从商，爵名从周，文名从礼，散名之加于万物者，则从诸夏之成俗曲期。远方异俗之乡，则因之而为通。"荀子兼治《左》、《穀》，所说散名，必二家之通谊也。从商、从周、从礼等说，乃《春秋》制作之大权，即此数语，括全经之旨矣。②

卷六"西狩获麟"条（哀公十四年）有云：

> 《荀子·正名》曰："后王之成名，刑名从商，爵名从周，文名从礼。散名之加于万物者，则从诸夏之成俗曲期。远方异俗之乡，则因之而为通。散名之在人者"云云。麟旧谓作《春秋》为后王法，荀子之论乃《左氏》家说，作《春秋》之微言，于兹益信。先商，而周，而礼，则礼非商、周之礼，必为《春秋》所制之礼矣。《公羊》有改制之说，实即《左氏》说也。三统迭建，救僿以忠，是以不言夏而夏即在礼中。《春秋》制礼，参夏、商、周而酌之，故《春秋》正是礼书，语本《荀子》。③

一叶知秋，将上述三条经解联系起来看，我们不但能大体明白章太炎治经的方法，且能得其经学旨趣之三昧。

虽然，唐代杨倞已解《荀子·解蔽》"一家得"为"谓作《春秋》也"④。

---

① 《章太炎全集》（二），64页。
② 《章太炎全集》（二），120页。
③ 《章太炎全集》（二），784页。
④ 参见（清）王先谦撰，沈啸寰、王星贤点校：《荀子集解》（下），393页，北京，中华书局，1988。

章氏似取用之。但杨倞解《荀子·正名》"文名从礼"曰："文名，谓节文、威仪。《礼》，即周之《仪礼》也。"清儒郝懿行附和补充说："其说是也。古无《仪礼》之名，直谓之《礼》，或谓之《礼经》。"① 章太炎的解说则与之绝异。他将"礼"解为"《春秋》所制之礼"。

非常清楚，章太炎轻巧地（也可以说是创造性地吧）援用"《春秋》改制""三统迭建"等观念来疏证《荀子》之《解蔽》、《正名》诸篇，并以此来通解《左传》，"大儒荀卿"才成为兼具《公羊》精义的《左氏》先师。他以古文统摄今文的苦心，也就昭然若揭。

只有了解了这一点，我们才能摸清章太炎在晚清赫然"尊荀"的奥秘。

在"丁酉五月同人拟定"（1897 年）实为章太炎手笔的《兴浙会章程》中，章氏就指出："至荀子则入圣域，固仲尼后一人。持衡诸子，舍兰陵其谁哉？"②

1897 年 9 月 7 更为文尊荀子为"后圣"，以荀子来"统一"儒学："同乎荀卿者与孔子同，异乎荀卿者与孔子异。"理由何在呢？"非侈其传经也，其微言通鬼神，彰明于人事，键牟六经，谟及后世，千年而不能闿明者，曰《正名》、《礼论》。"根本在于荀子有"《礼论》以键六经，《正名》以键《春秋》之隐义。"③

荀子在先秦迄汉的儒学发展史上有重要的地位，司马迁将其与孟子并称，但后来逐渐被排斥于主流之外，唐人杨倞是难得一治荀书之士，至清代荀学才又彰显，以汪中为代表的学者，推崇荀子，"侈其传经也"，与他们不同，章太炎的"尊荀"自别有一套大道理，我们结合前面的讨论，从《春秋左传读》的要旨，往下看，我们才清楚，这一番理论的核心就是，摄取今文之大义（如孔子改制、三统迭建、黜周王鲁）来诠释古文，以为己出；以荀子来统一儒学，无论今古。否则，我们真不能明白，章氏所谓"《正名》以键《春秋》之隐义"究竟何义！

由此，我们亦能理解，一年多后，章太炎对因戊戌变法失败而流亡

① 参见（清）王先谦撰，沈啸寰、王星贤点校：《荀子集解》（下），411 页。
② 朱维铮、姜义华编注：《章太炎选集》，17 页，上海，上海人民出版社，1981。
③ 汤志钧：《章太炎政论选集》（上），37～39 页，北京，中华书局，1977。

海外的康有为所表示的同情的声援，自有其一贯的内在理据：

> 余自顾学术，尚未若给谏（指朱一新，引者按）之墨宋，所与
> 工部论辩者，特左氏、公羊门户师法之间耳。至于黜周王鲁、改制
> 革命，则未尝少异也。（余紬绎周秦、西汉诸书，知左氏大义与此数
> 语吻合），况旋乾转坤以成既济之业乎？①

朱一新"亦上窥两汉古义，其说经诚与康氏绝异"②，但章太炎尚嫌
其"墨宋"，意味着朱氏专执古文，对"黜周王鲁、改制革命"等大义未
能融会，而此等经义，正是章氏能与康有为声气相通的思想根源，而这
也并不出他所理解的"左氏大义"之外；章氏更批评张之洞"今于周秦
诸子，无不丑诋，并西汉今文学派，亦皆愤如仇敌，是其发源之地，固
以孔光谨慎、胡公中庸为正鹄"。③ 亦可见他对"西汉今文学派"相当包
容，至少认为其境界绝非"孔光"、"胡公"可攀，正如康有为绝非张之
洞可比。

《今古文辨义》（1899 年 10 月 25 日）辩驳"廖氏谓今文重师承，古
文重训诂"之说，有曰："今观廖氏所论，其于《公羊》，则不取劭公日
月之说，即董生《繁露》，亦有不满，且并王鲁之说驳之，则大义亦与先
师迥异，而犹谓今文重在师承，恐已于今文，已不能重师承矣。"④ 可见，
即使同治《公羊》，且家有异说，仅就"王鲁之说"而论，章太炎与康有
为反而是同道，甚至比廖平更接近康氏。

尽管如此，看起来更是入室操戈而绝不是改辙易帜，所以他还要上紬
"周秦、西汉诸书"，而"左氏、公羊门户师法之间"的"论辩"之防线，
也是不能撤去的。但是，从这段颇能反映戊戌前后章太炎与康有为的政
学关系的重要声明，确能看到章氏在今古文之间左支右绌的矛盾心境，
在未建立自己独立成熟的经学见解之前，大概也只有一种选择了——调
和今古文之争。

---

① 《〈康有为复章炳麟书〉识语》，原载《台湾日日新报》，1899-01-13，转引自《复旦学
报》（社会科学版），1982（3）。

② 《翼教丛编书后》（1899-10），见汤志钧：《章太炎政论选集》上册，97 页。

③ 《党碑误凿》，原载《台湾日日新报》，1899-01-29，转引自《章太炎旅台文录》，见《中
国文化研究集刊》，第 1 辑，362 页，上海，复旦大学出版社，1984。

④ 《今古文辨义》（1899-12-25），见汤志钧编：《章太炎政论选集》（上），114 页。

二、《訄书》初刻本所体现的经学思想——章太炎对康有为 今文经说的迎与拒

调停之论见《訄书》初刻本①《公言下》（下来我们主要从被《訄书》重订本所删的内容来看）：

> 上古以来，百王有政教，各持一端，而仲尼通之以三统，耘刈其缪戾，曰'为贤者讳'，非爱其人也，去其足以害教而已。是故道莫幠，而言曰公。汉之东建，有争古今文，今益炽。苟徒以隶书、史籀书为辨，其争则珊斯克利与波利之属也。苟订以法制，以新经之告成于赤爵，权舆眇虑，帝王不素有，壹不知因袭其纩，而纩之间乃特制矣！是故其陈于九《雒》者为一代，其陈于《后仓曲台》者为一代。其陈于《周官》者为一代。三统之既通，则政法何异同之与有？②

就这样，章太炎用"通三统"的观念来弥合今古文。

关于《訄书》初刻本所见章太炎之受今文家说的影响，学者已有指出，章氏在《客帝》篇中"不但也谈'素王'，还引《中候》和《春秋繁露》"，说明他还末（应为'未'字之讹，引者）摆脱康、梁的思想影响"③。又如《尊荀》篇之"黑绿不足代苍黄"，出自《孝经纬援神契》；《订实知》篇所说"夫孔子吹律而知其姓"，出于《孝经纬钩命决》；《客帝》篇称"吾读《中候》"之《中候》，就是《尚书纬》，等等。④

但问题的关键是《尊荀》与《客帝》这两篇关键性的文章的旨趣甚至最核心的理论根据都与康有为有密切的关系。

《尊荀》说："《春秋》之作，以黑绿不足代苍黄，故反夏政于鲁，为新王制，非为汉制也。"可见，章太炎已放弃了他早年在《春秋左传读》

---

① 关于《訄书》初刻本初次刊行的时间，约在1900年2月中下旬到4月上旬之间。参见朱维铮编校：《章太炎全集》，第三卷，前言3～8页，上海，上海人民出版社，1984；章炳麟：《〈訄书〉初刻本、重订本》，朱维铮所作《导言》第1页，北京，生活·读书·新知三联书店，1998。

② 《章太炎全集》（三），17页。

③ 汤志钧：《章太炎在台湾》，载《社会科学战线》，1982（4）。

④ 张勇：《戊戌时期章太炎与康有为经学思想的歧异》，载《历史研究》，1994（3）。

中曾相信过的汉代今文家所谓孔子为汉制法的说法。接着,提纲挈领地指出:"荀子所谓后王者,则素王是;所谓法后王者,则法《春秋》是。"①

这一看法,当然是沿着我们已讨论过的融摄了"三统迭建"等经义以荀子统一儒学的思路发展而来。但是,章太炎径指《荀子》所谓"后王"为孔子,以往他似从未这样提过,我们真不知其何所据而云然!不过,非常清楚的是,于1897年末初次付刊、次年春印行的康有为《孔子改制考》颇著此说。该书卷八"孔子为制法之王考"之"孔子为后王"条,开篇先引我们前引《荀子·正名》的那同一段话,然后加按语道:

> 当荀子之时,周德虽衰,天命未改,秦又未帝,而立爵名从周,与商并举,则所谓"后王"者,上非周王,后非秦帝,非素王之孔子而何?孟子称孔子为"先王",荀子称孔子为"后王",其实一也。云"爵名从周",而刑名、文名不从周,则所谓后王正名者,非孔子而何?然则以为礼名、刑名、文名为周人之旧,而非孔子所改制者,其误不待言矣!

"孔子为后王"条的结论是:

> 凡荀子称"后王"者,皆孔子也。②

我们且不论康有为的说法是否武断。我们可以说,章太炎虽以荀子来统合古今,但《尊荀》之理论架构不出于康氏之外,其称《荀子》所谓"后王"为孔子,乃直接得之于康氏。

《尊荀》又有云:"所谓后王者,上非文武,下非始皇帝"③,则连表述也如出一辙了。④

不过我们又当理解,章太炎早年在与今文家的争执中虽然无力,却并

---

① 《章太炎全集》(三),7页。

② 朱维铮编校:《中国现代学术经典·康有为卷》,529~530页,石家庄,河北教育出版社,1996。《孔子改制考》刊布时间,见编校说明。

③ 《章太炎全集》(三),7页。

④ 小野川秀美已指出:"荀子所谓后王系指素王,此处所谓法后王系指法《春秋》。这种孔子改制的想法,或许是受康有为的影响。"惟未加证明。参见氏著:《章炳麟的排满思想》,周阳山、杨肃献编:《近代中国思想人物论——民族主义》,223页,台北,时报文化出版事业有限公司,1980。

非就是缴械投降。《春秋左传读》引《荀子·正名》那一段并做出与康有为相近的解释，尚在《孔子改制考》刊布之前，章氏之接受康说，可以说是理有必致。

不仅如此，《客帝》篇存在同样的问题。此篇由于章太炎本人痛加"匡谬"，学者多知其与康有为在政学见解之关联。但此篇的理论根据所援引的经义与康有为之勾连，犹待彰显。我们知道《客帝》的主旨是以孔子后裔为震旦（中夏）之共主，而让清帝自降为客帝。让"孔氏"领"神州之王统"，有何根据呢？最基本的根据在于《春秋》：

> 昔者《春秋》以元统天，而以春王为文王。文王孰谓？则王愆期以为仲尼是已。[1]

如此则孔子为中国大一统之王者、天下的共主。

这种看法与他以往的见解大不相同。《春秋左传读》卷一"元年春王正月"（隐公元年）条，认为"王者，以一贯三，所书之王，本兼三王说，非文王一人，亦非殷王一人，夏王一人"。[2]

《訄书》重订本的看法又一变。《官统上》有云："是故言'元年'者，以'王'为文工，而摈箕子于海外营部之城，使无乱统。"[3] 又说："则箕子之法，必不行于域中，而文王得持其元，故曰大一统也。"[4] 我们从上下文来看，可知章氏在此处所谓"文王"即周文王。可以说是回到了《公羊传》何休所注解的看法上来了。

如此说来，初刻本《客帝》以春王为文王以文王为孔子的说法，乃一时之权言，为缘饰其政论而刻意采择之经义。那么，这一见解是否就像我们表面所看到的仅仅是本于王愆期呢？（尽管王氏也是治《公羊》的，不过与何休有异说而已[5]）

---

① 《章太炎全集》（三），65页。

② 《章太炎全集》（二），63页。

③ 《章太炎全集》（三），247页。

④ 《章太炎全集》（三），251页。

⑤ 王氏之说，可参见《晋书·王接传》；徐复：《〈訄书〉详注》，3～4页，上海，上海古籍出版社，2000。又可参见《尚书·泰誓》疏所引王说。

事实上，初刊于 1897 年冬①的《春秋董氏学》，早已引王愆期之说而大加发挥了。其"受命改制"条，引董仲舒《春秋繁露·三代改制》文，有康有为的按语云：

> 《论语》："文王既没，文不在兹。"孔子已自任之。王愆期谓"文王者，孔子也"，最得其本。人只知孔子为素王，不知孔子为文王也，或文或质，孔子兼之。王者，天下归往之谓。圣人天下所归往，非王而何？犹佛称为法王云尔。②

而这一段话又被全文收入《孔子改制考》卷八"孔子为制法之王考"之"孔子为文王"条。③

《春秋董氏学》"春秋作新王"条，康氏按语又有"王愆期以文王为孔子"的援引。④ 它也被《孔子改制考》卷八"孔子为制法之王考"之"孔子为制法之王总义"条采用。⑤ 卷十"六经皆孔子改制所作考"亦道及之。⑥ 康有为可以说是于此反复称引了。⑦

以《春秋董氏学》与《孔子改制考》两书传布之广，章太炎难保不是受了康有为的影响而援引王说以奠定"客帝"之论。⑧ 章氏关于《客帝》的

---

① 《春秋董氏学》的刊布时间，参见收入姜义华、吴根樑编校：《康有为全集》，第 2 集，《春秋董氏学》编校者按语，628 页，上海，上海古籍出版社，1990。
② 朱维铮编校：《中国现代学术经典·康有为卷》，210 页。
③ 朱维铮编校：《中国现代学术经典·康有为卷》，526 页。
④ 朱维铮编校：《中国现代学术经典·康有为卷》，211 页。
⑤ 朱维铮编校：《中国现代学术经典·康有为卷》，535 页。
⑥ 朱维铮编校：《中国现代学术经典·康有为卷》，573 页。
⑦ 《春秋董氏学》卷七的"传经表"之"传公羊而不详所受者表"中，列了王愆期，并特加"按"语云："愆期称文王为孔子，是嫡传《公羊》者。见《尚书·泰誓》疏。"见朱维铮编校：《中国现代学术经典·康有为卷》，309 页。可知康氏说本《尚书·泰誓》疏。
⑧ 与此等理论有密切关系，《訄书》初刻本《官统》开篇有云："万祀家天下之制，以宣父之嫡为辟王，而视旋机者犹霸主也。黜陟之柄，辟王勿与焉。"《章太炎全集》（三），69 页。这段话简直是《客帝》的内容提要。章太炎写于《訄书》初刻本《客帝》一文上的眉批显示，他最初计划要"著之以自劾录"的《訄书》初刻本文字有 3 篇：即《客帝》、《分镇》、《官统》。《分镇》与《官统》之篇名后又用墨笔勾出。最后重订本有《客帝》、《分镇》两篇的"匡谬"，而《官统》终于保留，修订后分上、中、下 3 篇。上引这两句话被删去。笔者认为，这一段话，是章太炎一度要将《官统》"著之以自劾录"的基本原因。要与康有为划清界限，怎么能留下此等文字呢？

眉批和《匡谬》的正文，均有"与尊清者游"的悔恨与"弃本崇教"的反省①，如果我们从上述方面去理解所谓"弃本崇教"的指涉，大概虽不中，亦不远吧。

不过，从《訄书》初刻本可知，章氏对康有为的今文家说亦有排斥，此最彰著者可于《独圣》见之。学者多认为，《訄书》初刻本的思想体系以《尊荀》始以《独圣》终，皆以孔子与荀卿并举，未脱康有为尊孔之窠臼。此不免为皮相之谈。我们似不可只注目于学者公然所张之旗帜，而犹当深究表态式的尊贬之所以然。如上讨论所知，章氏《尊荀》，抬出荀子与今文家相颉颃，但思想架构却恰取之于争辩的对手。反之，章氏《独圣》之尊孔貌似康有为，而他对孔子之所以"独圣"的诠释路线恰与康氏立异。他说："有黄能无薏苡，有六天无感生，知感生帝之谫，而仲尼横于万纪矣。""上古多機祥，而成以五行，公旦弗能革也。病其怪神，植微志以绌之者，独有仲尼。自仲尼之历世摩钝，然后生民之智，始察于人伦，而不以史巫尸祝为大故，则公旦又逡遁乎后矣！"②　这一思路正是延续《儒术真论》而来："按仲尼所以凌驾千圣，迈尧、舜轹公旦者，独在以天为不明及无鬼神二事。""惟仲尼明于庶物，察于人伦，知天为不明，知鬼神为无，遂以此为拔本塞原之义，而万物之情状人著。由是感生帝之说诎，而禽兽行绝矣。此所以冠生民横大陆也。"③　此种思想的缘起，盖面对佛教、基督教宗教世界观的冲击，章氏不满于康有为等将儒学宗教化的孔教运动，采择西学中的新兴科学知识与观念，以返本复初的取径，对《墨子·公孟篇》进行疏证，来诠释尚未被后世杂学所污染的原始儒学中"无鬼神"、"儒以天为不明，以鬼为不神"等思想，重新建构"儒术"之"真"义，开出了儒学理

---

①　《章太炎全集》（三），119～120页。有学者将"教"解为"孔教"，参见章太炎著作编注组《章太炎诗文选注》（上），154页，上海，上海人民出版社，1976；唐振常认为："他在第二年（一九〇〇年）写《〈客帝〉匡谬》，说自己'弃本崇教'，也包含了自责违背了素所尊奉的'春秋大义'的意思。"即"从古文经学得来的'春秋大义'：'尊王攘夷'，'严夷夏之大防'。"氏著《论章太炎》，载《历史研究》，1978（1）；小野川秀美则指出："所谓崇教，当系指以孔子子孙为二千年来之共主一事。"参见氏著：《章炳麟的排满思想》，见周阳山、杨肃献编：《近代中国思想人物论——民族主义》，222～223页。

②　《章太炎全集》（三），103、104页。《訄书》初刻本《榦蛊》中亦有类似的思想，如云："孔氏之于祭宗祢，重之矣；其于上天及神怪祇鬼者，则皆摈之以为椎愚之言。"等等。《章太炎全集》（三），35页。

③　《儒术真论》（1899年），见汤志钧编：《章太炎政论选集》（上），120、121页。

性化的新的诠释路向，以"作民气"。① 而《独圣》正是沿此思路，进一步发挥《今古文辨义》中已点到而未加详说的"孔子自有独至，不专在六经"② 之义。他并以此为标准来衡量今古文之优劣：如谓"《五经异义》：《诗》齐、鲁、韩、《春秋》公羊说，圣人皆无父，感天而生；左氏说，圣人皆有父。按：《毛诗》亦古文，故与左氏同。此古文特胜今文之义也。"而荀子则继承了孔子凡"害教之事"务加"刊除"的精神："夫亟涤则异老成之故法，将无以取信于流俗；必故言之守，而又足以乱大从。于是则荀子为之隆礼义而杀《诗》、《书》。"章氏据此又在附注中对所谓"壁中之书皆歆、莽驾言伪撰者"等晚清今文家说加以批评。③

但是总的来说，这时的章太炎，仍没有建立自己独立的经学思想，还不能摆脱康有为的深刻影响。这可以从他对孔子的观念就能看出来。我们知道，章太炎早就与康有为立异，即使是在与"康党"的政学观念最相契合的任职于《时务报》时期，他就不满于"创立孔教"的观念，认为"尊孔设教有煽动教祸之虞，不能轻于附和"④。这是日后与"康党"闹翻的一大因缘。可见他对康有为以孔子为教主、为神明的做法大不以为然，但对康有为以孔子为改制之王的观念则心悦诚服且引为同道。章

---

① 章氏早在 1899 年 2 月 2 日致梁启超的信中已发此意："抑儒者之说，多言无鬼神（见太史公书）是秦汉古义固然，非自无鬼论始也。异于释迦、基督之言灵魂者。夫肢体一蹶，亘万世而不昭，则孰肯致死，民气之懦，诚无足怪。然惟无鬼神，而胤嗣之念乃独切于他国，形家之说，至欲以枯骨所藏，福利后裔。今知不致死以御侮，则后世将返为蛮獠猩狒，其足以倡勇敢也明矣。然则儒者之说，固不必道及无色界天、无间地狱，而后可作民气也。"《答梁卓如书》，原载《台湾日日新报》，1899-02-05，转引自《章太炎旅台文录》，载见《中国文化研究集刊》第 1 辑，364 页。马勇编：《章太炎书信集》，41 页。章氏本此意，草《儒术真论》并附《视天论》与《菌说》，刊发于梁启超所主编的《清议报》，第 23～34 册（1899-08-17～1900-02-10）。章氏对《儒术真论》颇为看重，先是请日人馆森鸿"审定"（参见谢樱宁：《章太炎年谱摭遗》，北京，中国社会科学出版社，1987，13 页），后又于 1900 年 4 月将此文与《訄书》初刻本一并请严复"纠正"（参见章氏致夏曾佑及严复致章太炎的信，朱维铮、姜义华编注：《章太炎选集》，110、112 页），章氏如此自重的缘由，固当从他对儒学的新诠释、尤其与康有为分庭抗礼的新诠释的路向中去了解。

② 《今古文辨义》（1899-12-25），见汤志钧编：《章太炎政论选集》（上），111 页。

③ 《章太炎全集》（三），105～106 页。前段引文句读作了调整。这一理性主义的思想基调，是章氏思想的一大特色。即使在对孔子施以最猛烈攻击的《诸子学略说》中，他仍然以"变機詳神怪之说而务人事"为一大"孔氏之功"，正是此类思想的发展的表征。

④ 冯自由：《中华民国开国前革命史》，第十四章《壬寅支那亡国纪念会》，转引自汤志钧：《章太炎年谱长编》，36 页。

太炎在张之洞幕府时，应梁鼎芬问章氏是否听说康有为欲做皇帝，章答曰："只闻康欲作教主，未闻欲作皇帝。实则人有帝王思想，本不足异；欲作教主，则未免想入非非。"① 其实所谓改制之王者的政治涵义不啻就是"帝王思想"，所以他用"改制革命"来概括他与康有为思想的相通处，决非无因。② 他的《儒术真论》试图开辟一个重建儒学的新方向，但是他引申公孟子所论及的"若使孔子当圣王，则岂不以孔子为天子哉！"之义，认为孔子是"以共主自任"的"玄圣素王"："今观此义，则知始元终麟，实以自王，而河图不出，文王既丧，其言皆以共主自任，非图谶妄言也。"③ 关于这一点，他在《訄书》初刻本之《尊荀》、《客帝》诸篇，又何尝改变了呢？

三、《訄书》重订本的经学思想之大变

《訄书》重订本初刊于"共和二千七百四十五年（1904）四月"。④ 学者颇用力于将其与初刻本作比较研究，犹注重于政治观念上从"改良"到"革命"的思想进程。⑤ 笔者从经学思想的角度来考察，《訄书》的修订也反映了章氏经学观念上的激变，他将古文经学改造为史学的基本倾向大体奠定，与康有为分道扬镳的独立的新古文经学基本观念也作了初步的规划。我们从下述三方面略加钩沉，以明其旨。

1. 孔子与六经的关系以及经儒之分合（孔子、儒家与六经的关系）

《订孔》开篇就解构晚清今文家所津津乐道的所谓"六经皆孔子所作"的说法：

> 六艺者，道、墨所周闻。故墨子称《诗》、《书》、《春秋》，多太史中秘书。女商事魏君也，衡说之以《诗》、《书》、《礼》、《乐》，从说之以

---

① 冯自由：《中华民国开国前革命史》，第十四章《壬寅支那亡国纪念会》，转引自汤志钧：《章太炎年谱长编》，65页。

② 他后来在《驳康有为论革命书》（1903）中，也说康有为曾"有志革命"。参见《章太炎政论选集》（上），208页。

③ 《儒术真论》（1899年），见《章太炎政论选集》（上），119～120页。

④ 汤志钧：《章太炎年谱长编》，199页。

⑤ 如汤志钧：《从〈訄书〉的修订看章太炎的思想演变》，载《文物》，1975（11）；朱维铮：《〈訄书〉〈检论〉三种结集过程考实》，载《复旦学报》，1983（1）；等等。

《金版》、《六弢》。(《金版》、《六弢》,道家太公书也,故知女商为道家。)异时老墨诸公,不降志于删定六艺,而孔氏擅其威。遭焚散复出,则关轴自持于孔氏,诸子欲("欲",似应作"却"字,引者按)走,职矣。①

前者《今古文辨义》已对廖平所猖"六经皆孔子所撰"之说加以驳斥,认为"孔子自有独至,不专在六经;六经自有高于前圣制作,而不得谓其中无前圣之成书"。②《独圣》中亦认为,与孔子"独圣"之所在相比,"夫宪章其业,以为六艺,使其道不至于隊逸,则犹史佚之于文、武也,亦庸能驾轶之乎?"③("其"指"尧舜",引者按)可见其对孔子整理六艺的工作已看得相当之轻,不过"犹史佚之于文、武也"。但尚认为"六经皆由孔子笔削,不止删定而已"④。在《订孔》中,章氏则进一步论证,即使诸子如道、墨,亦皆与闻六艺,而孔子所做的,不外是"老墨诸公""不降志于"所为的"删定六艺"而已。

《清儒》与之相呼应,进一步提出"六艺"非儒家所独"擅"的观点:

> 古之言虚,以为两缌之间,当其无缌。(本《墨子·经上》。缌即栌,柱上小方木也。)六艺者,(凡言六艺,在周为礼、乐、射、御、书、数,在汉为六经。此自古今异语,各不相因,言者各就便宜,无为甘辛互忌。)古《诗》积三千余篇,其他益繁,臡醢无协,仲尼剟其什九,而弗能贯之以缌间。故曰:达于九流,非儒家擅之也。⑤

我们知道晚清的今文学运动是一种极端尊孔的运动,其神化孔子的努力主要表现为如廖平那样认为"六经皆孔子所撰"、"诸子九流皆宗孔子也"(此等皆为《今古文辨义》对廖平看法的概括)等观念,更为极端地表现在康有为以孔子统儒(又以七十子后学为得孔子真传)、以儒统经、经儒合而为一的看法。康氏认为《周礼》为伪书,所以《周礼·太宰》所谓"儒以道得民"等看法不足据,"儒"为孔子之教名,孔子以前

---

① 《章太炎全集》(三),134 页。
② 《今古文辨义》(1899-12-25),见汤志钧编:《章太炎政论选集》(上),111 页。
③ 《章太炎全集》(三),103 页。
④ 《章太炎全集》(三),105 页。
⑤ 《章太炎全集》(三),154 页。

不得有儒家；六经为儒家托古改制之作，离开孔子不得有六经；《汉书·艺文志》分判"六艺"与"九流"，将儒家也列于"九流"，此为古文家的谬说，应将儒家以外的各家"宜为'异学略'附于《七略》之末"。①

与上述看法针锋相对的是，章太炎实际上提出了将孔学与儒学相区分、经学与儒学相区分的看法，所以他说"六艺者，道、墨所周闻"、"达于九流，非儒家所擅之也"。章氏进而认为通行的《十三经》应当"财减"：

> 然流俗言"十三经"。《孟子》故儒家，宜出。唯《孝经》、《论语》，《七略》入之六艺，使专为一种，亦以尊圣泰甚，徇其时俗。六艺者，官书，异于口说。（六艺皆官书，这一看法，盖本于章学诚"六经皆史"之论，引者按）礼堂六经之策，皆长二尺四寸。（《盐铁论·诏圣篇》，二尺四寸之律，古今一也。《后汉书·曹褒传》：《新礼》写以二尺四寸简。是官书之长，周、汉不异。）《孝经》谦半之。《论语》八寸策者，三分居一，又谦焉。（本《钩命决》及郑《论语序》。）以是知二书故不为经，宜隶《论语》儒家，出《孝经》使傅《礼记》通论。（凡名经者，不皆正经，贾子《容经》，亦《礼》之传记也）即十三经者当财减也。②

这种看法大体回到刘歆《七略》、《汉书·艺文志》的见解，而不以刘氏为止境。他将《孟子》从"经"中划出而入"儒家"，固是循《汉志》之旧，但他批评"唯《孝经》、《论语》，《七略》入之六艺，使专为一种，亦以尊圣泰甚，徇其时俗"。认为"宜隶《论语》儒家，出《孝经》使傅《礼记》通论。"乃表达了一种别出心裁的返本复始的历史观念，我们可以称为经儒分判的观念。后《诸子学略说》（1906年9月）有云："《周礼·太宰》言儒以道得民，是儒之得称久矣……虽然，有商定历史之孔子，则删定《六经》是也；有从事教育之孔子，则《论语》、《孝经》是也。由前之道，其流为经师；由后之道，其流为儒家。"③ 此意，于此已引其端绪矣。

---

① 参见本书第三章《经、子易位："诸子不出于王官论"的建立、影响与意义》。
② 《章太炎全集》（三），160～161页。
③ 汤志钧编：《章太炎政论选集》（上），288页。

可以说，至《订孔》、《清儒》诸篇，始基本确定了章氏关于儒家、孔子与六经关系的见解。

1922 年 6 月 15 日，章氏《致柳翼谋书》批评胡适《中国哲学史大纲》承袭今文家说曰："六籍皆儒家托古，则直窃康长素之唾余。此种议论，但可哗世，本无实征。且古人往矣，其真其伪，不过据于载籍，而载籍之真伪，则由正证、反证勘验得之，墨家亦述尧、舜，并引《诗》、《书》，而谓是儒家托古，此但可以欺不读书之人耳。长素之为是说，本以成立孔教；胡适之为是说，则在抹杀历史。推其所至，《十七史》之作者，骸骨亦已朽矣，一切称为伪托，亦奚不可；而儒家孔子究竟有无其人，今亦何从质验？转益充类，虽谓我生以前无一事可信、无一人是真可也。此其流弊，恐更甚于长素矣。"① 我们可以清楚地看出，近 20 年后，章氏批评"六籍皆儒家托古"的论证方式乃正是从当年《订孔》反驳"六经皆孔子所作"一脉相承下来，基本见解未有变化。以后观前，我们对章氏当年反对今文家说的心志有更为通透的了解，章氏一以贯之地最所忧患的乃是其"抹杀历史"、同时也就是颠覆"儒术"的双重的客观效应。用《今古文辨义》中颇具先见之明的话来说就是："然则虽谓兰台历史，无一语可以征信，尽如蔚宗之传王乔者可矣。而刘歆之有无，亦尚不可知也，呜呼！廖氏不言，后之人必有言之者，其机盖已兆矣。若是，则欲以尊崇孔子而适为绝灭儒术之渐，可不惧与？"②

我们在此必须略加申说此时章太炎对"儒术"的观念，以了解章氏之"订孔"是否反儒。他早就认识到"儒术之衰，将不能保其种族"，并自问自答："其诸六艺之学，四术之教，无益于生民欤？惟不能合群以张吾学故。"③ 欲"张吾学"，固当"实""吾学"："由是观之，空不足以持世，惟实乃可以持世……而况职志六籍实事求是之学乎？"④ 章氏所志犹在以荀子"统一""儒者"之学⑤："九流腾越，以兰陵为宗；历史汗牛，

---

① 汤志钧编：《章太炎政论选集》（下），763～764 页。
② 汤志钧编：《章太炎政论选集》（上），115 页。
③ 《论学会大有益于黄种亟宜保护》（1897-03-03），见《章太炎政论选集》（上），9 页。
④ 《实学报叙》（1987-8-12），见《章太炎政论选集》（上），28 页。
⑤ 《后圣》（1897-09-07），见《章太炎政论选集》（上），39 页。

以后王为法。"①《訄书》初刻本对"儒"的态度可以《忧教》中之一言以概之："儒虽弱，必瘳马地矣，未可刈矣。"②《今古文辨义》所"惧"正在今文经学"欲以尊崇孔子而适为绝灭儒术之渐"，其欲振起"儒术"之志固极明显，惟所操之术异耳。《訄书》重订本，学者多举《儒侠》新增"今之世，资于孔氏之言者寡也"一语与《订孔》相参证，说明章氏的反孔非儒倾向，惟此句下文紧接有曰："资之莫若十五儒，'虽危起居，竟信其志'；'引重鼎不程其力，鸷虫攫搏不程勇'者。（凡言儒者，多近仁柔。独《儒行》记十五儒，皆刚毅特立者。窃以孔书氾博，难得要领。今之教者宜专取《儒行》一篇，亦犹古人专授《孝经》也)"③ 章氏晚年推崇《儒行》，刊布《儒行大义》，已于此发其先声，可知其所虑在如何得其"要领"行"儒术"，决非一概排斥也。《訄书》重订本《别录乙》对历史上的儒者、儒学有一扼要的考察与品评："章炳麟曰：庄周有言：'儒以《诗》、《礼》发冢。'自宋人言道学，（宋人本称道学，其后分言理学，最后复分心学。道学本该心理、修身、伦理三科，其名较二者为合。近世通言理学者，失之。）明儒述之。宋、明诸儒多迂介，（明末王学亦多披倡者，然只心学一部。）而清儒多权谲。元、清惟衡、象枢，尚惨怛思反本。自裔介而卜，思不义以覆宗国，其公山不扰所耻也。唯行己亦仍世益库，裔介恃齐给，而斌诈谖饰俭，至于光地外淫。何宋、明诸儒行谊之修，而今若是沽薄也？夫孙卿死而儒术绝，自明季五君之丧，（谓孙奇逢、王夫之、黄宗羲、颜元、李颙也）道学亦亡矣。"④ 章氏对历世儒者之学行多有批评自不成问题，惟"夫孙卿死而儒术绝"一语，亦道出其期期自任的实在是重振以"孙卿"为楷模的"儒术"，此又何待言哉？

2. 孔子为"良史"说的宣示及新的学统谱系的建立

《订孔》篇的要旨是旗帜鲜明地宣布了章太炎关于孔子的新观念。在诸子学的视野下，孔子的形象即如上述。在儒家内部，孔子又如何定位呢？章氏认为："《论语》者晻昧，《三朝记》与诸告饬、通论，多自触击也。下比孟

---

① 见章氏所撰《正学报》之《例言》(1898)，见《章太炎政论选集》（上)，62页。
② 《章太炎全集》（三)，93页。
③ 《章太炎全集》（三)，141页。
④ 《章太炎全集》（三)，346页。

轲，博习故事则贤，而知德少歉矣。"孔子更比不上荀子："荀卿学过孔子"，"其视孔子，长幼断可识矣。"如果我们将《订孔》与《尊荀》、《独圣》比较，可以看到章太炎对荀子的尊重可谓有过之而无不及。不过上述见解日后都大有变化，惟结尾部分虽寥寥数语，却是点睛之笔、大定之论：

> 虽然，孔氏，古良史也。辅以丘明而次《春秋》，料比百家，若旋机玉斗矣。谈、迁嗣之，后有《七略》。孔子死，名实足以伉者，汉之刘歆。①

学者由此已注意到章氏与晚清经今文家康有为之间的思想抗争关系。② 这很有助于我们了解章氏作为古文经学家的"学派"意识，但是以往的研究似不够重视其正面的经学思想。

笔者想强调的是：这几句话不啻是建立自己独立的新古文经学的纲领。他不仅斩钉截铁地提出孔子为"良史"之说，而且鲜明地亮出了学脉传承的谱系。

首先，我们必须了解，章氏将孔子与《左传》的作者左丘明紧紧联系起来，认为孔子"辅以丘明而次《春秋》，料比百家"为后世之楷模。提示了《春秋》为一部史书，应通过《左传》去了解孔子《春秋》之学的重要观念。其尊《左传》的古文经学立场也得到了明确的表达。这与《訄书》初刻本《尊荀》篇以"三统迭建"、"孔子改制"等观念来诠释"法《春秋》"的做法相比，其经学思想的变化，不可谓不大。进而，我们甚至不能仅以《左氏》一传来小看了左丘明。《訄书》重订本又有《尊史》一篇，与之相呼应，论及左氏道："非通于物化，知万物之皆出于几，小大无章，则弗能为文明史。盖左丘明成《春秋》内外传，又有《世本》以为肢翼，近之矣。"③ 章氏不仅认为左丘明撰有《左传》、撰有《国语》，《世本》亦为左氏所作，左丘明可谓章氏此时正费心致力的以

---

①　《章太炎全集》（三），134～135 页。

②　唐振常指出："章太炎的反孔，主要是反今文学派所举的孔学旗帜，代表人物则是康有为。"氏著《论章太炎》，载《历史研究》，1978（1）；小野川秀美也指出："刘歆当然是古文派的始祖，左丘明则以《春秋左氏传》闻名后世，重刘歆与丘明，意味着章炳麟已离开今文并斥退《春秋公羊传》，换言之，他已拭除了康有为的影响。"参见氏著：《章炳麟的排满思想》，周阳山、杨肃献编：《近代中国思想人物论——民族主义》，224 页；王汎森认为："表面上看他是在和康有为争锋，其实他的思维方法与康氏是一样的。"参见《章太炎的思想（1868—1919）及其对儒学传统的冲击》，62 页；朱维铮也说：章太炎的"逻辑""就是把康有为的论点推向反面"。参见《求索真文明——晚清学术史论》，273 页。

③　《章太炎全集》（三），313 页。

"种界异闻"为重要内容的"文明史"① 的大宗师。撰于 1902 年而初刊于 1907 年《国粹学报》上的《春秋左传读叙录》亦曰："故知《经》、《传》相依，共为表里。《传》非一书，《内传》、《国语》、《世本》三者，皆《春秋》之传也。不知《世本》而言《春秋》，犹摘埴而索途也。(《世本》有《居篇》、《作篇》，见种族、权力、器械、质文之变，此于史书至重。太史独举世谥，略言之尔。)"② 考虑到《世本》实乃《尪书》重订本《序种姓》篇之大本营③，则我们由"不知《世本》而言《春秋》，犹摘埴而索途也"等说法可知，章氏实际上开始将《春秋》视为中国民族史之开山经典，而孔子即使尚不是中华民族也是汉族的历史之父。章氏用"良史"来称呼孔子，绝非漫为之语，撇开"辨章氏族"这一面向，几乎是不能得其真解的。

而要贯彻"尊史"的精神，晚清今文家的谰言是必须斥退的：

> 世儒或喜言三世，以明进化。察《公羊》所说，则据乱、升平、太平，于一代而已矣。礼俗革变，械器迁讹，诚弗能于一代尽之。(《公羊》三统指三代，三世指一代。三统文质迭变，如连环也。三世自乱进平，如发镞也。二者本异，妄人多掍为一。)④

章氏此时服膺"不言金火之相革，而文化进退已明昭矣"的"左氏《作篇》之学"，对自己一度受其影响的晚清今文家的"三世"、"三统"说加以反省。⑤ 他的方法还是返本复始，将"世儒"杂糅并发挥出来的义

---

① 1902 年 8 月，章太炎在给梁启超的信中说："顷者东人为支那作史，简略无义，惟文明史尚有种界异闻，其余悉无关阔旨。要之彼国为此，略备教科，固不容以著述言也。"汤志钧编：《章太炎政论选集》上册，168 页。可见"种界异闻"为"文明史"之重要内容，章氏盖亦不满于（当然同时也借资于）"东人为支那作史"而发愤"著述"也。

② 《章太炎全集》(二)，818～819 页；关于《春秋左传读叙录》的撰、刊时间的说明，见姜义华：《春秋左传点校说明》，2 页。

③ 《序种姓》有曰："夏后兴，母系始绝，往往以官、字、谥、邑为氏，而因生赐姓者寡。自是女子称姓，男子称氏，氏复远迹其姓以别婚姻。故有《帝系》、《世本》，掌之史官，所以辨章氏族，旁罗爵里，且使椎鬓鸟言之族，无敢干纪，以乱大从。"《章太炎全集》(三)，171 页。

④ 《章太炎全集》(三)，320 页。

⑤ 孙宝瑄记章氏于丁酉十二月十二日（1898-01-04）论及："今人皆悟民主之善，平等之美，遂疑古圣贤帝王所说道义，所立法度，多有未当，于是敢于非圣人。自据乱、升平、太平三世之说兴，而后知古人有多少苦衷，各因其时，不得已也，《春秋》公羊家之所以可贵。"又于十二月十八日（1898-01-10）的话中有云："孔子能通三统、张三世；尧、舜知有一统、一世而已。其不及者，殆如此耳。"孙宝瑄：《忘山庐日记》(上)，158、159 页。由此可见章氏"迷于对山之妄语"之又一斑。

理，一一返还分析到《公羊》的原初义。章氏的批评，用他本人更为明快的表述就是："三统迭起，不能如循环；三世渐进，不能如推毂。"① 这里体现的正是作为"良史"的"征信"精神。

至于章氏之尊《七略》、崇刘歆，固为彰显古文经学派的宗派意识，而其内在的精神，一言以蔽之，实为"尊史"。《尊史》之后，《訄书》重订本有《征七略》。其中有云："余旧乐史官秘文之学，窃省《春秋》，孙卿以为'乱术'（《解蔽》篇。注："乱，杂也。"），《法言》亦云左氏'品藻'。（《重黎》）众庶曰品，（《说文》）杂采曰藻。（《玉藻》注）刘氏比辑百家，方物斯志，其善制割、綦文理之史也。亦以余暇，虑缀佚文，用父子同业不可割异，故仍题《七略别录》。"② 《征七略》为撰于"辛丑二月"（1901 年三四月间）的《七略别录佚文征序》的修订稿，此段文字由原序下文所改："余性好《春秋》古文之学，既为《左传读》及《贾子》校正，复董理刘氏书，撰用《北堂书钞》、《艺文类聚》、《初学记》、诸经释文正义释疏、《文选注》、《太平御览》，为《佚文征》一卷。以其父子同业，不可割异，故仍题《七略别录》。"③ 非常清楚，从左氏"品藻"到刘氏《七略》，凡章氏所胪列，皆"《春秋》古文之学"，其古文经学的系谱颇为明朗，章氏治学的一贯旨趣亦甚显白。重订本《訄书》的改动，则意味着章氏对"《春秋》古文之学"建立起更为明确的观念，即将它视为历史之学，用他自己的话说就是"史官秘文之学"。章氏于 1901 年初为日本友人馆森鸿《拙存园丛稿》所作《后序》中有曰："余少以小学治理，自汉儒及近世诸师之说，略茹饮之矣。卒治左氏，上规荀、贾。故言史则好《世本》、《七略》，虽郑樵之志尚焉。"④ （"理"字疑为"经"字之讹，引者）这是章氏而立之年一段颇为扼要的学术自述。将其少治经古文之学，成年归趣于"史"的历程，说得明明白白。

由此，我们也不能疏漏了《订孔》所提到的"谈、迁嗣之"一语，

---

① 章太炎：《征信论》（1901），见《章太炎选集》，131 页。

② 《章太炎全集》（三），322 页。

③ 《章太炎全集》（一），360 页。

④ 谢撄宁：《章太炎年谱摭遗》，12 页。

它当然是指《史记》之学，这也是章氏所建构的学术谱系的重要一环。上文引及《春秋左传读》有云："《孔子世家》云：'因史记作《春秋》，据鲁，亲（即新）周，故殷，运之三代。'史公极尊《左氏》，不治《公羊》，而其说如此，然则《左氏》家亦同《公羊》说也。"我们且不论章氏的论断是否属实①，就凭他"史公极尊《左氏》，不治《公羊》"的观念，将史记划入"《春秋》古文之学"系统是毫不困难、理所当然的。问题的关键还在于，他将《史记》列入其中，则孔子历史之学的系统才算大体完备，更不用说他还从《史记》反观孔子，可以说其义互足。正如其日后所说：

> 仆以素王修史，实与迁、固不殊，惟体例为善耳。百工制器，因者易而创者难，世无孔公，史法不著。《尚书》五家，年月阔绝，周鲁旧记，梦杂失伦。宣尼一出，而百国宝书，和会于左氏。邦国殊政，世袭异宗，民于何居？工自谁作？复著之《国语》、《世本》。纷者就理，暗者得昭。迁、固虽材，舍是则无所法，此作者所以称圣也。何取三科、九旨之纷纷者乎？旧国旧都，望之畅然！不见古人，我心蕴结。则故书雅记之所以当治，非谓是非之论，尽于斯也。②

《訄书》重订本除《杂志》有"自素王之兴，吾以知诸夏之无是患也。王者代替而孔不代丧，当其无君，则褎成之胄为里尹。虽有戎狄，以盗我九鼎，诚无若共主何？"③ 云云，与《客帝》篇一样，明显属于裁汰未尽的理应"匡谬"的谰言，其他如《学蛊》（"玄圣素王"）④、《订文》（"若乃素王十翼"）⑤、《哀清史》（"固非谓素王删定以后"）⑥ 等处与上引

---

① 例如阮芝生认为《史记》"义"采《公羊》、"事"取《左传》，参见氏著《论史记中的孔子与春秋》，载《台大历史学报》，第23期，1999。
② 《与人论朴学报书》（1906），见马勇编：《章太炎书信集》，158～159页。
③ 《章太炎全集》（三），335页。
④ 《章太炎全集》（三），147页。
⑤ 《章太炎全集》（三），219页。
⑥ 《章太炎全集》（三），331页。

文一样仍以"素王"称孔子①，而皆不再以改制之王者、天下的共主视孔子。

章太炎终于摆脱康有为的影响，建立起自己以孔子为"良史"的孔子观②，以及从孔子（《春秋》）、左丘明（《左传》、《国语》、《世本》）、司马氏父子（《史记》）、刘氏父子（《七略别录》）等"《春秋》古文之学"亦即孔子历史之学的谱系，与康有为将儒学宗教化的方向截然对立，章太炎举起了经学史学化③的大旗。正是在这一意义上，我们说《订孔》是

① 当然，仍以"素王"称孔子，未必就受今文家康有为的影响。更不能将是否以孔子为素王作为判分今古文经学派的根据。杜预《春秋序》有云："或曰：《春秋》之作，《左传》及《穀梁》无明文，说者以为仲尼自卫反鲁，修《春秋》，立素王。丘明为素臣。"孔颖达《正义》："……言孔子自以身为素王，故作《春秋》，立素王之法。丘明自以身为素臣，故为素王作左氏之传。汉魏诸儒，皆为此说。董仲舒对策云：'孔子作《春秋》，先正王而系以万事，是素王之文焉。'贾逵《春秋序》云：'孔子览史记，就是非之说，立素王之法。'郑玄《六艺论》云：'孔子既西狩获麟，自号素王，为后世受命之君制明王之法。'卢钦《公羊序》云：'孔子自因鲁史记而修《春秋》，制素王之道。'是先儒皆言孔子立素王也。《孔子家语》称'齐大史子余叹美孔子，言云"天其素王之乎！"'素，空也。言无位而空王之也。彼子余美孔子之深，原上天之意，故为此言耳，非是孔子自号为素王。先儒盖因此而谬，遂言《春秋》立素王之法。左丘明述仲尼之道，故复以为素臣。其言丘明为素臣，未知谁所说也。"《春秋左传正义》卷一，见《十三经注疏》下册，1708页上栏，北京，中华书局，1980。是《正义》引述董仲舒、贾逵、郑玄、卢钦等人之述"孔子立素王"说，确是"汉魏诸儒，皆为此说"。又引《孔子家语》中的说法，则早有此说。可见，持论者不论宗今宗古，后世儒者承袭此说，也没有如学者所分析的那样上纲上线。至于"素王"概念的缘起与演变以及在文献中的运用情况，可以参见葛志毅：《玄圣素王考》，收入《谭史斋论稿》，哈尔滨，黑龙江人民出版社，2002。

② 也许正是有见于这一看法的原创性及重要性，所以《章氏丛书》对其早年"诋孔"的代表作《诸子学略说》力加刊削，而《訄书》重订本之《订孔》篇只作修订而根本不容砍去的。《检论》、《订孔》（下）的一段话似道出了个中的缘由，该文检讨原《订孔》所谓孔子"道术"不及孟子、荀子的看法说："怀是者十余年，中间颇论九流旧闻。上观庄生，为《齐物论释》。又以闲暇，质定老聃、韩非、惠施诸书。方事改革，负继东海，独抱持《春秋》，窥识前圣作史本意，卒未知其道术崇庳也。"掉转话头来说，原《订孔》篇尚"未知其道术崇庳"但"方事改革，负继东海"之时，已然"独抱持《春秋》，窥识前圣作史本意"，所谓"前圣作史本意"用该文紧接着的话来说似乎就是："夫不学《春秋》，则不能解辫发，削左衽。"（以上引文见《章太炎全集》（三），425～426页）这是他绝不止于"十余年"一贯的看法，怎么可以刊削呢？章氏之古文经学，即其民族主义史学，皆根于此一观念，故《订孔》与其说是抑孔之开篇，不如说是开辟了章氏尊孔的新方向。

③ "经学的史学化"这一概念，系笔者采用余英时《钱穆与新儒家》一文中的说法："清代经学专尚考证，所谓从古训以明义理，以孔、孟还之孔、孟，其实即是经学的史学化。"参见《钱穆与中国文化》，34页，上海，上海远东出版社，1994。余氏的观察是有道理的。柳诒徵就说过，乾、嘉"诸儒治经，实皆考史"（柳诒徵著：《中国文化史》（下），747～748页，上海，东方出版中心，1988），从方法论的观点来看，尤其是如此。不过，从方法论到整体观念将经学视为史学并付诸实践，章太炎可以说是晚清学术思想史上的中心人物。

章氏新古文经学的独立宣言。[①]

3. "六艺皆史" 论的发轫

"六艺皆史" 论,可以说就是 "经学史学化" 的一个经典理论。章太炎日后多次盛赞章学诚 "六经皆史" 的看法为有见,承认自己关于六经的观念受其影响。[②] 而他首次系统阐发 "六艺皆史" 的理论,却是在《訄书》重订本的《清儒》篇。我们必须指出的是,章太炎虽然在观念上受章学诚的启发,其理论实质与章学诚绝不可等量齐观,更不可不加分别。

他说:"六艺,史也。上古以史为天官,其记录有近于神话(《宗教学概论》曰:'古者祭司皆僧侣。其祭祀率有定时,故因岁时之计算,而兴天文之观测;至于法律组织,亦因测定岁时,以施命令。是在僧侣,则为历算之根本教权;因掌历数,于是掌纪年、历史记录之属。如犹太《列王纪略》、《民数纪略》并例入圣书中。日本忌部氏亦掌古记录。印度之《富兰那》,即纪年书也。且僧侣兼司教育,故学术多出其口,或称神造,则以研究天然为天然科学所自始;或因神祇以立传记,或说宇宙始终以定教旨。斯其流浸繁矣。'案:此则古史多出神官,中外一也。人言六经皆史,未知古史皆经也。)学说则驳。"

章太炎援引日人姉崎正治的《宗教学概论》,将 "六艺" 与《旧约》之《列王纪略》、《民数纪略》篇,日本忌部氏(亦称斋部氏)所掌古记录,以及印度之《鱼富兰那》等纪年书相比况[③],从比较宗教学的角度,得出 "上古以史为天官,其记录有近于神话"、"古史多出神官"、"古史皆经" 的论断,这与 "言六经皆史" 的章学诚确有不同。

顺此思路,下来他就以古 "希腊学派" 毕达哥拉斯的数理来比拟 "《易》之为道";又认为:"《诗》若《薄伽梵歌》,《书》若《富兰那》神话,下取民义,而上与九天出王。惟《乐》,犹《傞马》(吠陀歌诗)、

---

① 正是有了上述基本观念,才有 "孔氏之教,本以历史为宗" 等说法,这当然是本于 "春秋古文之学" 而作的现代诠释。参见《答铁铮》(1907-06-08),见马勇编:《章太炎书信集》,179 页。

② 比如:诸祖耿《记本师章公自述治学之功夫及志向》记章氏云:"余幼专治《左氏春秋》,谓章实斋 '六经皆史' 之语为有见。" 原载《制言半月刊》,第 25 期,1936,见陈平原、杜玲玲编:《追忆章太炎》,86 页,北京,中国广播电视出版社,1997,等等。

③ 参见徐复:《〈訄书〉详注》,134 页。

《黑邪柔》(吠陀赞诵祝词及诸密语,有黑白二邪柔。)矣"。惟"《礼》、《春秋》者,其言雅驯近人世,故荀子为之隆礼义,杀《诗》、《书》。"

于是,章太炎就又连接上《訄书》初刻本《独圣》的思路加以发挥,认为荀子对上古"近于神话"的记录加以匡清,至"西京之儒"又一变:"齫差失实,犹以师说效用于王官,制法决事,兹益害也。"至"杜、贾、马、郑之伦作",对"西京之儒"复为反动:"即知'抟国不在敦古',博其别记,稽其法度,核其名实,论其社会以观世,而'六艺'复返于史。"他们真有激浊扬清之功,却又"乱于魏、晋,及宋、明益荡",然后"继汉有作,而次清儒"。①

章氏综述清儒对六艺的看法其实正是他本人的新诠释:

> 传记通论,阔远难用,固不周于治乱。建议而不仇,夸诬何益?魖鬼、象纬、五行、占卦之术,以宗教蔽六艺,怪妄!孰与断之人道,夷六艺于古史,徒料简事类,不曰吐言为律,则上世社会汙隆之迹,犹大略可知。以此综贯,则可以明进化;以此裂分,则可以审因革。②

由上述对章太炎"六艺"观念的历史考察,可知其思想特色有以下几个方面:

(1)由比较文化学的角度,他观察到,上古视"六艺"近于神话,乃人类处于未开化阶段的非理性现象。

(2)由以"进化"论的学理为依托的"社会"学的角度,他认为应该建立"夷六艺于古史"的理性观念,不可"以宗教蔽六艺"。

这种思想,与他誓不两立的"务为瑰意眇辞,以便文士"的晚清今文经学家的经学观是很不一样的,与历史上不同程度存在"理想化古代"倾向的古文经学家的经学观也不可同日而语,与其直接的思想渊源者章学诚那带有非常浓厚的权威主义色彩的"六经皆先王之政典"的观念③也有上下之别(章太炎接受章学诚思想的影响,主要在认为六经为上古三

---

① 以上引文见《章太炎全集》(三),154~155页。
② 《章太炎全集》(三),158~159页。
③ 关于章学诚"六经皆史"观念中的"权威主义"倾向,参见余英时:《论戴震与章学诚——清代中期学术思想史研究》,56页,北京,生活·读书·新知三联书店,2000。

代之史这一点上）。与他自己早年尊崇"圣经"的思想相比也有相当大的变化（章氏尊经崇圣的态度，最明显地表现在《膏兰室札记》、《春秋左传读》等早期作品中）。诚如学者所指出的，章太炎的经学具有将"六经历史文献化"的倾向。① 我们要说的是，其基本观念早在《訄书》重订本的《清儒》篇就萌芽了。

行文至此，必须交代一下在判断章氏经学立场转变时笔者所持的标准。讨论晚清经学，涉及今古文之争有不如人意者，往往不尽在于掌握事实之不周而更在于学派划分的根据之不确。推源论之，晚清学人出主入奴的今古文门户之见，实启后学之迷思。钱穆《刘向歆父子年谱》认为，所谓汉代经学以今文为一派古文为一派，道一风同，势同水火的说法，乃晚清今文家张皇过甚之论，并无实际。② 也就是说，汉代今古文之争是一回事，晚清今古文之争是另一回事。笔者以为，这一见解，是治汉代经学史和晚清经学史的学者都须重视的。钱玄同《重论经今古文学问题》亦曾系统批驳了近人划分今古文界限的种种谬说：如以"文字之差异"、"经说"派别之对立、"微言大义"（今）与"训诂名物"（古）之别、"六经皆史"（古）与"《六经》皆孔子所作"（今）之异等。③ 钱玄同于《古史辨》第5册之"最后一页"更指出："友人周予同兄之《经今古文学》，我也以为不对，因为他的见解是'廖倾'的，而且他不仅要析汉之今古文'学'，还要析清之今古文'学'；而且他竟认所谓清之今古文'学'与所谓汉之今古文"学"是一贯的：这都是弟所反对的。"诸说均颇有理据。尤其是认为清代的今古文之争不可与汉代的今古文之争同条共贯，而应严加区分的见解，尤为精审。李学勤近有《〈今古学考〉与〈五经异义〉》④ 诸文重新检讨廖平立论的根据，廓清至今广有影响的清代今古文之争遗留的门户之见，也很值得参考。所以我们所提到的今古文经学立场之异，主要就学者所根据的知识与思想资源而论，尤其着眼于其本人的自我意识。比如笔者非常赞同钱玄同的一个观点："或谓'《六

① 参见王汎森：《章太炎的思想（1868—1919）及其对儒学传统的冲击》，第6章第3节。
② 参见本书第五章《〈刘向歆父子年谱〉如何结束经学争议》。
③ 见《古史辨》，第5册，上海，上海古籍出版社，1982。
④ 见李学勤：《古文献丛论》，上海，上海远东出版社，1996。

经》皆史'系古文说，这是完全错误的。刘歆诸人何尝说过什么'《六经》皆史'！为此说者，殆因章太炎师亦云'《六经》皆史'之故。其实是今文学者的龚定庵与古文学者的章太炎师皆采用此章实斋之新说而已。"[1] 然而，章太炎"以其（指龚自珍，引者按）附经于史与章学诚相类，亦由其外祖段氏'二十一经'之说，尊史为经，相与推移也。"故认为"龚自珍不可纯称'今文'"[2] 可见，章氏本人是将"《六经》皆史"作为古文说，并以此为标准判断龚自珍是否属于纯今文的。正是考虑到这一点，加上该学说是章氏与晚清今文家对峙的中心理论，故上文将"六艺皆史"说的发轫作为表征章氏独立的新古文经学的奠基的一大观念。也就是说，"《六经》皆史"固绝不可能是汉代古文家言，更不能以此等后出之论为标准去"析"自汉迄清的所谓"一贯"的今古文之争，但我们不能否认它是晚清古文经学家章太炎的中心理论，不管这种理论的来源为何，我们完全有理由以此为一个坐标，考察晚清的今古文之争。总之，笔者不取没有事实根据的"析""学"，但也不回避作充分照顾语境的学派划分，唯求不悖于历史的观念而已，其中权度之得失，谨就教于读者诸君。

四、结　语

章太炎身处晚清面临"三千年未有之变局"的时代，他的青少年阶段就笼罩在风起云涌的经今文学运动的知识气候中，他的老师如俞樾、谭献对经今文学都抱开放的态度，他自己的政治改革倾向也使他对经今文学的微言大义颇有会心，但他的朴学修养使他决不能接受今文派对古文的粗暴攻击，以重振古文学自命，奋起抗争。他早年致力于对今文派攻击的焦点——《左传》的研究，主要著作就是《春秋左传读》，其中包含两方面的工作，一是考证《左传》传授之有据，以推翻今文家所谓《左传》为刘歆伪造的说法。他对他的这一成绩比较满意，日后"独以

---

① 钱玄同：《〈左氏春秋考证〉书后》，见《钱玄同文集》，第4卷，306页。
② 支伟成：《清代朴学大师列传》，书首之"章太炎先生论订书"，3页，长沙，岳麓书社，1998。

《叙录》一卷、《刘子政左氏说》一卷行世"。也是比较有说服力的。① 二是在经义的疏通上，章太炎采用援今入古的方法，以古文统摄今文。这样做的结果，却是更深地陷入经今文学的牢笼，是比较无力的，用他自己的话来说"尚多凌杂，中岁以还，悉删不用"。在相当长的时期内，章太炎虽与康有为为代表的晚清今文家说相抗争，但很难脱其窠臼。只是当对政学思想有大的反省并勇于自树的《訄书》重订本问世时，这种情况才有了根本的改变，章太炎才开始为其独立的新古文经学在观念上作意义重大的奠基工作。它主要表现在《订孔》——新古文经学的独立宣言，所提出的孔子为"良史"说，并以历史之学的学统统合从孔子、左丘明、司马谈及司马迁父子到刘歆之学；《清儒》首次提出的章太炎的"六艺皆史"等重要的经学思想。

　　我们可以看到这一重大的转折就发生在《訄书》修订时期，这一发展演变的轨迹可以用一句话来表述：从援今文义说古文经到铸古文经学为史学。我们分析其所以然，可知这一过程与下述因素密切关联。

　　首先是跨越"纪孔、保皇二关"的政治反思，有以促之。庚子国变、"联军之陷宛平"使他认识到，"满洲弗逐，欲士之爱国，民之敌忾，不可得也。浸微浸削，亦终为欧美之陪隶已矣。今弗能昌言自主，而以责宣尼之主祐，面欺！"② 也就是说要在大方面实现民族主义的目标，使"民"有"国"可"爱"，不至于"终为欧美之陪隶已矣"，必须"逐""满"，即"昌言自主"，提倡和实行"光复主义"。这就需要在思想本源上，彻底告别旨在"尊崇孔氏，以息内讧"的不切实际的政治幻想的理论基础——康有为的今文经学说，进而重建小而言之是"光复主义"大而言之是"民族主义"的知识根据与理论基础，在这方面，他所坚守的"春秋古文之学"恰可提供丰厚的知识与思想资源。

---

　　① 可以参见李学勤：《章太炎论〈左传〉的授受源流》，见《当代学者自选文库·李学勤卷》，合肥，安徽教育出版社，1999。要论它的影响，结束晚清民国经今古文之争的钱穆《刘向歆父子年谱》，其一部分之取径即本此而来。钱穆虽未见过《春秋左传读》，但《国学概论》曾援引《春秋左传读叙录》，见《刘向歆父子年谱》考证刘歆以前《左传》授受源流的做法似即秉承章太炎。而同样看过《春秋左传读叙录》的钱玄同却终不敢苟同乃师之说，参见王汎森：《章太炎的思想（1868—1919）及其对儒学传统的冲击》，49、64 页。王氏用钱玄同对《春秋左传读叙录》的反应，来说明"在这一阶段章氏与今文家对垒的成绩是无力而又失据的"，似为稍过。

　　② 《章太炎全集》（三），120 页。

　　第二，真正与他的新古文经学立场密切相关的还不是"革命"的政治倾向，而是"民族主义"的学理建构。我们知道，章太炎在《訄书》初刻本《原人》篇中已经有"余秩乎民兽，辨乎部族，故以《云门》之乐听之（原文有注，此略，引者按），一切以种类为断"[1] 的观念，而他根据西方"族民"与"国民"之辨，首次明确提出"历史民族"主义的思想就在《訄书》重订本的《序种姓》篇中。其中"余以姓氏分际，贞之《世本》，旁撅六艺故言，而志《姓谱》"[2] 一语，可谓道出了其经学与"历史民族"主义的关系。我们前已交代了《世本》与"春秋古文之学"的关系，"六艺故言"也是非常郑重的用语，是与"吐言为律"的今文家说对待为辞的。这一"历史民族"主义的思想正是稍后《与康有为论革命书》的理论基础，也是更后来反对疑古说的远渊。章氏的《序种姓》，也是根据了王夫之那种姓"可禅、可继、可革，而不可使异类间之"的思想，主要仿效的还是顾炎武的《姓氏书》。[3] 因此，不难理解章氏在《谢本师》之前对俞樾说的话："今之经学，渊源在顾宁人，顾公为此，正欲使人推寻国性，识汉虏之别耳"[4]，非常明显，章氏之经学，是用"民族主义"学理对"渊源在顾宁人"的清代经学做了改造发挥，从而使自己的经学具有了为"民族主义"提供知识基础的功能。

　　第三，章氏新古文经学的基本致力方向是"经学的史学化"，这与他当时有志于"中国通史"的编撰也是息息相关的。正是"中国通史"的草创，使他对清代经学有了新的了解："觉定宇、东原，真我师表，彼所得亦不出天然材料，而支那文明进化之迹，借以发见"，"试作通史，然后知戴氏之学，弥仑万有，即小学一端，其用亦不专在六书七音。顷斯宾萨为社会学，往往探考异言，寻其语根，造端至小，而所证明者至大。何者？上世草昧，中古帝王之行事，存于传记者已寡，惟文字语言间留其痕迹，此与地中僵石为无形之二种大史。中国寻审语根，诚不能繁博如欧洲，然即以禹域一隅言，所得固已多矣。"[5] "社会学"等新学理的摄

---

① 《章太炎全集》（三），24 页。

② 《章太炎全集》（三），182 页。

③ 《章太炎全集》（三），172 页。

④ 章炳麟：《太炎先生自定年谱》，载《近代史资料》。1957（1）。

⑤ 《致吴君遂书》（1902-8-8），见汤志钧编：《章太炎政论选集》（上），173 页。

入，使经学的旧途径顺理成章地通向"史"，于是通史之作"必以古经说为客体，新思想为主观"。① 从而经学具有了为新的"中国通史"提供"天然材料"的史学功能。

所有这些立场、倾向、努力，汇合为章氏新经学的出发点与归宿，用他本人后来一段颇为经典的话来说就是：

> 仆以为民族主义，如稼穑然，要以史籍所载人物制度、地理风俗之类，为之灌溉，则蔚然以兴矣。不然，徒知主义之可贵，而不知民族之可爱，吾恐其渐就萎黄也。孔氏之教，本以历史为宗，宗孔氏者，当沙汰其干禄致用之术，惟取前王成迹可以感怀者，流连弗替。《春秋》而上，则有六经，固孔氏历史之学也。《春秋》而下，则有《史记》、《汉书》以至历代书志、纪传，亦孔氏历史之学也。若局于《公羊》取义之说，徒以三世、三统大言相扇，而视一切历史为刍狗，则违于孔氏远矣!②

"孔氏"早已没入历史大化中，章氏亦已成为"史籍所载人物"久矣，其所谓"孔氏之教，本以历史为宗"，质诸夫子，未知以为然否。我们知道，这一论断的获得，是他多年研究"春秋古文之学"的心得，也是与以康有为为代表的晚清今文家说苦斗的成果，更是他用诸如"民族主义"、"社会学"等外来学理温故知新的结晶。所以从历史的观点来看，真是一代有一代的经学。知识背景的复杂或思想资源的多元，是我们必须注意的经学发展的时代特点，而不应该成为我们放弃"经学"这一观察角度的理由。"经学史"的研究在某个年代曾被视为"检验粪便"，这还是一种科学家似的客观态度，要抵抗彻底砸烂它的暴力。在我们身处的这个时代，像章太炎似的将"经学"或"经学史"的研究作为"灌溉""稼穑"的肥料，那种质朴的农夫的态度，就真的那么不可企望吗?

---

① 《章太炎全集》（三），331 页。
② 《答铁铮》（1907-06-08），见马勇编：《章太炎书信集》，179 页。

第三节　康有为、章太炎经学
今古文之争的"知识转型"

　　晚清经今古文之争，是中国近代学术思想史上的重要议题。处理此议题至少有互相关联的两重麻烦，一是清人所析之今古文之分是否有当于汉人之实际，这是一个问题；二是清人出主入奴的门户之见，至今影响学者对此议题的看法，尤其在判分今古文经学派的标准上引申失当，致使治丝而棼，这是又一个问题。

　　这一节还无法提供有关晚清经学今古文之争的系统研究，但从其中最有代表性、最有影响的人物康有为、章太炎经学立场的建立过程，或可以让我们略窥晚清今古文经学争议的若干面向。

　　康有为经学思想之前后转折，一般被描述为从早年到晚年的古今文之争。这主要基于对如下事实的分析：《教学通义》所表述的尊周公、崇周礼的思想，与《新学伪经考》、《孔子改制考》所确立的专宗今文、全面排击古文的立场大相径庭。但是深入的研究可以发现，康有为早年的经学观念实本于章学诚"六经皆史"诸说所表达的经世思想，而这是今文家与古文家都可以接受的见解。所以就像清代经学的发展有这么种趋势："清初诸人讲经治汉学，尚无今古文之争。自今文家以今文排斥古文，遂有古文家以古文排斥今文来相对抗"①，就个人康有为而言，其宗派意识也是后起的。大体来说，康氏治经，历经"记诵之学"、分辨今古文而今古兼采并用、专宗今文而全面攻击古文几个阶段。早年对周公的尊崇接受了章学诚"六经皆史"观念的启发，同时他也开始受常州公羊学派的影响而对"孔子改制"有一定的理解。"通变宜民"的"变政"的观念使他既能尊崇周公也能欣赏孔子，但是借最高王权变法的思想又使他的取法对象更是"有德有位"的周公而非"有德无位"的孔子。对腐败现实政治的经学反思以及向最高当局露布变革主张的失败，促使他

―――――――――

　　①　章太炎：《清代学术之系统》，见马勇编：《章太炎讲演集》，104 页，石家庄，河北人民出版社，2004。

调整得君行道的上行路线，而开辟了以匹夫自任"合民权"以保国、保种、保教的新的理论与策略，与这种思想相表里的是对孔子的新诠释与今文经学立场的确立。在康有为基于经世的观念而今古文兼采的阶段，廖平似不可能影响到他，但是在由于时局的激荡而冲破旧的经学思想格局之际，廖平的"辟刘之议"尤其是对《周礼》的处理方式很可能刺激了康有为的新思路。康氏经学研究的特点既然是"借经术以文饰其政论"，所以"经世"观念是理解他的经学思想发展演变的一把钥匙。

如果我们不能切实把握"康学"的经世精神，很容易品评失当。

作为一个今文经学家，他的地位很大程度上，就在于恢复了西汉公羊学"通经致用"的精神，"借经术以文饰其政论"，鼓动天下之士干预世运。梁启超揭示由康氏发起的"今文学运动"的特点，说是"有为所谓改制者，则一种政治革命、社会改造的意味也"，[①] 那完全不是什么偏私之论。章太炎晚年在盘点清代学术系统时说："至于康有为以《公羊》应用，则是另一回事，非研究学问也。"[②] 章氏也已能平心指出论敌康有为"以《公羊》应用"的精神，尽管我们似不能取其过于褊狭的"学问"观而将康氏的经学排除在"学术"之外。

事实上，正是这种经世致用的实践，使今文经学在晚清声名鹊起、毁誉纷至。廖平与康有为之间关于《新学伪经考》与《孔子改制考》的"著作权"争议，就是在此背景下展开的。由于梁启超的交代，学者很难否认康有为在确立今文经学立场的过程中深受廖平的启发，但是我们也无法回避一个基本的事实，套用一句时髦的话来说，毕竟主要是由康有为一派将某种地方性的知识考辨提升为一种全国性的话语实践。过分胶着于抄袭与否的公案而又过度推延，也许会带来不少麻烦。如果《新学伪经考》的"著作权"如此成问题以致不能收入康氏著作集，然则此书能不能列入诸如《中国近代学术名著》丛书也就很棘手；如果再加上像《教学通义》这样更早的著作就已抄袭过廖平的《今古学考》，那么这位

---

① 梁启超：《清代学术概论》，见《梁启超论清学史二种》，65 页，上海，复旦大学出版社，1985。

② 章太炎：《清代学术之系统》，见《章太炎讲演集》，104 页。

剽窃成性的妄人，并没有多少真知灼见，冒着弄不好就要被砍头的危险，竟能迷惑那么多人，掀动改革运动维新风潮。光是偷，就偷得来这样的历史效应吗？基于某种特定的也许很当代的学术观念，用章句小儒的尺度来衡量像康有为那样有抱负有野心有经济之志的儒生，是否合适呢？与今日极少数无视学术规范潜心炮制伪劣产品来评职称当教授的学者比较起来，康有为恐怕还有不少貌同心异之处吧。

　　当代学者对康有为的批评当然不限于"剽窃"一端，有不少学者，尤其是一些对古史研究中的"疑古学派"的"疑古"倾向有比较自觉的反省意识的学者，常常会追溯到晚清的今文经学，尤其集矢于康有为的《新学伪经考》、《孔子改制考》两书。从"辨章学术，考镜源流"的观点来看，这是理所当然、势有必至的。① 不过，我们在这里也需下一转语，极端"疑古"的观点，实本于"经世"的精神，至少在康有为那里是如此。有不少学者形成了一种共识，康有为的思想是廖平经学二变见解的极端化。问题是，廖平有《周礼》为刘歆伪造的观念，也有《左传》为六经总传的观念，极端化的思路也应该不止一个方向，就像廖平本人日后的经学数变，变得也更能包容古文经学，变得也能得古文经学家如章太炎的欣赏。为什么康有为的今文经学非到"刘歆遍伪群经"未有底止呢，为什么会有如此干脆而简单的极端化呢？为什么有如此极端的"疑古"呢？如果不归究于"经世"运作的政治实用主义，是很难得其确解的。康有为本着学术决定国运的观念，反思国势衰败的根源，他看到本朝学者士大夫出主入奴的所谓"汉学"、"宋学"皆不足以经世，所以大声疾呼：直到目前士子们尚沉湎其中而非大力不能推倒的"汉学"和"宋学"不过是"伪经""新学"，只是亡国之学。并非他所首先看到的所谓新莽朝亡于古文经学这一意象，就被他推延为以刘歆为鼻祖的古文经伪学必须为"二千年"来的不如人意的、其实是晚近西方冲击下益显突出的疲敝现状负责。凡对古文经传不利的证据都加以殷勤的收集，至于是不是引自原书，就不必过于在意了，时间也很急迫，不少还是学生帮

───────────

　　① 可惜的是，有学者在这样做的过程中，也出现了偏蔽，诸如几乎将一切错失的根源尽归"疑古"之一念，甚至连古史研究中的理性批评的精神也一并浪掷。

着编起来的，要让"刘歆遍伪群经"诸观念彻底建立起来，《史记》中的证据只能任意弃取，而《汉书》的著作权也不得不归到刘歆名下。这哪里是在搞考据，简直在罗织政治罪名。只有唯政治的一元论的思维方式才能得出如此惊世骇俗的明快结论。钱穆说"康氏之新考据"可谓之"考证学中之陆王"，描述得颇为逼真。不过从考证学的观点看到的主观武断，其实皆根源于他认定足以经世济民的源于《公羊》的"孔子改制"诸说为"政治正确"的主张。一切压抑了它或与之相背的东西只能是"伪"的其实最要害的乃在于是"无用"的，依此功利的标准，"疑辩"才会无所不至。康有为实在是初不以"疑古"为宗旨，结果却的确如章太炎所看到的为"疑古之史学"提供了思想动力。只是其间的界限也是必须看到的，像钱玄同、顾颉刚等"疑古学派"的代表人物对康有为的考证精神与政治意识作了几乎是异口同声的区分，用钱玄同《重印〈新学伪经考〉序》和《重论经今古文学问题》一再引用的顾颉刚的话来说："康有为为适应时代需要而提倡'孔教'，以为自己的变法说的护符，是一件事；他站在学术史的立场上打破新代出现的伪经传又是一件事实。"但这两者在康有为那里却绾合得亲密无间，或者说本不可分。所以，可以说钱玄同、顾颉刚等民国学人将"康学"作了取舍更准确地说是转化，康氏今文经学的"经世"精神及其由此产生的功利主义变成了史学上的理性精神与怀疑主义。这是绵延至民国学术思想史上的一个重要趋势即"经学的史学化"的一个侧面和一部分意义。

这里我们不能不谈到"康学"经世精神的一体两面性。一方面，"通经致用"的精神，的确具有巨大的政治功能与文化意义。没有这种精神，就不可能产生有如杨向奎所说的康氏"造经"、"造史"的英特作为。康有为的新经学，为戊戌前后国人的政治文化能动性提供了思想资源与行动楷模，这是连经学立场与之距离很远的不少士人对他都有一定程度的包容甚至钦服的原因。也是他之所以成为晚清公羊学、今文经学家第一人的理由，因为正是在这种政治与文化的功利主义的激荡之下，确立其专宗今文全面排挤古文的鲜明立场。另一方面，康有为之"造经"、"造史"，固然是"以《公羊》应用"，其后果则不但是对古文经学的严重打击，更是对国史的严重捣乱。康氏或许自以为将孔、孟所谓"其义则窃取之"的精神发挥得淋漓尽致了，然他的功利主义总不免强"史"就"义"，这对中国历史文化所造成的伤害也是一言难尽的。

于是就有章太炎的新古文经学与之对抗，其大义可以一言以蔽之：捍卫国史的尊严，以国史经世。短期看是为"种族革命"，长远看更是为抗御列强，合而言之，为"民族主义"提供理论根据。

章氏"始分别古今文师说"于1891年，正是康有为《新学伪经考》初刊的那一年，很可能与此有关，章太炎有激于晚清公羊学派对《左传》的冲击，1891年开始撰写《春秋左传读》，主要针对清代常州公羊学派重镇刘逢禄而发，以期釜底抽薪。并至少于1893年，在其《膏兰室札记》上已经出现"刘子骏私淑弟子"印章。章氏之"专慕刘子骏，刻印自言私淑"，颇能象征其治经学的取向与宗主。章太炎的本家章学诚，在《校雠通义》中早已树起"宗刘"的大旗，不过那是在"校雠心法"的取径上专推刘氏父子，且颇有与乾嘉时的经学考据相颉颃的意味。章太炎的"私淑"刘歆，乃是在今文家认定刘歆为伪窜古文经尤其是《左传》的罪魁祸首的语境下，在"余性好《春秋》古文之学"的意义上，经学"学派"自觉的自我认定。

不过，章氏早年并不是一个纯粹的古文经学家，说经多染公羊家说。"《左氏》可通于《公羊》"、"孔子改制"诸义多见其著述。章氏在《自述学术次第》中总结说："余初治《左氏》，偏重汉师，亦颇傍采《公羊》"，道出一部分所以然之故，即循汉人治经旧轨；另一方面实在也是在晚清公羊学派甚嚣尘上的气氛下，既与之抗争，又不能不受其影响：不服其攻击古文经传的武断裂灭，又对其经学研究得出的政治变革的呼声不能不产生共鸣。章太炎一度采用"尊荀"的方式来处理今古文之争，也许可以称为"援今入古、以古统今"吧。

学术与政治的复杂纠葛也许是通过章太炎与康有为理解晚清今古文之争的一个难解的结。无疑，正是在康有为身上恢复起来的《公羊》学及其推延出来的极端的今文经学的"通经致用"的参与精神，激发了章太炎的政治意识，并促使他走出诂经精舍。与这种影响比较起来，章太炎在任职于《时务报》时期与康门弟子的"斗辨"不过是一个小小的插曲。这类纠纷当然是有意义的，虽然不免夹杂些文人的意气，多少表示了对"康党""创立孔教"的观念"不能轻于附和"的理性精神，但是他的"学派"对立意识并没有强烈到必须决裂的地步。章太炎在对因戊戌变法失败而流亡海外的康有为所表示的同情的声援的公开信中说："所与工部论辩者，特左氏、公羊门户师法之间耳。至于黜周王鲁、改制革命，则未尝少异也。（余绅绎周秦、西汉诸书，知左氏大义与此数语吻合），况旋乾转坤以成既济之业乎？"① 这段话颇能概括他们之间共通的政治意识，从中也反映出"门户师法"与"黜周王鲁、改制革命"诸学理政见不能一以贯之的内在紧张。他后来在《驳康有为论革命书》（1903 年 5 月）中，也说康有为曾"有志革命"，这决不可视为章氏对论敌的栽赃。事实上，从《公羊》学最能引申出"改制革命"的政治结论。康有为在《孔子改制考》等书中也并不讳言"革命"，张之洞之所以抵制"孔子纪年"也是害怕革命，康门弟子如梁启超等一度非常激越的"革命"倾向也不能排除师承去理解，尽管康氏本人几经调整的思想与其激进弟子们的越来越不合拍了。

我们在这里强调康有为式"孔子改制"思想与"革命"思潮的连续性，一方面是为了说明，以康有为为代表的今文经学不仅主导了戊戌前后"变法维新"的潮流，也启发了"革命"的思想。另一方面是想揭示，章太炎与康有为之间展开的经学今古文之争的界限基本上不在于"革命"与"改良"之别，而是经学的史学化与儒学的宗教化、民族主义与孔教主义的分道扬镳。

章太炎比较彻底地摆脱康有为的政、学观念的影响，而建立起独立的古文经学思想，大体上要从《訄书》重订本（初刊于 1904 年）开始。总的来说，章太炎的经学立场经历了从"援今入古、以古统今"到"专宗古文"的演变，而《訄书》的修订正是其经学思想大转折的关键期。孔子为"良史"说的宣示，从孔子、左丘明、司马谈、迁父子到刘歆之学一脉相承的"历史之学"的新谱系的建构，"六艺皆史"论的发轫，意

---

① 《〈康有为复章炳麟书〉识语》，原载《台湾日日新报》，1899-01-13，转引自《复旦学报》（社会科学版），1982（3）。

味着章太炎独立的新古文经学的奠基。其前后变迁呈现出"从援今文义说古文经到铸古文经学为史学"的清晰轨迹。这与章氏跨越"纪孔、保皇二关"的政治反思、"民族主义"的学理建构、"中国通史"的编撰所体现出来的"经学的史学化"的努力等因素息息相关。

就相对短的时段来看,尤其集中于戊戌前后,从"改良"到"革命"的政治路线的抉择取舍,确实是章太炎经学思想走向成熟与独立的重要背景和关键契机,但是他并没有局限于、更没有止步于为反清的"种族革命"提供理论基础。就像康有为的今文经学也并不是仅仅是为清王朝的"变法"出谋划策作舆论准备而已。

从《新学伪经考》的刊布(早在1897年梁启超作《〈新学伪经考〉叙》就提醒人们注意乃师此书"其非与考据家争短长"而旨在为建立"孔教"开辟道路的良苦用意。①),到赢得光绪皇帝信任后将删去激进锋芒的《孔子改制考》上达天听,从《大同书》的成书,到民国建立后依然固执地推动"孔教"运动,一幕又一幕,演出的是康有为的孔教主义的兴起、行进、顿挫、游荡的连续剧。在"体制"创新意识的建立上,在某种较为开放的"华夷"观念的恢复与转换上,在"进化论"思维方式的衔接上,在从"小康"到"大同"的社会理想的规划上,康有为的孔教主义在中国近现代的思想进程中,留下了深刻的印记,当然是凭借了种种复杂的资源、在种种复杂的语境之下的知识建构与思想创新,但从经学的观点来看,这一切难道不是康有为的今文经学归根到底是其《公羊》学的推演与展开吗?

一定意义上,正是与晚清的今文学家尤其是康有为之将儒学宗教化的趋向抗争的结果,章太炎走了一条根基于"《春秋》古文之学"的经学史学化的道路。与康有为之归宗"孔教"主义不同,章太炎揭橥的是"民族主义"。

章氏有一段非常重要的陈述扼要概括了他的新经学的纲领与趋向,值得再引述如下:

仆以为民族主义,如稼穑然,要以史籍所载人物制度、地理风

---

① 梁启超《〈新学伪经考〉叙》,见《饮冰室合集》1《饮冰室文集》卷2,62页,北京,中华书局,1989。

俗之类，为之灌溉，则蔚然以兴矣。不然，徒知主义之可贵，而不知民族之可爱，吾恐其渐就萎黄也。孔氏之教，本以历史为宗，宗孔氏者，当沙汰其干禄致用之术，惟取前王成迹可以感怀者，流连弗替。《春秋》而上，则有六经，固孔氏历史之学也。《春秋》而下，则有《史记》、《汉书》以至历代书志、纪传，亦孔氏历史之学也。若局于《公羊》取义之说，徒以三世、三统大言相扇，而视一切历史为刍狗，则违于孔氏远矣！①

正是不满于"局于《公羊》取义之说，徒以三世、三统大言相扇，而视一切历史为刍狗"的今文家说，而开拓出其古文经学的主张："孔氏之教，本以历史为宗"。这里所勾勒的"孔氏历史之学"的系谱也很清晰，其"尊史"的理念在这里表达得尤为强烈。他还旗帜鲜明地揭示，所谓"孔氏历史之学"——其实就是他所诠释的新古文经学的道德、政教功能，就在于宣扬"民族主义"。

我们要强调的是，这不是在呼一呼一时即兴的革命口号，而是极其精练地表达了章氏的"主义"、章氏的"学"。

章氏早在《今古文辨义》中就着力批评今文家言必将导致"虽谓兰台历史，尤一语可以征信"的后果，并指出其危害在于："欲以尊崇孔子而适为绝灭儒术之渐"。这种思路，一直到他在二十多年后批评康有为的"六籍皆儒家托古"观念及其影响下的以胡适为代表的"疑古之史学"，还在延续着。章氏最所忧患的乃是"抹杀历史"动摇国本的严重后果，表明他对民族史的维护是历久而弥坚的。在行将就木的前一年（1935），他在演讲中说：

> 经籍之应入史类而尤重要者，厥维《春秋》。《春秋》三传虽异，而内诸夏外夷狄则一，自有《春秋》，吾国民族之精神乃固……②

章氏讲这类话时，正在日本侵华的严峻关头。

从"所与工部论辩者，特左氏、公羊门户师法之间耳。至于黜周王鲁、改制革命，则未尝少异也。（余绌绎周秦、西汉诸书，知左氏大义与

---

① 《答铁铮》（1907-06-08），见《章太炎书信集》，179 页，石家庄，河北人民出版社，2003。

② 章太炎：《论读经有利而无弊》，见《章太炎讲演集》，211 页。

此数语吻合），况旋乾转坤以成既济之业乎?",到"若局于《公羊》取义之说，徒以三世、三统大言相扇，而视一切历史为刍狗，则违于孔氏远矣!"，再到"《春秋》三传虽异，而内诸夏外夷狄则一"，放宽视野，我们也许可以更多体会出一些章太炎与康有为之间在经学今古文之辨上之相争与不争的意味吧。

第三章 经、子易位：
"诸子不出于王官论"及其效应

从中国学术大格局在晚近发生结构性裂变的视野来看，不但经学之王座被史学所"强取豪夺"，子学也大造其反。经典之传统历史定位，为"子学时代"所取代。子书不但成为"哲学史"、"思想史"的优先素材，还产生了一种更为严重的趋势，用顾颉刚的话来说，就是："经竟变成了子的附庸。"

胡适的"诸子不出于王官论"在其中扮演了至关重要的角色，起到近乎奠基的作用，其效应绵延了很长的时间。此说不能成为定论，但是涉及中国学术之变局，影响颇为深远。从中我们可以看到，"中学"内部的动力还是如此强劲，"西学"的参与则如盐化入水般地无形而有效。胡适是中国现代西化派知识分子的代表人物，此说是其自负所掀起"哥白尼式革命"的重要一环，具有鲜明的"典范"价值和深刻的象征意义，其出于留学生的"补课"心态，虽不无"崇洋"的色彩、"比附"的弊病，但在"安身立命"的意义上，仍然源本于"反求诸己"的中国精神。

本章通过对"诸子不出于王官论"的建立、影响与意义的个案分析来考察：在中国传统学术的转型与中国现代人文学术的建立过程中，胡适所起的"但开风气不为师"的作用。

作为《中国哲学史大纲》的骨架的"诸子不出于王官论"，是胡适的一个具有广泛而深远影响的创说。它为推倒学术史上长期占据统治地位的、见之于《汉书·艺文志》的"九流出于王官说"而发。胡适取尊经崇古、重官学轻私学的旧说而代之的，是一种根于"进化论"观念、以"历史的眼光"得来的全新的历史解释模式以及一种"疑古"的取向，这是有重大意义的范式创新。从"哲学方法的性质"角度探讨"中国之所以缺乏科学研究"的问题意识,决定了它的中心根据——所谓"古无'名家'之名"说的提出;以康有为为中心的晚清经今文家说对《汉志》刘、班旧说及其相关根据的经古文家说的破坏,为其准备了观念的前提;对西方文化史的研究心得,使胡适获得了创造性解释"诸子不出于王官"问题的"比较参考的材料",杜威式的实用主义则起了含而不露的"组织部勒"的作用。此说开创了关于诸子学起源的自由解释之风气,对 20 世纪二三十年代史学界中的"疑古"、"释古"、"信古"各派均有影响;通过严格考辨文献的著述年代来确定学术思想史的脉络,通过了解思想家的生活的"时代"来探讨思想学术发生发展的原因,乃是 20 世纪哲学史、学术思想史研究中非常重大而有影响力的范式更新;在使"经学"从属于"子学"、使"诸子学"成为"中国哲学史"、"中国思想史"的源头的潮流中,胡适做出了决定性的贡献,这种见解大大改变了人们对中国文化格局的传统看法,长期支配着后人在这个问题上的认知。

一、引 言

自从余英时的《中国近代思想史上的胡适》借用库恩(Thomas S. Kuhn)的科学革命理论,解释胡适的《中国哲学史大纲》在中国近代史学革命上的中心意义,关于学术转型或范式更新的讨论逐渐蔚为风气。所谓"典范"或"范式",据余氏对库恩理论的概括,有广狭两义:前者涉及全套的信仰、价值和技术的改变;后者指具体的研究成果所起"示范"的作用,即一方面开启了新的治学门径,而另一方面又留下了许多待解决的问题。此书从学术思想史的广阔背景和内在理路清楚解释了胡适在中国近代思想史上的中心地位,其中自然包括《中国哲学史大纲》的典范意义。[①] 可谓纲举目张、点到为止。

我们所要讨论的是与《中国哲学史大纲》密切相关而又独立成篇的

---

① 余英时:《中国近代思想史上的胡适》,台北,联经出版事业公司,1984。该书共收三篇文章:《中国近代思想史上的胡适》;及"附录":一、《〈中国哲学史大纲〉与史学革命》;二、《年谱学与现代的传记观念》。与本章相关的是前两文。有关学术转型或范式更新的较近而又较有新意的讨论,可参见陈平原:《中国现代学术之建立——以章太炎、胡适之为中心》,北京,北京大学出版社,1998,以及吴展良对该书所作非常中肯且颇有理致的评论:《重省中国现代人文学术的建立——陈平原著〈中国现代学术之建立〉述评》(台湾大学历史学系主编:《台大历史学报》,第 27 期,187~211 页;又见罗志田:《大纲与史:民国学术观念的典范转移》,载《历史研究》,2000 (1)。

"诸子不出于王官论"。

余英时在《中国近代思想史上的胡适》一文中，论及胡适的"考据文字"对当时"上层文化"的冲击时，已特举"诸子不出于王官论"为例加以说明：

> 他的"暴得大名"虽然是由于文学革命，但是他能进北京大学任教则主要还是靠考据文字（原文有注，此略——引者）。其中"诸子不出于王官论"成于一九一七年四月，离他动身回国不过两个多月。这篇文笔（"文笔"疑为"文字"或"文章"之讹——引者）是专为驳章炳麟而作的，也是他向国学界最高权威正面挑战的第一声。所以，就胡适对上层文化的冲击而言，"诸子不出于王官论"的重要性决不在使他"暴得大名"的"文学改良刍议"之下。①

这段文字，旨在强调"诸子不出于王官论"、"就胡适对上层文化的冲击而言"所具有的"重要性"，颇为有见。但余英时认为"这篇文笔是专为驳章炳麟而作的"，此说不确。试比较胡适于 1917 年 4 月 11 日与 16 日所作两则日记，② 可知：此文为推倒学术史上长期占据统治地位的见之

---

① 余英时：《中国近代思想史上的胡适》，38 页。

② 前则（标题为"九流出于王官之谬"）主要内容为：

"此说出自班固，固盖得之刘歆。其说全无凭据，且有大害，故拟作文论其谬妄。今先揭吾文之大旨如下：

（一）刘歆以前之论周末诸子者皆不作如此说……

（二）学术无出于王官之理。

(1) 学术者，应时势而生者也。（《淮南·要略》）

(2) 学术者，伟人哲士之产儿也。

（三）以九流为出于王官，则不能明周末学术思想变迁之迹。

（四）《艺文志》所分九流最无理，最不足取……"

后则（标题为"作《论九流出于王官说之谬》"）全文如下：

"作《论九流出于王官说之谬》成，凡四千字：

（一）刘歆以前无此说也。

（二）九流无出于王官之理也。

（三）《七略》所立九流之目皆无征，不足依据。

（四）章太炎之说亦不能成立。

(1) 其所称证据皆不能成立。

(2) 古者学在官府之说，不足证诸子之出于王官。

（五）结论。

此文寄与秋桐（即章士钊——引者）。"

参见胡适：《胡适留学日记》（下），498～499 页，合肥，安徽教育出版社，1999。

于《汉书·艺文志》的刘、班旧说而作，所以拟文之初并未考虑要对章太炎有所批驳。因为对仍固执此说且系统发挥此说的当时学术权威章太炎不能置之不理，后来才特意安排了那一节，并在文章的开头就直点章太炎的大名。① 胡适素以"国人导师"自期，② 怀抱着"如今我们已回来，你们且看分晓罢"③ 的新一代归国留学生的强烈自信，他的《诸子不出于王官论》，确可认作"向国学界最高权威正面挑战的第一声"，但是若将该文视为"专为驳章炳麟而作的"，则不但不能成立，而且仍不免小看了"诸子不出于王官论"在学术思想史上的意义。④

笔者关心的是，"诸子不出于王官论"在学术思想史上的价值与影响何在，此项创说为什么不是由别人而恰恰是胡适提出的，他是如何建立新说的，通过此说创建、影响、意义的分析，我们是否可以加深胡适在现代学术范式建构中的作用的认知，并从一个侧面增进对故国学术、文化转进翻新之历程的了解。

胡适常以龚自珍"但开风气不为师"的名言自喻，这是这位近代学术思想史上的中心人物的自谦还是自负呢？在笔者看来，他早年引此颇能显示其锐意开拓的奋发意气，日后则更多借以暗示了开风气者不被理解的无奈。这句话恰当地点出了胡适之所以不断自我肯定和解释其工作成效的心理状态，对于他的学术贡献在近代学术思想史上之作用的性质来说，也不失为一种颇为客观的自况。

---

① 即"今之治诸子学者，自章太炎先生而下，皆主九流出于王官说。"也许正是这两点加深了学者们认为此文"专为驳章炳麟而作"的误会。

② 参见 1915 年 5 月 28 日的留学日记，胡适：《胡适留学日记》（下），95 页。

③ 此为胡适经常引用的一句诗译，曾在刊于 1917 年 6 月《留美学生季报》夏季第 2 号的"江上杂记"中郑重引译为中文，并"深有所感"："念吾国留学生不当人人作如此想耶"。见欧阳哲生编：《胡适文集》9，"早年文存"，744 页，北京，北京大学出版社，1998。胡适在 1917 年 3 月 8 日的日记，已将此洋诗译为"如今我们已回来，你们请看分晓罢。"并认为"此亦可作吾辈留学生之先锋旗也"。胡适：《胡适留学日记》（下），477～478 页。待译文发表，将"请"字改为"且"字，一字之易，那种取而代之、舍我其谁的气势表达得更为淋漓尽致！

④ 自余英时将"诸子不出于王官论"视为"专为驳章炳麟而作"之论出，学者多沿袭其说。参见姜义华：《胡适学术文集总序》，6 页，见《胡适学术文集·中国哲学史》（上），北京，中华书局，1991；欧阳哲生：《新文化的源流与趋向》，276 页，长沙，湖南出版社，1994；罗志田：《再造文明之梦——胡适传》，222 页，成都，四川人民出版社，1995；等等。王汎森亦认为《诸子不出于王官论》是"胡适为驳章太炎写的"，参见王汎森：《古史辨运动的兴起——一个思想史的分析》，275 页，台北，允晨文化实业股份有限公司，1987。

陈寅恪在《冯友兰〈中国哲学史〉审查报告一》中郑重道及:"凡著中国古代哲学史者,其对于古人之学说,应具了解之同情,方可下笔……"这一近来引用率极高的史学箴言,确可扩展开来奉作治史者的一般性律令。转换研究的对象,我们不仅要对"古人之学说",而且对已作"古人"的胡适,也不能不表示一种"了解之同情"。此虽极不易,而不能不悬为我们所试图致力的基本方向。

笔者深感,如果不是对像胡适这样的中国近代学术思想史上的中心人物的工作有周到把握与合理定位,则探讨中国传统学术的转型与中国现代人文学术的建立这样一个复杂而有意义的论题,将会举步维艰。在这一过程中,自不免有、更要欢迎多元观点的参与,不管它是"现代"取向的或带有"后现代"色彩的。无论如何,"了解之同情"的态度是值得提倡的。而所谓"了解之同情",不仅要对"古人"而且要对近人,更不能限于某家某派。中国学术、文化正是在不同倾向、立场之学派的相激相荡中进展的,《老子》所谓"相反相成"、大《易》所谓"天下同归而殊途,一致而百虑"是也。

二、"九流出丁工官说"与胡适批驳此说的意义

九流出于王官说,是有关追溯诸子学说渊源的一套系统看法,此说始见于《汉书·艺文志》,盖本于刘歆的《七略》。其说大略如下:

> 儒家者流,盖出于司徒之官……道家者流,盖出于史官……阴阳家者流,盖出于羲和之官……法家者流,盖出于理官……名家者流,盖出于礼官……墨家者流,盖出于清庙之守。[①] ……纵横家者流,盖出于行人之官……杂家者流,盖出于议官……农家者流,盖出于农稷之官……小说家者流,盖出于稗官……

以上"诸子十家,其可观者九家而已"。其言虽殊,而相灭相生、相

---

① 杨树达《汉书窥管》:守,疑官字之误。余嘉锡《四库提要辩证》,守字者官字之误,志叙诸子十家,皆出于某官,不应墨家独守。参见陈国庆:《汉书艺文志注释汇编》,144页,北京,中华书局,1983。(《四库提要辩证》,应为:《四库提要辩证》——引者)

反相成；各有长短，而"合其要归，亦《六经》之支与流裔①"②。

此说有三大要点颇值得注意，胡适的驳论相应在这三方面有举足轻重的意义：

1.《汉志》诸子十家九流之分说为司马谈以"六家"分诸子说之扩展，确立了诸子分家的正统观念。

诚如吕思勉所言：

> 先秦诸子之学，《太史公自序》载其父谈之说，分为阴阳、儒、墨、名、法、道德六家。《汉书·艺文志》益以纵横，杂，农，小说，是为诸子十家。其中去小说家，谓之九流。③④

张舜徽将司马氏之创说标举得尤为显赫：

> 司马氏以前，论列诸子流别者，若《庄子·天下篇》、《荀子·非十二子篇》、《吕氏春秋·不二篇》、《淮南子·要略篇》，皆但称举同异，提絜纲要，而不命之曰某家某家。诸子分家，实自史谈始也。其后刘向、刘歆，领校群书，撰定《七略》，别诸子为十家。《汉书·艺文志》因之。后世簿录诸子者，又本《汉志》而略有出入耳。⑤

合而观之，吕、张两氏之说将司马谈分定"六家"至刘氏父子"阅定九流"的进展关节交代得一清二楚。

故而当胡适力驳《汉志》所分"九流"说，势必追及司马谈所分"六家"说，将其一并推倒。

---

① 师古曰："裔，衣末也。其于《六经》，如水之下流，衣之末裔。"

② （汉）班固撰、（唐）颜师古注《汉书》，1728~1746页，北京，中华书局，1962。

③ 《汉志》曰："诸子十家，其可观者，九家而已。"《后汉书·张衡传》：上疏曰："刘向父子，领校秘书，阅定九流。"注："九流，谓儒家，道家，阴阳家，法家，名家，墨家，纵横家，农家，杂家。"刘子《九流篇》所举亦同。此为吕氏原注，此注将《后汉书·张衡传》原注先"杂家"后"农家"的次序倒置了，其实《汉书·叙传》叙《艺文志》著述缘由中已有明文："刘向司籍，九流以别。"应劭注曰："儒、道、阴阳、名、墨、纵横、杂、农，凡九家。"见（汉）班固撰、（唐）颜师古注：《汉书》，4244~4245页。

④ 吕思勉：《先秦学术概论》，15页，上海，东方出版中心，1985。

⑤ 张舜徽：《〈太史公论六家要指〉述义》，见《周秦道论发微》，北京，中华书局，1982；又收入《张舜徽学术论著选》，395页，武汉，华中师范大学出版社，1997。

胡适在《中国古代哲学史台北版自记》中，对自己工作的立场与方法、目标与成绩有颇为清醒的认知：

> 我这本书的特别立场是要抓住每一位哲人或每一个学派的"名学方法"（逻辑方法，即是知识思考的方法），认为这是哲学史的中心问题……所以我这本哲学史在这个基本立场上，在当时颇有开山的作用。可惜后来写中国哲学史的人，很少人能够充分了解这个看法。
>
> 这个看法根本就不承认司马谈把古代思想分作"六家"的办法。我不承认古代有什么"道家"、"名家"、"法家"的名称。我这本书里从没有用"道家"二字，因为"道家"之名是先秦古书里从没有见过的。① 我也不信古代有"法家"的名称，所以我在第十二篇第二章用了"所谓法家"的标题，在那一章里我明说："古代本没有什么'法家'。——我以为中国古代只有法理学，只有法治的学说，并无所谓'法家'。"至于刘向、刘歆父子分的"九流"，我当然更不承认了。
>
> 这样推翻"六家"、"九流"的旧说，而直接回到可靠的史料，依据史料重新寻出古代思想的渊源流变：这是我四十年前的一个目标。我的成绩也许没有做到我的期望，但这个治思想史的方法是在今天还值得学人的考虑的。②

"抓住每一位哲人或每一个学派的'名学方法'（逻辑方法，即是知识思考的方法），认为这是哲学史的中心问题"，是胡适有其"不得不如是之苦心孤诣"（借用陈寅恪语）的特见，"推翻'六家'、'九流'的旧说"与之有密切的关联（此不赘述，详见下文）。但后学很少接受这样的见解。所谓"道家"、"名家"、"法家"等名目，为汉代学者整理以往诸子学术思想进行分家分派的方便设施，未必定要在先秦古籍中出现过才名正言顺，所以追随胡适摈弃此等称谓的学者亦不多。但是，不拘泥于

---

① 引者按：在《诸子不出于王官论》中，胡适尚沿袭"道家"之称。
② 胡适：《中国古代哲学史台北版自记》，见胡适：《中国哲学史大纲》（卷上），"附录二"13～14页，上海，商务印书馆，1919年2月初版，1987年2月影印第1版。

"'六家'、'九流'的旧说","而直接回到可靠的史料,依据史料重新寻出古代思想的渊源流变",这一"方法",实在是被后来直至今日治先秦学术思想史的学者奉为圭臬、谨守不失的。在这一层次上,胡适开山的作用也许比他本人所认识到的还要大,只是此类的新范式如今已被普及至日用而不知的地步,反而不易为人所了解了。

2. 在处理"六经"与"诸子"的源流关系上,具有强烈的尊经抑子观念。

"九流"乃正相对于大本大源的"六经"而言,所谓"会其要归,亦六经之支与流裔"也。① 此等观念,在中国学术思想史上可谓源远流长。《庄子·天下》篇已引其端绪:

> 古之人其备乎!配神明,醇天地,育万物,和天下,泽及百姓,明于本数,系于末度,六通四辟,小大精粗,其运无乎不在。其明而在数度者,旧法世传之史尚多有之。其在于《诗》、《书》、《礼》、《乐》者,邹鲁之士搢绅先生多能明之。《诗》以道志,《书》以道事,《礼》以道行,《乐》以道和,《易》以道阴阳,《春秋》以道名分。其数散于天下而设于中国者,百家之学时或称而道之。

> 天下大乱,贤圣不明,道德不一,天下多得一察焉以自好……是故内圣外王之道,暗而不明,郁而不发,天下之人各为其所欲焉以自为方。悲夫,百家往而不反,必不合矣!后世之学者,不幸不见天地之纯,古人之大体,道术将为天下裂。②

又《庄子·天运》篇有云:

> 孔子谓老聃曰:"丘治《诗》、《书》、《礼》、《乐》、《易》、《春秋》六经……"③

---

① 《汉志》下文有曰:"仲尼有言:'礼失而求诸野。'方今去圣久远,道远缺废,无所更索,彼九家者,不犹愈于野乎?若能修六艺之术,而观此九家之言,舍短取长,则可以通万方之略矣。"(汉)班固撰、(唐)颜师古注:《汉书》,1746 页。虽言"愈于野",不过也只是通达往"圣"、"道术"的阶梯而已!

② (清)郭庆藩撰、王孝鱼点校:《庄子集释》,第 4 册,1067~1069 页,北京,中华书局,1961。

③ 《庄子集释》,第 2 册,531 页。

《庄子》可谓已明白提示诸子"百家"渊源于"六经"说。至经学尊崇的汉代,刘歆、班固明确以"九流"本于"六经"说将其固定化、正统化,此后长期独霸中国学术思想史。直到《四库全书总目》"子部总叙"还说:

> 然儒家本六艺之支流……其余虽真伪相杂,醇疵互见。然凡能自名一家者,必有一节之足以自立。即其不合于圣人者,存之亦可为鉴戒。①

余英时引此语,作按语道:"这显然是通过训诂而重新发现了诸子思想以后所发展出来的见解。"② 其说良是。尽管如此,诸子中且就儒家而论,虽然说"儒家尚矣",但是"儒家本六艺之支流"闲闲一语,道尽了刘、班以降学者尊经抑子之成见,其余诸子勿论矣,诚所谓根深而蒂固也。

明乎此,我们才能理解胡适的辩驳:

> 哲学家的时代,既不分明,如何能知道他们思想的传授沿革?最荒谬的是汉朝的刘歆、班固说诸子的学说都出于王官;又说"合其要归,亦六经之支与流裔"③。诸子既都出于王官与六经,还有什么别的渊源传授可说?④

它的价值与意义,正如蔡元培当即指出的"平等的眼光",也即胡适后来自认的"革命"功效:"〔不分'经学'、'子学'〕把各家思想,一视同仁。"⑤ 胡适还追述说:

> 在中国文化史上我们真也是企图搞出个具体而微的哥白尼革命来。我们在学术研究上不再独崇儒术。任何一项有价值的学问,都是我们的研究对象……⑥

---

① (清)永瑢等撰:《四库全书总目》,769 页,北京,中华书局,1965。
② 余英时:《中国近代思想史上的胡适》,79 页。
③ 《汉书·艺文志》。看胡适《诸子不出于王官论》太平洋杂志第一卷第七号。(此为胡适原注——引者)
④ 胡适:《中国哲学史大纲》(卷上),11 页。
⑤ 唐德刚译注:《胡适口述自传》,210 页,上海,华东师范大学出版社,1993。
⑥ 唐德刚译注:《胡适口述自传》,249 页。

　　胡适并没有在晚年夸大他早年的抱负，像《先秦名学史》，就是旨在引进导致西方文化史重大变革的"《方法论》和《新工具》"，在先秦名学史中为现代中国的文化革命寻找思想方法的根据或曰掘培"土壤"而作的。按照胡适的理解，他的"努力"又是与"新儒学"为回应佛学的冲击而进行"逻辑方法"的革新是一脉相承的，或者可以说是完成其未尽的志业。这样一种关怀，决定了他必须把主要精力投注到"恢复"与他所理解的西学的最新成果（主要是达尔文的进化论及其科学根据、杜威式的实验主义科学方法论尤其是"用历史或者发展的观点看真理和道德"的观念）。较能相通又便衔接而久被压抑的"非儒学派"（尤其是胡适所谓的"别墨学派"）上。① 所以打破尊经崇儒之格局，乃是他不能不做的事。② 作为该书之扩展和进一步系统化的著作《中国哲学史大纲》（卷上），以及与之血肉相连的"诸子不出于王官论"，无不深深地打上着这样的问题意识的烙印。当然，我们今天有便利了解胡适的不光是他想做的，而且还有确实做到了的东西。"诸子不出于王官论"对于尊经崇儒之见的深切勇猛的冲击与破坏，就是一个例子。

　　3. "九流出于王官说"的基本内容是将诸子一一分别归本于各具职守的王官，其中蕴涵了鲜明的尊"官学"轻"私学"与"理想化古代"的价值取向。

　　我们可以看到，前两点均有所本，较明显的，或沿自司马谈《论六家要指》，或承之于《庄子》。此点则多创辟，而其条贯却近于"机械"。即冯友兰所谓："刘歆于九流十家，皆为指一'官'以为其所自出，盖由于汉人好系统，喜整齐之风尚。"③

　　关于此说在学术史上的影响，顾颉刚有扼要的介绍：

---

　　① 参见胡适：《先秦名学史》，"导论"，上海，学林出版社，1983。

　　② 胡适于1915年7月14日致韦莲司的信中就提到所拟博士论文题为"《古代中国非儒家的哲学家》"——即后来的《先秦名学史》（博士论文正式题名为：《A Study of The Development of Logical Method in Ancient China》即：《中国古代哲学方法之进化史》，参见《胡适留学日记》下册，504页。）之最初题名。周质平编译：《不思量自难忘——胡适给韦莲司的信》，68页，合肥，安徽教育出版社，2001。可见其"非儒家"的意识由来已久。

　　③ 冯友兰：《原名法阴阳道德》，原载《清华学报》，第十一卷，第二期，又见《三松堂学术文集》，335、385页，北京，北京大学出版社，1984。

自从刘歆在《七略》中规定了诸子有九家，每家都出于一个官守，学者信为真事，频加援引。郑樵的《校雠略》，章学诚的《校雠通义》，尤为宣传的中坚。①

至于此说在清代以降学者中引起的反响，张舜徽更有详尽的说明：

清儒如章学诚、汪中、龚自珍，近代若章炳麟、刘师培，皆推阐刘《略》班《志》之意而引申说明之。以为古者学在官府，私门无著述文字。自官学既衰，散在四方，而后有诸子之学。不悟百家竞兴，各有宗旨，与王官所掌，不能尽合。大抵诸子相因而生，有因前人之学而引申发明者，有因他人之说而相攻甚力者。如谓王官之学衰而诸子兴，犹可也；必谓诸子之学一一出于王官，则不可也。清末惟长沙名儒曹耀湘不信刘班诸子出于王官之说，载所见于《墨子笺》中，最为通达。曹氏年辈，远在章炳麟、刘师培之前，而所见则在章刘之上，可谓有识！近人胡适，有《诸子不出于王官论》，亦有理致，皆发前人所未发也。②

张氏与胡适一样，是"服膺"《淮南子要略篇》所论"诸子之学，皆起于救世之弊，应时而兴"的，故于抑扬之间有此评衡。其对两派见解的概括亦颇为允当。照张氏所说，其乡先辈曹耀湘诚得胡适"诸子不出于王官论"之先声，而曹说之影响固绝不如胡适之论也。

清儒中持"九流出于王官说"者颇不乏人，而胡适特以章太炎为驳论对象，可以说当年胡适确有不可遏制的"向国学界最高权威正面挑战的"强烈自我意识。那么，他最不满意章说的是什么呢？

章太炎以为，古之学者多出王官。胡适则认为古者学在王官是一事，诸子之学是否出于王官又是一事。即令此说而信亦不足证诸子出于王官。"盖古代之王官定无学术可言"。徒以古代为学皆以求仕，故智能之士或多萃于官府。当周室盛时，教育之权或尽操于王官。王官之教"其视诸

---

① 顾颉刚：《古史辨》，第4册《顾序》（1933-02-12），17页，上海，上海古籍出版社，1982。

② 张舜徽：《诸子与王官》，原载《学林脞录》卷4，见周国林编：《张舜徽学术文化随笔》，100～101页，北京，中国青年出版社，2001。

子之学术，正如天地之悬绝”，诸子之学不但决不能出于王官，果使能与王官并世，亦定不为所容而必为所焚烧坑杀。此如欧洲教会尝操中古教育之权，及“文艺复兴”之后，“私家学术”隆起，而教会以其不利于己，乃出其全力以抑阻之。故教会之失败，欧洲学术之大幸也。王官之废绝、保氏之失守，先秦学术之大幸也。[①]

且不论古代之王官究竟有无学术、王官之权柄作为是否与中古欧洲教会同其伦比，[②] 胡适的见解透露出鲜明的抑“王官”、扬“诸子”、轻“官学”、尊“私学”的价值取向。《七略》、《汉志》表达的是一种典型的“理想化古代”的看法：“以为由在官专家世官世禄之制度变为在野专家，以自由职业谋生之制度，为一种错乱。”[③] 胡适针锋相对的新见不能不说是一种前所未有的挑战与冲击。而且它充分表达了胡适本人从西洋得来的学术民主与思想自由的观念及其以“私家学术”孕育中国的“文艺复兴”的现实关怀。今天看来，诸如“诸子不出于王官论”就是胡适当年及身发起和参与的中国的“文艺复兴”的重要一环。

胡适很不能同意的还有章太炎的如下见解：“是故九流皆出王官。及其发舒，王官所不能与。官人守要，而九流究宣其义，是以滋长。”胡适认为，此亦无征验之言，其言“官人守要而九流究宣其义”大足贻误后

---

① 胡适：《中国哲学史大纲》（卷上），“附录”《诸子不出于王官论》，6～8页。

② 柳诒徵在此类问题上就力驳胡适之说，参见氏著：《论近人讲诸子之学者之失》，原载《史地学报》，第1卷，第1期，1921；后覆录于《学衡》，第73期，1931；柳曾符、柳定生选编：《柳诒徵史学论文续集》，据《学衡》收入此文。柳曾符、柳定生选编：《柳诒徵史学论文续集》，上海，上海古籍出版社，1991。（笔者将三者细加校勘，后出之本殊少改易，本章所涉及的引文部分几无更动，方便起见，引据《柳诒徵史学论文续集》。）缪凤林发挥引申柳诒徵的看法，对胡适的见解作了进一步的批驳，参见缪凤林：《评胡氏诸子不出于王官论》，见《学衡》，第4期，1922。吕思勉的批评，见《先秦学术概论》，16页。

③ 引语为冯友兰对刘、班之说的现代概括，所谓“理想化古代”这类表述，均为“诸子不出于王官论”出台后才会有的看法。冯友兰：《原名法阴阳道德》，见《三松堂学术文集》，384页。此前，傅斯年亦认为“九流出于王官，皆古文家之 ideals，虽非信论，然正 betray 西汉末儒家思想之趋势”。对此，王汎森下按语道：“此处 betray 一字是不经心地显露之意；也就是说九流出于王官之说正好无心地流露了汉代古文家的理想。”参见王汎森：《思想史与生活史有交集吗？——读“傅斯年档案”》，见《中国近代思想与学术的系谱》，324页，石家庄，河北教育出版社，2001。又冯友兰：《先秦诸子之起源》，见《三松堂学术文集》，373页，有云：“刘歆又以为王官易为诸子是退步的表现。”用“错乱”与“退步”来表述刘歆对“王官易为诸子”的价值判断，虽出于冯友兰的现代概括，颇有带着“进化论”的眼镜看问题之“成见”，但大体近之。

学。夫义之未宣，便何要之能守。学术之兴，由简而繁、由易而难，其
简其易，皆属草创不完之际，非谓其要义已尽具于是也。胡适以为诸子
自老聃、孔丘至于韩非，皆是忧世之乱而思有以拯济之。故其学皆应时
而生，与王官无涉。诸家既群起，乃交相为影响，虽明相攻击，而冥冥
之中已受所攻击者之熏化。胡适在扼要铺陈完自己胸中的诸子学源流生
变史之后，结语反诘道："若谓九流皆出于王官，则成周小吏之圣知定远
过于孔丘、墨翟。此与谓素王作《春秋》为汉朝立法者，其信古之陋，
何以异耶？"①

　　很明显，在《汉志》中定型化而到章太炎犹固执之的"九流出于王
官说"，是一种具有强烈的崇古倾向的学术思想史解释模式。就将诸子学
——分别溯源于不同的王官来说，具有"机械论"的穿凿附会色彩；就
"合其要归，亦六经之支与流裔"以及"官人守要而九流究宣其义"等核
心观念来看，具有历史解释的"退步"论的"理想化古代"取向。胡适
取而代之的是一种根于"进化论"观念、以"历史的眼光"得来的全新
的历史解释模式，以及一种既不同于"谓素王作春秋为汉朝立法者"的
汉代经今文家，也不同于以《七略》、《汉志》的见解为代表的汉代经古
文家，甚至不同于仍不脱"信古之陋"的晚清经古文家章太炎的取
向——"疑古"的取向。胡适的新范式，在以西学补助和融会中学方面，
也有穿凿附会色彩，对汉代学者的工作，也有缺少"了解之同情"的地
方。但是，在中国学术由传统向现代转型的历程中，在由此而涉及的世
界观与方法论的转换等诸多重要面相所起的作用，是决不可等闲视之的。
他的"诸子不出于王官论"，就不仅涉及全套的信仰、价值、和技术的改
变，而且在具体的研究成果方面起了"示范"的作用。

三、"诸子不出于王官论"的建立——有关的根据、要素、过程的分析

　　在略知胡适大力突破"九流出于王官说"的革命性价值与意义以后，
赞叹之余，我们自然也会发生疑问：何以不是别人正是胡适做出了如此

---

① 胡适：《中国哲学史大纲》（卷上），"附录"《诸子不出于王官论》，8～10页。

"开风气"的业绩呢？这样的问题，顾颉刚早在七十年前就提出了：

> 诸子既是同出王官，原在一个系统之下，如何会得互相攻击？儒墨固常见于战国书中，何以其他的家派之名竟无所见，而始见于汉代，甚至到了《七略》才露脸？这些问题，不知从前人为什么提不出来。①

以前不成问题的，为什么到胡适那里发生了问题，还大刀阔斧地提出了创说？顾颉刚并没有提供答案。在笔者看来，这可以到胡适建立"诸子不出于王官论"的过程中去了解。这就必须覆按他立说的根据、揭示他所承受的学术思想资源、分析他将"旧学和新知配合运用得恰到好处"② 的综合创新能力。我们不能面面俱到，而只就最重要的几个环节加以探讨。

1. "诸子不出于王官论"的中心根据——所谓"名家"之名目不能成立说

前引《中国古代哲学史台北版自记》胡适所谓"我不承认古代有什么'道家'、'名家'、'法家'的名称。"确为他"根本就不承认司马谈把古代思想分作'六家'的办法"、"更不承认"、"刘向、刘歆父子分的'九流'"的关键。也确实是他的非常个人化的见解。

其中最重要的是所谓先秦无名家说。《诸子不出于王官论》对此有扼要的说明：

> 古无名家之名也。凡一家之学，无不有其为学之方术。此方术即是其"逻辑"。是以老子有无名之说，孔子有正名之论，墨子有三表之法，"别墨"有墨辩之书，③ 荀子有正名之篇，公孙龙有名实之论，尹文子有刑名之论，庄周有齐物之篇，皆其"名学"也。古无有无"名学"之家，故"名家"不成为一家之言。④ 惠施、公孙龙皆墨者也。观《列子·仲尼》篇所称公孙龙之说七事、《庄子·天下》

---

① 顾颉刚：《古史辨》，第 4 册《顾序》，17 页。
② 余英时：《中国近代思想史上的胡适》，89 页。
③ 即今墨子书中之经上下经说上下大取小取诸篇。（此为胡适原注——引者）
④ 此说吾于所著先秦名学史中详论之，非数言所能尽也。（此为胡适原注——引者）

篇所称二十一事、及今所传《公孙龙子》书中《坚白》、《通变》、《名实》诸篇，无一不尝见于墨经。① 皆其证也。其后学术散失，汉儒固陋，但知掇拾诸家之伦理政治学说，而不明诸家为学之方术。于是凡"苛察缴绕"② 之言，概谓之"名家"。名家之目立，而先秦学术之方法沦亡矣。刘歆、班固承其谬说，列名家为九流之一，而不知其非也。③

胡适见解的新颖别致之处在于：把《汉志》系于"名家"的惠施、公孙龙之学说，判归墨家后学——即胡适所谓"别墨学派"，而不承认由司马谈、刘歆、班固所建立的"名家"之名目。这是怎么回事呢？

这当然缘于胡适治先秦名学、哲学史的"特别立场"，即"抓住每一位哲人或每一个学派的'名学方法'（逻辑方法，即是知识思考的方法），认为这是哲学史的中心问题"。用《中国哲学史大纲》中的话来说就是："名学便是哲学的方法"，④ "古代本没有什么'名家'。无论那一家的哲学，都有一种为学的方法。这个方法，便是这一家的名学（逻辑）……因为家家都有'名学'，所以没有什么'名家'。"⑤ 这又源于胡适早年作《先秦名学史》时的基本观念："哲学是受它的方法制约的，也就是说，哲学的发展是决定于逻辑方法的发展的。"⑥ 以及特殊的怀抱："就我自己来说，我认为非儒学派的恢复是绝对需要的，因为在这些学派中可望找到移植西方哲学和科学最佳成果的合适土壤。关于方法论问题，尤其是如此。"⑦

在这一系列"成见"支配下，在他所要"恢复"的"非儒"学派之中，胡适所谓"别墨学派"是最为重要的："别墨是伟大的科学家、逻辑学家和哲学家……别墨作为科学研究和逻辑探讨的学派，大约活跃于公

---

① 晋人如张湛、鲁胜之徒，颇知此理。至于惠施主兼爱万物、公孙龙主偃兵，尤易见。（此为胡适原注——引者）

② 司马谈语。（此为胡适原注——引者）

③ 胡适：《中国哲学史大纲》（卷上），"附录"5页。

④ 胡适：《中国哲学史大纲》（卷上），390页。

⑤ 胡适：《中国哲学史大纲》（卷上），187～188页。

⑥ 胡适：《先秦名学史》，4页。

⑦ 胡适：《先秦名学史》，9页。

元前 325—250 年期间。这是发展归纳和演绎方法的科学逻辑的唯一的中国思想学派。它还以心理学分析为根据提出了认识论。它继承了墨翟重实效的传统，发展了实验的方法。"① 而"惠施与公孙龙不是形成'名家'的孤立的'辩者'，而是别墨学派合法的代表人物"。这是因为"惠施、公孙龙的所有反论都能在这六篇（指墨子书中之经上下经说上下大取小取诸篇——引者）中找到辅助说明。而且，只有在这些辅助说明的启迪下，我们才能理解这些反论。这是中国逻辑史不能置之不理的事实"。总之，"这一学派继承了墨翟伦理的和逻辑的传统，并在整个中国思想史上，为中国贡献了逻辑方法的最系统的发达学说"。② 这一派的哲学与科学成就在"自老子至韩非"的"古代哲学"（"这个时代，又名'诸子哲学'。"）③ 中具有中心的意义："中国古代的哲学莫盛于'别墨'时代。看《墨辩》诸篇所载的界说，可想见当时科学方法和科学问题的范围。无论当时所造诣的深浅如何，只看那些人所用的方法和所研究的范围，便可推想这一支学派，若继续研究下去，有人继长增高，应该可以发生很高深的科学，和一种'科学的哲学'。"④ 不料这一学派以及由此而来的发展"科学"与"科学的哲学"的健康的趋势，由于怀疑主义的名学、狭义的功用主义、专制的一尊主义、方士派的迷信，而使古代哲学"中绝"了。⑤

---

① 胡适：《先秦名学史》，57、58 页。
② 胡适：《先秦名学史》，110～111 页。
③ 胡适：《中国哲学史大纲》（卷上），6 页。
④ 胡适：《中国哲学史大纲》（卷上），389 页。
⑤ 参见胡适：《中国哲学史大纲》（卷上），第十二篇《古代哲学之终局》，第三章《古代哲学之中绝》。

事实上，如果不是以诸如"别墨"学派的"科学"与"科学的哲学"为"诸子哲学"（即"古代哲学"）的中心内容，就根本不会发生中国古代哲学的"中绝"问题。正是本着对胡适"了解之同情"的立场，笔者不接受在《冯友兰〈中国哲学史〉审查报告》中陈寅恪对胡适隐然而却是严厉的批评、也不接受金岳霖那直率的批评。中国文化的特点或优点，即使胡适不否认，也不是他关注的焦点。中国文化的问题在哪里，他需要从外国文化中吸取什么养分以求现代化从而再造新文明，才是他一生的志业所在。胡适从其留学时代开始不断强化的是一种文化的"自责主义"与自我扩充主义，这在《先秦名学史》、《中国哲学史大纲》（卷上）等早期著作中已有充分的表现。因此笔者就更不能接受陈平原《中国现代学术之建立——以章太炎、胡适之为中心》第六章用"以西学剪裁中国文化"来概括其"学术思路"，尽管牵强附会为胡适学术的最大弊病。毋宁说，他在早年先秦名学、哲学史研究中就已经表现出一种非常鲜明的取向——采援西学，推陈出新。

治中国先秦学术思想史者一般愿意承认胡适发掘墨学之功，而不能容忍其抓不住中国学术思想史特色的毛病。比如吕思勉能称赞"胡适《中国哲学史大纲》上卷，亦以论墨经一章为最善"。但却说："然则辩学由墨子而传，而其学实非墨子所重。今之治诸子学者，顾以此称颂墨子，则非墨子之志矣。"① 其言甚为平允，然则不解胡适"之志矣"！

至少从留学美国时起，胡适就担当了并毕生致力于一项非常宏大的使命。第一步，他要解释"中国之所以缺乏科学研究"的"原因"——这一中国文化面对西方文化的冲击才产生并显得颇为尴尬窘迫的问题，也就是自晚清以降至今一直困扰着中国知识分子的"李约瑟难题"。胡适研究的结论是："哲学方法的性质是其中最重要的原因之一。"② （用后来的话来说是"知识思考的方式"——引者）第二步，他要为中国文化的科学化而"努力"：在固有文化传统中找到"移植西方哲学和科学最佳成果的合适土壤"，并身体力行宣扬"科学的方法与精神"、建设"科学的哲学"。他后来在清代考证学中发掘"科学的方法与精神"并将其系统化和普及化，他通过《戴东原的哲学》发挥"纯粹理智"的哲学（即"科学的哲学"）③，他晚年的重要论文《中国哲学中的科学精神与科学方法》，都是这一努力的表现。所有这一切又都深深根源于他早年的先秦名学、哲学史研究。

正是这样的问题意识，一般地说决定了余英时所说的胡适思想中那种"把一切学术思想以至整个文化都化约为方法"的"非常明显的化约

---

① 参见吕思勉：《先秦学术概论》，105、121 页。
② 胡适：《先秦名学史》，6 页。
③ 参见周昌龙：《新思潮与传统——五四思想史论集》，第二章《戴东原哲学与胡适的智识主义》，台北，时报文化出版企业有限公司，1995。以及本书第四章第一节："试从'科玄论战'看梁启超、胡适有关'戴震'研究之异同离合。"

论（reductionism）的倾向"①，特殊地说还决定了其"诸子不出于王官论"废除汉儒所立"名家"名目这一具体论断。正是在这一问题意识的激发之下，他摒弃了汉儒那"但知掇拾诸家之伦理政治学说"为分"家"基点的分派标准，而首重"诸家为学之方术"之异同。正是在这一新视野之下，并且在借助于西洋逻辑学与哲学才对中国固有而又久被埋没的类似学问有了全新的了解的情况下，历史上并无直接关系的墨家后学与惠施、公孙龙被联结为一个"伟大的"、"唯一的"、"科学的"学派——"别墨学派"，并被认为原来就是如此：

> 不料到了汉代，学者如司马谈、刘向、刘歆、班固之流，只晓得周秦诸子的一点皮毛糟粕，却不明诸子的哲学方法。于是凡有他们不能懂得的学说，都称为"名家"。却不知道他们叫作"名家"的人，在当日都是墨家的别派。②

不管被称作什么，如果这些先秦诸子地下有知，他们必会产生重见天日的兴奋和被人了解的欣慰，不过也会为必须负担如此沉重的重振"科学"的责任而哭笑不得吧！

---

① 余英时：《中国近代思想史上的胡适》，49页。余氏揭出这一点，是很有见地的，他举了很多例子来讨论胡适的思想来源，也很有启发性。笔者要强调的是，胡适作为一个中国留学生所面对的由中西文化比较而产生的问题，即"中国之所以缺乏科学研究"的"原因"，实际上也就是中国文化在近代何以落后的大问题，支配了他一生的思考方向；由此而特别关心"哲学方法的性质"（或者说是"知识思考的方式"）的取向，决定了他的思维方式。正是这一问题意识将来自古今中外的思想资源组织了起来，对于胡适那种"把一切学术思想以至整个文化都化约为方法"的"非常明显的化约论（reductionism）的倾向"的形成，起了决定性的作用。从"发生学"的意义上来说，胡适所谓"古无'名家'之名"说，是一大关键。余英时说："所以他在《中国哲学史大纲》中认定古代并没有什么'名家'，因为每一家都有他们的'名学'，即'为学的方法'。后来他更把这一观念扩大到全部中国哲学史，所以认为程、朱和陆、王的不同，分析到最后只是方法的不同。"（见《胡适文存》第一集，《清代学者的治学方法》，383～391页；《中国古代哲学史》，台北版"自记"[台湾"商务印书馆"，1961年]，3～4页。——此为余英时原注，正文及注释均见余英时：《中国近代思想史上的胡适》，49页，引者。）"。事实上，早在《先秦名学史》的"导论"中，胡适已经从"哲学方法"或者说"逻辑方法"的角度讨论程、朱和王阳明的异同，并得出结论说："近代中国哲学（'近代中国'，就哲学和文学来说，要回溯到唐代。——此为胡适原注，正文及注释均见胡适《先秦名学史》，7页，引者。）与科学的发展曾极大地受害于没有适当的逻辑方法。"胡适本人要做的工作就是，变宋、明"新儒学"所走不通的途径，以其特殊的身份与地位，采择西学，"恢复""非儒学派"，另辟蹊径而为之。了解这一点，对本章所涉及的论题的讨论来说，是至关重要的。

② 胡适：《中国哲学史大纲》（卷上），188页。

胡适此说，确是别有幽怀，然殊不足以服人。

其一，"名学"之作为译名，正是严复考虑到西洋逻辑学与中国历史上的"名家"的学术有相近处，才立此名，[①] 胡适竟谓诸子"皆有名学"而"古无名家"，追本溯源、循名责实，胡适的见解之内里颇为自相矛盾，至少透露了表述的不严谨、概念运用的混乱。此其一。

其二，学者若不按或不尽限于胡适分派的标准与根据，固别有他说。章士钊就批评胡适：

> 其最大误处，在认施、龙辈为别墨……诸家徒震于两子说事之同，所含义理，复格于问学，未暇深考……名、墨两家"倍谲不同"，决非相为"祖述"。[②]

章太炎同意章士钊的分析，并以更为明晰的表述回到刘、班"九流分科"之旧说：

> 名家大体，儒墨皆有之，墨之经，荀之正名，是也。儒墨皆自有宗旨，其立论自有所为，而非泛（"泛"字原讹为"讯"，经校正——引者）以辩论求胜；若名家则徒求胜而已。此其根本不同处。弟能将此发挥光大，则九流分科之旨自见矣。[③]

---

① 蔡元培：《五十年来中国之哲学》（1923-12）中指出："严氏于《天演论》外，最注意的是名学。彼所以译 Logic 作名学，因周季名家辨坚白异同与这种学理相近。"高平叔编：《蔡元培全集》，第 4 卷，352 页，北京，中华书局，1984；清末黄摩西所编《普通百科新大辞典》之"论理学（名学）"条曰："研究思想形式规则之学（概念、判断、推论）。西语谓之逻辑，日人译作论理学，我国初译，谓之名理探。侯官严氏，则谓近于古之名家，又定为名学（惟论理学通行最广）。论理学，有时亦与认识论并称……"钟少华编：《词语的知惠——清末百科辞书条目选》，135 页，贵阳，贵州教育出版社，2000。其实不单严复所定之"名学"，即"我国初译，谓之名理探"，何尝不是"因周季名家辨坚白异同与这种学理相近"呢。

② 章士钊批评胡适的要害在于，指出胡适因为墨学与施、龙辈讨论问题的内容相近而轻于"比附"、而不深究两家"义理"的不同。比如惠子言"一尺之椎，日取其半，万世而不竭"；墨子言"非半勿斫，则不动，说在端"；凡注墨者，率谓此即惠义，而不悟两义相对，一立一破，绝未可同年而语也。且以词序征之，似惠为立而墨为破。（《墨经》非墨子手著之书）。又谓：别墨之名虽出于《庄子·天下》篇，然鲁胜序《墨辩注》中有"以正别名显于世"一语，可知，别者别墨，而正者正墨。既有正墨之称，别墨乃以蔽罪他家无疑。非胡适所谓墨者以之自号、示别于教宗之墨家也。可见亦不同意笔者下文要讨论的胡适所建新名目"别墨学派"之说。详参"论墨学"，《胡适文存》第 2 集卷 1，见《胡适学术文集·中国哲学史》（下），720～721 页。

③ 姜义华主编：《胡适学术文集·中国哲学史》（下），722 页。

其三，胡适建立的新名目"别墨学派"之文献根据亦不足。

"别墨"，语出《庄子·天下》篇：

> 相里勤之弟子五侯之徒，南方之墨者苦获、已齿、邓陵子之属，俱诵《墨经》，而倍谲不同，相谓别墨；以坚白同异之辩相訾，以觭偶不仵之辞相应；以巨子为圣人，皆愿为之尸，冀得为其后世，至今不决。①

胡适于《先秦名学史》中就截取"别墨；以坚白同异之辩相訾，以觭偶不仵之辞相应"一句，并自负"庄子这段话始终未能得到正确的理解。我研究了《墨子》第32～37篇，使我了解到那就是别墨关于心理的和逻辑的学说"②。胡适在《中国哲学史大纲》（卷上）中谱成其定论：胡适不取前人将墨子书中之经上下经说上下大取小取六篇视为墨子自著（即《庄子·天下》篇所谓"《墨经》"）的看法，而认为：后来的墨者都诵习《墨经》——《兼爱》、《非攻》之类，都奉墨教，但"由于墨家的后人于'宗教的墨学'之外，另分出一派'科学的墨学'。这一派科学的墨家所研究讨论的，有'坚白同异'、'觭偶不仵'等问题。这一派的墨学与宗教的墨学自然'倍谲不同'了，于是他们自己相称为'别墨'。③别墨即是那一派科学的墨学"。并据晋人鲁胜曾替《经上下》、《经说上下》四篇作注名为《墨辩注》，而将墨子书中之经上下经说上下大取小取六篇统称为《墨辩》，以别于墨教的《墨经》。胡适又援引孙诒让的看法：这几篇的"坚白同异之辩，则与公孙龙书及《庄子·天下篇》所述惠施之言相出入"、"据《庄子》所言，则似战国时墨家别传之学，不尽《墨子》之本指"，而论定："《墨辩》诸篇若不是惠施、公孙龙作的，一定是他们同时的人作的。"④

且不论前人所谓《墨经》或如胡适所谓《墨辩》诸篇是否为墨子自著，胡适以"别墨"为墨家后学一派（包括惠施、公孙龙辈）之名确属

---

① （清）郭庆藩撰、王孝魚点校：《庄子集释》，第4册，1079页。

② 胡适：《先秦名学史》，56～57页。

③ 别墨犹言"新墨"。柏拉图之后有"新柏拉图学派"，近世有"新康德派"、"新海智尔派"。（此为胡适原注——引者）

④ 胡适：《中国哲学史大纲》（卷上），185～187页。

牵强。此点不仅前述章士钊指出之，章氏又谓"任公不认适之别墨即新墨学说，所见已进一步"。然则即使与胡适一样主张"施、龙之学'确从《墨经》衍出'"的梁启超亦不能苟同胡说。① 主张"《墨经》为翟所自作"的张煊，也说"别墨二字，实三墨互相称道之名，而非一学派之名也"。诸多驳胡之说中，又以唐钺《论先秦无所谓别墨》最为彻底，他的结论是"近来有许多人对胡适施、龙为'别墨'之说表示异议。但他们虽然不承认施、龙为'别墨'，而却承认先秦实有一个墨家的特派叫做'别墨'的；我觉得这似乎近于'不揣其本而齐其末。'我的浅见以为我们实有理由可以说先秦并没有什么墨家的新派叫作'别墨'的；至于谁是'别墨'，谁不是'别墨'的问题，更是'毛将安傅'的了"。文中亦强调"'别墨'明明是墨家之任一派用以挖苦其他墨的绰号"。② 至少在这一点上，诸家均非无据而云然也，而胡适之论则是典型的"创造性误读"。

要而论之，胡适把《汉志》系于"名家"的惠施、公孙龙之学说判归"别墨学派"、而不承认由司马谈、刘歆、班固所建立的"名家"之名目的创说，亦非开天辟地、毫无所本。其将施、龙之学说判归"别墨学派"的见解吸收了鲁胜③、孙诒让的看法；④ 其重视名学方法并将其普泛化的倾向很可能受到了蔡元培所指出的"严氏觉得名学是革新中国学术最要的关键。所以他在《天演论》自序及其他杂文中，常常详说内籀外

---

① 参见姜义华主编：《胡适学术文集·中国哲学史》（下），720 页。

② 参见张煊：《〈墨子经说〉作者考》，此文为《墨子经说新解》之一节，原载《国故》，第2 期，1919-04-20，收入《古史辨》，第 4 册；唐钺：《论先秦无所谓别墨》，原载《现代评论》，第 2 卷，第 32 期，1925-07-18。又 1926 年 9 月《国故新探》以此篇与伍非百的《何谓别墨》、唐钺的《先秦"还是"无所谓别墨》，合为《论先秦无别墨》，由唐钺略加改动，收入《古史辨》，第 4 册。罗根泽编著：《古史辨》，第 4 册，238～248 页。引文依次见第 244、248、247 页。

③ 正如章士钊所指出："夫施、龙祖述墨学，其说创自鲁胜，以前未尝有闻。"姜义华主编：《胡适学术文集·中国哲学史》（下），720 页。

④ 胡适 1921 年 8 月 12 日的日记，记其读孙德谦《诸子通考》（宣统庚戌，江苏存古学堂印的）的读后感，有云："但此书确有许多独立的见解。如（1）论《墨子·经上下》、《经说》上下四篇为名家之说，即《庄子》所云'别墨'者（一，页九）：此说远在我之前，大可为我张目。"中国社会科学院近代史研究所中华民国史研究室编：《胡适的日记》，184 页，香港，中华书局香港分局，1985。可见，胡适的部分见解已有人先发在前，而胡适那综合性的创说的影响掩过前贤，故唐钺等纷纷以胡适为论辩的对象。从中也可以看到新范式引起的反响与一二贤者不成系统的孤明先发之论的影响力之差别。前文提到的"清末惟长沙名儒曹耀湘不信刘班诸子出于王官之说"，亦先胡适而发却声光远不如之，是又一个值得比较的生动例子。

籍的方法"①。——严复的取向——的影响,以及章太炎《诸子学略说》中所谓"凡正名者,亦非一家之术,儒、道、墨、法,必兼是学,然后能立能破……"② 之类观念的启发;而其留学美国,研究西洋文化史的心得以及西洋哲学、逻辑学的训练,使他具备了超越前贤的"新工具",最后也最为重要的是,作为一个中国留学生所面对的文化冲突的问题与"再造文明"的使命,则起了画龙点睛的作用——将自己的问题意识明确化:研究"中国之所以缺乏科学研究"的"原因",因此而特别关注"哲学方法(或者说是'知识思考的方式')的性质",并着力挖掘移植与发展现代"科学"所必须具备的中国固有的"科学"因子。所有这些"旧学和新知"的"恰到好处"的——虽然不是没有问题的——"配合运用",竟将《汉志》系于"名家"的惠施、公孙龙之学说,与见之于《墨子》书中之经上下经说上下大取小取六篇的学说,汇合为一个"科学的"学派,还冠之一个从《庄子·天下》篇"创造性误读"出来的美名"别墨学派"。以之作为一个中心根据又去推翻司马谈、刘歆、班固所建立的"名家"之名目,由此为起点还发展出了一套足以震动一世之视听的"九流不出于王官论"的创说。正如古语所云:"其作始也简,其将毕也巨!"③

笔者在这个问题上如此不惜笔墨,并不是要借后起之说揭发胡适所创新说中存在的问题。此类问题当然也不容回避,就此而言,胡适的很多"开风气"工作确如其有时非常自省的那样是:"吾辈建设虽不足,捣乱总有余。"④ 笔者更为关心的倒在于:"但开风气不为师"如胡适者,致力于建立新范式的过程及其所以然。其中的曲折,不是很发人深省的吗?

2."诸子不出于王官论"所借重的主要"中学"资源——晚清经今文家尤其康有为之说

---

① 蔡元培:《五十年来中国之哲学》,见《蔡元培全集》,第 4 卷,352 页。

② 章太炎:《诸子学略说》,原载《国粹学报》第二年丙午第八、第九号,1906 年 9 月 8 日、10 月 7 日出版,署名"章绛"。汤志钧编:《章太炎政论选集》(上),300~301 页,北京,中华书局,1977。

③ 语出《庄子·人间世》,见(清)郭庆藩撰、王孝鱼点校:《庄子集释》,第 1 册,158~159 页。

④ 1921 年 5 月 13 日,胡适对吴虞语。见《吴虞日记》(上),599 页,成都,四川人民出版社,1984。

胡适后来深感要打破历史上累积起来的旧说，非"大力汉"不堪此任。此言可谓亦道尽了"开风气"者的不易。可以补充一点的是，"开风气"者决非平地起惊雷，而必须因势利导、因利乘便，如此就不能不有所凭借。以"诸子不出于王官论"这一创说而论，就大大得力于晚清经今文家尤其康有为对经古文家说的破坏。胡适凭其得自西洋逻辑学哲学的训练对先秦名学哲学的研究，使他拥有了摒弃"司马谈、刘歆、班固之流"旧说的自信，然而孤证总是乏力的；巧的是，以康有为为中心的晚清经今文家言早就提出了对《汉志》"九流出于王官说"及其相关根据的经古文家说的不信任案，为"诸子不出于王官论"的面世准备了观念的前提；胡适的贡献恰在于自觉承受了康有为等的晚清经今文家说，对"九流出于王官说"有乘风破浪之妙。

关于这一点，将《新学伪经考》视同仇寇而以"刘子骏私淑弟子"自任的章太炎，是最为敏感的。柳诒徵《论近人讲诸子之学者之失》一文，以批驳章太炎、梁启超、胡适为主，对胡适则尤集矢于《中国哲学史大纲》与《诸子不出于王官论》，然而却未点出胡适的见解与经今文家说的关联。章太炎则以釜底抽薪之慨将之揭露无遗：

> 胡适所说《周礼》为伪作，本于汉世今文诸师；《尚书》非信史，取于日本人；（原文有注，此略。——引者）六籍皆儒家托古，则直窃康长素之唾余……长素之为是说，本以成立孔教；胡适之为是说，则在抹杀历史……此其流弊，恐更甚于长素矣……①

章氏所论，颇有未为"平情之论"者。如所谓"《尚书》非信史，取于日本人"，此前稍早日本人固盛倡"尧舜禹抹煞论"，② 而胡适的见解乃得自他自己对《尚书》"尔"、"汝"等"代名词"所作的"文法"研究；③ 胡适治古史表现出强烈的疑古取向且大有疑古过头的弊病是一回事，主

---

① 章太炎：《致柳翼谋书》（1922-06-15），原载《史地学报》，第1卷，第4期，1922；收入汤志钧编：《章太炎政论选集》（下），763～764页。

② 参见严绍璗：《日本中国学史》，"白鸟库吉史学与尧舜禹抹煞论——中国史学的奠基性成果"一节，323～334页，南昌，江西人民出版社，1991。

③ 参见胡适1916年6月7日的留学日记，胡适：《胡适留学日记》（下），335页；胡适：《四十自述》，23～24页，合肥，安徽教育出版社，1999。

观上是否旨在"抹杀历史"则是另一回事，不可混为一谈。但是他指出胡适的一系列见解包括其疑古的治学取向，与以康有为为中心的晚清经今文家说有一脉相承的关系，则堪称是学术史眼光如炬的大论断了。

而"诸子不出于王官论"之承受以康有为为中心的晚清经今文家说，主要表现在以下两个方面：

第一，《新学伪经考》对《汉书·艺文志》的"辨伪"，为胡适破除刘、班旧说扫清了障碍。

胡适《诸子不出于王官论》分四部分论证"九流出于王官说"之不能成立，其第一大要点即为："刘歆以前之论周末诸子学派者，皆无此说也。"只要是对康有为的论证方式与表述方式略有了解的，就不难发现胡适的此类学术观点是如何得益于那位在政治上已大大落伍、思想上也"太旧"[①] 的前辈了。[②] 在《新学伪经考》中，刘歆是"遍伪群经"的罪魁祸首和种种古文经说的始作俑者，康有为述学的基本方式是将刘歆以前的文献（如《史记》）与渗透了刘歆见解的文献（如《汉书》）对校，以前者为据推倒后者，若前者中有见解不合自己脾胃的内容，则悍断以为铁定被刘歆所羼乱篡改。是故书里充满了诸如"刘歆以前无此说也"、"西汉以前无此说也"之类的论调。胡适的《诸子不出于王官论》，从取径到措辞与之如出一辙。

且不论康有为旨在引导士人从当时霸居主流的"汉学"与"宋学"（统统不过是"伪经"、"新学"——只会导致亡国的王莽"新"朝之学）中解放出来之意图的历史合理性与影响的深远，就此而论，康有为同样堪称"大力汉"；也不谈康氏"往往不惜抹杀证据或曲解证据"之学风的主观武断；[③] 在这里值得注意的是：其取径之大体恰恰符合了中国学术思想史"以复古为解放"的潮流的内在要求，并构成启导中国文化下一轮

---

① 胡适：《归国杂感》（1918-01），见《胡适文存》，第 1 集卷 4，880～881 页，亚东图书馆，1921 年 12 月初版，1940 年 8 月 19 版。

② 王汎森已敏感及此："康氏的《伪经考》是这场争论最早的伏笔，而胡适为驳章太炎写的'诸子不出于王官论'则是较近的引子。胡文自然受了康有为否定《汉书艺文志》的影响，所以他会在'诸子不出于王官论'（民国六年十月）上说：'刘歆（案：指汉书艺文志）以前之论周末诸子学派者，皆无此说也'。"王汎森：《古史辨运动的兴起——一个思想史的分析》，275 页。

③ 朱维铮校注：《梁启超论清学史二种》，64 页，上海，复旦大学出版社，1985。

腾越翻新（胡适是代表人物）的不可或缺的一环。胡适的《诸子不出于王官论》与《新学伪经考》的历史联系从大处着眼似当如此来理解。

　　具体来看，《诸子不出于王官论》尤其深受《新学伪经考》之《汉书艺文志辨伪第三下》一节的影响，而胡适所受影响，又辗转从康有为的弟子梁启超的学术思想史名篇《论中国学术思想变迁之大势》（尤其是第三章"全盛时代"之第二节"论诸家之派别"）得来。其中最重要者是：《诸子不出于王官论》第三大要点为："《艺文志》所分九流，乃汉儒陋说，未得诸家派别之实也。"[①] 而梁启超《论中国学术思想变迁之大势》（胡适在《四十自述》中坦陈此文给予自己深刻影响[②]）早已明言"《艺文志》亦非能知学派之真相者也"。梁氏立论的四条根据，多本于乃师《新学伪经考》之《汉书艺文志辨伪第三下》一节关于"诸子略"的讨论，在此不能细论。仅以其所举《艺文志》的第一大"疵"来看："既列儒家于九流，则不应别著'六艺略'；（诒按：此正可见六艺统贯诸家。[③] ——此为柳诒徵对梁说所下的按语，引者）既崇儒于六艺，何复夷其子孙以侪十家？[④]（诒案：刘歆胸中并无儒家专制统一之念。[⑤] ——此亦为柳诒徵对梁说所下的案语，引者。）"梁启超此番质疑直承康有为下述见解："且'儒'者，孔子之教名也。既独尊孔子之《六经》，而忽黜其教号，弟子与衰灭之教并列……有是史裁，岂不令人发笑哉！"康氏认为："夫儒家，即孔子也。七十子后学者，即孔子之学也。其中如《系辞》、《丧服传》、《公羊传》之类，附经已久，七十子之书与孔子不能分为二学也。以七十子之学仅出于司徒之一官，足以顺阴阳、明教化而已，则是孔子之教，六经之学，仅得司徒一官，少助教化，其他则无补。而十家之术，虽纵横、小说反覆鄙琐，亦得与孔子之道犹水火之相生而相灭，仁义之相反而相成，宜各舍短取长，折衷之以备股肱之材。不知歆何怨何仇于孔子，而痛黜之深如此？"因而康有为根本否弃革除"刘歆以儒平列九流

---

　　① 胡适：《中国哲学史大纲》（卷上），"附录"4页。
　　② 胡适：《四十自述》，50～51页。
　　③ 柳诒徵：《论近人讲诸子之学者之失》，见《柳诒徵史学论文续集》，533页。
　　④ 梁启超：《论中国学术思想变迁之大势》（夏晓虹导读），24页，上海，上海古籍出版社，2001。
　　⑤ 柳诒徵：《论近人讲诸子之学者之失》，见《柳诒徵史学论文续集》，533页。

之逆说",认为应将儒家以外的各家"宜为'异学略',附于《七略》之末",而绝不该如刘歆所为"别儒家于诸子而叙七十子于其中"。这样,刘歆以降,"自荀勖《中经簿录》,隋、唐《经籍》、《艺文志》以下,至国朝《四库全书总目》"因循不变的旧说,遭到前所未遇的大攻击。① 梁启超对《汉志》的质疑,不过承其师说而已。

而康梁师徒与柳诒徵的分歧,反映了晚清经今文家言与古文家说的对峙。刘、班将儒家列为九流之首即所谓"于道最为高"者,然并不将六艺独归儒家,更不认为六经皆为孔子所作(康有为所谓《汉志》"独尊孔子之《六经》"的说法,乃是康氏站在晚清经今文家立场上对《汉志》带有根本性偏见的解读。《汉志》诚然"独尊""《六经》",然而在《汉志》的观念里,"《六经》"决非康有为所谓"孔子之《六经》"),而是认为"六艺"为包括儒家在内的九流的总根源,故尊六艺于"九流"之上,即柳诒徵所谓"此正可见六艺统贯诸家"。具体来说"墨家时时称举《诗》、《书》,多有与今日所传之《诗》、《书》相同者……《庄子·天下篇》盛称六艺,谓其散于天下,设于中国百家,时或称道。此岂儒家私有之物耶"②? 也就是章太炎强调的:"墨家亦述尧、舜,并引《诗》、《书》,而谓是儒家托古,此但可以欺不读书之人耳。"③ 而康梁师徒的见解中蕴涵的前提性观念诸如"六籍皆儒家托古"、"六经皆孔子所作"等,都是风起云涌的晚清经今文学运动发展出来或系统化起来的,决非刘、班等汉代的经古文家、甚至也不是"汉世今文诸师"所能梦见的。康有为等之尊孔(进而言之,实尊"七十子之学",即所谓经今文学)可谓登峰造极,而其开启的自由解释之风则更加如火如荼,其后果竟有出乎先导者之意表者。

更新一代的俊秀如胡适者,正好承其流而起、应其势而变。尊孔崇经之观念,当然为胡适所不取,但确如章太炎所说,胡适采纳了康有为"六籍皆儒家托古"的观念来展开对古书的辨伪,也正是接受了上述诸观

---

① 参见康有为著、朱维铮、廖梅编校:《新学伪经考》,120~122 页,北京,生活·读书·新知三联书店,1998。
② 柳诒徵:《论近人讲诸子之学者之失》,见《柳诒徵史学论文续集》,524 页。
③ 章太炎:《致柳翼谋书》,见汤志钧编:《章太炎政论选集》(下),763 页。

念,《诸子不出于王官论》才会提出"儒家之六籍,多非司徒之官之所能梦见"的见解,认为儒家无出于司徒之官之理。[1] 康梁师徒对《汉志》的扫荡无疑直接为"诸子不出于王官论"对刘、班旧说的质疑铺平了道路。而胡适则走得更远,梁启超虽然"于班、刘之言,亦所不取",但尚认《太史公论六家要指》"分类之精,以此为最",[2] 而胡适则一并以为皆是"汉儒陋说"。正如上文已交代过的,这里就包含更多胡适本人的研究心得了。

第二,"《周礼》为伪作"之见,动摇了"九流出于王官说"的根基。此说成为"诸子不出于王官论"的重要支点。

《周礼》之是否为伪作,与"九流出于王官说"之成立与否的关系至深且巨。其首要者,《周礼》为"九流出于王官说"所涉及的周王朝的重要"王官"(比如司徒之官)的基本文献根据。《周礼》若伪,周世"王官"之职守即无据,"九流出于王官说"就不攻自破了。

以《周礼》为刘歆伪作的康有为,对《汉志》"九流"之说与《周礼》的关系就特为敏感:

> 考歆终日作伪,未必有甄综九流之识,盖为操、莽之盗汉,非为金、元之灭宋也。特自伪《周官》,欲托身为周公以皋牢一切,故兼收诸子,以为不过备我学一官一职之守。因痛抑孔子,以为若而人者,亦仅备一官守,足助顺阴阳、明教化而已。阳与之,实所以夺之者,至矣。[3]

且不论康有为所说是否属实,他认为《周礼》为刘歆伪作的见解,确为胡适打破自刘歆至章太炎的"九流出于王官说"提供了最具威力的炮弹。

《诸子不出于王官论》第二大点论"九流无出于王官之理也",首及儒家出于司徒之官说:"《周官》司徒掌邦教,儒家以六经设教。而论者遂谓儒家为出于司徒之官。不知儒家之六籍,多非司徒之官之所能梦见。

---

[1] 胡适:《中国哲学史大纲》(卷上),"附录"3页。
[2] 梁启超:《论中国学术思想变迁之大势》,24、25页。
[3] 康有为:《新学伪经考》,121页。

此所施教，固非彼所谓教也。此其说已不能成立。"① 我们已经看到，此说实多本于诸如上引《新学伪经考》中的见解，只是尚未明言《周官》之伪。而所谓"论者"，于近人尤指章太炎，其《诸子学略说》就以《周官》为据论儒家之起源道："《周礼·太宰》言儒以道得民，是儒之得称久矣。司徒之官，专主教化，所谓三物化名。三物者，六德、六行、六艺之谓。是故孔子博学多能，而教人以忠恕。"② 胡适反驳说："古者学在王官是一事，诸子之学是否出于王官又是一事。吾意以为即令此说而信亦不足证诸子出于王官。盖古代之王官定无学术可言。《周礼》伪书本不足据。③ 即以《周礼》所言'十有二教'及'乡三物'观之，皆不足以言学术。"④ 显然，争辩的焦点就在《周礼》是否足据。

这里必须考察一下胡适早年对《周礼》性质及成书年代的看法的演变。早在 1916 年 3 月 29 日的留学日记中，胡适已经指出"近人所谓'托古改制'者是也"，实即接受了康有为那"六籍皆儒家托古"的观念，并自觉与当时接触的西学概念"乌托邦"相融会，还援引汉儒林孝存、何休的说法，认为《周礼》"乃世间最奇辟之乌托邦之一也"、"乃战国时人'托古改制'者之作"，"决非'周公致太平之迹'也"。⑤ 当时胡适的看法，正相当于章太炎所指出的"胡适所说《周礼》为伪作，本于汉世今文诸师"，尚不是像晚清之今文家如康有为者认为是刘歆伪造。但是，仅仅一年以后，完成于 1917 年 4 月的《先秦名学史》却认为"有西周法律意义的《周礼》确实是一个乌托邦式的计划。它是非常晚的时代或许迟至公元前 1 世纪才写成的"。⑥ 影响一个像胡适那样的学者对这一学术公案的判断的因素可能是很多的，比如他从洋人那里学来的"高级批判学"之类就可以使他改变原有的学术判断，但是《周礼》作于"迟至公元前 1 世纪"（这就很接近康有为所谓刘歆"遍伪群经"的时代了），这样的著作年代断限，如果不是接受了康有为见解的影响是说不过去的。由此我

① 胡适：《中国哲学史大纲》（卷上），"附录"3 页。
② 章太炎：《诸子学略说》，见《章太炎政论选集》（上），288 页。
③ 无论如何，周礼决非周公时之制度。（此为胡适原注——引者）
④ 胡适：《中国哲学史大纲》（卷上），"附录"7 页。
⑤ 胡适：《胡适留学日记》（下），281 页。
⑥ 胡适：《先秦名学史》，142 页。

们再回过头来看与《先秦名学史》同月写成的《诸子不出于王官论》的相关见解："《周礼》伪书本不足据（无论如何，周礼决非周公时之制度）。"很清楚，胡适对《周礼》之"伪"的程度之认知，实在是大大超乎章太炎所意料的，而这一切均为章氏之头号论敌康有为诱导所致。①

《诸子不出于王官论》还有数语扫及《周礼》：

> 如云纵横之术出于行人之官。不知行人自是行人，纵横自是纵横，一是官守，一为政术，二者岂相为渊源耶？《周礼》尝有掌皮之官矣，岂可谓今日制革之术为出于此耶？②

更值得注意的是，初刊于《太平洋》杂志的《诸子不出于王官论》一文，紧接此段文字是的这样一句至关重要的话：

> 吾意《周礼》本刘歆伪书，③歆特自神其书，故妄以诸子之学为皆出于周官耳。④

这三十三个字，不见于初版于1919年2月的《中国哲学史大纲》附录之《诸子不出于王官论》、不见于《胡适文存》一集卷2所收之《诸子不出于王官论》、不见于《古史辨》第四册所收之《诸子不出于王官论》、不见于此后诸种版本之《诸子不出于王官论》，显然是为胡适本人所刊落

---

① 1919年11月到1920年间，胡适与廖仲恺、胡汉民、季融五、朱执信等展开"井田辨"，在上古史料运用上涉及经今古文问题。胡适虽自称"我对于'今文''古文'之争，向来不专主一家。"但他认为"《周礼》是伪书，固不可信"、"汉代是一个造假书的时代，是一个托古改制的时代"、"刘歆造假书"等以致怀疑井田制的存在，他甚至自我否定了留学期间所持的《周礼》为战国时之书的见解，而归之于刘歆的伪造。参见《胡适文存》一集卷2之《井田辨》，卷二第272、278~280页，亚东图书馆，1925。从胡适学术思想的前后发展脉络来看，写作《先秦名学史》与《诸子不出于王官论》时的胡适，在对《周礼》的看法上，深受晚清经今文家尤其康有为的影响，是无疑的。当然，在钱穆的《刘向歆父子年谱》面世之后，胡适的见解又有很大的变化，由刘歆"伪造"（《周礼》）说退到了"改作"说。详参本书第五章："经学的史学化：《刘向歆父子年谱》如何结束经学争议"。

② 胡适：《中国哲学史大纲》（卷上），"附录"4页。

③ 旧有此说（此为胡适原注，显指康有为等的今文家说——引者）。

④ 胡适：《诸子不出于王官论》，3页，初刊《太平洋杂志》，第1卷，第7号，1917-10-15，笔者将各种版本的《诸子不出于王官论》细加校勘，初刊本与后出各本最大最重要的差异，就在于初刊本有此一句而他本均无。笔者在撰成此章定稿后，覆按初刊本，才得此条铁证。笔者不径以初刊本为据直截了当得出结论，而附于几经推论之后。一以志原作假设精确之喜，一以志研究之始不查初刊本之过。记此以存个人修业成学进展之迹也。

的未定之见（至少于 1919 年 2 月已被删去）。从《诸子不出于王官论》建立之思路来看，正是先接受了所谓"《周礼》本刘歆伪书"的以康有为为主的晚清经今文家言，才提得出"歆特自神其书，故妄以诸子之学为皆出于周官耳"的大论断。这一点是非常重要的，自那三十三个字被删除后，似颇不易了然了。

这个问题，很有值得深入研讨的余地。柳诒徵就指出：

> 诸子之学发源甚远，非专出于周代之官，章氏专以周代之官释之……胡氏亦据《周官》以相訾謷……按《七略》原文，正未专指《周官》。如羲和、理官、农稷之官之类，皆虞夏之官。但据《周礼》尚不足以证其发源之远，而《周官》之伪撰与否，更不足论矣。①

且不论所谓"羲和、理官、农稷之官之类，皆虞夏之官"的文献根据在胡适看来是否可"疑"，诸如"《尚书》非信史"。柳氏看到"《七略》原文，正未专指《周官》"。此见颇为明锐，大有跳出晚清以降经今古文之争门户之见的通识。而"《周官》之伪撰与否"这个问题，实是不可存而不论的。②

事关重大，这当然不是一言或一文可决的。柳诒徵在他给章太炎致他的信（即前引章太炎点出了讨论背后的经今古文之争这一大关键的那

---

① 柳诒徵：《论近人讲诸子之学者之失》，见柳曾符、柳定生选编：《柳诒徵史学论文续集》，520～521 页。

② 王尔敏对近人之讨论儒家起源问题，有过小结：

"关于儒家起源问题，经过多人探讨审察，大致已予人一新的概念。基于人类文化发展线索推断，儒家出于官守，由官守而发展为职业，是自然的趋势。基于故籍所载，特别是周官的记载，儒是由师保身份而来，特别是师儒即师保的了解。大抵较新派学者，不取信周官，而多主职业说。较守传统之学者，则重视周官说法，仍本官守说。此外又有不依历史线索而纯就思想立场作说者，即以孔子为儒家起源。

考察众说，虽各有立场，但仍可归趋于一体，第一说虽合理，但孔子以前并无确据，无论如何，均须将孔子以后之礼记与左传作为重要参考方可，既然必须依据左传和礼记，自无须歧视周礼，实则周礼出战国末年，去古未远，其说自有所本。（史景成：《周礼成书年代考》云：'周礼当成于吕氏春秋后，始皇统一之前。盖作者目睹周室已亡，天下即将统一之局势下，而写此建国方略，以供新王行政之大典。因其成书之晚，又兼秦统一，旋即亡乱，故不见先秦文献。'大陆杂志，32 卷，五至七期。钱穆则主张周官和吕氏春秋为同一时代。见《燕京学报》，十一期，钱穆：《周官著作时代考》。此为王氏原注——引者）若合各书共观，则诸说合一，证据更多。何况诸人在训诂方面又均用更晚的汉代的说文。"

见王尔敏：《当代学者对于儒家起源之探讨及其时代意义》，见《中国近代思想史论》，510～511 页，台北，华世出版社，1977。

《周礼》究出何时代？讨论诸子起源所要涉及之文献根据，固不可避而不谈也。

一封）的回信中，在对今文家影响下"疑经蔑古"的风气痛下针砭之前，但能平情地指出："今古文之聚讼，由于古籍湮沉，非待坠简复出，蔑能断案。"[①] 其态度与"中年以后，古文经典笃信如故"[②] 的章太炎还是有所区别的，尽管在三四年后刊出的《中国文化史》中，对《周礼》的看法倾向于古文家说。要而论之，取证于地下，这是民国以降古史研究的康庄大道，这也是中国近代学术史上一个具有中心意义的潮流——经学的史学化的一个必然趋势。时至今日，简牍、铭彝、甲骨之出土多矣，学术界对《周官》之著作年代及该书之性质却未有定谳，这类问题的解决尚假时日。不过，学术界已很少有人接受"刘歆遍伪群经"之类的看法了，学术界对晚清今文家说的流弊的认识也日趋明朗。[③] 但是有一点是肯定的，若不是康有为等人《周礼》为刘歆伪造说燃之于前，就不会有胡适的"诸子不出于王官论"的横空出世。进而言之，像"诸子不出于王官论"这样的创见，绝不是那些仅能稗贩些许洋玩意的留学生所能提得出来的，在更为深广的意义上，它是由晚清以降中国学术思想发展演变的潮流孕育而成。[④]

3."西学"如何参与

尽管如此，笔者丝毫也不想贬低"西学"在"诸子不出于王官论"

---

① 《柳教授覆章太炎先生书》，载《史地学报》，第1卷，第4期，1922。

② 章太炎：《致柳翼谋书》，汤志钧编：《章太炎政论选集》（下），764～765页。

③ 参见钱穆：《刘向歆父子年谱》，见《古史辨》，第5册；李学勤：《〈今古学考〉与〈五经异义〉》，见《古文献丛论》，上海，上海远东出版社，1996；并详本书第五章《经学的史学化〈刘向歆父子年谱〉如何结束经学争议》。

④ 胡适颇易招致批评，如谓其旧学根底过浅，故轻易为今文家言所眩惑，近日学者又因不满其"疑古"过头，而追究及所受今文家的影响，可谓理有固然。不过若只从经今文学到胡适等"疑古学派"的单向度的历史连续性角度大做文章，则颇有让人径认谓如胡适等人为今文家之势，以至于搞不清胡适与康有为之不同究在何处。对笔者来说，括清自今文家至"疑古"派的成见乃至谬见，与深入了解公允评价其历史意义，实乃一事之两面。经今文学派的很多见解无论在今天看来多么站不住脚，在当时却深有历史的根据，胡适等人接受与借重之而又继长增高，是势有必致。更何况如前文已交代过的胡适又特有自己的"问题意识"，后文就要讲到的还更有"西学"的根据。最重要的不单在于需对胡适所承受不同学术思想"资源"的成分及其作用有恰当的定位，从而完整理解其工作及其历史意义，更在于需从中国学术思想发展演变的脉络来考察，在今天看来也许是颇不足为据的某些"学术思想"，当时如何经由一定的曲折变现出如此多姿多彩的"新文化"。后人不免会感叹怎么竟恰恰是这样过来的！而这就是学术思想史的历程。

还有一点必须提及，胡适与康有为颇有相似之处，如果旧学根底过厚，对于他们要担当的角色来说，反而会是一种障碍。与所谓沉浸过深反叛愈烈这一现象同样普遍的是，沉浸太深则不易冲决。如果我们承认胡适提出的新见解对传统看法造成的冲击，对中国文化的发展来说，不但是必需的而且是有益的，那么我们就应该更多地着眼于这类人的学养的特点，而不是过分挑剔他们的浅学了。

这一范式创新中所占的分量。恰恰相反，如果我们对这一面相没有足够深入的认知，就根本无法彻底解除顾颉刚提过的下述疑惑："这些问题不知从前人为什么提不出来？"

首先是，对西方文化史的研究心得，使胡适获得了创造性解释"诸子不出于王官"问题的"比较参考的材料"。

一个最明显的例子，就是前文已提到的，中古欧洲教会对"私家学术"的压制摧残、"文艺复兴"起于对教权的反抗与反动的西方历史经验，使胡适产生了创造性的联想，使他不能接受"诸子"、"出于"、"王官"之"理"。[①] 这种创造性的解读，在近代学术史上大概只有康有为那"刘歆遍伪群经"那样一种"大胆的假设"可以媲美。如果说康有为的解读反映了以德国宗教改革的领袖马丁·路德为模拟对象的"原教旨主义"精神；[②] 胡适的解读则张扬了"以复古为解放"的"文艺复兴"精神。均兼得历史解释中以今情度古意的妙韵与危险，亦深具借酒杯浇块垒的苦心。

胡适又认为"古无名家之名也。凡一家之学无不有其为学之方术。此方术即是其'逻辑'……汉儒固陋，但知掇拾诸家之伦理政治学说，

---

① 对"文艺复兴"的兴起与中世纪教会的关系，大体上有两种看法，一种强调历史的断裂性，一种强调历史的连续性。胡适在这里是倾向于前一种观点的，所以对"诸子"与"王官"的关系相应就有这样的理解。一个值得比较的例子是，缪凤林根据美国史学家 H. O. Taylor 认为"此期之文化仍为前期之继续，并非突然爆发也"等见解，与胡适针锋相对地认为："以文艺复兴为先例，适足证王官为诸子之前因也。"参见缪凤林：《评胡氏诸子不出于王官论》，22～24 页。西学作为一种"支援意识"，到底重要到足当根据还是无关紧要至只作配饰，这是需要具体问题具体分析的，不过一点是肯定的，对西方文化的了解需要不断的深入，这对我们返身自省也是有益无弊的。对胡适所了解的"文艺复兴"的"发生"史，自可以仁者见仁智者见智，但我们了解这一点，对理解胡适何以如此来解读"诸子"的"发生"史，很有必要。

"文艺复兴"，还是胡适自己所致力的新文化运动的重要模仿对象，在对其精神的把握上，胡适前前后后多有变化，这在很大程度上又牵扯到在思想文化史上如何进行准确的自我定位的问题，极为复杂。从《先秦名学史》的"导论"指出"因此，真正的问题可以这样说：我们应怎样才能以最有效的方式吸收现代文化，使它能同我们的固有文化相一致、协调和继续发展？"以及所谓"这个大问题的解决，就我所能看到的，唯有依靠新中国知识界领导人物的远见和历史连续性的意识，依靠他们的机智和技巧，能够成功地把现代文化的精华与中国自己的文化精华联结起来。"（《先秦名学史》，8 页）这些根本观念来看，在不忘"历史连续性"的前提下寻求变革，是胡适后来不断强调自己参与其中的新文化运动是"中国的文艺复兴"的根本原因（且不论具体语境为何）。

这里是胡适较早运用西方"文艺复兴"兴起的历史知识来诠释中国文化史，很值得注意。

② 康有为：《新学伪经考》，朱维铮为该书所作《导言》，11 页。

而不明诸家为学之方术。于是凡'苛察缴绕'之言，概谓之'名家'。名家之目立。而先秦学术之方法沦亡矣。"我们要问，胡适凭什么说汉儒不明"方术"，其所谓"方法"指的是什么呢？胡适解释说，"名学方法"乃"逻辑方法，即是知识思考的方法"或者说："名学便是哲学的方法。"我们可以从一例子来看清胡适所说"名学方法"的具体指谓。关于先秦显学儒墨之不同，胡适有一大创见："儒墨两家根本上不同之处，在于两家哲学的方法不同，在于两家的'逻辑'不同。"① 其说详于《先秦名学史》与《中国哲学史大纲》，而萌芽于1916年4月的一则留学日记："墨家与儒家（孔子）大异之点在其名学之不同。孔子正名。其名之由来，出于天之垂象，出于天尊地卑。故其言政，乃一有阶级之封建制度，所谓'君君臣臣父父子子'者是也。墨子论名之由来出于人人之知觉官能，西方所谓'实验派'（Empiricism）也。"② 早在1914年8月26日的留学日记中，胡适将"哲学系统"分为：第一，"万有论（Metaphysics）"；第二，"知识论（Epistemology）"；第三，"行为论（伦理学）（Ethics）"。具体各有细分，其中"知识论"（Epistemology）部分："甲，何谓知识？（子）物观（Realism）。（丑）心观（Idealism）。乙，知识何由生耶？（子）'实验派'（Empiricism）。（丑）理想派（Rationalism）。"③ 将两则日记联系起来看，所谓"墨家与儒家（孔子）大异之点在其名学之不同。"实际就是在"知识论（Epistemology）"之"乙、知识何由生耶？"问题上，"（子）'实验派'（Empiricism）。"（墨家）与"（丑）理想派（Rationalism）。"（儒家）之不同，即今日通译为"经验主义"与"理性主义"之不同。其分析架构全本于西学。如果有人不接受此种论学标准与问题意识，自然完全可以得出其他的结论。

　　胡适还有所谓"古代本没有什么'法家'"的创见。他说："中国古代只有法理学，只有法治的学说，并无所谓'法家'。中国法理学当西历

---

① 胡适：《中国哲学史大纲》（卷上），152页。

② 胡适：《胡适留学日记》（下），299页。

③ 胡适：《胡适留学日记》（上），348～349页。至《中国哲学史大纲》（卷上）将"哲学的门类"分为：一、宇宙论。二、名学及知识论。三、人生哲学。旧称"伦理学"。四、教育哲学。五、政治哲学。六、宗教哲学。见胡适：《中国哲学史大纲》（卷上），1～2页。从中可以看到胡适见解的进展，而大体皆本于西洋哲学分类观念。

前3世纪时，最为发达，故有许多人附会古代有名的政治家如管仲、商鞅、申不害之流，造出许多讲法治的书。后人没有历史眼光，遂把一切讲法治的书统称为'法家'，其实是错的。但法家之名，沿用已久了，故现在也用此名。但本章所讲，注重中国古代法理学说，并不限于《汉书艺文志》所谓'法家'。"又说："管仲、子产、申不害、商君——都是实行的政治家，不是法理学家，故不该称为'法家'。"如果有人用另一种"历史眼光"来质问，为什么偏要从你胡适非认"法理学家"为"法家"不可呢？胡适恐怕也是难以自解的。更不用说胡适用以着力阐发"中国古代法理学（法的哲学）的几个基本观念"的概念，诸如"平等主义"、"客观主义"等，凡此之类的西学新知，的确也非古人所能梦见。[①]

更为细部的例子比如："别墨犹言'新墨'。柏拉图之后有'新柏拉图学派'，近世有'新康德派'、'新海智尔派'。"显然，西方哲学史上的"新×××派"之类的概念，对其"别墨学派"的名目之建构，无疑起了绝大的启发作用，天下阅《庄子·天下》篇的学子多矣，何以惟胡适作如是读，岂不是很值得玩味吗？

诸如此类，等等。至于其解读是否牵强附会，那是另一个问题了。

其次，但却决非更不为重要的是，杜威式的实用主义起了含而不露的"组织部勒"的作用。

从1917年4月11日胡适的留学日记所谓"以九流为出于王官，则不能明周末学术思想变迁之迹"，可知，胡适心中先有了一部与以往不同的"周末学术思想变迁之迹"史，故决不能接受"九流出于王官论"。其说详于《先秦名学史》而扼要荟萃于《诸子不出于王官论》末段，是为其破除旧说的正面主张。文繁恕不具引，其主旨是："诸子之学，皆春秋战国之时势世变所产生"，各家彼此影响激荡之迹间存，而决不出于王官。从刘歆以前论诸子源起的文献来看："《淮南·要略》[②] 专论诸家学说所自出，以为诸子之学皆起于救世之弊，应时而兴。故有殷周之争，而太公之阴谋生。有周公之遗风，而儒者之学兴。有儒学之敝、礼文之烦扰，而后墨者之教起。有齐国之地势、桓公之霸业，而后管子之书作。有战

---

① 参见胡适：《中国哲学史大纲》，第十二篇《古代哲学之终局》，第二章《所谓法家》。

② 自"文王之时，纣为天子"以下。（此为胡适原注——引者）

国之兵祸，而后纵横修短之术出。有韩国之法令'新故相反，前后相缪'，而后申子刑名之书生。有秦孝公之图治，而后商鞅之法兴焉。此所论列，虽间有考之未精，然其大旨，以为学术之兴，皆本于世变之所急。其说最近理。即此一说，已足推破九流出于王官之陋说矣。"①

柳诒徵认为胡适上述见解殊为偏至，他以《庄子·天下篇》、《淮南子·要略篇》、《七略》为据，主张"诸子之学出于古代圣哲者为正因，而激发于当日之时势者为副因"。其中激烈批评胡适对《淮南子·要略篇》的断章取义道：

> 即《淮南子·要略》亦非专主救世之弊一端也。其述儒者之学，则曰"修成康之道，述周公之训"；其述墨子之学，则曰"学儒者之业，受孔子之术，背周道而用夏政"；其述《管子》之书，则曰"崇天子之位，广文武之业"。夫夏及文、武、成、康、周公，皆诸子之学之前因也。胡氏削去此等文句，但曰"有周公之遗风，而儒者之学兴"，是胡氏于《淮南子》之言亦未仔细研究也。②

覆按《淮南子·要略篇》原文，柳诒徵并没有冤枉胡适。的确，"即《淮南子·要略》亦非专主救世之弊一端也"。就此而言，诚如柳氏所批评者："盖合于胡氏之理想者，言之津津，不合于其理想者，不痛诋之，则讳言之，此其著书立说之方法也。"③笔者想进一步指出的是：即《汉书·艺文志》亦非专主"出于王官"之一端也。《汉志》明文有曰："诸子十家，其可观者九家而已。皆起于王道既微，诸侯力政，时君世主，好恶殊方，是以九家之（说）〔术〕蠭出并作，④各引一端，崇其所善，以此驰说，取合诸侯。"⑤此说岂不近于"起于救世之弊应时而兴"之论乎？

但问题的关键在于胡适为什么偏偏截取所谓"以为诸子之学皆起于救世之弊，应时而兴"的那一段？难道只是由于他的"未仔细研究"吗？

---

①　胡适：《中国哲学史大纲》（卷上），"附录"3、9～10页。
②　柳诒徵：《论近人讲诸子之学者之失》，见《柳诒徵史学论文续集》，524～525页。
③　柳诒徵：《论近人讲诸子之学者之失》，见《柳诒徵史学论文续集》，519页。
④　师古曰："蠭与锋同。"
⑤　（汉）班固撰、（唐）颜师古注：《汉书》，1746页。

我们必须再一次指出，天下读《淮南子·要略篇》以及《汉书·艺文志》的学子多矣，为什么只有胡适对《淮南子·要略篇》的此段见解情有独钟，还破天荒地认为"即此一说，已足推破九流出于王官之陋说矣"（原来两说似乎一直相安无事、井水不犯河水）？[①] 进而言之，"胡氏之理想"，即在胡适心中"其说最近理"之那个神秘的"理"，到底是什么呢？

笔者认为，正是"知识思想是人生应付环境的工具"这种"杜威的哲学基本观念"，[②] 以及"处处指出一个制度或学说所以发生的原因，指出他的历史的背景，故能了解他在历史上占的地位与价值"这种杜威哲学的基本方法——"历史的方法——'祖孙的方法'"，[③] 使胡适在"诸子"起源的问题上，选择性地接受与强调了、或者说是创造性地重新发现与解读了《淮南子·要略》中"以为诸子之学皆起于救世之弊应时而兴"的观念。冯友兰在晚年评价胡适的《中国哲学史大纲》（卷上）时指出："蔡先生所说的这部书的第四特长是'系统的研究'。所指的大概是，用发展的观点，研究哲学流派的来龙去脉。杜威的实用主义，在研究社会现象的时候，本来是注重用发生的方法。上面已经说道，杜威曾向我提出过这个问题。胡适在当时宣传杜威的实用主义，但是限于实用主义的真理论。至于发生法，他很少提起，不过总是受一点影响。蔡元培所看见的就是这一点影响。"[④] 冯氏用"发生的方法"来概括胡适所受影响的杜威的哲学方法是很精当的，不过也许是记忆之不确，胡适对"历史的方法"并非"很少提起"，他受"发生的方法"的影响也是至深且巨的，"诸子不出于王官论"对该方法的运用就熟练到了不易察觉的地步。正是对诸子学"发生"问题的这一番簇新的系统见解，使胡适根本不能

---

① 一个值得比较的例子是，孙德谦的《诸子通考》一方面"赏识《淮南要略》论诸家学术皆起于救世"（此点为胡适所赞赏），同时"过信刘歆、班固论九流的话"（此点为胡适所指摘）。孙氏固不必以为是自相抵牾的。参见中国社会科学院近代史研究所中华民国研究室编：《胡适的日记》，184页。

② 参见胡适：《实验主义》，本文原系胡适1919年春间的演讲稿，刊于《新青年》，第6卷，第4号，1919-04-15，同年7月改定，见《胡适文存》，第1集卷2，收入姜义华主编：《胡适学术文集·哲学与文化》，27页，北京，中华书局，2001。

③ 胡适：《杜威先生与中国》（1921-07-11），见《胡适学术文集·哲学与文化》，51页。

④ 冯友兰：《三松堂自序》，205页，北京，人民出版社，1998。

接受从《汉书·艺文志》到章太炎对"九流出于王官论"之所谓"出于"的理解，笔者相信他对柳诒徵"诸子之学出于古代圣哲者为正因"之说法一样也会是不以为然的。① 1936 年 7 月 20 日，胡适在《藏晖室札记》（即《留学日记》）的《自序》中指出："其实我写《先秦名学史》、《中国哲学史》都是受那一派思想（指'杜威先生的实验主义的哲学'——引者）的指导。"②"诸子不出于王官论"就是这句话的一个很好的注脚。③

中国学术思想的发展演变固有内在的脉络，至近代"西学"的参与则是最为可观的"大事因缘"（借用陈寅恪语）。"西潮"的冲击促使中国

---

① 胡适于 1921 年 7 月 31 日的日记中说："七点半到南京……演讲后，有去年暑假学校学生缪凤林君等围住我谈话，缪君给我看一某君做的一篇驳我'诸子不出于王官说'的文字，某君是信太炎的，他的立脚点已错，故不能有讨论的余地。"中国社会科学院近代史研究所中华民国研究室编：《胡适的日记》，166～167 页。柳诒徵的《论近人讲诸子之学者之失》，初刊于《史地学报》，第 1 卷，第 1 期，1921 年 11 月；缪凤林随作《评胡氏诸子不出于王官论》，载《学衡》，1922（4）。缪文大体皆本柳文。胡适所谓"某君"，似暗指缪凤林。很可能缪凤林在柳文正式发表以前就从柳诒徵那里拜读过此文，并为之倾倒，适逢胡适来南京讲学，特持此文以相质，所谓"围住我谈话"，实近于围攻。从胡适的反应："某君是信太炎的，他的立脚点已错，故不能有讨论的余地"，可知他根本不能接受柳诒徵的批评。这里的确有"立脚点"上的分歧，在笔者看来，可以说是"疑古"与"信古"的界限分明，其中还包括了在"发生学"意义上的见解之不可苟同。

② 胡适：《胡适留学日记》（上），8～9 页。

③ 当然，胡适上述见解也有可能是受英人厄克登勋爵（Lord Acton 1834-1902）所谓"ideas have had 'an ancestry and posterity of their own'"（"思想有'祖先和后裔'"）、"ideas have a radiation and development，an ancestry and posterity of their own"（"思想有其辐射和发展，有它的先祖，也有它的后裔"）之类观念的启发，更有可能的是，胡适正是通过杜威式的实用主义而接受厄克登的观念的。参见胡适 1917 年 2 月 21 日、1917 年 3 月 27 日的留学日记。胡适：《胡适留学日记》（下），467～468、484～487 页。

近有学者力辨胡适对杜威思想的运用与"背离"决非"根据中国的情况和需要而作出的创造性回应或转换"。参见张汝伦：《胡适与杜威——一个比较思想史的研究》，见《现代中国思想研究》，上海，上海人民出版社，2001。这是笔者不能同意的。笔者未能涉及胡适是否忠实地理解了杜威的思想，就"诸子不出于王官论"对杜威思想的运用的效果来看，堪称"创造性回应或转换"，而且是颇为成功的，因为他切中中国文化发展中的要害问题。张氏的中心关怀是："应该想想怎样批判地对待胡适给我们留下的思想遗产，怎样超越胡适和胡适的时代，对我们所面临的历史任务和现代向我们提出的问题，有更为深入的思考。"这种怀抱是可敬的。但是如果不是对胡适所面临的"中国的情况和需要"有真切的"了解之同情"，我们怎么能对胡适是否"根据中国的情况和需要而作出的创造性回应或转换"，作出"了解之""批评；我们究竟应以什么为标准对此作出合理的评判呢？如果不是对胡适那一辈的工作有亲切的了解与中肯的反省，后人怎么能"超越胡适和胡适的时代"呢？那种不具备针对性的批评，又会将试图"超越"者自身在"现代"之后的中国学术思想史上置于何地呢？

文化在前所未有的深度与广度上反思自身的问题，而真正创造性的文化革新必是根据自身的情境主动融会外来的文化而推陈出新。在这个过程中，"西学"参与的程度，有时竟有大大超乎我们的想象者，走笔至此，笔者不能不有这样的观感。

四、示范作用——"诸子不出于王官论"的影响

一项创说提出来以后，如果没有后继者的接受、发挥或修正，甚至没有引起反对者的批驳，就不能算是新范式。一种范式的"示范作用"是必须从它的影响来看的。就学术思想史而言，所谓"影响"，既有初始的反响，也有长远的影响；既是指正面的积极回应，也包括针锋相对的相反相成的激荡。同时，我们的目光还不能停留于创说建立之初的状态，而必须追踪其发展壮大演化变显的大势与流程。笔者愿意在这一较为开阔的视野之下，来讨论"诸子不出于王官论"的影响。

1. 初步反响

1935 年 5 月 14 日，冯友兰在《世界日报》发表《中国近年研究史学之新趋势》一文，同月 19 日他在当时的辅仁大学作了题为《近年史学界对于中国古史之看法》的讲演，讲演稿发表于《骨鲠》第 62 期。[①] 文章旗帜鲜明地提出："中国近年研究历史之趋势，依其研究之观点，可分为三个派别：①信古，②疑古，③释古。"[②] 或者说是"研究史学的三个时期，或三个倾向，或是三个看法及态度"[③]。他用黑格尔"正"、"反"、"合"的历史哲学观念来处理这三个派别、时期、倾向、看法及态度。两文又均以"诸子"是否"出于王官"的讨论为例，来描述"中国近年研究史学之新趋势"。毫无疑问，胡适的"诸子不出于王官论"及其系统化的《中国哲学史大纲》在其中居于中心的地位，它对冯友兰所分辨的所有这三个派别、时期、倾向、看法及态度，甚至界限归属不很分明的古史学者，都产生了深刻的影响。

先看其对具有强烈的"疑古"取向的"古史辨运动"的影响。

---

① 《三松堂学术文集》，331～337 页。
② 《三松堂学术文集》，331 页。
③ 《三松堂学术文集》，333 页。

罗根泽主编的以"诸子丛考"为主题的《古史辨》第四册，其"卷头语"用的就是为《诸子不出于王官论》所推崇备至的《淮南子·要略》篇的摘要，此举极具象征意义，其潜台词颇似要沿着胡适所开辟的崭新道路继续前进。该书所收的第一篇文章就是《诸子不出于王官论》，这当然也是不言而喻的。

"古史辨运动"的主将顾颉刚，在为《古史辨》第四册所作序中，如此叙述该文对他的影响：

> 我那几年中颇喜治子，但别人和自己的解说总觉得有些不对，虽则说不出所以然来。自读此篇，髣髴（"髣髴"疑为"髣髴"之讹，"髣髴"同"仿佛"。——引者）把我的头脑洗刷了一下，使我认到了一条光明之路。从此我不信有九流，更不信九流之出于王官，而承认诸子的兴起各有其背景，其立说在各求其所需要。诸子的先天的关联既失了存在，后天的攻击又出于其立场的不同，以前所不得消释的纠缠和抵牾都消释了。再与《孔子改制考》合读，整部的诸子的历史似乎已被我鸟瞰过了。①

又是说出了别人想说而"说不出所以然来"的话！确如余英时所说："胡适的贡献在于建立了孔恩（Thomas S. Kuhn）所说的新'典范'（paradigm）。"②

此不独胡适之学生顾颉刚作如是观，为该书作了另一序的学者钱穆，在序言之开篇亦曰：

> 尝谓近人自胡适之先生造诸子不出王官之论，而考辨诸子学术源流者，其途辙远异于昔。《汉志》所列九流十家，决非一源异流，同时并出，此即观于各家立名之不同而可见。

钱氏随后就铺陈其"儒者乃当时社会生活一流品，正犹墨为刑徒苦役，亦当时社会生活一流品也"之说。③ 钱氏之论为民国以降学术界"考辨诸子学术源流"之学术史中影响很大的学说，其从"社会生活"之

---

① 顾颉刚：《古史辨》，第4册《顾序》，17页。
② 余英时：《中国近代思想史上的胡适》，19页。
③ 参见钱穆：《古史辨》，第4册《钱序》（1933-02-27）。

"流品"的新角度入手探讨的新取径,正是只有在胡适《诸子不出于王官论》出来之后才会有的"途辙远异于昔"之一个成果。"古史辨运动"在"诸子丛考"方面得益于《诸子不出于王官论》者不胜枚举,以上仅述其大者而已。

冯友兰自居于"释古"派的地位,他说:

> 在释古者则以为在春秋战国之时,因贵族政治之崩坏,原来为贵族所用之专家,流入民间。诸子之学,即由此流入民间之专家中出。故《汉志》之说,虽未可尽信,然其大概意思,则有历史根据。①

冯友兰晚年在《三松堂自序》中回顾总结道:

> 对于这个问题,在《中国哲学史》本书中,已经做了一个一般的解答,但是还嫌笼统。那个解答,只说明了在春秋战国时期,出现"百家争鸣"的社会基础。但是还没有说明当时的各家为什么有各自特殊的主张,特殊的精神,特殊的面貌。后来我看见傅斯年的一篇稿子,其中说,"诸子不同,由于他们的职业不同"。这个说法给了我启发。

冯氏从而提出"儒家出于儒士"、"墨家出于侠士"、"道家出于隐士"、"阴阳家出于方士"、"名家出于辩士"、"法家出于方术之士"、"杂家的兴起,是战国末期全中国日趋统一的趋势的反应"等一系列"这就具体地说明了子学的起源"的系统见解。②

大大启发了冯友兰的傅斯年之"战国诸子除墨子外皆出于职业"说,是民国以降学术界"考辨诸子学术源流"之学术史中又一项影响很大的学说。其说见于傅斯年《战国子家叙论》,其大旨有曰:

> 七略汉志有九流十家皆出于王官之说……胡适之先生驳之,说见所著中国古代哲学史附录。其论甚公直,而或者("者"字疑为'有'字之讹——引者)不尽揣得其情。谓之公直者,出于王官之说实不可通,谓之不尽揣得其情者,盖诸子之出实有一个物质的凭藉,

---

① 冯友兰:《中国近年研究史学之新趋势》,见《三松堂学术文集》,331 页。
② 冯友兰:《三松堂自序》,219~222 页。

以为此物质的凭藉即是王官者误,若忽略此凭藉,亦不能贯澈也。百家之说皆由于才智之士在一个特殊的地域当一个特殊的时代凭藉一种特殊的职业而生。

具体来说,儒家"出于教书匠";道家"有出于史官者,有全不相干者,'汉世'道家本不是单元,按道家一词,入汉始闻";阴阳家"出于业文史星历卜祝者"等等。"故七略汉志此说,其辞虽非,其意则似无谓而有谓"①。不用说,这正是站在乃师胡适的肩膀上,对"诸子不出于王官论"加以修正而提出的新见解。

我们回到冯友兰的"晚年定论"。冯氏讲得很清楚,他要"解答"的问题,首先是诸子学的"社会基础"为何,进一步是"当时的各家为什么有各自特殊的主张,特殊的精神,特殊的面貌"?这是所有关心先秦诸子起源的学者的共同的大问题,这个问题就是首先由胡适《诸子不出于王官论》提出来讨论并开辟了新的探索方向的。顾颉刚所醒悟到的"诸子的兴起各有其背景,其立说在各求其所需要"以此,钱穆所领会到的"《汉志》所列九流十家,决非一源异流,同时并出"亦以此,傅斯年所谓"出于王官之说实不可通"而"百家之说皆由于才智之士在一个特殊的地域当一个特殊的时代凭藉一种特殊的职业而生"还是着眼于此,冯友兰自居于"合"的地位的见解亦无不如此。在学术思想史上,提出新问题的在一定意义上比解决问题(更何况未必解决)的还要有价值,至少其影响力绝不可小视,胡适"诸子不出于王官论"在这方面也是一个绝佳的例子。从中可以看到正如库恩与余英时所谓新范式所起"示范"的作用,即一方面开启了新的治学门径;而另一方面又留下了许多待解决的问题。

至于冯友兰所谓"信古"派,他以"民国四年,沈兼士先生在北京大学讲授'中国哲学史',讲了一学期功夫,才讲到周代"② 以及"学校读经"为例子。③ 就"诸子"是否"出于王官"问题而言,冯氏只说:

---

① 傅斯年:《战国子家叙论》(1928),见《傅斯年全集》,第 2 册,422~431 页,台北,联经出版事业公司,1980。在此问题上傅斯年与胡适的交涉,参见王汎森:《思想史与生活史有交集吗?——读"傅斯年档案"》,见《中国近代思想与学术的系谱》,323~325 页。

② 其中涉及"哲学史"观念的"典范转移",可以参见罗志田:《大纲与史:民国学术观念的典范转移》,载《历史研究》,2000 (1)。

③ 冯友兰:《近年史学界对于中国古史之看法》,见《三松堂学术文集》,333、334 页。

"自信古者之观点，以为此说出于《汉书》，其为可信，绝无问题。"① 未确指谁持此见。笔者认为，在这个特定的问题上，自以"疑古"为基本取向的《诸子不出于王官论》、《中国哲学史大纲》（卷上）出来以后，柳诒徵的《论近人讲诸子之学者之失》可以作为"信古"派的代表。关于柳文，前文已颇有涉及。这里要指出的，他虽持与胡适针锋相对的立场，但是他那"诸子之学出于古代圣哲者为正因，而激发于当日之时势者为副因"的见解，仍然部分吸收了胡适的看法（不否认"激发于当日之时势"，只收缩为"副因"而已），所论虽据古籍，实是为胡适之说（也许偏至）所引发与激荡（才有可能严正全面——在柳诒徵看来）。而柳氏此说，及其坚执并发挥得比章太炎有过之而无不及的"九流出于王官论"，又被缪凤林等后学接受并作进一步的阐发。缪凤林认为："学术发生之因，必含前因与当时之因。……诸子之起，除受时代之影响为当时之因外，必以王官所守之学术为前因。"② 吕思勉也认为："先秦诸子之学，当以前此之宗教及哲学思想为其因，东周以后之社会情势为其缘。"③ 而吕氏之发挥"九流出于王官说"，到了"以为句句都能落实"的地步。④ 此等学人诚为刘、班旧说之"辩护士"，此等学说难道不正是胡适之说的反响吗？

2. 深远影响

通过上文的扼要介绍，我们已了解了在"诸子不出于王官论"面世之初所得到的热烈的回响，这是比较容易看清楚的。至于它在《中国哲学史大纲》（卷上）中进一步系统发展出来的取向与观点对后世所产生的较长时段的影响就不易察觉了，然而却是远为重要的。

1926 年，傅斯年在一封给胡适的信中谈到他对《中国哲学史大纲》（卷上）的看法：

> 觉得先生这一部书，在一时刺动的效力上论，自是大不能比的，而在这书本身的长久价值论，反而要让你先生的小说评（指胡适的

---

① 冯友兰：《中国近年研究史学之新趋势》，见《三松堂学术文集》，331 页。
② 缪凤林：《评胡氏诸子不出于王官论》，2、23 页。
③ 吕思勉：《先秦学术概论》，5 页。
④ "以为句句都能落实"，乃李零之语，是其就吕思勉的《先秦学术概论》对"诸子出于王官说"的认知所作的概括，颇为允当。李零：《李零自选集》，42 页，桂林，广西师范大学出版社，1998。

评《水浒》等——引者）居先。何以呢？在中国古代哲学上，已经有不少汉学家的工作者在先，不为空前，先生所用的方法，不少可以损益之处，难得绝后。①

傅氏在这封信里所持的是中国没有"哲学"只有"方术"的观念，正如王汎森所指出："其实等于是在说胡适《中国哲学史》的题目是错的。"② 在这一语境之下，傅氏对《中国哲学史大纲》（卷上）的贬抑要超过上述评语的票面意味。当然，像"已经有不少汉学家的工作者在先，不为空前，先生所用的方法，不少可以损益之处，难得绝后"这样的品鉴，是确当的。但是，截止于 1926 年，"这书本身的长久价值"还未能充分展现出来，傅氏的评价仍然过低地估计了这本书在范式创新方面的"长久价值"。

首先是从"诸子不出于王官论"引申发挥出来的，具体来说是关于诸子学的"起源"、一般而言是关于所有"学说"或"思想"之"发生"问题的全新解释模式——从"时代背景"的角度探讨"思想"的起源，乃是 20 世纪哲学史、学术思想史研究中非常重大而有影响力的范式更新。

它的基本观念是：

> 哲学家的时代，既不分明，如何能知道他们思想的传授沿革？最荒谬的是汉朝的刘歆、班固说诸子的学说都出于王官；又说"合其要归，亦六经之支与流裔"③。诸子既出于王官与六经，还有什么别的渊源传授可说？④

它的系统而集中的表述是：

> 大凡一种学说，绝不是劈空从天上掉下来的。我们如果能仔细研究，定可出那种学说有许多前因，有许多后果。譬如一篇文章、

---

① 转引自王汎森：《思想史与生活史有交集吗？——读"傅斯年档案"》，见《中国近代思想与学术的系谱》，323 页。经校正。见耿云志主编：《胡适遗稿及秘藏书信》，第 37 册，357 页，合肥，黄山书社，1994。

② 王汎森：《思想史与生活史有交集吗？——读"傅斯年档案"》，见《中国近代思想与学术的系谱》，322 页。

③ 胡适：《诸子不出于王官论》，载《太平洋杂志》，第一卷，第七号。

④ 胡适：《中国哲学史大纲》（卷上），11 页。

那种学说不过是中间的一段。这一段定不是来无踪影、去无痕迹的，定然有个承上启下、承前接后的关系。要不懂他的前因，便不能懂得他的真意义。要不懂他的后果，便不能明白他在历史上的位置。①这个前因，所含不止一事。第一是那时代政治社会的状态。第二是那时代的思想潮流。这两种前因，时势和思潮，很难分别。因为这两事又是互相为因果的。有时是先有那时势，才生出那思潮来；有了那种思潮，时势受了思潮的影响，一定有大变动；所以时势生思潮，思潮又生时势，时势又生新思潮。所以这学术史上寻因求果的研究，是很不容易的。我们现在要讲哲学史，不可不先研究哲学发生时代的时势和那时势所发生的种种思潮。②

　　非常清楚，其认知框架本于胡适《杜威先生与中国》（1921年7月11日）一文以极为扼要的方式表述的杜威哲学的基本方法——"历史的方法——'祖孙的方法'"；所谓"我们现在要讲哲学史，不可不先研究哲学发生时代的时势和那时势所发生的种种思潮"的取向，在胡适于1917年4月11日标题为"九流出于王官之谬"留学日记所记："学术无出于王官之理。①学术者，应时势而生者也。（《淮南·要略》）②学术者，伟人哲士之产儿也。"这其中基本观念也已经具备了。当然，在"时势和思潮的因果关系"这一"鸡生蛋，蛋生鸡"之类的历史观的根本问题上，自不免有见仁见智之歧，比如李季就批评那是胡适的"实验主义的唯心论和多元论在那里作祟"，③而胡适又决不愿意将自己的历史观，如陈独秀

---

① 将此段文字与胡适介绍乃师杜威的"历史的方法——'祖孙的方法'"的下述文字参看，就可知其思想来源："他从来不把一个制度或学说看作一个孤立的东西，总把他看作一个中段：一头是他所以发生的原因，一头是他自己发生的效果；上头有他的祖父，下面有他的子孙。捉住了这两头，他再也逃不出去了！这个方法的应用，一方面是很忠厚宽恕的，因为他处处指出一个制度或学说所以发生的原因，指出他的历史的背景，故能了解他在历史上占的地位与价值，故不致有过分的苛责。一方面，这个方法又是最严厉的，最带有革命性质的，因为他处处拿一个学说或制度所发生的结果来评判他本身的价值，故最公平，又最厉害。这种方法是一切带有评判（Critical）精神的运动的一个重要武器。"胡适：《杜威先生与中国》，见《胡适学术文集·哲学与文化》，51页。

② 胡适：《中国哲学史大纲》（卷上），35页。

③ 李季：《胡适〈中国哲学史大纲〉批判》，3页，神州国光社，1931。

所期望的"百尺竿头更进一步"，直达"唯物史观"。① 但是据"时代"究"思想"的取向，对此后的哲学史、学术思想史研究具有不可替代的示范作用，不管后起者在这"时代"之框中填入什么样的内容，不管他"所用的方法"有多少"可以损益之处"，这一划时代的方向，毫无疑问是由胡适开辟的。

较早对此一取向进行回应的是梁启超。梁氏在《评胡适之〈中国哲学史大纲〉——在北京大学为哲学社讲演》一文中，批评胡适"把思想的来源抹杀得太过了"、"写时代的背景太不对了"。他还正面提出"研究当时社会背景，推求诸子勃兴的原因"，所"当注意"之"事"有十二条之多。② 这些见解在他的初版于1923年8月的《先秦政治思想史》一书中得到了系统地展开。③ 钱穆有数语论及梁启超与胡适之间之学术关联，颇为中肯：

> 梁任公谈诸子，尚在胡适之前，然其系统之著作，则皆出胡后。因胡氏有《中国哲学史》，而梁氏遂有《先秦政治思想史》。因胡氏有《墨辨新诂》（未刊）而梁氏遂有《墨经校释》、《墨子学案》诸书。《先秦政治思想史》叙述时代背景，较胡书特为精密详备，《墨经》亦时有创解。惟其指陈途径，开辟新蹊，则似较胡氏为逊。④

就学术思想史研究中的"时代"之观念而言，胡适或许还是得自梁启超的《论中国学术思想变迁之大势》一文的启发，⑤ 但《先秦政治思想

---

① 胡适：《附注：答陈独秀先生》（1923-11-29），见张君劢、丁文江等：《科学与人生观》，27页，济南，山东人民出版社，1997。

② 梁启超：《评胡适之〈中国哲学史大纲〉——在北京大学为哲学社讲演》（1922），见《饮冰室合集》5《饮冰室文集》卷38，北京，中华书局，1989。

③ 详参梁启超：《先秦政治思想史》，上海，商务印书馆，1923年8月初版，1925年4月第4版。

④ 钱穆：《国学概论》（下），143页，上海，商务印书馆，1931。

⑤ 胡适在《四十自述》中强调梁启超的《论中国学术思想变迁之大势》对自己的影响时，特举"梁先生分中国学术思想史为七个时代：（一）胚胎时代：春秋以前（二）全盛时代：春秋末及战国（三）儒学统一时代：两汉（四）老学时代：魏晋（五）佛学时代：南北朝，唐（六）儒佛混合时代：宋，元，明（七）衰落时代：近二百五十年"，并评论说："这是第一次用历史眼光来整理中国旧学术思想，第一次给我们一个'学术史'的见解。"胡适：《四十自述》，50页。我们再看《中国哲学史大纲》（卷上）"第二篇：中国哲学发生的时代"、"第一章"中国哲学结胎的时代（请与'胚胎时代'参看，尽管内涵有所不同。——引者）"等，就可以知道胡适所受梁氏影响的具体所在了。

史》之深受胡适《中国哲学史大纲》的影响则是无疑的。最重要的就是，"《先秦政治思想史》叙述时代背景"已如钱穆所说"较胡书特为精密详备"，而"其指陈途径，开辟新蹊"不惟"较胡氏为逊"，其"研究当时社会背景，推求诸子勃兴的原因"的路向，乃直承胡适而来，不过后出转精而已。又1920年梁启超在《清代学术概论》中提出一个引人注目的分析架构"时代思潮"，不知与胡适的初版于1919年2月的《中国哲学史大纲》（第二篇之第二章的标题就是"那时代的思潮"）有无关系，无论如何，它的出现已在胡著之后了。

1930年3月，同样具有范式创新意义的中国马克思主义史学的开山之作——郭沫若的《中国古代社会研究》面世了。郭沫若在《序》中也不忘提一提胡适的《中国哲学史大纲》：

> 胡适的《中国哲学史大纲》，在中国的新学界上也支配了几年，但那对于中国古代的实际情形，几曾摩着了一些儿边际，社会的来源既未认清，思想的发生自无从说起。所以我们对于他所"整理"过的一些过程，全部都有从新"批判"的必要。
>
> 我们的"批判"有异于他们的"整理"。
>
> "整理"的究极目标是在"实事求是"，我们的"批判"精神是要在"实事之中求其所以是"。
>
> "整理"的方法所能做到的是"知其然"，我们的"批判"精神是要"知其所以然"。
>
> "整理"自是"批判"过程所必经的一步，然而它不能成为我们所应该局限的一步。①

平心而论，胡适何尝不"是要在'实事之中求其所以是'"、胡适何尝不"是要'知其所以然'"，只是对于主张"没有唯物辩证论的观念，连'国故'都不好让你轻谈"②（"物辩"两字原缺，据上下文意补——引者）的马克思主义史学研究者来说，胡适所揭示的"所以然"够不上"唯物辩证论的观念"所谓的"所以然"罢了。但是，"社会的来源既未认清，思想的发生自无从说起"，"现代"意义上的"思想的发生"问题

---

① 郭沫若：《中国古代社会研究》，序2～3页，上海，上海新新书店，1930。

② 郭沫若：《中国古代社会研究》，序6页。

难道不是首先由胡适郑重地提出、从"认清""社会的来源"入手来探讨"思想的发生"的取径难道不是由胡适开辟出来的吗?尽管由于分析架构的不同,对所谓"社会的来源"的认知已经不可同日而语了,但是,胡适所建立的新范式,不是仍然以一种特殊的方式影响着甚至要取而代之的更新的范式吗?

有一点不能不看到,胡适在论证诸子学"发生"的"原因"时,存在着许多问题。诸如柳诒徵、梁启超指出的(胡适后来向钱穆也承认受晚清经今文家影响而有)疑古过头的问题;钱穆指出的叙述时代背景只及老子以前不及其余,故无以见各家思想递变之所以然,胡适于各家异相极为剖析而于各家共相未能会通,因而无以见此一时代学术所以与他时代特异之处;柳诒徵、梁启超指出的只认政治腐败社会黑暗为学问发生的主要原因,而见不及盛世对思想学术的积极作用的偏颇,以及冯友兰指出的此种形势在中国史中几于无代无之、由此不足以说明古代哲学之特殊情形的问题;梁启超指出的对学术发生的动机的理解过于狭隘的问题;郭沫若、李季指出的不解"社会"的来源或性质的问题;① 等等。持不同观点的学者,从不同角度可以揭出其毛病。

但是,通过严格考辨文献的著述年代来确定学术思想史的脉络,通过了解思想家生活的"时代"来探讨思想学术发生发展的原因,与"《庄子》的《天下篇》、《汉书·艺文志》的《六艺略》、《诸子略》均是平行的纪述"② 截然不同的是,以"时代"为纲、以人物与学派为纬的著述形式,以及贯穿于其中的本于"哲学家的时代",穷究"他们思想的传授沿革"的取向,是由胡适所确定下来的 20 世纪哲学史、学术思想史的基本模式。这当然也是"诸子不出于王官论"的一个具有深远意义地影响了。

其次,更为重要的是,由"诸子不出于王官论"引申出来的见解,在使"经学"从属于"子学"、使"诸子学"成为中国哲学史(胡适本人

---

① 参见柳诒徵:《论近人讲诸子之学者之失》;梁启超:《评胡适之〈中国哲学史大纲〉——在北京大学为哲学社讲演》;钱穆:《国学概论》(下),142 页,以及《八十忆双亲·师友杂忆》,165~166 页,北京,读书·生活·新知三联书店,1998;冯友兰:《中国古代哲学之政治社会的背景》,见《三松堂学术文集》,159 页;郭沫若:《中国古代社会研究》,序 2~3 页;李季:《胡适〈中国哲学史大纲〉批判》等。

② 蔡元培:《中国古代哲学史大纲序》,见胡适:《中国哲学史大纲》(卷上)。

后来更愿意使用的、内容较广的概念是"中国思想史")的源头的潮流中，作出了决定性的贡献，这种见解大大改变了人们对中国文化格局的传统看法，长期支配着后人在这个问题上的认知。

柳诒徵说得很对：胡适"其作《哲学史大纲》，即本此主张（指'诸子不出于王官论'——引者），从春秋时代开端，而其前则略而不论"①。这就是今人看得更为明白的"东周以前存而不论"的"疑古"取向。柳诒徵指出：

> 胡氏论学之大病，在诬古而武断，一心以为儒家托古改制，举古书一概抹杀。故于《书》则斥为没有信史的价值……于《易》则不言其来源……于《礼》则专指为儒家所作……独信《诗经》为信史，而于《诗经》之文，又只取《变风》、《变雅》以形容当时之黑暗腐败，于《风》、《雅》、《颂》所言不黑暗不腐败者，一概不述……盖合于胡氏之理想者，言之津津，不合于其理想者，不痛诋之，则讳言之，此其著书立说之方法也。依此方法，故可断定曰古无学术。古无学术，故王官无学术；王官无学术，故诸子之学决不出于王官。②

撇开价值判断过于浓烈的措辞不论，柳诒徵对胡适的思路把握得非常到位。所谓"古无学术，故王官无学术；王官无学术，故诸子之学决不出于王官"，也就是顾颉刚所觉察到的"诸子的先天的关联既失了存在"，胡适用"疑古"的剃刀将自古认定的"诸子的先天的"来源（"王官"、"六艺"）一刀剃去了。诸子学自然就上升为中国学术思想史的源头。

这是怎样做到的呢？

这里有西学的背景。胡适疑辨群籍，而"独信《诗经》为信史"，主要是因为《诗经》所记月日以及日蚀得到"近来西洋学者"天文历算学的应证，有"科学上的铁证"。③ 除此以外，就难以信据了。

---

① 柳诒徵：《论近人讲诸子之学者之失》，见《柳诒徵史学论文续集》，517 页。
② 柳诒徵：《论近人讲诸子之学者之失》，见《柳诒徵史学论文续集》，518~519 页。
③ 胡适：《中国哲学史大纲》（卷上），24 页。胡适在《先秦名学史》中对此已作了强调，见该书第 13 页。

这自然也是乘清代诸子学发展演变之大势。用胡适本人的话来说就是：

> 清初的诸子学，不过是经学的一种附属品，一种参考书。不料后来的学者，越研究子书，越觉得子书有价值。故孙星衍、王念孙、王引之、顾广圻、俞樾诸人，对于经书与子书，检直没有上下轻重，和正道异端的分别了。到了最近世，如孙诒让、章炳麟诸君，竟都用全副精力，发明诸子学。于是从前作经学附属品的诸子学，到此时代，竟成专门学。一般普通学者，崇拜子书，也往往过于儒书。岂但是"附庸蔚为大国"，检直是"婢作夫人"了。①

更重要的还是大大借助了晚清经今文家尤其是康有为的看法。即柳诒徵所谓"一心以为儒家托古改制"，章太炎更明确地表述为"六籍皆儒家托古，则直窃康长素之唾余"。其中的要害，用柳诒徵的话来说就是："以六籍归纳于儒家"。② 从而使"经学"附属于"子学"。对此，顾颉刚有很好的说明：

> 中国的古籍，经和子占两大部分。普泛的说来，经是官书，子是一家之言。或者说，经是政治史的材料，子是思想史的材料。但这几句话，在战国以前说则可，在汉以下说则必不可。经书本不限于儒家所诵习，但现在传下来的经书确已经过了战国和汉的儒家的修改了；倘使不把他们所增加的删去，又不把他们所删去的寻出一个大概，我们便不能迳视为官书和古代的政治史料，我们只能认为儒家的经典。因此，经竟变成了子的附庸；如不明白诸子的背景及其成就，即无以明白儒家的地位，也就不能化验这几部经书的成分，测量这几部经书的全体。因此，研究中国的古学和古籍，不得不从诸子入手，俟在诸子方面得到了真确的观念之后再去治经。子书地位的重要，于此可见。③

"经竟变成了子的附庸"这短短一句，可以说就是晚清以降中国学术思想史之大折变的纲领。顾颉刚的这一段话，又可以看作自康有为《孔

---

① 胡适：《中国哲学史大纲》（卷上），8～9页。
② 柳诒徵：《论近人讲诸子之学者之失》，见《柳诒徵史学论文续集》，524页。
③ 顾颉刚：《古史辨》，第4册《顾序》，15～16页。

子改制考》以及胡适《诸子不出于王官论》与《中国哲学史大纲》，直到顾颉刚本人主编的《古史辨》之学术流变史的简明提要。在"经竟变成了子的附庸"的过程中，如果说康有为起了意图与后果背道而驰的开辟作用，那么胡适则是奠定格局的中心人物。

在胡适手里，"诸子哲学"被系统化为一个整体，是中国"古代哲学"的全部："古代哲学：自老子至韩非，为古代哲学。这个时代，又名'诸子哲学'。"① 而所谓"截断众流，从老子、孔子讲起"。世人又多注意于其破旧的方面，事实上，从胡适开始，"诸子哲学"成为中国哲学史（中国思想史）的源头。② 而正是有胡适将"诸子哲学"系统化定型为一个极大的源头"时代"在前，才有另一位取《中国哲学史大纲》而代之的《中国哲学史》的作者冯友兰，将中国哲学史划分为"子学时代"与"经学时代"两大段。其对"子学时代"的界定，与胡适的区别只是在于，前者是"自孔子至淮南王"，后者是"自老子至韩非"。这里的分歧自然涉及"正统派"与"魔鬼的辩护士"的对峙；③ 但是在将子学作为中

---

① 胡适：《中国哲学史大纲》（卷上），6 页。并参见耿云志主编：《胡适遗稿及秘藏书信》，第 6 册，15、437、444 页。

② 胡适不仅反复交代"为什么我讲中国古代哲学，单讲诸子哲学，不讲周秦诸子以前的哲学"的理由，而且特别强调周秦诸子对后世的"哲学思想"、"政治制度"、"宗教"、"教育学说"、"历史观念"、"家庭制度"、"社会习惯"等等广泛而深远的影响。参见耿云志主编：《胡适遗稿及秘藏书信》，第 6 册，15～17、444～445 页。

③ 1955 年 1 月 24 日，在写完对卜德（Derk Bodde）所译英文版冯友兰《中国哲学史》的英文书评后，胡适在日记中说："为此事重看冯书两遍，想说几句好话，实在看不出有什么好处。故批评颇指出此书的根本弱点，即是他（冯）自己很得意的'正统派'观点（见自序二）。'正统派'观点是什么？他自己并未明说，但此书分两篇，上篇必须以孔子开始，力主孔子以前无私人著述，力主孔子'以能继往王周公之业为职志，''上继往圣，下开来学。'下篇必须叫做'经学时代'，也是此意。（但更不通！）"《胡适的日记》手稿本，第 17 册，无页码。转引自周质平：《胡适与冯友兰》，见郑家栋、陈鹏选编：《解析冯友兰》，122 页，北京，社会科学文献出版社，2002。1922 年 3 月 5 日，胡适在日记中，对梁启超《评胡适之〈中国哲学史大纲〉——在北京大学为哲学社讲演》的反应是："他讲孔子，完全是卫道的话，使我大失望"，"孔子的学说受了二千年的尊崇"、"庄子的书，受了两千年的盲从"，胡适自己所做的就是"代表反对的论调"的"魔鬼的辩护士（advocatus diaboli）"的工作。中国社会科学院近代史研究所中华民国史研究室编：《胡适的日记》，276～278 页。联系这两则日记，还可联系胡适对英文版冯友兰《中国哲学史》的英文书评（周质平在文中将其做了"摘要翻译"）以及《中国古代哲学史台北版自记》来看，可见，无论是与前辈（梁）也好，还是与后进（冯）也好，胡适与他们的分歧，首先而且一贯的是："魔鬼的辩护士"与"正统派"的对峙。言语之中即使有个人名气上争执的意味，也在其次。

国哲学史（中国思想史）的开辟时代的这一更大更根本的问题的看法上，冯友兰是胡适最为忠实的学生。[①]

胡适对"中国哲学史"或"中国思想史"之源头时代的处理方式，一般来说是基于"疑古"、"辩伪"的立场，更为内在是要解决什么样的素材可以成为"中国"的"哲学史"学科的史料的问题，这自然关系到怎样才是"中国哲学史"、"中国思想史"等更重要的问题。[②] 蔡元培对此是有所意识的，让我们来重温一遍八十多年前的那一段名批吧：

> 第二是扼要的手段。中国民族的哲学思想远在老子、孔子之前，是无可疑的。但要从此等一半神话、一半政史的记载中，抽出纯粹的哲学思想，编成系统，不是穷年累月，不能成功的。适之先生认定所讲的是中国古代哲学家的思想发达史，不是中国民族的哲学思想发达史，所以截断众流，从老子孔子讲起。这是何等手段![③]

以胡适对史料考订的疑辩态度，所谓"中国民族的哲学思想远在老子、孔子之前，是无可疑的"这一论断是否能为其接受，实未可知。不过，蔡氏看到："适之先生认定所讲的是中国古代哲学家的思想发达史"，对其取径确有相当的了解。这种哲学史的写法，就是今人颇欲突破之的所谓"精英"的思想史。而今人所谓"精英"，在胡适眼里主要还是民间之"私学"。若要书写蔡氏所谓"中国民族的哲学思想发达史"，或中国的学术思想史、思想文化史，则胡适早年的处理方式就会陷入困局，其中一个重要的问题就是如何安置被胡适用"疑古"的剃刀如此勇决地剃

---

① 胡适认为"下篇必须叫做'经学时代'，也是此意。（但更不通！）"，不过"上篇必须以孔子开始"，尤其是将"子学时代"作为中国哲学史开辟时代的见解，实是接受了胡适的新范式，是"截断众流"以后才顺理成章的事。所以冯友兰晚年在《三松堂自序》中，郑重地强调了胡适在这些方面的开山作用。关于冯友兰的《中国哲学史》将中国哲学史分为"子学时代"与"经学时代"这一学术观点，前不久，中国哲学史家任继愈尚认为："这两大段落的划分，今天看来，还是经得起考验的。"任继愈：《冯友兰先生在中国哲学史领域里的贡献》，原见《冯友兰先生纪念文集》，又见郑家栋、陈鹏选编：《解析冯友兰》，222 页。

② 参见胡适撰：《中国哲学史大纲》（耿云志等导读），上海，上海古籍出版社，1997；耿云志：《胡适与五四后中国学术的几个新趋向》，载《浙江学刊》，1999（2）；陈启云：《"思想文化史学"论析》，见《中国古代思想文化的历史论析》，3～5 页，北京，北京大学出版社，2001；王汎森：《傅斯年对胡适文史观点的影响》以及《思想史与生活史有交集吗？——读"傅斯年档案"》，见《中国近代思想与学术的系谱》。

③ 蔡元培：《中国古代哲学史大纲序》，2～3 页，见胡适：《中国哲学史大纲》（卷上）。

掉的"王官"之学？

最近，古史学家李学勤《清代学术的几个问题》一文为我们进一步深入探讨这一问题提供了很有启发性的新思路。他指出：

> 不少人讨论"经"和"经学"问题，认为，"经"的形成较晚，在孔子之后；"经学"更晚，晚到汉代才出现。我认为这是不正确的……中国"经"的产生很早，大约商代已萌芽，西周基本成型，春秋则已很普及。晚清学者认为"经"出现在战国孔子以后的说法，显然与事实不符。①

从这样一个基本的认知出发，既然"中国的'经'的产生很早，大约商代已萌芽，西周基本成型，春秋则已很普及。晚清学者认为'经'出现在战国孔子以后的说法，显然与事实不符。"那么，胡适那接受了晚清经今文家尤其是康有为见解的论断：使"经学"从属于"子学"，把"诸子学"作为中国哲学史、思想史的源头的看法，就要重新检讨了；冯友兰将中国哲学史划分为"子学时代"与"经学时代"两大段的说法也要重加清理。梁启超等人敏锐观察到的至晚清以降愈演愈烈的"以复古为解放"的"文艺复兴"运动，也确如钱穆所说："然复先秦之古，犹未已也。继此而往，则将穷源拔本，复商周之古，更上而复皇古之古。则一切崇古之见，皆得其解放，而学术思想，乃有新机。"② 时至今日，也许应该补充一句：一切疑古、蔑古之见，亦得解放！在这样的时代，我们来回顾胡适的"诸子不出于王官论"引申出来的见解的意义及其存在的问题，不是可以看得更清楚吗？由此，对我们自身的处境不是也可以多一点历史的了解吗？从而，对于我们生于斯长于斯的故国文化自晚清以降转进翻腾日新又新之命运不是也可以增一份亲切的体会吗？

---

① 李学勤：《清代学术的几个问题》，见刘东主编：《中国学术》，第6辑，234～235页，北京，商务印书馆，2001。

② 钱穆：《国学概论》（下），149页。钱氏此意，先发于此，再阐于《评顾颉刚〈五德终始说下的政治和历史〉》（原刊于《大公报·文学副刊》，第170期，1931-04-13，见《古史辨》，第5册，618页，上海，上海古籍出版社，1982）。在钱穆对梁启超的看法所下转语之后，或可再下转语：近日学界"走出疑古时代"的努力，不正是钱氏所谓"譬如高山下石，不达不止"的"以复古为解放"的"文艺复兴"大潮之新进境吗？

第四章 "汉宋之争"再起?——梁启超、胡适、钱穆之间的"戴震"公案

文化的连续性与变异性观点及其交互运用,是本书采用的一个重要视野。本章要讨论的是中国学术重要议题"汉宋之争"的一个民国版本。

章学诚已经告诉我们,在乾隆朝"汉学宋学之交讧"的学争中,戴震已经是纷议的中心。在 20 世纪二三十年代,学术界整理清代学术史——用时人爱称的是"近三百年学术史"——蔚为热潮,戴震又成焦点。梁启超、胡适、钱穆三位大学者对此的激烈讨论,所折射出的中国学术的传承性与裂变性,对我们的启示尤为丰富而深刻。梁氏与胡氏着力发掘戴震学术的现代性。他们均从戴震为代表的"汉学"、"考证学"上找到了"科学方法"与"科学精神"的典范;对于"戴东原哲学",则各自有不同的发挥,梁氏表彰其有助于现代之人心从"天理"之宰制下解放出来的"情感主义",胡适则旨在为由于西方之照应而凸显的中国学术所薄弱甚至缺失的知识论传统,寻找并重建"理智主义"的"哲学"基础;大体来说,又是不约而同地希望中国由此而步入西方式"美丽新世界"。传统上所热议的"汉学"、"宋学"何者得圣人之意,以及戴震的道德瑕疵,不再是关注的焦点,或者以为"理学"应当为中国的长期不长进负责,或者独取朱子作为"惟智"哲学的先驱以接引西方式"智识主义"。在中国学者自己抢起西方大戒尺的教训之下,"汉宋之争"面目全非,重新组合,另起炉灶。梁、胡两氏对"汉宋"学术的如此消费,引起钱穆的强烈反弹。钱氏揭穿了"汉学"的"科学"假面,并指出近人所谓"汉学"亦非元气磅礴的真正"汉代"之学,他更不取后人关于"理学"的褊狭界定,而重新拓展和建构了"宋学"的内涵与外延,力主

"宋学"之道德理性与学术经世精神及其寄托于书院讲学之生命活力,张扬了一种鲜明的后"五四"的文化反省意识和具有强烈主体性的"文化民族主义"。

第一节 试从"科玄论战"看梁启超、
胡适有关"戴震"研究之异同离合

戴震是清代乾嘉学派的巨擘,又是在考据之风弥漫的情况下有杰出哲学成就的思想家,是在程朱理学被尊奉为"朝廷正学"的局势下敢于把程朱树为靶子来攻击的勇士。这样的人物自然要成为思想学术话题的中心,不断地被重提。①

戴震的考证学成就一直得到很高的评价,他的哲学一度曾是遭冷落的,但是原来淹没于考据的汪洋大海中的戴震的义理之学,近代以来反而凸显出来,引起人们热烈讨论、广泛传播的浓厚兴趣,他的义理之书如《孟子字义疏证》、《原善》等与明末清初顾炎武、黄宗羲、王夫之等人的著作一起,被"重新发现"。②

到 20 世纪 20 年代,戴震依然是备受学界关注的人物。我们力图试探

---

① 在他去世后不久,朱筠和洪榜之间就有戴震的义理之学可不可传的争议。章学诚对他的学术境界推崇备至,但是极不满意于他对朱子的排诋。他是否剽窃赵一清《水经注》校本一事,久无定案,又增添了扑朔迷离。凌廷堪、焦循、阮元等有心成为他的后学,姚鼐、程晋芳、方东树等则刻意加以反攻。胡适干脆认为几乎没有一个人得其哲学之真谛,堪称他的传人。

② 章太炎《太炎文录初编》、《释戴》篇,开近人推崇戴震哲学的先声。刘师培在倾心于无政府主义的思潮前,十分仰慕戴震对程朱理学的批评,他把戴震和卢梭相提并论,认为戴震把自己从理学的独断论中解放出来。王国维在其收入《静庵文集》之《国朝汉学派戴阮两家之哲学说》一文中认为:戴震的《原善》、《孟子字义疏证》、阮元的《性命古训》"其说之幽元高妙,自不及宋人远甚,然一方复活先秦之古学,一方又加以新解释,此我国最近哲学上唯一有兴味之事,亦唯一可纪之事也"。他虽然指出清人的义理之学不如宋人,对戴震派的哲学也不轻视。蔡元培在写于 1923 年 12 月的《五十年来中国之哲学》中表达了相近的意思。入正题前追溯以往的哲学史,谈到宋明以降"五十年以前的人物",提到的唯有戴震及承其学的焦循、阮元。并认为戴震的《孟子字义疏证》与《原善》两书,"颇能改正宋明学者的误处",等等。还有学者指出:"近代资产阶级思想家章太炎、梁启超也高度评价戴震的哲学,把他和卢梭、孟德斯鸠相比。直到'五四'运动时,戴震的哲学思想还在批判孔家店(实为程朱理学)的斗争中发生了积极的作用。"见张岱年主编:《中华的智慧——中国古代哲学思想精粹》,412 页,上海,上海人民出版社,1989。

在戴震思想学术的诠释和评价上梁启超与胡适之间相互关联而不尽相同的学术见解的思想底蕴。这不是就戴震论戴震,不是对戴震思想学术本身的研究,而是对他在 20 世纪 20 年代中国学术界引起的反响的研究,笔者也不致力于品评两位学者在学术史整理方面的得失高下,而是通过对梁、胡各自心目中的"戴震"的比较,来考察他们本人之间的思想交涉,并联系现代思想史上有名的"科玄论战"来揭示其意义。

一、频频著文

以戴震的二百周年诞辰纪念(公元 1924 年 1 月 19 日)为契机,20 世纪 20 年代学术界对戴震思想学术的研讨达到了高潮,[①] 尤以梁和胡这两位学界领袖最为突出。

20 世纪前十年末从"无聊的政治活动"的"牵率"中退出来的梁启超,发兴从此"重理文字旧业"。一心致力于学术和教育。其第一个具有重大意义的学术工作就是整理清代学术史。主要著作有 1920 年 10 月著成的《清代学术概论》(原题《前清一代思想界之蜕变》)和约于 1923 年冬至 1925 年春之间所撰的《中国近三百年学术史》。其中后者为梁启超任教于清华大学、南开大学等校时所编的讲义,其实是一部尚未完成的作品。[②] 但是,梁氏二书,合为双璧,前者高屋建瓴、议论磅礴,后者条分缕析、眉目清朗,实为讨论清学难得的姊妹篇。

---

① 1924 年 1 月 19 日,在北京安徽会馆召开戴东原先生日二百年纪念讲演会。出席的名流有梁启超、胡适、钱玄同、朱希祖等人;会议成果后结集为《戴东原二百年生日纪念论文集》(明明印刷局 1924 年 1 月 20 日印刷,晨报社出版部 1924 年 2 月 1 初版),内收:梁启超的《戴东原生日二百年纪念会缘起》(作为该书"引子")、《戴东原先生传》、《东原著述纂校书目考》、《东原哲学》,陈展云的《戴东原的天算学》,汪震的《中国心理学史上的戴震》,吴时英的《戴东原的诗学》,周良熙的《东原续天文略与续通志天文略》;并附:戴震的遗像、墨迹、故宅、读书处、祠堂和纪念讲演会盛况及梁启超作讲演的照片插图。会议影响所及:"当时整个一年期间,报纸副刊与杂志上几乎成为戴学的天下",参见侯外庐:《近代中国思想学说史》,387 页,上海,生活书店,1947。

② 朱维铮指出:"但在作者生前,全书似未以完帙形式公开发表过。"参见朱维铮校注:《梁启超论清学史二种:清代学术概论、中国近三百年学术史》,校注引言,2 页,上海,复旦大学出版社,1985。

而且该讲义并没有实现作者"要将清学各部分稍为详细解剖一番"、"要将各时期重要人物和他的学术成绩分别说明"的预期目的,清中叶以后的学术史仅有综论而无说明,更无解剖。参见陈祖武:《清初学术思辨录》,334 页,北京,中国社会科学出版社,1992。

年辈晚于梁启超的新文化运动领袖胡适，其总结整理清代学术的劲头并不亚于梁。初版于1919年2月的《中国哲学史大纲》（卷上）导言部分就以当时西方哲学史、历史学和校勘学的方法论为基本架构，对清代考证学的各种实际方法做了一次有系统的整理。① 发表于1921年11月的《清代学者的治学方法》和1928年9月的《治学的方法和材料》是他讨论清代学术的最重要的专题论文。此外《〈国学季刊〉发刊宣言》（1923年1月）则是由胡适主笔②、并不专谈清学却实为总结清学的综论性文字。

必须指出，无论是在梁启超还是在胡适那里，所谓清代学术主要是指以乾嘉汉学为代表的考证学。梁认为：若没有了考证学，清代学术就无生命可言了，清代考证学是我国自秦以后可与汉之经学、隋唐之佛学、宋明理学相提并论"确能成为时代思潮者"，而胡适所谓"大胆的假设，小心的求证"的科学方法，主要是从乾嘉汉学中总结出来的。

作为清代考证学的中心人物及清代中期鲜见的思想家，戴震格外引梁、胡注目。

1923年10月10日，梁启超在北京倡议发起"戴东原生日二百年纪念会"。为纪念他衷心推崇的这位学者和哲学家，梁本打算做五篇论文。一是东原先生传；二是东原著述考；三是东原哲学；四是东原治学方法；五是颜习斋与戴震。后"因校课太忙"，没有尽数完成；《饮冰室合集》收入的有关戴震的文字有：《戴东原生日二百年纪念会缘起》、《戴东原先生传》、《戴东原哲学》、《东原著述纂校书目考》、《戴东原图书馆缘起》。这些文章写在纪念会前后。梁氏自述《戴东原哲学》"我是接连三十四点钟不睡觉赶成"，③ 这在别人是难以想象的事情，也充分说明了他对戴震的痴迷程度。梁氏可以说是当时纪念戴震的学者当中著文最多最勤的一位了。

---

① 参见余英时：《中国近代思想史上的胡适》，40页，台北，联经出版事业公司，1984。

② 此文所表达的不仅是胡适的个人见解，而是"代表全体"观念的文字，但由胡适主笔。参见陈以爱：《中国现代学术研究机构的兴起——以北京大学研究所国学门为中心的探讨（1922——1927）》，226～245页，台北，政治大学历史学系出版，1999。

③ 梁启超：《戴东原哲学》，见《饮冰室合集》5《饮冰室文集》卷40，78页，北京，中华书局，1989。

梁启超郑重其事,还去信邀请当时在上海的新文化运动领袖胡适参加此会。胡于11月13日复函,欣然接受与会之邀①并于1923年12月开始撰写《戴东原的哲学》,为赴会作准备。此文"中间屡作屡辍,改削无数次,凡历二十个月方才脱稿"于1925年8月,长达七万言。② 原刊于《国学季刊》二卷一期。1927年上海商务版附录了戴震的《原善》及《孟子字义疏证》、彭绍升《与戴东原书》、戴震《答彭进士书》,推崇与传播之意甚为明显。另外,此前作于1923年12月的《戴东原在中国哲学史上的位置》、此后定稿于1928年2月的《几个反理学的思想家》都是有关戴震哲学的著作。胡对戴震的钟爱与梁相映成趣。③

二、梁、胡心目中的戴震

梁启超、胡适对戴震都是推崇备至的。

梁启超《戴东原生日二百年纪念会缘起》(1923年)概括了他对戴震思想学术大体的看法,梁认为戴震除了"是考证学一位大师"之外,他"在今后学术界留下最大价值者,实在后例两项":第一,"他的研究方法";第二,"他的情感哲学"。梁指出:前者"和近世科学精神一致",这一方面的贡献使"东原可以说是我们'科学界的先驱者'";后者"是在世界哲学史上有价值的,最少也应该和朱晦翁、王阳明平分位置,所以东原可以说是我们'哲学界的革命建设家'"④。

胡适也认为戴震是深通"科学方法"、得"清学的真精神"的"清学的宗师";⑤ 至于戴震的哲学,他认为戴震是"这八百年来,中国思想史上"与朱子、王阳明同为"每人画出了一个新纪元"的"极重要的人

---

① 耿云志、欧阳哲生编:《胡适书信集》上册(1907—1933),323页,北京,北京大学出版社,1996。

② 胡适:《戴东原的哲学》,197页,上海,商务印书馆,1927。

③ 更不用说后来一则为显所谓"科学方法"身手二则也为戴震洗冤而作了二十年的《水经注》考证了。

④ 梁启超:《戴东原生日二百年纪念会缘起》,见《饮冰室合集》5《饮冰室文集》卷40,38~39页。

⑤ 胡适:《清代学者的治学方法》,见葛懋春、李兴芝编辑:《胡适哲学思想资料选》(上),208~211页,上海,华东师范大学出版社,1981。

物"，甚至是"朱子以后第一个大思想家，大哲学家"①。他的哲学标志着"近世哲学的中兴"。②

执当时思想界牛耳的梁、胡这两位学者，对戴震的思想学术同时关注、齐声宣扬。这一事实本身，不仅具有学术史的意义，而且具有思想史的意义。对其意义的了解，不仅要从他们看法的同处去观察，而且要从他们见解的异处去揭示。1947年，侯外庐在《近代中国思想学说史》就已指出梁、胡研究戴震同为"带有号召色彩地去宣扬"而非"历史地去了解"，并且论及他们把握戴震的侧重点的不同："任公以考据学为全盛时代的意义，而适之则以东原哲学为其含义。"③ 就戴震的思想学术引起近人兴趣的焦点而言，余英时也提示："近人之推崇东原也同样是由于他的义理，并非由于他的考证。"④ 我们则认为：对其寓于而又不限于考证学的"科学精神"、"科学方法"的一致肯定，对其哲学基调之把握上"重情"与"主知"的发挥的歧异，构成梁、胡心目中的戴震的异同离合的基本内涵。

1. "科学方法"、"科学精神"的宣扬

梁著《清代学术概论》就把戴震作为"清学全盛期"、"清学正统派"的代表人物来凸显了，认为"故苟无戴震，则清学能否卓然自树立，盖未可知也"。指出"其治学根本方法，在'实事求是'、'无征不信'。"并认为"戴震之精神"、"清学派之精神"与近代西方"实证哲学派"的精神相通。⑤《中国近三百年学术史》之十三至十六《清代学者整理旧学之总成绩》从经学、小学、音韵、天算、水地等各方面介绍了戴震的学术成就。但梁并不汲汲于戴氏治学所得的具体成果的铺陈，而尤着眼于

---

① 胡适：《戴东原在中国哲学史上的位置》，见姜义华主编：《胡适学术文集·中国哲学史》（下），1104、1108 页，北京，中华书局，1991。可见在胡看来，戴震的地位尤在阳明之上。置戴震于阳明之上，自来论学者是很少这样提的，胡适的这一看法很耐人寻味，下面我们就可以知其所以然。

② 参见胡适：《戴东原的哲学》，83 页；胡适：《几个反理学的思想家》，见《胡适学术文集·中国哲学史》（下），1156 页。

③ 参见侯外庐：《近代中国思想学说史》，387、390 页。

④ 余英时：《论戴震与章学诚——清代中期学术思想史研究》，2 页，台北，华世出版社，1980。

⑤ 参见朱维铮校注：《梁启超论清学史二种》，4、28、31 页。

"他的研究方法"之发明：

> 东原本人自己研究出来的成绩品，可宝贵的虽然甚多，但他同时或后辈的人，有和他一样或更优的成绩品的也不少。东原在学术史上所以能占特别重要位置者，专在研究法之发明。他所主张"去蔽"、"求是"两大主义，和近世科学精神一致，他自己和他的门生各种著述中，处处给我们这种精神的指导。这种精神，过去的学者虽然仅用在考证古典方面，依我们看，很可以应用到各种专门科学的研究，而且现在已经有一部分应用颇著成绩，所以东原可以说是我们"科学界的先驱者"。①

在梁看来，具有示范意义、可以扩展范围超越时空应用的戴震"科学精神"、"科学方法"比他作为"考证学一位大师"的"成绩品"要重要得多，梁将戴震视为"我们'科学界的先驱者'"正是在这个意义上说的。

胡适显然具有相同的看法。《清代学者的治学方法》把清代的朴学分解为文字学、训诂学、校勘学、考订学"四种科学"，并把清代学者的治学方法总括为两点："①大胆的假设，②小心的求证。"这也成为胡本人倡导的"科学方法"的十字箴言，戴震则是精于此道的典范。②《几个反理学的思想家》又径直称"戴氏是一个科学家，他长于算学，精于考据，他的治学方法最精密，故能用这个时代的科学精神到哲学上去，教人处处用心知之明去剖析事物，寻求事情的分理条则。他的哲学是科学精神的哲学……"③《戴东原的哲学》引戴氏原文说明戴震既了解"科学的目的"、又懂得"科学家所谓'证实'（verification）"。④

可见，梁、胡对戴震的推崇，首先都着眼于其治学方法和治学精神的"科学"性。我们且不论戴震的治学方法是否堪称近代意义上的"科学方法"，梁和胡的相通之处在于他们都以西方实证主义的科学方法和科

---

① 梁启超：《戴东原生日二百年纪念会缘起》，见《饮冰室合集》5《饮冰室文集》卷40，38页。
② 胡适：《清代学者的治学方法》。
③ 胡适：《几个反理学的思想家》，见《胡适学术文集·中国哲学史》（下），1165页。
④ 胡适：《戴东原的哲学》，65、66页。

学精神来解释和会通以戴震为代表的清代考证学，其目的都要在中国学术传统中发掘西方式的"科学精神"、"科学方法"。① 梁启超看到归纳法在清代考证学中的核心地位②，又看到学术专业化发展的趋势，而倡导"窄而深的研究"；胡适以他所了解的西方科学和哲学的新动向为依据，强调科学方法中"演绎"与"归纳"的交互作用，并以此释读清代学术而提倡"大胆的假设，小心的求证"③。他们对清代考证学的成就的评价都是有所保留的，但对以戴震为范例的"科学方法""科学精神"的推崇继承和发扬光大都一样是非常自觉的。④ 他们确实是"带有号召色彩地去宣扬"的。

然而，与此颇有反差的是，对戴氏哲学之基点的把握，却是所同不胜其所异。

2. 重情与主知

梁启超《清代学术概论》（1920 年 10 月）对戴震的哲学有简明扼要

---

① 这要从梁、胡清学史整理的著述背景中去看。

② 梁氏说："然则诸公曷为能有此成绩耶？一言以蔽之曰：用科学的研究法而已……经数番归纳研究之后，则可以得正确之断案矣。既得断案，则可以推论于同类之事项而无阂也。"见朱维铮校注：《梁启超论清学史二种》，37～38 页。又说："夫吾固屡言之矣，清儒之治学，纯用归纳法，纯用科学精神。"同上书，51 页。又说："清学正统派之精神，轻主观而重客观，贱演绎而尊归纳，虽不无矫枉过正之处，而治学之正规存焉。"同上书，85 页。

③ 关于这一点，胡适《清代学者的治学方法》交代得最为清楚。但是林毓生认为"胡适终生所宣扬的科学方法，虽然形式上包括归纳法与演绎法，但实际上他十分强调的只是归纳法，再加上一点心理上或精神上的大胆（他认为那样的心态便能在科学方法中扮演假设、演绎的功能——实际上'大胆'与演绎推理并无关系）……"、"胡适是把归纳法当作演绎法的基础的"。参见林毓生：《中国传统的创造性转化》，266、271 页，北京，生活·读书·新知三联书店，1988。可见，在对以戴震代表的清代朴学的学术方法与精神之"科学"性的把握上，梁、胡并无多少不同。

④ 梁启超指出："以乾嘉学派为中坚之清代学者，一反明人空疏之习，专从书本上钻研考索，想达到他们所谓'实事求是'的目的。依我们今日看来，他们的工作，最少有一半算是白费，因为他们若把精力用到别个方向去，成就断不止此。但这是为时代性所限，我们也不能太过责备。至于他们的研究精神和方法，确有一部分可以做我们模范的，我们万不可以看轻他。"见朱维铮校注：《梁启超论清学史二种》，294 页。这段话作为"清代学者整理旧学之总成绩"的前言，此意甚明。由胡适主笔的《〈国学季刊〉发刊宣言》"总括这三百年的成绩"：（一）整理古书。（二）发现古书。（三）发现古物。又指出其缺点：（一）研究的范围太狭窄了。（二）太注重功力而忽略了理解。（三）缺乏参考比较的材料。还提出了"我们一班同志"努力的方向：第一，用历史的眼光来扩大国学研究的范围。第二，用系统的整理来部勒国学研究的资料。第三，用比较的研究来帮助国学的材料的整理与解释。也是如此。该《宣言》收入胡明编选：《胡适选集》，天津，天津人民出版社，1991。

的阐发：

> 《疏证》一书，字字精粹，右所录者未尽其万一也。综其内容，不外欲以"情感哲学"代"理性哲学"，就此点论之，乃与欧洲文艺复兴时代之思潮之本质绝相类。盖当时人心，为基督教绝对禁欲主义所束缚，痛苦无艺，既反乎人理而又不敢违，乃相与作伪，而道德反扫地以尽。文艺复兴之运动，乃采久闷室之"希腊的情感主义"以药之。一旦解放，文化转一新方向以进行，则蓬勃而莫能御。戴震盖确有见于此，其志愿确欲为中国文化转一新方向。其哲学之立脚点，真可称二千年一大翻案。其论尊卑顺逆一段，实以平等精神，作伦理学上一大革命。其斥宋儒之糅合儒佛，虽辞带含蓄，而意极严正，随处发挥科学家求真求是之精神，实三百年间最有价值之奇书也。①

据此，梁启超对戴震哲学的推崇有三点：

第一，"其哲学之立脚点"的"情感主义"；

第二，"伦理学上"的"平等精神"；

第三，在批评"宋儒之糅合佛儒"中发挥的"科学家求真求是之精神"。

其中最为重要最为基本的是第一点。所以梁要援引"欧洲文艺复兴时代之思潮"来比附，抬举为"二千年一大翻案"。

《戴东原生日二百年纪念会缘起》进而把"情感哲学"与"研究方法"并列为戴震工作中的两项"最大价值者"之一：

> （二）他的情感哲学
>
> 宋明以来之主观的理智哲学，到清初而发生大反动。但东原以前大师，所做的不过破坏工夫，却未能有所新建设，到东原才提出自己独重情感主义，卓然成一家言。他这项工作，并不为当时人所重视，但我们觉得他的话是在世界哲学史上有价值的，最少也应该和朱晦翁、王阳明平分位置，所以东原可以说是我们"哲学界的革

---

① 朱维铮校注：《梁启超论清学史二种》，34～35 页。

命建设家"。①

上文未作交代的所谓"理性哲学",按诸中国思想史,就是这里所说的"宋明以来之主观的理智哲学"。作为这种哲学之反动的戴震"独重情感主义,卓然成一家言"的"情感哲学"在梁著《戴东原哲学》中又被称为"情欲主义"。其意义在于:"简单说一句,东原所以重视情欲,不过对于宋儒之'非生活主义'而建设'生活主义'罢了"②。

这样,梁启超将"文艺复兴时代之思潮"从欧洲中世纪"基督教绝对禁欲主义所束缚"挣脱反抗出来的"本质",与戴震的"情感哲学"对从"理性哲学"、"主观的理智哲学"即程朱理学的反动相比拟,来揭示其既是"革命"也是"建设"的思想解放意义,梁正是主要着眼于这一点来论定戴震在中国思想史上的地位的。

与之形成鲜明对照的是,胡适所把捉到的戴震哲学的核心是"理智"主义而非"情感哲学"、"情欲主义"。

胡适对戴震哲学中重"情"重"欲"的内容也并不轻忽,相反倒是别具现实针对性地发挥了戴震"以理杀人"等对"理学先生"们及"在上者"们进行激烈批判的思想。《戴东原的哲学》虽然也肯定了理学的运动"提倡理性"、以"理"抗"势",承认"理学家在争自由的奋斗史上占的重要地位"等"好的方面";③ 更批评了它的"坏的方面":"理学家把他们冥想出来的臆说认为天理而强人服从。他们一面说存天理,一面又说去人欲。他们认人的情欲为仇敌,所以定下许多不近人情的礼教,用理来杀人,吃人。"接着胡适批判了"饿死事极小,失节事极大"的"私见","天下无不是的父母"的"偏见":"八百年来,一个理字遂渐渐成了父母压儿子,公婆压媳妇,男子压妇子,君主压百姓的唯一武器;渐渐造成了一个不人道,不近人情,没有生气的中国。"他甚至引征《大义觉迷录》所记雍正皇帝与钦犯曾静"讲理"一节,来体会戴震立言的

---

① 梁启超:《戴东原生日二百年纪念会缘起》,见《饮冰室合集》5《饮冰室文集》卷40,38~39页。

② 梁启超:《戴东原哲学》,见《饮冰室合集》5《饮冰室文集》卷40,65、67页。

③ 胡适:《戴东原的哲学》,53~55页。

处境。① 胡适还表彰戴震"他很大胆地说'理者，情之不爽失者也；''情之至于纤微无憾是谓理'"，并推崇"他这样抬高欲望的重要，在中国思想史上是很难得的。"② 又指出戴震与众不同之处："乾嘉时代的学者稍稍脱离宋儒的势力，颇能对于那些不近人情的礼教，提出具体的抗议。吴敬梓，袁枚，汪中，俞正燮，李汝珍（小说《镜花缘》的作者）等，都可算是当时的人道主义者，都曾有批评礼教的文字。但他们只对于某一种制度，下具体的批评；只有戴震能指出这种不近人情的制度所以能杀人吃人，全因为他们撑着'理'字的大旗来压迫人，全因为礼教的护法诸神——理学先生们——抬出理字来排斥一切以生以养之道，'虽视人之饥寒号呼，男女哀怨，以至垂死冀生，无非人欲！'"③

可见，胡适对戴震肯定情欲反对理学的思想颇为重视，并给予了很高的评价。但胡适并不停留在这一点上。

《戴东原的哲学》在指出"戴氏总论理欲之辨凡有三大害处"。之后紧接着说了这样一句承前启后的话：

> 戴氏的人生观，总括一句话，只是要人用科学家求知求理的态度与方法来应付人生问题。④

胡适又看到，在戴震哲学中：

> 人性有三大部分：欲、情、知。三者之中，知最重要。⑤

可见，对胡适来说，那种"科学家求知求理的态度与方法"（即主"知"的态度和方法）是比戴震哲学中重情重欲的思想更为根本更为重要

---

① 胡适：《戴东原的哲学》，55～58页。
② 胡适：《戴东原的哲学》，69、71页。
③ 胡适：《戴东原的哲学》，74～75页。
④ 胡适：《戴东原的哲学》，77页。
⑤ 胡适：《几个反理学的思想家》，见《胡适学术文集·中国哲学史》（下），1159页。胡适的《戴东原的哲学》中类似的话很多，如第48页说："他把情，欲，知，三者一律平等看待，都看作'血气心知之自然'。这是对于那些排斥情欲，主静，主无欲的道学先生们的抗议。他在那三者之中，又特别提出知识，特别赞美他'小之能尽美丑之极致，大之能尽是非之极致。'因为有知欲才得遂，情才得达。又因为有知，人才能推己及人，才有道德可说。理想的道德是'使人之欲无不遂，人之情无不达。'这是他的性论，他的心理学，也就是他的人生哲学。"这段话对"知"与"情"、"欲"之间的轻重关系交代得也很明白。

的东西，后者赖前者而有、只不过是前者用来"应付人生问题"而得到
的。因此，我们虽不能说，胡适对戴震思想中重"情欲"的成分没有足
够的了解，但是就《戴东原的哲学》的基本倾向来看，就胡适把握戴震
思想大体的基本着眼点来看，重"知"先于重"情欲"，"知"才是第一
义的。

事实上，不仅人生观是如此，"戴震的天道论，是一种自然主义"。
"这是一种唯物论，与宋儒的理气二元论不相同"。"他的宇宙观也颇带一
点科学色彩"；① 戴震的"性"论，"这又是一种唯物的一元论，和宋儒的
理气二元的性论相冲突了"。② 戴震论"道"，也是"极力避免宋明理学家
的玄谈"；③ 而在最重要的"理"论上戴震贯穿着"科学"的主"知"
精神：

胡适很重视"戴氏在哲学史上的最大贡献：他的'理'论"④。他认
为戴震提供了不同于宋明学者沾染了佛道"明心见性"气味的"理得于
天而具于心"的"理"论。戴震把"理"定义和解释成是客观存在的能
用人的心知察识的事物的"条理"、"分理"，这在胡适看来是一种科学的
唯物的"理"论。因此，胡适一方面说戴震是"反理学"（其实是反对玄
学化地谈"理"）的思想家，而另一方面又说他建设了"新理学"⑤（其实
是一种有关"理"的"新"说）。"这个新定义到戴氏的手里，方才一面
成为破坏理学的武器，一面又成为一种新哲学系统的基础"⑥。而戴震何
以能达到这种新认识呢？是靠"最可代表那个时代的科学精神"的"分
析"和"综合"相结合的"一种实证的求知的方法"获得的。⑦

胡适总结道：

至于戴震无论是论性，论道，论情，论欲，也都是用格物穷理
的方法，根据古训做护符，根据经验作底子，所以能摧破五六百年

---

① 胡适：《戴东原的哲学》，30、31、35 页。
② 胡适：《戴东原的哲学》，36 页。
③ 胡适：《戴东原的哲学》，48 页。
④ 胡适：《戴东原的哲学》，51 页。
⑤ 胡适：《戴东原的哲学》，83、103、136～137、188～189、193 页。
⑥ 胡适：《戴东原的哲学》，53 页。
⑦ 胡适：《戴东原的哲学》，64 页。

推崇的旧说,而建立他的新理学。戴震的哲学,从历史上看来,可说是宋明理学的根本革命,也可以说是新理学的建设——哲学的中兴。①

无论是带有科学色彩的自然主义的唯物论的宇宙观、一元论的人性论、重情重欲的政治哲学,归根结底都是"用格物穷理的方法,根据古训做护符,根据经验作底子",都贯穿着胡所谓"纯粹理智态度",才获得近世"哲学的中兴"的伟大意义。可以说胡以其特有的理解方式认为戴震哲学的基调是主"知"的。②

也正是根据这一点,在占《戴东原的哲学》篇幅过半的该文第三部分"戴震学的反响"中,他对凌廷堪、焦循、阮元等一般认为尚能传其学的戴震氏后学持严厉的"判教"态度,认为"用礼来笼罩一切"的凌廷堪、佩服王阳明"良知"之学的焦循、主张"圣贤之道无非实践"的阮元等都"不懂得戴学'重知'之意"、没有"纯粹理智的态度"、"不了解戴学('先务于知')的真精神",因此,在胡看来"几乎可说是没有一个人"得戴震哲学之真谛,堪称他的传人。③

胡适又试图揭示这种主"知"哲学的知识基础与时代根源。

胡适谈到戴震的"科学"研究与他的"唯物的,自然的宇宙论"的

---

① 胡适:《戴东原的哲学》,83 页。这里所谓"革命",是指由方法上遵循程朱"格物穷理"的路子而进一步经验化、实证化、科学化,即比程朱更为"彻底"地走"理智主义"的路,从而达到全新的"理"论。因而胡适又谓戴震是程朱的"嫡派"又是程朱的"诤友",因为程朱路子虽近科学却尚不免于玄学化宗教式地论理,更不用说陆王了,而戴氏则与之大为不同。

② 为了说明这一点,胡适引东原批评程朱"详于论敬而略于论学(《疏证》十四)"的话并加以评论道:"这九个字的控诉是向来没有人敢提起的。也只有清朝学问极盛的时代可以产生这样大胆的控诉。陆王嫌程朱论学太多,而戴震却嫌他们论学太略!"见胡适:《戴东原的哲学》,81 页。

余英时:《论戴震与章学诚——清代中期学术思想史研究》引了上述胡评论戴震的话,再加评论道:"胡氏的解释是很有根据的。其实如果从学术史的观点来看,东原对学问与知识的态度正是儒家智识主义发展到高峰时代的典型产品。"见该书第 19 页。

余英时欣然接受胡适对戴震哲学重"知"精神的揭示,作为他以"儒家智识主义发展到高峰时代"来解释清学的"支援意识",这是顺理成章的事;两位先生共同注意而又一再发覆戴震哲学"重知"基点的义蕴,这更是思想史上极有意思的现象。我想指出的是"也只有"欣然接受了西方的科学及其哲学基础的实证主义乃至对其作科学主义理解的胡适,才能点出和发挥戴震哲学的这一特异之处。

③ 胡适:《戴东原的哲学》,103、115、123、149、187~194 页。

关系：

> 以上述戴氏的宇宙观。他是当时的科学家，精于算数历家之学，深知天体的运行皆有常度，皆有条理，可以测算，所以他的宇宙观也颇带一点科学色彩，虽然说的不详不备，究竟不愧为梅文鼎、江永、钱大昕的时代（"的时代"疑当做"时代的"——引者）宇宙论。①

他认为跟考证学的兴盛也有内在关联。因此他说"也只有清朝学问极盛的时代可以产生这样大胆的控诉"（指戴震所谓"详于论敬而略于论学"），还说"所谓'致知'，只是'致其心之明，自能权度事情，无几微差失。'（同上）这真是清朝学术全盛时代的哲学"。②

这些意思在《几个反理学的思想家》中表达得更为明白：

> 这个时代是一个考证学昌明的时代，是一个科学的时代。戴氏是一个科学家，他长于算学，精于考据，他的治学方法最精密，故能用这个时代的科学精神到哲学上去，教人处处用心知之明去剖析事物，寻求事物的分理条则。他的哲学是科学精神的哲学……③

这段话不仅指出了戴震的哲学与清朝那个"考证学昌明的时代"、"科学的时代"的关系：考证学的兴盛为戴震哲学提供了"科学"的基础，而戴震哲学是那个"科学时代"的时代精神的体现；而且透露出胡适之所以能将戴震的思想学术的作如是观也许正是基于他本人的主"知"的"科学精神的哲学"。

三、从"科玄论战"看梁启超、胡适对戴震的同尊异由

我们已可看到，梁和胡对戴震都很推崇，并力扬其学，而理由则不尽相同。他们对其"科学方法"、"科学精神"有近乎一致的肯定和提倡，阐发其哲学则一重"情"一主"知"。为什么会这样呢？笔者认为：联系

---

① 胡适：《戴东原的哲学》，35页。
② 胡适：《戴东原的哲学》，81、82页。
③ 胡适：《几个反理学的思想家》，见姜义华主编：《胡适学术文集·中国哲学史》（下），1165页。

当时思想界的"科玄论战"，对此可以有清楚的了解。

事实上，关于这一点，胡著《戴东原的哲学》（1925 年 8 月 13 日）最后结尾处那段意味深长的话，已经作了提示：

> ……但近年以来，国中学者大有倾向陆王的趋势了。有提倡"内心生活"的，有高谈"良知哲学"的，有提倡"唯识论"的，有用"直觉"说仁的，有主张"唯情哲学"的。倭铿（Eucken）与柏格森（Bergson）都作了陆王的援兵。"揣度近似之词，影响之谈"，国中很不少了。方东树的预言似乎要实现了。
>
> 我们关心中国思想的前途的人，今日已到了歧路之上，不能不有一个决择了。我们走那条路呢？我们还是"好高而就易"，甘心用'内心生活'、"精神文明"一类的揣度影响之谈来自欺欺人呢？还是决心不怕艰难，选择那纯粹理智态度的崎岖山路，继续九百年来致知穷理的遗风，用科学的方法来修正考证学派的方法，用科学的知识来修正颜元戴震的结论，而努力改造一种科学的致知穷理的中国哲学呢？我们究竟决心走那一条路呢？[①]

这是了解胡适《戴东原的哲学》之所以作的宗旨的极重要的结语。是胡此文的画龙点睛之笔。细扣这一段话，再联系上文的分析，我们可以发现在戴学的诠释和评价上梁、胡之间的思想交涉的重要线索。

第一，戴震哲学的主"知"基调在此作了最后最有力的发挥。用胡的话来说是"纯粹理智态度"的"一种科学的致知穷理的中国哲学"。而胡本人要做的正是大力阐发并自觉承担"今日""改造"的使命。从而使我们所揭重"情"与主"知"的歧义获致了现实意义。何以呢？

第二，这种歧异不能不联系他们本人的思想倾向来看，而其间的思想交锋竟关联着科玄论战。胡适的哲学立场是很清楚的，正如余英时在《中国近代思想史上的胡适》结尾处所指出的，接近于分析哲学。"胡适虽然没有接触过现代的分析哲学，但是他的思想倾向是和分析哲学相同

---

① 胡适：《戴东原的哲学》，196～197 页。

的；两者都以'科学方法'为中心"①。值得注意的是胡适基于这个立场所作的批评。当然，他的批评对象很多，像提倡"内心生活"的、高谈"良知哲学"的、提倡"唯识论"的、用"直觉"说仁的、主张"唯情哲学"的都在他的批评之列。胡适批评的对象虽多，而针对的思想阵线则很明确划一，就是胡适眼中的玄学鬼。而以"倭铿（Eucken）与柏格森（Bergson）"为"援兵"的"陆王"的后人，"甘心用'内心生活'、'精神文明'一类的揣度影响之谈来自欺欺人"的人至少也应该包括梁启超在内。因此我们说，胡适《戴东原的哲学》虽不专对梁启超而作，但确实借题发挥地针对与梁启超一线的玄学鬼而发，应该不成问题。他的其他关于戴震哲学的文章也是一样。这正是胡在文章最后关头煞费苦心借题发挥地要郑重告诉读者的，我们绝不可轻忽过去。因此我们说，在对戴震哲学的推崇上梁、胡其实各唱各的调，大概不是过甚其词。而调子的不同正内在地关联着起于1923年的科玄论战。

第三，关于胡适本人与戴震、程朱的思想渊源关系及与陆王的"对立"关系，也与科玄论战相关。胡适明确地说"我们关心中国思想前途的人""今日"要"选择那纯粹理智态度的崎岖山路，继续九百年来致知穷理的遗风，用科学的方法来修正考证学派的方法，用科学的知识来修正颜元戴震的结论，而努力改造一种科学的致知穷理的中国哲学"，很显然，胡适要按近接颜戴远承程朱的路子来完成"改造"的使命。乍看起来不免让人奇怪：戴震不是"反理学"的思想家吗？怎么在哲学基点上反而跟程朱相近甚至连胡本人也引为同调呢？其实，在胡适看来，戴震一方面是对程朱的革命，即反对"半宗教"、"半玄学"式地谈理而建设了科学的唯物的"新理学"；一方面则是程朱"嫡派"和"净友"，因为戴震的革命和建设事业是沿着程朱"最能倾向于理智主义的一条路"而更彻底地"放开脚步去做那致知穷理的事业，——科学的事业"②，因而，事实上正是胡适本人"以科学方法为中心"的接近于分析哲学的立场，把朱子和戴震连贯起来并自觉忝列其后，从而建立起学统上的渊源关系。

---

① 余英时：《中国近代思想史上的胡适》，72页。余氏也引《戴东原的哲学》文末这段话来说明胡适本人的哲学立场，对笔者的观点是有力的支持。

② 胡适：《戴东原的哲学》，191～192页。

他何以要排列这样一个谱系呢?其现实指向正是针对当时甚嚣尘上的
"陆王"系的玄学派,这又可见科玄论战的深刻背景。①

关于科玄论战,胡有一个看法,认为它是历史上"理学与反理学"
思想斗争的现代版。胡适《几个反理学的思想家》(1928年2月7日改定
稿)是这样说的:

> 现在事过境迁,我们回来凭吊战场,徘徊反省,用历史的眼光
> 来观察这场战事,方才明白原来这场争论还只是拥护理学和排斥理
> 学的历史的一小段。

> 这些议论都可见当日所谓"科学与玄学"的争论其实只是理学
> 与反理学的争论的再起。②

---

① 余英时:《中国近代思想史上的胡适》,73页。他在引该文前指出:"胡适从考证学出
发,上接程、朱的'穷理致知'的传统,因而对陆、王不免有排斥的倾向。"当然,余氏是从比
较哲学的视角,以美国的分析哲学与欧洲大陆(以"精神科学"为中心)的哲学传统的冲突与交
融为参照,来揭示胡学术思想立场的历史意义。并没有涉及"科玄论战"的背景。笔者要强调的
却是:历史上朱陆或朱王之争的重现,必以现实中的思想学术论争为契机;当代思想学术的新问
题,亦不可能全无传统的凭借。解开其间的纠缠,才能明了其意义。

② 参见胡适:《几个反理学的思想家》,见姜义华主编:《胡适学术文集·中国哲学史》
(下),1167、1168页。我们必须对胡这一看法的来由略作交代。

科玄论战,是围绕着什么样的人生观兴起的。而为着建立某种人生观、解决人生观问题,什
么样的精神资源必须作为基础?是西方的科学及其相关哲学的实证主义、唯物史观或是中国清代
朴学的"科学方法"、"科学精神",还是西方新兴的柏格森、倭铿、杜里舒等人的哲学及其与之
相近的中国的宋明理学?科学派和玄学派的回答是针锋相对的。而科玄之争又内在地关联着东西
文化论战。因为人生观问题是决定文化走向的"枢纽",科玄之争本来是承东西文化论战而来又
是后起的文化论争的前奏。如此前梁启超、梁漱溟等的文章和议论就是引起科玄论战的话头,此
后象代表胡适文化主张的《对于西洋近代文明的态度》(1926年6、7月),就是激于玄学派的基
本主张"西方物质文明东方精神文明"的简单二分法而发的,科玄之争以前胡适还没有西化倾向
那么激烈的议论。

也许正因为这些,在胡适后来的回顾中,科玄论战成了历史上"理学与反理学"思想斗争的
现代版。事实上,在科玄论战中,张君劢已明确鼓吹"新宋学之复活",而戴震也被作为与之对
立的与欧洲"经验派"或"唯物派"相应的"汉学家"代表之一而提到了。科学派主将丁文江则
如胡适所说"一方面拥护科学""他方面很明白地排斥理学",而被胡适誉为唯一提供了一种象模
象样的正面积极的《一个新信仰者的宇宙观》的吴稚晖,其所作《箴洋八股化之理学》一文早已
将科玄论战之作为理学与反理学之争的意味点出来了。

胡适对科玄论战的重新定位,部分是受吴稚晖的启发,胡适《几个反理学的思想家》则更明
确地加以认定。胡虽指名道姓以张君劢为靶子,梁实也牵扯在里面(只是张、梁的立场亦不尽
同,陈独秀认为梁持"究竟比张君劢高明些"的"骑墙态度",胡所谓"梁启超提出折中方案",
将这一点说得再明白不过了。用梁本人的话来讲是"在君过信科学万能,正和君劢之轻蔑科学同
一错误。"详下文。)吴稚晖由科玄论战上溯理学与反理学思想史,胡反理学思想史的探讨离不开
科玄论战的现实,事关科玄论战,确凿无疑。

这也是至可注意的表白，与三年前《戴东原的哲学》最后一段话一样有提示线索的意义。这是又一个有力的证据，证明在戴震哲学的讨论上确实关联着科玄论战。因为对科玄之争的"历史意义"作了如此定位的《几个反理学的思想家》一文，正是以戴震为枢纽把历史上几个反理学的思想家（顾炎武、颜元、戴震、吴稚晖）贯穿连缀起来，而以科玄论战中科学派压阵大将吴稚晖为殿军，并大畅其说。胡适在随后给吴的信（1928 年 2 月 28 日）中说："……我在 1926 年六、七月中作的《对于西洋近代文明的态度》，其见解差不多全同于先生 1924 年五月发表的论调。那时便又有作文'述吴稚晖'的意思。直到七八个月，此意方才能实现。"又说："作此文（即《几个反理学的思想家》——引者）的大意，先生是明眼人，定能看出此中总不免有点'借刀杀人'的动机。"① 其现实针对是很明显的，胡适所"借"的"刀"正是戴震、吴稚晖等的思想，胡适要"杀"的"人"正是"玄学鬼"张君劢、梁启超或其同调，即当时之大谈高倡宋明理学者。我们再联系《戴东原的哲学》结尾那一段点睛之笔，应能体会胡适时隔三年而如此一贯的"'借刀杀人'的动机"的锋芒所向了吧。

因此，科玄之争似乎并没有过去，至少在胡适那里是如此，不仅如此，胡适在这段时期（1923－1936）写的与戴震有关的系列文章如《戴东原的哲学》、《戴东原在中国哲学史上的位置》、《费经虞与费密》、《颜李学派之程廷祚》、《北京大学新印程廷祚的〈青溪文集〉序》等都是在宏阔的"近世"思想史内自觉地建立一个"反理学"的谱系。这与理学家们的道统论在形式上颇为相近，不过这份名单所列都是科学派的先驱者罢了。上文所提到的四位只是其中较重要几个而已。"有作文'述吴稚晖'的意思"而又有心述戴震哲学的胡适顺理成章地在这条线中定好了自己的位置。《几个反理学的思想家》一文"引子"开首即道："中国的近世哲学可分两个时期：（A）理学时期——西历 1050 至 1600。（B）反

---

① 胡适：《几个反理学的思想家》，"附：致吴稚晖函"，见姜义华主编：《胡适学术文集·中国哲学史》（下），1186 页。该函亦收入耿云志、欧阳哲生编：《胡适书信集》（上）（1907－1933），413～415 页。

理学时期——1600 至今日。"① 所谓"至今日"，其代表人物自然有吴稚晖，恐怕还包括他自己。

主要根据胡本人的现身说法，以科玄论战为背景的梁、胡释戴震异趣中的思想相关度清晰地呈现出来了，但是，只有进而把握到梁、胡释戴震的思想离合与他们在科玄之争中各自立场的内在关联，我们才能明白这种相关性之所在。

梁对戴震的"情感哲学"、"哲学立脚点"之"情感主义"、"独重情感主义"的"一家之言"反复三致意焉，这跟他本人的哲学立场有关。这一立场可由梁在科玄论战中的基本主张来概括："人生关涉理智方面的事项，绝对要用科学方法来解决。关于情感方面的事项，绝对的超科学。"在他看来，"人生问题，有大部分是可以——而且必要用科学方法来解决的。却有一小部分——或者还是最重要的部分是超科学的。"而这"小"而"最重要的部分"就是"情感"。"人类生活，固然离不了理智；但不能说理智包括尽人类生活的全内容。此外还有极重要一部分——或者可以说是生活的原动力，就是'情感'"②。在梁的哲学中，"情感"大概要站在"第一义"的位置，至少不在"理智"之下。梁用"情感哲学"与"理性哲学"、"主观的理智哲学"的对立来揭示戴震哲学的意义，就表明了他自己"情感"高于"理智"的价值取向。梁把握戴震哲学三大精神以"哲学之立脚点"的"情感主义"为第一义，把与"理智"相关的"科学家求真求是之精神"摆在第三位，将介于"情感"与"理智"之间的"伦理学上"的"平等精神"置于第二位的做法与此也是一致的。这是梁启超读出来的戴震哲学。有意思的是，在胡适论戴震哲学的文字里，上面这三点大都也提到了，但是，对他来说，最重要最基本的是第三点，而不是第一点。从中我们确实可以看看他们"自己的哲学"！

上文曾引胡对以理欲观为主要内容的"戴氏人生观"与"科学家求知求理的态度与方法"之间的关系加以定位的一段承前启后的话：

> 戴氏的人生观，总括一句话，只是要人用科学家求知求理的态

---

① 胡适：《几个反理学的思想家》，见《胡适学术文集·中国哲学史》（下），1141 页。

② 梁启超：《科学与人生观》，4、8、9 页，亚东图书馆，1923。

度与方法来应付人生问题。

这句话与科玄论战中丁文江与张君劢第一回合的较量所作《玄学与科学——评张君劢的人生观》一文"结论"引胡适的那句话如出一辙：

> 我要引胡适之《五十年来世界之哲学》上的一句话来做一个结论，他说：
>
> "我们观察我们这个时代的要求，不能不承认人类今日最大的责任与需要是把科学方法应用到人生问题上去。①"

胡适是科玄论争中科学派的领袖。仅就他与科学派主将丁文江的关系而言，丁的意见每发为文章必与胡适商量且不用说，在这些文章中丁还多处援引胡适的话作为论据。而这一句话则是丁氏所引的最重要也最能表明科学派立场的话。他们的基本立场不外是：人生观问题必须以"纯粹理智态度"的"科学精神"、用科学方法来解决，从而建立科学的人生观。在这一尺度下，戴震的人生观就是科学的人生观，戴震就是科学派的先驱者同盟军。而"科学家求知求理的态度与方法"才是最根本的，科学是解决人生问题的决定力量，甚至也是解决其他任何问题的法宝。也因此胡可以对戴震重情重欲的思想大加赞赏和宣扬，但他所理解的戴震哲学的基调仍然是主"知"的，而非如梁氏所把握的为重情的。梁、胡对戴震的重情重欲的重视皆然，而对其在整个哲学中的定位则不同，即有把握上的结构性差异。联系科玄论战，对其所以然，我们可以释然。因此，胡适指出戴震重情重欲的思想只是更为根本的"科学家求知求理的态度与方法来应付人生问题"的结果，从而在论理、论道、论性、论情、论欲即宇宙观、人性论、人生哲学、政治哲学等的广阔领域内揭示并发挥所有这一切基础和立脚点的"唯智主义"的"哲学的知识论"。② 而其用意恰如章太炎一语道破的那样："近胡适尊信东原之说，假之以申唯物主义。"③

---

① 丁文江：《玄学与科学－评张君劢的"人生观"》，29 页，见《科学与人生观》。

② 侯外庐：《近代中国思想学说史》，389 页，"……东原走上了颜元弟子李恕谷的重知轻行的路线，从高调'由词通道'的方法，否定了真理的标准，流于书上的哲学，而其社会的哲学，适之反而推崇为唯智主义，以为合于哲学的知识论，然而这却是他不如习斋的哲学深远之处。（参看本书第四章）"这里不能讨论颜元哲学与戴震哲学之间的高下，只取侯氏对胡适意见的概括。

③ 章太炎著、傅杰校定：《国学讲演录》，197 页，上海，华东师范大学出版社，1995。

反过来说，正如梁、胡对戴氏理欲观的看法有一致之处，梁对戴震思想学术中可与"实证哲学派"相通的"科学精神"、"科学方法"也是着力表彰的，在这一点上，他跟胡很接近。这又作何解释呢？其实这并没有脱离前引梁"人生关涉理智方面的事项，绝对要用科学方法来解决。关于情感方面的事项，绝对的超科学"。这一基本立场。只是前面的分析重读在后一句，而这里要重读前一句。正是为"情感"保留地盘，他才反对"科学万能"论，他也承认人生问题中"理智"的地位，因而"我绝不承认科学破产"。这就是陈独秀认为"梁启超究竟比张君劢高明些"的"骑墙态度"① 和胡适所谓的"梁启超氏提出折中方案"②。梁启超对戴震"治学方法"的"科学精神"的推崇确实表明了"读者切勿误会，因此菲薄科学，我绝不承认科学破产"的诚意，他对戴震"情感哲学"的发挥也与"不过也不承认科学万能罢了"的表白一致。③

胡说梁《欧游心影录》里说的话"在国内确曾替反科学的势力助长了不少威风"④。用"反科学"来概括玄学派的思想倾向是否合适且不说，我们当然可以理解"唯科学主义"者胡宜有此论。⑤ 正如胡也有所分辨一样，梁本人则肯定是不反科学的。因此，在对戴震的"科学精神"和"科学方法"的推崇和宣扬上，两人可以达成 致。梁"不承认科学万能罢了"的立场，其实是反唯科学主义。在梁著《中国近三百年学术史》之十五"清代学者整理旧学之总成绩"（四）"历算学及其他科学"介绍完后，梁发了一通深切的感慨，最后几句如下：

> ……虽然，非贵乎知之，实贵乎行之。若如今日之揭科学旗帜
> 以吓人者，加减乘除之未娴，普通生理心理之未学，惟开口骂"线
> 装书"，闭口笑"玄学鬼"，狺狺于通衢以自鸣得意。顾亭林有言：

① 陈独秀：《科学与人生观》，序言 7～8 页。

② 胡适：《当代中国的思想界》（朝鲜日报，1925-01-01）（冯鸿志译于 1995 年 11 月 2 日），见《胡适研究丛刊》，第 2 辑，357 页，北京，中国青年出版社，1996。

③ 梁启超的原话是："读者切勿误会，因此菲薄科学，我绝不承认科学破产，不过也不承认科学万能罢了。"语出梁氏《欧游心影录》，被胡适《〈科学与人生观〉序》（第 7 页）所引，收入《科学与人生观》。

④ 胡适：《〈科学与人生观〉序》。

⑤ 参见［美］郭颖颐著、雷颐译：《中国现代思想中的唯科学主义（1900—1950）》，南京，江苏人民出版社，1995。

"昔之清谈谈老庄,今之清谈谈孔孟。"吾得易其语曰:"今之清谈谈科学。"夫科学而至于为清谈之具,则中国乃真自绝于科学矣!此余之所以悁悁而悲也。①

这段话分明是针对科玄论战中的科学派而发,梁模仿顾炎武批评王学末流"清谈谈孔孟"的论式,来批评科学派之"清谈谈科学",这一根据本土思想资源而铸造出来的语词,可说是对"中国现代思想中的唯科学主义"最精确的概括了。②

综上所述,我们有理由联系科玄论战,并且确实可以由此对梁、胡对戴震大致共尊其实异趣的细处有较深的了解。这一从戴震思想学术的诠释和评价上的同尊异由中体现出来的思想交锋,是梁启超胡适学术交往录中隐而不显实则意味深长的又一段。在一定意义上,梁、胡心目中的戴震之异同离合是现代思想史上科玄论战的一个投影。

第二节 钱穆的重明"宋学"及其对胡适、梁启超之"戴震"研究的批评

自章太炎、刘师培以降,20世纪二三十年代对清代学术思想史的系统研究,推梁启超、胡适和钱穆。梁、钱且著有同名的《中国近三百年学术史》,更引发后学对其成就进行相互比较的浓厚兴趣。学者将他们相提并论,往往是为品评其学术史整理的得失高下,而能计较其短长的则非亲治清学史者莫能为。但学术界似疏于顾及梁、胡、钱此种学术工作的现实关怀,尤其忽视持论后出的钱穆与见解大体一致的胡适、梁启超之针锋相对。笔者不才,关心其借题发挥的旨趣,试以三家对清学史中心人物戴震的研究为个案,着力揭示如钱穆《中国近三百年学术史·自序》所谓"岂敢进退前人,自适己意,亦将以明天人之际,通古今之变,求以合之当世,备一家之言"的那一面,以就教于高明君子。

---

① 朱维铮校注:《梁启超论清学史二种》,511~512页。
② 而戴震,在梁氏心目中正是实"行"科学而非"清谈"科学的典范。

一、梁启超、胡适对戴学的推崇和宣扬的一致指向："反理学"

近代以来，戴学尤为凸显。到 20 世纪二三十年代，戴震依然是备受学界关注的人物。尤以梁启超、胡适为为之鼓吹之要角。前文已结合"科玄论战"分析其间的若干分歧，① 但是态度的一致与取向的合流，也是很重要的，从实际影响的角度看，甚至是更重要的。两人之间似乎有一个默契，不期然而然地将戴震树立为"反理学"的学术思想英雄形象，而这一点恰成为钱穆批评的对象，由于论辩语境的变化，钱穆主要针对了胡适。

如前文所述梁、胡对戴震的推崇主要在两点：第一，"科学方法"、"科学精神"的宣扬；第二，重"情欲"思想的发挥。此外，他们又都指出其治学的方法是"分析"和"综合"的结合，② 他们都认为戴震的哲学事业既是"革命"又是"建设"，③ 并且都看到戴震自觉地要建立自己的哲学，④ 都倾向于他的哲学是颜李学派的影响和新经学"结婚"的产儿，⑤ 他们也都用西方的"乐利主义"来比拟戴震的重欲重情的思

---

① 笔者认为梁、胡对戴震考据学的方法、精神和成绩的看法有惊人的一致，而对戴震的哲学基点的把握和发挥却有值得注意的重要差异：梁氏侧重"情感主义"，胡氏侧重"理智主义"。

② 梁启超：《戴东原先生传》："盖先生虽以考证名家，然所考证，并非枝枝节节、疲精神于一字句一名物之间，彼每研究一对象，必贯通群籍而断之以己之所自得，其言曰：'最要体会条理二字，得其条理，由合而分，由分而合。'（段谱卷末引）所谓极分析综合之能事也。"见陈其泰、陆树庆、徐蜀编：《梁启超论著选粹》，332～333 页，广州，广东人民出版社，1996。胡适：《戴东原的哲学》第 63～64 页除引段谱此条外，另补两条，谓"这三条须参互合看。他说'剖析'，说'分'，说'析'，都是我们今日所谓'分析'。他说的'合'，便是我们所谓'综合'……戴氏是真能运用这种方法的人，故他能指出分析与综合二方面给我们一个下手的方法。"

③ 参见前引梁启超：《戴东原生日二百周年纪念会缘起》谓戴为"我们哲学界的'革命建设家'"；及下文所引胡适：《戴东原在中国哲学史上的位置》并举戴"在破坏方面"、"在建设方面"的哲学成就等等。

④ 梁启超：《孟子字义疏证》，盖轶出考证学范围以外，欲建设一'戴氏哲学'矣。"朱维铮校注：《梁启超论清学史二种》，32 页。胡适："戴氏作此书（指《孟子字义疏证》一引者），初名为《绪言》，大有老实不客气要建立一种新哲学之意……大概他知道程朱的权威不可轻犯，不得已而如此做。这是他'戴着红顶子讲革命'的苦心……"胡适：《戴东原的哲学》，87 页。

⑤ 梁启超：《戴东原哲学》："东原既是密之、慎修的乡后学，受他们影响成就他的考证学。他却是'十七岁即有志闻道'的人，（与段茂堂书，见年谱葊三）对于哲学上许多问题，不甘以'不理'态度自满足，中年得颜李学派的帮助，再应用向来的治学方法往前探讨，渐渐便熔铸出他的'东原哲学'来了。"《饮冰室合集》5《饮冰室文集》卷 40，61 页。胡适："从颜李学派里产出一种新哲学的基础。从顾炎武以下的经学里产出一种新的做学问的方法。戴东原的哲学便是这两方面的结婚的产儿。"胡适：《戴东原的哲学》，4 页。

想。① 等等。总之，梁、胡二位，都从这位清代的"清学"（梁用语）或"汉学"（胡用语，有时又称"朴学"）代表人物身上看到某种"现代性"，而将戴震归结为是"反理学"的思想家和学者的重镇。

《清代学术概论》的基本框架是用西欧文艺复兴来比拟清代思想学术，揭示其"对于宋明理学之一大反动"② 的"由复古而得解放，由主观之演绎进而为客观之归纳"的"清学之精神"③。而戴震，正是被梁启超作为反映这一思想学术潮流动向的代表来定位的。他那"遏欲之害，甚于防川"的"东原理欲观"（即梁所谓"情感哲学"）也是梁把清学与文艺复兴相比较的一个中心理由，而其矛头正是指向宋明理学的。《清代学术概论》的基本理路在《中国近三百年学术史》中被进一步概括为："这个时代的学术主潮是：厌倦主观的冥想而倾向于客观的考察。"④ 也是着眼于"理学反动说"⑤。（所谓"主观的冥想"是就宋明理学思潮的一般性质尤其指王学末流的荡越而言）戴震思想学术的地位和意义正是在这一背景下得到评价的。

胡适接受了梁启超的"理学反动说"，并进一步加以推演。在胡适那里，近世思想史被一分而为两大阶段："理学时期"和"反理学时期"。而戴震则是反理学时期的枢纽人物。胡适在 1923－1936 年间写的与戴震有关的系列文章如《戴东原的哲学》、《戴东原在中国哲学史上的位置》、《费经虞与费密》、《几个反理学的思想家》、《颜李学派之程廷祚》、《北京大学新印程廷祚的〈青溪文集〉序》等都是在宏阔的"近世"思想史内自觉地建立一个"反理学"的谱系。顾炎武、颜元、戴震、吴稚晖是其

---

① 梁启超早在《论中国学术思想变迁之大势》中"近世之学术"部分就已指出："惟东原著《孟子字义疏证》及《原善》，以其心得者，以与新安、姚江争，则亦持之有故，言之成理。其言曰：'君子之治天下也，使人各得其情，各遂其欲。君子之自治也，情与欲使一于道义。'而极言无欲为异氏之学，谓遏欲之害甚于防川焉。此其言颇有近于泰西近世所谓乐利主义者，不可谓非哲学派中一支流。"《饮冰室合集》1《饮冰室文集》卷7，93页。胡适："戴氏的主张颇近于边沁（Bentham）弥尔（J. S. Mill）一派的乐利主义（Utilitarianism）。"胡适：《戴东原的哲学》，70页。

② 朱维铮校注：《梁启超论清学史二种》，3页。

③ 朱维铮校注：《梁启超论清学史二种》，89页。

④ 朱维铮校注：《梁启超论清学史二种》，91页。

⑤ 参见丘为君：《清代思想史"研究典范"的形成、特质与义涵》，载新竹《清华学报》第24卷，第4期。

中最关键的几个人物,尤以戴震为枢纽,而以科玄论战中科学派压阵大将吴稚晖为殿军;"有作文'述吴稚晖'的意思"而又有心述戴震哲学的胡适顺理成章地在这条线中定好了自己的位置。当胡适认定:"中国的近世哲学可分两个时期:(A)理学时期——西历1050至1600。(B)反理学时期——1600至今日。"[1] 所谓"至今日"的"反理学"人物,恐怕不会把他胡适自己排除在外的。事实上,由于胡适认为科玄论战是历史上"理学与反理学"思想斗争的现代版,[2] 所以在他看来戴震等人正是科学派的先驱者;他所续列的自有渊源自成系统的"反理学"的谱系恰为理学家们所津津乐道的"道统"的反模拟,且直接延伸运用到现代思想界的论战。

可见,胡适在更长的历史时期和更广的范围内发挥理学反动说,思想史的线索由于作了更简单化的处理而更清楚了,而他本人的自觉的强烈的"反理学"思想也贯彻得更彻底了。

宣扬戴震这位"反理学"的思想英雄和学术泰斗,这是梁启超、胡适最基本的相同之处。

事实上,我们上举两人看法种种一致,都可以归结到"反理学"这宗旨上去。戴震方法的精密和态度的严谨正是就他比理学家解经之疏阔任意要高明而言,"革命"就是要"革"理学的"命",建设自己的"一家之言"也是冲理学而来,戴震与颜李的思想关系也是着眼于"反理学"而论的,用"乐利主义"来比附更是在中西比较中揭示戴震思想反对理学"禁欲主义"的普遍意义。

在20世纪20年代,经过梁启超和胡适这两位大手笔的润色,戴震作为"反理学"思想家、学者的形象更突出、更高大了。

二、钱穆对胡适、梁启超之尊"戴"论的辩驳

在20年代,梁启超和胡适当之无愧是弘扬戴学的两大主力,但是,

---

[1] 胡适:《几个反理学的思想家》,见《胡适学术文集·中国哲学史》(下),1143页。

[2] "现在事过境迁,我们回来凭吊战场,徘徊反省,用历史的眼光来观察这场战事,方才明白原来这场争论还只是拥护理学和排斥理学的历史的一小段。""这些议论都可见当时所谓'科学与玄学'的争论,其实只是理学与反理学的争论的再起。"参见胡适:《几个反理学的思想家》,见《胡适学术文集·中国哲学史》(下),1167、1168页。

到 30 年代，钱穆对胡梁异口同声之尊戴则力持异议。

钱穆有关清代学术的著作主要有《国学概论》第九章"清代考证学"和《近三百年学术史》。前书为作者任教无锡省立第三师范及苏州省立中学时担任国文教席国学概论课的讲义。1928 年完稿，1931 年 5 月由商务印书馆出版。后者为作者任北京大学讲授近三百年学术史所编讲义。起于 1931年秋，前后五载书成，1937 年五月由商务印书馆出版。

梁、钱两人都各有一部《中国近三百年学术史》，两书同名，取径不同而各有千秋，学术界常将他们相提并论。当然，笔者不想在众说纷纭的讨论中，再添加一种评议。只想指出，梁、胡、钱三家的观点之间具有内在的关联，其著述是相激相荡，或相影响或有交锋。

就梁、胡而论。已有学者指出，胡的汉学起于反理学论深受梁的影响。① 梁《清代学术概论》不但有胡适从中鼓励的推动，② 在对"汉学"的评价上也受胡的影响，③《概论》初稿经胡适过目，定稿接受了胡适的不少看法。④

就梁、胡与钱而言。钱的《中国近三百年学术史》的著作缘起就是针对梁著而发："余因与任公意见相戾，故特开此课程，自编讲义。"⑤ 梁

---

① 参见丘为君：《清代思想史"研究典范"的形成、特质与义涵》，该文指出了梁、胡清学史研究的关联，并将他们的理论界说合称为"理学反动说"；并把它与钱穆的"每转益进说"和余英时的"内在理路说"一同称为 20 世纪在这个领域内最有影响的三大学说，三个"研究典范"。

② 朱维铮校注：《梁启超清学史二种》，见《清代学术概论》自序，提到胡适的推促是《清代学术概论》的著述动机之一。又见梁启超 1920 年 10 月 18 日该书脱稿后致胡适的信也提及此事。见丁文江、赵丰田编：《梁启超年谱长编》，922 页，上海，上海人民出版社，1983。

③ 《胡适的日记》，1922 年 2 月 15 日记道：梁对汉学的评价经过了褒贬不定、由贬到褒的变化，其原因就是"近来因我们把汉学抬出来，他就也引他那已删之文来自夸了！"显然是说梁的姊妹篇对汉学的评价是受了胡适自己的影响，当然这只是一面之词，但也有一定的道理。中国社会科学院近代史所中华民国史研究室编：《胡适的日记》，268 页，香港，中华书局香港分局，1985。

④ 胡适："车中读梁任公先生的《清代学术概论》。此书的原稿，我先见过，当时曾把我的意见写给任公，后来任公略有所补正。《改造》登出之稿之后半已与原稿不同，此次付印，另加惠栋一章、戴氏后学一章，章炳麟一章，皆原稿所无。此外，如毛西河一节，略有褒辞；袁枚一节全删；姚际恒与崔适的加人，皆是我的意见。"《胡适的日记》，36 页，记载日期为 1921 年 5 月 2 日。

⑤ 钱穆：《八十忆双亲·师友杂忆合刊》，141 页，台北，东大图书股份有限公司，1986。钱又记，当年如何获得梁著《中国近三百年学术史》未定稿，如何在梁卒后不久于北大讲授梁曾在清华等校开过的同题课程引起群相讨论的盛况。路新生《梁任公、钱宾四〈中国近三百年学术史〉合论》认为"钱著自序谓其书'盖有详人之所略，略人之所详，不必尽当于著作之先例者'，此即暗指任公所著书"，载台湾《孔孟学报》，第 68 期，190 页。

氏作古后，钱著更颇与跟梁思路相近的胡适意见相左。正如余英时、艾尔曼等指出的那样，以梁、胡为一方，以钱穆为另一派，均为是学术界关于清代学术思想史的代表性的两大基本观点的代表人物。①

而这两大基本观点之间的区别，据余英时的概括是："前者强调清学在历史上的创新意义，而后者则注重宋学在清代的延续性。"② 笔者进一步要指出的是：在"不知宋学，则无以平汉宋之是非"，尤其"而汉学诸家之高下浅深，亦往往视其所得于宋学之高下浅深以为判"这样斩截的断案中，③ 钱穆鲜明地亮出了寓于学术思想史考辨中其崇宋抑汉的立场。④ 这样，钱穆心目中"必以诋宋学为门面"的"治汉学者"之"魁杰"⑤ 的戴震必不得如梁、胡之尊崇了。

这两大思路的歧异聚焦到清学史中心人物戴震上，对峙的意见蔚为大观，其间的交涉，侯外庐在《近代中国思想学说史》中早已揭出：

> 故后来研究东原者，则应是历史地去了解，而不是带有号召色彩地去宣扬了。以著者所知，提出了与适之、任公相反的评价者，是钱穆氏，钱先生在其所著《中国近三百年学术史》中研究东原，似针对了适之的东原哲学，故一方面是高扬，而他方面是低抑，适成对立……⑥

钱穆日后于 1965 年 1 月 21 日致杨联陞的信中亦道及此事云：

> 拙著《近三百年学术史》……对东原《孟子字义疏证》，震于时

---

① 余英时：《从宋明儒学的发展论清代思想史》，见《中国思想传统的现代诠释》，178～179 页，南京，江苏人民出版社，1989。艾尔曼：《再说考据学》，载《读书》，1997（2）。

② 余英时：《从宋明儒学的发展论清代思想史》，见氏著：《中国思想传统的现代诠释》，179 页。

③ 钱穆：《中国近三百年学术史》，1 页，上海，商务印书馆，1937。

④ 钱穆：《宋明理学概述·序》谓："顾余自念，数十年孤陋穷饿，于古今学术略有所窥，其得力最深者莫如宋明儒……故虽私奉以为潜修之准绳，而未敢形之笔墨，为著述之题材也。"《宋明理学概述》，见《钱宾四先生全集》第 9 册，8 页，台湾，联经出版事业公司，1998。又见《八十忆双亲·师友杂忆合刊》第 137 页谓："余本好宋明理学家言，而不喜清代乾嘉诸儒之为学。及余在大学任教，专谈学术，少涉人事，几乎绝无宋明书院精神。人又疑余喜治乾嘉学。则又一无可奈何之事矣。"类此虽为后出之论，核之钱《中国近三百年学术史》，确实如此。

⑤ 钱穆：《中国近三百年学术史》，自序 2 页。

⑥ 侯外庐：《近代中国思想学说史》，387 页。

论梁、胡诸人之见，下笔太噜苏，不敢从扼要处深下砭箴。①

那么，钱穆是如何"低抑"戴震，又何以是针对了"梁、胡诸人之见"的呢？

这可以从三个方面来看：

1. 学术思想渊源的考辨

（1）揭示戴震与惠栋的学术渊源关系，揭穿戴震治学家数

梁启超对戴震治学方法治学精神的推崇，很大程度上是通过"抑惠扬戴"的方式来实现的。《清代学术概论》谓惠栋派（即吴派）治学方法是"凡古必真，凡汉皆是"，"壁垒森固"。而戴震派（即皖派）的根本治学方法和精神是"实事求是"，是真正代表了"清学"而非"汉学"。梁又称"惠仅'述者'，而戴则'作者'也"等。② 要之抑扬之意甚为明显。

这些观点在学术界影响很大，然梁氏于两人之间的学术交往、思想影响关系则未作交代。

胡适也没有讨论。胡著《戴东原的哲学》说："我们看这几篇书，可以推知戴氏三十二岁入京之时还不曾排斥宋儒的义理；可以推知他在那时候还不曾脱离江永的影响，还不曾接受颜李一派排斥程朱的学说。"③ 学者极重视戴震对理学态度的前后变化，胡适也不例外，但他把戴的转变归到颜李一派的影响上去，中间并没有惠栋这一环。

钱穆则认为："盖乾嘉以往诋宋之风，自东原起而愈甚，而东原论学之尊汉抑宋，则实有闻于苏州惠氏之风而起也。"④ 他又考出"戴东原论学之第二期""其深契乎惠氏故训之说"（即"舍故训无以明理义""故训中求义理"之说——笔者引钱氏之言）。并引证："《原善》一书，或颇受松崖（即惠栋——引者）《易微言》影响"，随后小注又及：

> ……当时实知惠戴两家言义理亦相通，不如近人乃盛尊东原而抑惠也……尤证当时谓惠戴言义理，同从古训出发也。⑤

---

① 钱穆：《素书楼馀渖》，195 页，北京，九州出版社，2011。
② 朱维铮校注：《梁启超论清学史二种》，4、26~28、36 页。
③ 胡适：《戴东原的哲学》，26 页。
④ 钱穆：《中国近三百年学术史》，322 页。
⑤ 钱穆：《中国近三百年学术史》，339 页。

这里所谓"近人"应有梁启超、胡适在内。钱穆批评他们不知惠戴学术、思想相承相通的真相，而妄为抑扬也。当然，学术思想史的解释最忌简单化，批评"盛尊东原抑惠"未必表明钱氏就尊惠抑戴，事实上，戴震在钱著《中国近三百年学术史》中是与章学诚并列的"乾嘉最高两大师"，[①] 早在《国学概论》中钱就指出："东原之学，不徒在知礼，又贵能知得礼意，以明道为考核之原，不株守考核而止，皆承皖学绍宋精神，与吴派不同。"[②] 可见，惠栋的地位自然在戴震之下，这是没有问题的。但是值得注意的是：第一，钱揭示戴的高明之处也还是要归功于理学传统：即"皆承皖学绍宋精神"，这是不无深意的。第二，我们所谓钱的抑戴，乃就其针对戴的"反理学"而言，正针对胡梁基于"反理学"而崇戴，是在"理学与反理学"问题上的争持，而非聚焦于戴、惠在汉学内部的定位问题。[③]

正是在这个意义上，钱穆接通惠戴的至大关键是点出戴震学问的家数："言义理，同从古训出发也。"这也是自顾亭林"舍经学则无理学"以来汉学家的中心理论、学术门径。在这一点上戴震与惠栋并无不同："舍古亦无以为是"，[④] 其内含的价值判断是：戴震谈义理"始终未脱"汉学家"一本诸古训"的格套。[⑤] 而与"宋明先儒寻求义理于语言文字之表"无法比拟也。

因为在钱看来，按此门径，殊不能发明义理："彼辈欲于穷经考古之中，发明一切义理，其愚而无成，可弗待言。"[⑥] 依此途辙，做得最好的如戴东原所得亦不过是"经学家意见"、"执《六经》而认为理之归缩矣"。[⑦] 其症结在于："此亦与东原所谓古训明而古圣贤之理义明，古圣贤

---

① 钱穆：《中国近三百年学术史》，475页。

② 钱穆：《国学概论》（下），93页，上海，商务印书馆，1931。

③ 正如学者指出的那样："钱氏之赞戴震，亦因戴学路径渊源自朱学，戴氏未尝斤斤于名物典制之考证，而以明道为职志，此宋学气象也，故钱著谓戴氏与实斋是为'乾嘉时最高两大师'；而钱氏之斥戴震，亦全因戴氏之排宋斥朱而起，认为戴氏对宋儒有大不敬。"路新生：《梁任公、钱宾四〈中国近三百年学术史〉合论》，载台湾《孔孟学报》，第68期，208页。

④ 钱穆：《中国近三百年学术史》，324页。

⑤ 钱穆：《中国近三百年学术史》，365、383页。

⑥ 钱穆：《国学概论》（下），129页。

⑦ 钱穆：《中国近三百年学术史》，386页。

之理义明，而我心之同然者亦从而明之说，为径略似。要之只许古人有创后人有袭，不敢求古圣之所以为创者以自为创而通其变，故使义理尽于考据，此则东原、次仲（即凌廷堪——引者）之缺也。"① 戴震虽承朱子教，但"汉学家精神"毕竟与理学精神不同："朱子格物，在即凡天下之物而格，今则只求即凡《六经》之名物训诂而格耳。清儒自阎百诗以下，始终不脱读书人面目，东原汉学大师，又承江永门墙，最近朱子格物一路，然亦只格得《六经》书本上名物，仍是汉学家精神也。"②

侯外庐说，钱氏在有关方面的考证，"确为适之夸大东原的最好批评"③。只是钱穆批评的对象恐怕还包括梁启超在内。

（2）证否戴震与颜李的思想渊源关系，批评因"反理学"而误置关联

戴震由早年的服膺程朱到晚年诋排宋儒的思想转变及其线索何在，是学者极为关心的重要问题。钱穆揭出惠栋在其中的作用，正是不满于胡梁力持的颜李影响说而起。

梁启超早就"深信东原学风和颜李有关系"、"我深信东原的思想，有一部分是受颜李派影响而成，虽然在他的著作中一点实证也找不出来"④。梁的"深信"根据的是旁证："同治间戴子高撰《颜氏学记》，谓'东原之学，衍自颜、李'，信也。"⑤ 问题在于证据不足，尽管如此，"但我觉得这件事有可能性，试大略寻一寻他的线索"，梁揭出了三条线索：①方希原；②是仲明；③程绵庄（即程廷祚）和程鱼门（即程晋芳）。⑥

胡适也"不能不疑心他曾受着颜李学派的影响。戴望作《颜氏学记》，曾说戴震的学说是根据于颜元而畅发其旨（学记一，页4）。我们至今不曾寻出戴学与颜李有渊源关系的证据。我个人推测起来，戴学与颜李的媒介似乎是程廷祚"⑦。胡适还就这个问题去信与梁启超讨论，认为：

① 钱穆：《中国近三百年学术史》，494页。
② 钱穆：《中国近三百年学术史》，316页。
③ 侯外庐：《近代中国思想学说史》，391页。
④ 梁启超：《戴东原哲学》，见《饮冰室合集》5《饮冰室文集》卷40，53、60页。
⑤ 梁启超：《戴东原先生传》，见陈其泰、陆树庆、徐蜀编：《梁启超论著选粹》，336页。
⑥ 梁启超：《戴东原哲学》，见《饮冰室合集》5《饮冰室文集》卷40，60～61页。
⑦ 胡适：《戴东原的哲学》，22页。

"论颜学与戴学的关系似与是仲明无关,而似以程廷祚——'庄征君'——为线索。戴子高所说,似不误也。"[1] 胡适《颜李学派的程廷祚》就专门介绍了这个"媒介";胡适《北京大学新印程廷祚〈青溪文集〉序》提到他访求程氏文集的"动机"及他看到文集后"使我高兴也使我失望"的心情都与戴震跟颜李联不联得上有关![2]

综上所述:第一,梁、胡所本的旁证一样:戴望的《颜氏学记》;第二,他们都承认证据不足,却都极力寻找线索(尽管结论不尽一致),"可能"、"疑心"、"推测"等断语的谨慎与他们内心的深处的"深信"形成强烈的反差;第三,极力在"反理学"的一致上把颜李与戴震续上渊源,尤以胡适为甚。

为什么会这样呢?这是尤以胡适最为自觉的、刻意要标示"反理学"的思想谱系的带有强烈现实感的主观意向,碰到文献根据不足势必陷入困境的反映,其间透露的义理系统上强续渊源要求证据来支持的心态是颇耐人寻味的。

钱穆似深悉此中三昧,力驳其说:

> 戴望为《颜氏学记》,尝谓乾隆中戴震作《孟子绪言》,本习斋说言性而畅发其旨,(卷1,颜先生传)近人本此,颇谓东原思想渊源颜、李。[3]

不难看出,近人即指胡适、梁启超。钱穆先摆出对方的观点,然后详加驳论。他指出,程廷祚与戴震"往来之详已难考","谓《疏证》思想自绵庄处得颜李遗说而来颇难证",程晋芳"《正学论》,极诋颜、李,遂及东原。(勉行斋文集正学论三)殆以东原《疏证》亦斥程、朱,故与颜、李并提,非必谓东原之说即自颜、李来也。今考东原思想最要者,一曰自然与必然之辨,一曰理欲之辨,此二者,虽足与颜、李之说相通而未必为承袭,至从古训中明义理,明与习斋精神大背。若陡以两家均

---

① 胡适于1923年12月27日致钱玄同的信中提到此事。参见耿云志、欧阳哲生编:《胡适书信集》上册(1907—1933),324页。

② 以上二文收入姜义华主编:《胡适学术文集·中国哲学史》(下),1188~1229页。引语见1226页。

③ 钱穆:《中国近三百年学术史》,355页。

斥程、朱，谓其渊源所自，则诬也。"①

凡胡、梁举为证据的，钱皆一一加以驳斥，并指出胡、梁之所以"诬"的原因正在于"近人"以颜李、戴震"均斥程朱"而强续渊源。

钱穆复举证以为，与其说戴氏受颜李的影响不如说转较易受惠于毛西河、王船山、惠栋。又谓戴震论性宁易远渊于荀子而不必近求之于颜、李。② 前文钱穆揭示惠戴关系的正面主张内涵崇宋抑戴的意义，已足与此节摧破颜、李与戴震关系的意义相发明。而钱著《中国近三百年学术史》、《王船山》章中，钱又将"诋非宋儒"的习斋、东原并举，极论他们在"理气之辨"、"心物之辨"、"性道之幽玄"及"君子之悬格"所关系到理欲之辨等方面，都比不上船山思想之精深、"规模"之恢宏；其所以如此者，在船山能"溯源心性"、"本乎发明道真"，承"横梁关学之遗意"、"仍是宋明儒家矩矱也"。

这样，钱穆既在"渊源"上证明颜李与戴震没有关系，又在思想"相通"于"诋排宋儒"的意义上（在这一点上胡、梁的意见未必不实，钱的并举似证缘于此），以扬王夫之抑戴震、颜、李的方式表明自己崇宋学的旨趣。恰与胡适、梁启超的所为相反。

2. 在"戴学的反响"上的分歧

梁启超接受胡适的建议，在《清代学术概论》中对戴氏后学有所论列，③ 但语焉不详，且侧重于对其"科学的研究法"与"精神"的揭示，未从哲学角度进行探讨。梁启超《戴东原哲学》第十部分"东原哲学的反响（暂阙）"与第八部分"东原哲学内容五——宇宙观（暂阙）"，据梁本人讲都是因时间太紧赶不及作，故而仅存其目。胡适《戴东原的哲学》将梁文所"暂阙"的都补齐了。尤其整篇文章的第三大部分《戴学的反响》以全文过半的篇幅承接并完成了梁启超的未竟之业。

钱穆也花了很多笔墨讨论戴学的反响，其所论每与胡适大有出入，而出入则每与"理学与反理学"的针锋相关。

---

① 钱穆：《中国近三百年学术史》，355～356页。
② 钱穆：《中国近三百年学术史》，356～358页。
③ 参见中国社会科学院近代史所中华民国史研究室编：《胡适的日记》，36页。

（1）段玉裁

胡适谓戴震大弟子段玉裁对戴晚年的"义理为考核之源"说已"不很懂得"，并归因于其对理学的态度："段玉裁虽然终身佩服戴氏，但他是究竟崇拜程朱的人……怪不得他不能了解戴震的哲学了。"[①] 而钱穆则认为"东原以义理为考核之源，而懋堂以考核为义理之源，此非明背师说，乃正所以善会师说也"[②]。他也指出"懋堂言考核并不主排宋也"的事实。引证中有胡适亦加援引的话："喜言训诂考核，寻其枝叶，略真根本，老大无成，追悔已晚。"而结论则大不一样。"懋堂毕生精力，萃其《说文解字》一书，乃不自满假，自居一艺，极推朱子，谓其本末兼赅，未尝异孔子之教，此其度量意趣，诚深远矣！"[③] 一个说段不懂戴为理学毒害所致，一个说段"善会师说"且不局限于老师的局度而能达"深远"的境界；一个归罪于理学，一个归功于理学。评论者本人思想的异趣，于此可见。

（2）章学诚

胡适虽认为章学诚"颇能了解戴氏的思想"，而对他批评戴氏"诟病"朱子为"饮水忘源"则大不以为然："章氏说戴学出于朱学，这话很可成立。但出于朱学的人难道就永远不可以攻击朱学了吗？这又可见章学诚卫道的成见迷了心知之明了。"[④] 而钱穆则深以章说为然："真知学者莫不实事求是，不争门户，故实斋能赏东原。而东原以朱学传统反攻朱子，故实斋讥之，谓其饮水忘源也。""然东原诋排朱子，实斋讥之，谓其饮水忘源，慧有余而识不足。是东原亦未为知道，未为深知夫学术之流别也。"[⑤] 钱穆体会和发挥章学诚的意思，戴震可讥之处在"争门户"、"未为深知夫学术之流别也"。所谓"未为知道"之"道"，据上下文是指"辨章学术考镜源流"的学术见识，即"知夫学术之流别也"，未必是"卫道"之"道"。因而是不是胡适本人太过强烈的反道统反理学意识过

---

① 胡适：《戴东原的哲学》，90～91页。
② 理由详见钱穆：《中国近三百年学术史》，366页。关于这个问题的讨论另请参见余英时：《论戴震与章学诚——清代中期学术思想史研究》，115～117页，台北，华世出版社，1980。
③ 钱穆：《中国近三百年学术史》，366～367页。
④ 胡适：《戴东原的哲学》，91～94页。
⑤ 钱穆：《中国近三百年学术史》，389、407页。

分铺张，延伸过广，而把未必与道统有关的见解也归罪于理学？另一方面，钱穆对戴震的批评中，确有对宋儒的尊重在里边。（尽管钱也是不持道统论的）这也很明显。不仅如此，在清儒中，章氏是钱穆极为推崇的人物，钱本人的史学就深被其泽，[①] 然而与宋儒相比则还是要矮上一头："起而纠谬绳偏，则有章实斋，顾曰：'六经皆史，皆先王之政典'，然为之君者既不许其以天下治乱为己任，充实斋论学之所至，亦适至于游幕校读而止，乌足以上媲王介甫、程叔子之万一耶！"[②]

（3）焦循、阮元

关于焦循与戴震及阳明的关系，胡适认为焦氏头脑中的王学妨碍他真正了解戴震："焦循很佩服王阳明的哲学根本上便和戴震不能相容。他所以赞同戴震的性说，正因为戴氏论性，以食色为性，与阳明学派最相近。但戴震说性，虽以食色知识为起点，却要人'由博学、审问、慎思、明辨、笃行，以扩而充之。''至于辨察事情而准'，这种纯粹理智的态度与'良知'之学根本不同的，也是焦循不能了解的了。"[③] 因此尽管"二百年来，只有一个焦循了解得一部分"[④] 戴震哲学，但胡并不被许为真正的传人。钱穆认为焦循论性善之要义，一曰义之时变，二曰情之旁通，他以焦氏此论与戴东原"去蔽"、"去私"说相比较，认为焦氏之说"似较东原尤完密焉"。又说焦氏论性分之不同，亦"非东原所及"，[⑤] 故有学者据此以为"钱著每发为抑戴申焦之论"。[⑥] 至于焦氏与理学的关系，钱则予以好评，认为焦氏"颇与当时专务考据者异"之一大端在于"又治宋明理学者言"。[⑦] 这里钱的"抑戴申焦"与前揭"扬王（船山）抑戴"

---

① 章学诚是钱穆极力彰显的"乾嘉最高的两大师"之一，他的"六经皆史"说摧破了自顾炎武"经学即理学"到戴震"由训诂求义理"的汉学家中心理论，而从"道在六经"的经学藩篱中解放出来，其"通今"（而戴是"稽古"）经世的史学进路深深影响了后来今文经学派的兴起而收"学术经世之一效"。章氏在钱心目中可谓卓矣。钱本人的史学所受章氏影响，请参见余英时：《钱穆与新儒家》，见《钱穆与中国文化》，上海，上海远东出版社，1994。

② 钱穆：《中国近三百年学术史》，自序2页。

③ 胡适：《戴东原的哲学》，123页。

④ 胡适：《戴东原在中国哲学史上的位置》，见《胡适学术文集·中国哲学史》（下），1108页。

⑤ 钱穆：《中国近三百年学术史》，460、466页。

⑥ 路新生：《梁任公、钱宾四〈中国近三百年学术史〉合论》，载台湾《孔孟学报》，第68期，208页。

⑦ 钱穆：《中国近三百年学术史》，468页。

等一样是钱穆整个崇宋抑戴立场的一个注脚,一个环节,是这一根本思想倾向有意识无意识的流露,恰与胡适的看法形成对照。

他们对阮元治义训的方法的分歧,更能说明问题。胡适认为阮元的"成绩在凌廷堪与焦循之上",因为"他用戴学治经的方法来治哲学的问题;从诂训名物入手,而比较归纳,指出古今文字的意义的变迁沿革,剥去后人涂饰上去的意义,回到古代朴实的意义。这是历史的眼光,客观的研究,足以补救宋明儒者主观的谬误"。胡适美其名曰"剥皮主义":"这个剥皮主义也可说是戴学的一种主要的精神"。① 胡适在其他论及清学的文字中将"剥皮主义"推许为一种根本方法,在方法论意义上抬得很高,与他本人倡导的"科学方法"一脉相承。② 钱穆则说:"伊川诲学者,将圣贤言仁处类聚观之,张南轩祖之,类聚孔孟言仁,而朱子不甚谓然,云恐长学者欲速好径之心,滋入耳出口之弊。则宋儒未尝不知将古训类聚而观,惟领悟之浅深,仍不在此。近人若以阮氏方法为汉学家独擅,宋儒皆专辄自信不守古训,此岂为知汉宋之辨者?"③ 胡适认为以阮元为代表的清儒"剥皮主义""足以补救宋明儒者主观的谬误",未必尽非。钱穆指出"类聚"、"古训"之法的流弊,也不是为古人争闲气。这些都关系到胡适钱穆之间对宋明理学态度不同,因此,钱穆要说宋儒"未尝不知"此法,亦不废"古训"而要对胡适之偏袒汉学家力持异议了,所谓"近人",不是胡适又能是谁呢?

3. 对戴震"心术"的看法

钱穆论清学史还特重辨"心术",这是他所理解的"汉宋之辨"的重要一环。不烦多论,且看他是如何品评戴震的学行,就可知其大概。

自章学诚以降,戴的心术问题不断被学者提起,它主要有两个方面:一是他诋排自己学术所从出的朱子,算不算不德;二是他有没有剽窃掩

---

① 胡适:《戴东原的哲学》,139、162~163 页。
② 即胡宣扬颇力的"还他一个本来面目"之说。请将胡此处的讨论与《〈国学概论〉发刊宣言》相关文字合参,见胡明编选:《胡适选集》,146~147 页。
③ 钱穆:《中国近三百年学术史》,480~481 页。

袭赵一清《水经注》校本，如果窃案成立，那么其人品就不用说了。① 就问题的第一方面而言，前文已有讨论，钱同意章学诚的裁断而不取胡适之见，谓戴"未知夫学术之流别也"、"慧有余而识不足"。关于第二方面，梁启超作过调停，谓戴赵校本之同"则闭门造车，出门合辙，并非不可能之事"，倾向于认为没有"蹈袭问题——即著作家道德问题"，还说后人不必为先辈作无谓的发明权之争。② 颇与他的崇戴倾向相表里。胡适为纪念戴震二百周年，也特曾致函王国维索要《论戴东原〈水经注〉》稿，但我们讨论所及胡论戴东原的著述文稿，皆未提《水经注》赵戴案。他尚未对此有明确而公开的见解，但显而易见的是，胡适并不因为王国维对戴震人格的严厉控诉而改变"我们那种称颂戴震及'戴学'的态度"。③

而钱穆则抓住戴窃赵书之事不放。钱著《中国近三百年学术史》，"戴东原"章："东原在四库馆，盗窃赵东潜校《水经注》，伪谓自《永乐大典》辑出，以邀荣宠，其心术可知。时纪晓岚主馆事，纪固好诋宋者，东原《疏证》，倘亦有牛鼎之意乎。"④ 钱不单抖出"窃"案，还将《疏证》之"诋宋"联上，见其"心术"。又谓："今按实斋屡斥东原心术，今《永乐大典》本《水经注》行世，东原窃赵书一案坐实，大可为实斋说添有力之佐证矣。"⑤ 按：章氏首出戴震"心术未醇"之论，主要就其好诋宋儒一端而言，尚未提窃书之事。今钱氏以窃案"坐实"实斋此言不虚，乃是在更深广的层次上不满于戴氏的心术。钱氏尤未已也，在"龚定庵"章讨论魏源对汉学家的批评时又提此事："默深尤力诋东原，谓其平日谈心性，诋程、朱，无非一念争名所炽，其学术心术，均与毛

---

① 其实它不简单是学者个人私德问题。前者涉及理学与反理学的思想分歧，论者立场不同则持论自异，如前引胡适为东原辩白就是一例；而后者是个扑朔迷离的学术公案，很难论定；甚至论者与戴震是否有老乡关系也会影响到对这一问题的看法。因此，这实在是一个复杂过分而所涉未必皆有意义的问题。笔者根本不能也无意讨论这个问题本身，而只就对戴震的心术问题钱穆何以必不放过这一事所涉其尊宋抑汉背景稍加揭示。

② 朱维铮校注：《梁启超论清学史二种》，374～379页。

③ 参见陈桥驿：《胡适与〈水经注〉》，收入耿云志编：《胡适评传》，上海，上海古籍出版社，1999。

④ 钱穆：《中国近三百年学术史》，322页。

⑤ 钱穆：《中国近三百年学术史》，334页。

大可(即毛奇龄——引者)相符。又历指其著书之不德。"钱又发挥此意,附注中详引张穆、王国维、杨守敬、孟森诸家说,谓戴氏窃案"殆成定论","知戴窃赵书确然无疑也",以证魏源语非虚发。[1](按:钱氏非《水经注》专家,也无意在《中国近三百年学术史》中审赵戴案,他只是引征诸家说以纠弹戴震其人心术之不正罢了,其注意者在此不在彼也)但这一点也引起侯外庐的批评:"(钱穆)甚至举出东原在四库馆盗窃图书以炫己之发见,以为证件,事若诚有之,乃贤者之玷,但这能否认他的学术淹博么?"[2] 侯外庐以学问与人品相分,自有他的立场。甚至余英时也认为"实斋'心术'之论自是取自传统的道德观点。"[3] 特从戴震向当时考证学者道隐衷的角度探究戴氏的心理,而不取乃师之说。但是,这些岂是推崇"内圣外王"之学,认为心术之学关乎世道至大、"议论稍近宋明"的钱穆所能同意的呢?无须他说,只要看看他对阎若璩与毛奇龄学术交涉这一与赵戴案性质相近之事的评论就知道了。"自此后汉学家考据言之",乃至就戴之高出一般汉学家一头的义理言之,钱氏都会承认戴震诚为"学术淹博",但"自宋明以来理学家所谓心性义理言之",窃书之"事诚若有之"的话,就绝不只是"贤者之玷"的问题了,义理岂可空谈,乃必需"躬行实践,从自身自心打熬透悟"的!何况,钱氏之意"非敢以薄前贤,乃所以勉今贤也"[4]。

以上从三个方面揭示了钱穆与胡适、梁启超在对戴学的诠释和评价上的抑扬对立内在地关联着"理学与反理学"的分歧:前至思想学术的渊源,后至身后的反响,乃至其人品心术。细核双方的文字,非常显白。尤其从钱穆那边来看,说"似针对了"胡适还不够,而确实是针对了胡适和在某些大关节上与他同调的梁启超。钱穆之"为程朱辩护",也不只是"无意"的,而是很自觉的。可以说,钱穆"持论稍稍近宋、明"[5] 的立场的明确与胡适"反理学"意识的强烈不分轩轾而恰相激荡。

① 钱穆:《中国近三百年学术史》,531~532页。
② 侯外庐:《近代中国思想学说史》,392页。
③ 余英时:《论戴震与章学诚——清代中期学术思想史研究》,86页。
④ 参见钱穆:《中国近三百年学术史》,236、252页。
⑤ 钱穆:《中国近三百年学术史》,自序4页。

三、围绕戴震研究的学术观和文化观之争——抑扬之间的原因与意义的探讨

学术史研究的意见分歧与学者的现实的学术主张与文化主张的对立有不可分割之关系，这是持论后出的钱穆何以会对戴震取与梁、胡如此殊异的态度及其意义所在的关键。

对此，钱著《中国近三百年学术史》自序有所提示：

> 今日者，清社虽屋，厉阶未去，言政则一以西国为准绳，不问其与我国情政俗相洽否也。捍格而难通，则激而主全盘西化，以尽变故常为快。至于风俗之流失，人心之陷溺，官方士习之日汙日下，则以为自古而固然，不以厝怀。言学则仍守故纸丛碎为博实。苟有唱风教，崇师化，辨心术，核人才，不忘我故以求通之人伦政事，持论稍稍近宋、明，则侧目却步，指为非类，其不诋诃而揶揄之，为贤矣！[①]

这分明是"持论稍稍近宋、明"的钱穆对"主全盘西化"、"仍守故纸丛碎为博实"的胡适等的严厉的批评，这段话写在清学史的书序里，可谓用心良苦。仿佛真是"汉宋之争"的重演或如胡氏所谓"理学与反理学"斗争的再起。而这种论争已不限于考据与义理之辩等的传统内容，更包括文化主张上的"中西之辩"。要之，分歧集中在学术观和文化观，这从他们对戴震研究中体现得淋漓尽致。

学术观上的分歧，集中体现在对汉学的把握的异趣上。

对梁、胡盛赞不已的以戴震为典范的汉学的"科学精神"、"科学方法"，钱是有保留地同意这两位"近人"持之最力的所谓清代朴学"有合于今世科学之精神"说的，但立论的重心在于批评汉学方法被无限制地滥用："然汉学家方法，亦惟用之训诂考释则当尔。学问之事，不尽于训诂考释，则所谓汉学方法者，亦惟治学之一端，不足以竟学问之全体也。"[②] 事实上，钱对胡、梁以西方"科学方法"来比附汉学考证之法是

---

① 钱穆：《中国近三百年学术史》，自序3~4页。
② 钱穆：《中国近三百年学术史》，402页。

极不称心的："近世盛推清代汉学家尚证据，重归纳，有合于欧西所谓科学方法者。其实此风源于明代，由一种分类钞书法，而运用之渐纯熟，乃得开此广囿也。"①（按：这里所谓"钞书"，非复今日常能耳闻的剽窃他人著述为己出之下作者②）可见，钱氏不同于胡梁之用西方"科学方法"来沟通汉学方法并使之近代化，而将其还原为一种无甚奥妙的"钞书法"③，则钱对汉学的基本立场昭然若揭，他对胡、梁之所为的态度也是不言而喻的。④

梁、胡所为或有不当，但其意可感。

在梁启超亲身体会到的"借经术文饰其政论"的弊端如此有害⑤、胡适看到的"通经而致治平"的梦想依然如此常见的情况下，在 20 世纪 20

---

① 钱穆：《中国近三百年学术史》，157 页。

② 参见朱维铮：《求索真文明——晚清学术史论》，50～51 页，上海，上海古籍出版社，1996，行文小注指出："可知顾氏所谓'钞书'，与今日统行理解大相径庭。今所谓'钞书'，在顾氏则称'窃书'。"见该书第 59 页。而顾炎武"著书不如钞书"之说为钱氏立论的一大根据。

③ 钱穆：《中国近三百年学术史》，157 页。"即谓清代经学皆自钞书工夫中来，亦非不可。此即章实斋所谓纂辑之学也。"章学诚是将其与"著述"之学对举，颇含批评之意。钱穆引而发挥之。

④ 白寿彝：《钱穆与考据学》一文对钱视汉学方法为"钞书法"之说颇有微词，未必尽非。此文不免 60 年代政治批判左右学术批评的倾向，这也不足为怪。然而由于作者在政治上从而在学术上将钱与胡联系在一起，并没有细察或视而不见钱氏对清代考据学的诸多看法（"钞书法"之说就是一例）恰恰针对胡、梁尤其是胡而发，这是不能不指出的。该文收入氏著：《学步集》，北京，生活·读书·新知三联书店，1962。

⑤ 梁启超对自己过去追随康有为"借经术以文饰其政论"的经生作为作了深刻的反省：

"有为、启超皆抱启蒙期'致用'的观念（指顾炎武等明末清初大儒经世致用的观念。梁启超将清学分为启蒙期、全盛期、蜕分期。蜕分期即衰落期。三期主要代表人物分别为顾炎武、戴震、康梁。——引者）借经术以文饰其政论，颇失'为经学而治经学'之本意，故其业不昌，而转成为欧西思想输入之导引。"

这里所谓"为欧西思想输入之导引"的康梁即下文"所谓'新学家'者"的魁首：

"而一切所谓'新学家'者，其所以失败，更有一种根原，曰不以学问为目的而以为手段……晚清之新学家，欲求其如盛清先辈具有'为经学而经学'之精神者，渺不可得，其不能有所成就，亦何足怪？故光、宣之交，只能为清学衰落期，并新思想启蒙之名，亦未敢轻许也。"以上两段引文见朱维铮校注：《梁启超论清学史二种》，5、80 页。

梁启超的自我批评是非常严肃也是非常严厉的。说自己亲历其间的今文学、新学运动"其业不昌"、"失败"、"并新思想启蒙之名，亦未敢轻许也"，"只能为清学衰落期"。并把原因归结到没有汉学家那样的"为经学而治经学"、"以学问为目的"的精神。有鉴于今文学、新学运动"为政治而做学问"的负面效应而提倡不拘泥于世"用"的"科学方法"、"科学精神"又其严格是汉学家式的实"行"科学而非"清谈科学"，这是梁启超整理清代学术史的重要背景。

年代初学术功利主义尚风行知识界的思想气候里①，梁启超由此而倡导一种与"不以学问为目的而以为手段"的态度截然不同的"为学问而治学问"的精神。② 即胡适所谓研究学问的"为真理而求真理"的"态度"和"标准"。③ 他们都以西方纯粹求知的传统为借鉴，认为汉学中体现出来的科学方法和精神与之最相接近、应当继承发展。梁、胡的所欲所为是很有时代意义的，即使在今天看来也仍有其不失警策的地方。

然而，胡、梁以"科学方法"、"科学精神"整理国故的流弊日滋，连胡适本人也不讳言，一句话："……现在一班少年人跟着我们向故纸堆去乱钻，这是最可悲叹的现状。我们希望他们及早回头，多学一点自然科学的知识与技术：那条路是活路，这条故纸的路是死路。"④ 这就是钱穆所指出的"言学则仍守故纸丛碎为博实"。尤其是在中华民族处于日寇侵犯的危急存亡之秋："斯编初讲，正值九一八事变骤起，五载以来，身处故都，不育边塞，大难目击，别有会心。"⑤ 钱穆自不肯如当年胡适、梁启超然，从中西比较的视野提升汉学方法与精神为科学方法与精神，并强调学术的非功利性。相反要从中国固有思想学术的源流考辨入手将其分析还原为历史上一种"钞书法"，进而倡导"持论稍稍近宋明"的另一种学风，强调学术的"有体有用"、重在揭示"学术经世"的传统。钱著《中国近三年学术史》能赢得杨树达等饱学而深具家国之感的知识分

---

① 参见钱智修：《功利主义与学术》，见陈崧编：《五四前后东西文化问题论战文选》，北京，中国社会科学出版社，1985。另参见陈来：《化解"传统"与"现代"的紧张——"五四"文化思潮的反思》，也讨论到当时思想界的"激进功利主义"，见《陈来自选集》，桂林，广西师范大学出版社，1997。

② 参见朱维铮校注：《梁启超论清学史二种》，40、80 页。

③ 参见胡适《论国故学—答毛子水》，见《胡适文存》，第 3 集卷 2，285～288 页，上海亚东图书馆，1922。此信可以作为了解胡适研究和揭示并倡导完善"汉学家的科学方法"来"整理国故"、乃至在更深广的范围和层次上提倡"科学方法"'的心理背景、思想动机的最好材料。文中批评"张君"即《国故》杂志编辑张煊等人仍不脱"古人'通经而致治平'的梦想"，而新青年毛子水也还有"一个'有用无用'的成见"，可见当时学术界无论守旧或趋新普遍缺乏"为真理而求真理"、"为学问而做学问的"意识。则胡适、梁启超通过清代学术尤其是汉学的方法和精神的研究而宣扬非功利主义的学术观，其针砭时弊的意义就由此可见了。他们把戴震视为"我们'科学界的先驱者'"、一个"科学家"的意义也可有所彰显。

④ 胡适：《治学的材料与方法》（1928-09），见《胡适文存》，第 3 集卷 2，205 页，上海，上海亚东图书馆，1930。

⑤ 钱穆：《中国近三百年学术史》，自序 4 页。

子的褒扬,① 并不是偶然的。正如学者指出的:"其主旨在矫正民国初年学者推尊清代学术,而贬抑宋明理学的观点;并进一步指出清代学术虽有其优越之处,但若继续追循此精神,最后将不能开创中国学术的新机运,也无法建立完善的民族文化,以抵抗敌国外患。"②

关于清代朴学的"方法"与"精神"是否为"科学"的问题,许多现代学者提供了与胡适、梁启超截然不同的见解。林毓生的研究表明,科玄论战中的双方是在对西方现代科学误解的情况下参与论争的,像胡适等只不过表达了其科学主义信仰而已。③ 这就是势必让人质疑他们所理解的科学方法究竟是怎么回事,更不用说汉学方法是否科学方法了。郭颖颐也指出:"胡适把现代科学方法与清代学者的经验主义等同起来,似乎有些牵强。当胡适自己指出中西方文明的本质不同时,这种等同的浅薄之处就不言而喻了。"④ 著有《从理学到朴学——中华帝国晚期思想与社会变化面面观》的艾尔曼也不同意胡适、梁启超,把清学史讲成"中国现代科学兴起的故事"。⑤ 问题的关键也许取决于论者对"科学"的理解程度,现代学者比胡梁有更优越的条件,能够认识到将清代朴学与西方近代科学相比附是牵强的。在老大中国走向世界走向现代的过程中,文化上的中西比较是不可避免的,识者应将之引向认知双方的本真,才谈得上文化的融合与创新,而不是停留于任情比附的模糊影响之谈,否则即不能取人之长又会丧失自知之明。可以有把握地说,胡、梁等近代学人之所以能够将清代学术抬举为科学,乃是采用了将"科学"的"方法"与"精神"从科学系统中抽离出来的手法,而这一点恰是成问题的。胡适在题为《治学的材料与方法》的讲演中终于意识到"材料"对"方法"的制约的严重性,意识到如果只将研究的对象局限于"故纸堆",则清代汉学家式的"科学方法"、"科学精神"并不能给中国带来近代西方

---

① 余英时:《一生为故国招魂——敬悼钱宾四师》,见《钱穆与中国文化》,26~27 页。

② 赖福顺:《钱穆先生的教学与学术》一文介绍钱著《中国近三百年学术史》,参见《〈民间史学〉1990 年冬钱宾四先生逝世百日纪念专刊》,95~96 页,台北,"行政院"新闻局版,1990。

③ 参见林毓生:《中国传统的创造性转化》中《民初"科学主义"的兴起与含义——对"科学与玄学"之争的研究》等文。

④ 郭颖颐:《中国现代思想中的唯科学主义》,77~78 页,南京,江苏人民出版社,1995。

⑤ 见前引艾尔曼:《再说考据学》,载《读书》,1997 (2)。

式的进步。随着对西方科学的认识的加深，他对清代朴学的评价降低了，但是"故纸堆"之说正如当年热烈推崇的"科学精神科学方法"一样并不能增进对清代学术的了解，这就像梁启超用"为学问而学问"来赞扬清学的精神让人总觉皮相一样。在向西方文化中那种"为真理而求真理"的纯粹求知的传统学习这个特定的问题上，"全盘西化"到是适宜的。钱穆对西方科学的认识大概不会超过胡、梁，但他对汉学方法的看法却要平实的多了①。但是，清学做不到的事，钱穆心目中的宋学就能做到吗？在大的文化主张上，人们不能不有一个抉择。

文化观上的"中西之辩"，可以从他们对戴震理欲观的分歧看出来。

如前所述，梁启超推崇戴震"情感主义"哲学，实本诸戴氏理欲观，胡适亦引为立言的根据。而钱穆则引章太炎的《释戴》篇中斥戴论理欲"欲当即理乃逮政之言非饬身之典"等话，又引方东树《汉学商兑》"程朱的严辨理欲，指人主及学人心术邪正言之，乃最吃紧本务，与民情同然好恶之欲迥别"。等话对宋明理学的理欲观作了同情的了解，对戴震立言的动机作了有利于宋儒的猜测，② 并指摘戴震失之于"偏"。③ 而雅不愿如胡适梁启超之全然接受并竭力发挥戴震的理欲观。在钱穆之前，胡适也引了方东树的那段话，而他的结论则是：

> 至于理欲之辨，诚如方氏之言，本意是指君主的心术。但古来儒者并不是人人都能像方氏这样认的清楚；他们都只泛指一切人的私欲。理欲之辨的结果遂使一般儒者偏重动机（心术），而忽略效果；自负无私，遂不闵恤苛责人，自信无欲，遂不顾牺牲别人；背

---

① 例如梁启超、胡适与钱穆均引戴震《与姚姬传书》论"十分之见"与"未至十分之见"，梁认为"其所谓十分之见与未致十分之见者，即科学定理与假说之分也。"由此可见"科学家之态度"、"实科学研究法一定之历程"。参见朱维铮校注：《梁启超论清学史二种》，30~31 页。胡亦以戴震所说"十分之见"为"这是科学家所谓证实了的真理"，见胡适：《戴东原的哲学》，66 页。而钱的评论是："此皆东原论考据至精至卓之说也。"见钱穆：《中国近三百年学术史》，367~368 页。

② 钱穆：《中国近三百年学术史》，358~359 页。

③ "章氏谓东原论理欲，乃为当时从政者而发，植之（方东树——引者）则谓宋儒辨理欲，本亦为立言从政者之心术言之也。惟其如此，故东原辨理欲虽语多精到，而陈义稍偏，颇有未圆。"钱穆：《中国近三百年学术史》，359 页。

着"天理"的招牌,行的往往是"吃人"的事业。①

胡适的类似看法钱穆必定是清楚的,对宋儒的理欲之辨,如方东树然,两位均有分辨,而取径之不同,是如此分明。

钱穆所引章氏的话尚有:

> 晚世或盗其言以崇饰悁淫,今又文至西来之说教天下奢,以菜食裘衣为耻,为廉节士所非。诚明震意,诸款言岂得托哉?②

将钱引章氏此段文字与上引钱穆自序那段话,合而观之。可见,钱对大力张扬戴震理欲观的胡适等人——即类似于章太炎所谓"今又文至西来之说教天下奢"者(章氏盖针对康有为等为言也。像梁启超以文艺复兴之"情感主义"或胡梁以西方"乐利主义"为比附,岂不是"文至西来之说"?钱氏亦引而发挥之——引者)之影响败坏"风俗"、"人心"颇为不满,所引"诚明震意,诸款言岂得托哉"?在钱穆则意谓责任全在胡适等后人,戴震尚在其次。而胡适等人与戴震思想渊源特深,故钱氏又博引诸家义理(从孔孟、程朱、王夫之、陈澧、方东树、朱一新到章太炎)以崇宋学取向详加辨证,以收正本清源、釜底抽薪之效。钱穆在《中国近三百年学术史》最后一章《康长素》中有两段文字道出其当下之所针对:

> 近人所以盛推戴东原,以东原高提人欲,人欲与奢侈相通,亦谓由是可以企及西洋之文明也。近人见解,仍沿长素而来。其所唱非忠孝非节义诸端,即谭氏《仁学》冲决网罗之教,所主全盘西化,则尚不过到达长素《大同书》境界应有之一级(以其无国界、种界故)而尚不足以企及大同书之最高层。(以其尚有人、禽之别等故)则长素仍安踞最近思想界之峰巅也。

> 故近人所主打倒孔家店者,与长素之尊孔,实同一见解,无大异也。康、谭论奢俭,全由震惊西化而来。今国人风尚日奢,然文明未见遂进,若康、谭见之,不知又将何说。③

---

① 胡适:《戴东原的哲学》,188 页。
② 钱穆:《中国近三百年学术史》,359 页。
③ 钱穆:《中国近三百年学术史》,705 页。

钱所谓"盛推戴东原"的"近人",可以把胡适、梁启超都包括在内,而"所主全盘西化"、"所主打倒孔家店"的"近人"则尤指胡适等人。钱穆确实一语点破了梁启超、胡适等人推崇戴震的共通理由:他们对戴氏理欲观的认同发挥表达着"由是可以企及西洋之文明也"的诉求。钱氏又以其"辨章学术,考镜源流"的功夫将胡适等的见解追溯到康有为并施予了尖锐的嘲讽。

梁启超发挥戴震理欲观,并不是没有问题的。第一,他用"情感哲学"把握戴震哲学之基点,与《孟子字义疏证》最为得意的字义疏证之一——"情犹素也,实也"是否相协?是否照顾到了王国维《静庵文集》① 所精辟地指出的:戴震哲学中之"情"有"兼欲而言之"广义的情和"狭义之情"两义,以及张岱年《中国哲学大纲》所细致分析的:戴氏"情"、"欲"观念之分合?② 梁氏有没有望文生义?第二,当然,梁启超的结论是把戴震的重情欲的思想与西欧文艺复兴中的"情感主义"大胆作比较研究的结果,但是,诚如张君劢所批评的:"梁先生因其提高人欲,乃视之为与欧洲文艺复兴,同一方向。欧洲文艺复兴之精义为'人生之发见'。一切文字、美术、科学、哲学、政治,尽在其中,单单'情欲'二字,是否为欧洲文艺之本质,已大有疑问。"③ 可见问题很复杂。这样的比较是否牵强附会?

看来,问题在于如何理解西方近代发达的根源以及如何选择中国的发展道路,而不简单是一个诸如像梁启超那样由于现实需要而对传统文献作了创造性误读的问题。

在这个意义上,不管梁、胡的论说多么牵强附会,其历史意义是不能抹杀

---

① 王国维:《国朝汉学派戴阮两家之哲学说》,见《静庵文集》,97~98 页,沈阳,辽宁教育出版社,1997。

② "东原言情,每与欲相提并论,他虽亦讲欲与情的分别……但他很注重欲情的联系。"《张岱年文集》,第 2 卷,525 页,北京,清华大学出版社,1990。

③ 参见张君劢:《评梁任公先生清代学术概论—其中关于欧洲文艺复兴、宋明理学、戴东原哲学三点》,见《中华杂志》(台北) 2:1,1964:1 或《民生评论》(香港) 15:2,1964:1。

的。即:梁启超借以表达了他召唤"中国的资本主义"的积极意向;[①] 胡适也由此抒发了"五四"时代承"打孔家店"余绪而"打理学家"的反叛精神。[②] 因为胡、梁的本意与其说是求"奢",不如说是求"福"[③],对胡适等来说,为求现代化而"震于西化"又有何不可呢?

而钱穆对"由是可以企及西洋之文明也"是根本怀疑的。这种看法与章太炎批评康有为等"文至西来之说,教天下奢"的见解同一趋向。钱穆虽同意叶德辉对康有为的指责:"其貌则孔也,其心则夷也",[④] 并一路批评下来,直斥胡适等人。但他毕竟不是叶德辉,甚至也不是以名教为"体"的张之洞。在钱穆对汉宋学术的通盘见解中,有两点最值得注意:第一,在对汉宋学术基本精神的高下得失的判断评价上,钱穆着眼于宋学精神的高扬和汉学流弊的批评。第二,以朝野学术的区别来分疏宋学,对作为民间自由讲习的理学力持辩护尊奉之诚,而对作为朝廷正

①　陈祖武认为:梁启超从总体上将全部清代学术同欧洲的"文艺复兴"相比照,此种类比虽然简单、粗疏、不伦,"然而梁先生试图以对清代学术史的总结,找到清学与'文艺复兴'间的相似之点,从而呼唤出中国的资本主义来,则又是有其历史进步意义的。"参见陈祖武:《清初学术思辨录》,338～339 页,北京,中国社会科学出版社,1992。前文已经论及,无论是戴震的"科学精神"还是其重情欲的思想都为梁此比附的重要根据。钱穆所谓"近人所以盛推戴东原,以东原高提人欲,人欲与奢侈相通,亦谓由是可以企及西洋之文明也"。也指这一点而言。

吴廷嘉、沈大德说:"梁启超认戴氏哲学为'情感哲学',这种概念学术上不一定准确,但梁评其以此来反抗宋明理学,反对封建专制和封建伦常对人性的摧残戕杀,因而'与欧洲文艺复兴时代之思潮之本质绝相类',却是一点没有说错。"见吴廷嘉、沈大德:《梁启超评传》,102 页,南昌,百花洲文艺出版社,1996。"这种概括学术上不一定准确"何在?此书并未言明。照笔者的看法,其不准确处恰恰与该书所谓"一点也没有说错"的梁将其与文艺复兴的比附密切相关。因此《清代学术概论》在谈到"中国思想之痼疾确在'好依傍'与'名实不符'"时,其中举戴震为例竟说:"戴震全属西洋思想,而必自谓出孔子。"见朱维铮校注《梁启超论清学史二种》,72 页。其实戴震明明是中国思想家,梁氏亦未证明其受西方何种思想影响,怎么谈得上"全属西洋思想"?梁氏此说颇不严谨,但他的意思还是明白的,盖他认为戴震思想与文艺复兴思想相通也。该书又谓梁给予戴震哲学的一些极高推崇的话(见朱维铮校注:《梁启超论清学史二种》,34～35 页),"这些评介,也鲜明地表现了梁启超自己的学术观点和抱负",则诚为的论。

②　侯外庐:《近代中国思想学说史》,387 页。

③　参见黄克剑、吴小龙:《胡适"科学的人生观"的得与失》,见耿云志、闻黎明编:《现代学术史上的胡适》,北京,生活·读书·新知三联书店,1993。

④　[美]萧公权著,汪荣祖译:《近代中国与新世界:康有为变法与大同思想研究》,36 页,南京,江苏人民出版社,1997。

学的理学则不吝诋斥。① 这是了解钱穆理学观的一大关键。笔者说他崇宋，是指推尊在民间一直有生命力的宋学，而不是历来被捧为官方哲学的伪道学。这是他跟胡适、梁启超不同而未必不能相通的一大因缘。另外，在钱穆那里，道统论遭到了他的批评②，谭嗣同《仁学》"冲决网罗"的反"名教"思想亦值得肯定③。因此，仍然是经历了梁启超、胡适等积极参与其中的现代价值观的洗礼。但是，面对新文化运动的流弊，世风偏于"奢"④，尤其欲拔本国文化的根本"打孔家店"⑤ 而东施效颦，不能不有所针砭。钱穆《中国近三百年学术史》对宋学的态度就是一个实例，因为无论是从承"打孔家店"余绪到"打理学家"为顺理成章来说、还是时贤所谓"孔家店"其实只是"朱家店"而言，宋学都是一个焦点。

由此可见，钱穆对胡适及其参与领导的新文化运动的评价不无苛厉之处。然而，在 20 世纪 30 年代旧的社会道德规范被打破之后六神无主的

---

① 上述两个基本精神贯穿于钱著《中国近三百年学术史》全书，这里不烦详为引证。概括地说，钱穆认为清人谈义理不如宋明儒，汉学范围窄，崇古倾向严重、流于琐碎而不涉世务；而宋学境界开阔高远、有创新精神、重经世明道（辨心术、崇气节、以天下为己任）。当然，他不是维护作为意识形态的官方哲学的道学，因为他区别了"宋明理学"和"科举八股"，分辨了"庙堂"、"鸿博"之科与"山林"、"书院"之学。对清廷表面上尊奉程朱，实质利用程朱权威牢笼视听、禁锢人心的做法，揭露不遗余力，对扼杀宋学精神摧毁书院载体的文化专制主义进行了激烈的控诉，对被政治权力所控制和腐蚀的官学化的理学先生极尽了讽刺和批判，他尊崇的是那在民间依然抱有真精神之宋学。

② 如钱穆认为："其实经学即理学，舍经学安得有理学者，亦即变相之道统论也……简斋（袁枚——引者）既撇去道统见解，故评衡汉宋是非，转得其平。"见钱穆：《中国近三百年学术史》，433～434 页。他对"当时所谓宋学家底里"、"当时治理学者之伪而陋"、对"拘固称正学者"、对"断断徒为传道翼道之辨者"的不敬不屑溢于言表。参见钱穆：《中国近三百年学术史》，562、565、591 页。

③ 有意思的是这里也提到了戴震："此较之戴东原所谓宋儒言理以意见杀人者，愤激犹过之。挽近世以来，学术思想之路益狭，而纲常名教之缚益严，然未有敢正面施呵斥者，有之，自复生始也。"见钱穆：《中国近三百年学术史》，667～668 页。不消说，钱穆对谭嗣同的反"纲常名教"的思想也是作了充分肯定的。因而实际上也是在一定程度上对与之思想相近的批评"宋儒言理以意见杀人者"的戴震作了肯定。

④ 参见《国学概论》第十章"最近期之学术思想"，钱穆引《独秀文存》卷 2《青年的误会》（文作于民国十年夏）一文说明"自此以下，一般青年之误解新文化运动的意义，而转趋于堕落放纵的生活者，既日繁有徒……"见钱穆：《国学概论》（下），158 页。关于这方面的所见所闻，《八十忆双亲（师友杂忆合刊）》有生动的回忆。

⑤ 胡适到晚年还在为自己作"并不要打倒孔家店"的辩护，参见［美］唐德刚译著：《胡适口述自传》，252～258 页，上海，华东师范大学出版社，1993。显然有不同于往年的语境。但是，当年积极致力于打"孔家店"的人们是不是严格区分了所谓"儒教"和儒学呢？这可以随手抽读他本人的《中国哲学史大纲》（初版于 1919-02）一检便知，更不用说追随者的诸种论说了。

社会风气和外患日亟的局势之下，钱穆以宋学为精神资源，范导一种不悖于国情的"人伦政事"、"人心风俗"，代表了一种后五四的文化反省意识，其更深的意义也如学者指出的是张扬了一种兼有"批判意识"（批判"全盘西化"论和批判异族对中国文化的破坏）和与"民族意识"（反清与反帝）紧密关联的"救亡意识"（学术救国）的"文化民族主义"。[①]

以康德祈求"德"（"崇高"）、"福"（"幸福"）一致乃至"德"高于"福"的理路以及韦伯所谓工具理性必以价值理性为范导的思考的尺度，钱穆等的看法较易获得同情的了解。而且，章太炎、钱穆反对尚"奢"的意见似乎更接近于韦伯所揭示的资本主义发展精神动力的新教伦理。这样说，当然不是要用一种比附取代另一种比附，而是说，对异域文化的认识和对中国固有文化的了解都是需要不断深入的，这是人所共望的创造性的文化融合的前提。在这个意义上，胡适、梁启超所作的未必恰当却不乏意义的中西比较和沟通的研究经验、钱穆愈来愈强烈的呼吁对待固有文化须怀着"温情与敬意"的忠告和主从中国思想学术的固有脉络出发的学术实践都是值得重视也值得反省的。在清学史整理中对戴震的研究只是一个例子而已。

---

① 参见丘为君：《清代思想史"研究典范"的形成、特质与义涵》，载新竹《清华学报》，第 24 卷，第 4 期，471～474 页。

第五章 经学的史学化:《刘向歆父子年谱》如何结束经学争议

经典日益丧失其规训的价值,经学转而融化为史学的一部分,轰轰烈烈而又悲壮地投入到"史学独大"的怀抱,这是中国学术之近代命运中最有意味的大趋势了。这一趋势可以称为"经学的史学化",在民国时期表现得尤其明显。不仅像持激烈文化变革或"西化"立场的专治经学、小学的钱玄同,情绪激动时大声疾呼将经典"扔下毛厕去",较平和时的主张则是将经典"史料"化;即使是文化立场更为稳健的钱穆,其《两汉经学今古文平议》"全据历史记载,就于史学立场,而为经学显真是"(见《自序》)的努力,仍然典型地反映了"经学的史学化"的趋势。

本章以钱穆的成名作《刘向歆父子年谱》为线索,追溯晚清以来的经学今古文之争对民国学术界的影响,弄清了这一点才能了解《刘向歆父子年谱》的学术背景和地位;并试图描述出当时学者对这篇文章的初始反应,从中分析钱穆与疑古学派代表人物在治学方向上的既有差异又能相通的关系;最后还要指出,民国史学界虽然承受了晚清学人的问题,沿袭了某些看法或治学的路径,但总的来看,他们是在不同的历史背景下,有不同的目的,以不同的观念和方式来处理它,尤其赋予了不同的意义。在经今古文问题研究上的这种不同,最为典型地反映了经学没落史学主位或经学史学化的趋势。至于晚清以来的经今古文学之争所带来的影响至今但于史无征的论说,仍需超越。

钱穆晚年《经学大要》诸书文,结合各国历史与国际时政,着力发挥经学的精神价值,那是后话,但颇有象征的意义,似乎在召唤着中国经学转运的新时代的来临。

一、引言

《刘向歆父子年谱》是钱穆的成名作,1929 年底完稿,初刊于 1930 年 6 月《燕京学报》第 7 期。[①]

此文的刊布与《古史辨》的发起人顾颉刚有很深的渊源。顾氏于 1929 年 4 月 15 日到苏州中学演说,4 月 23 日应该校教员钱穆等邀宴。同年 7、8 月间得见钱穆的《先秦诸子系年》稿,[②] 深赏其才,劝其"不宜长在中学教国文,宜去大学教历史",并拟荐其至中山大学任教。顾氏又告诉钱,他"在中山大学任课,以讲述康有为今文经学为中心。此去燕大,当仍续前意,并将兼任《燕京学报》之编辑任务",嘱其为学报撰稿。钱氏因苏中校长汪懋祖(典存)诚恳挽留而辞中大之聘,函告顾,顾复书促前约稿,钱对顾所力主的康说有不同之见,乃草为《刘向歆父子年谱》应之。"此文不啻特与颉刚争议",但顾颉刚毫不介意,照登不误,更力荐其至燕京大学任教。1930 年,钱氏由苏中转入燕大,为其"生活上一大变"。[③] 1931 年北京大学聘钱氏讲授中国上古史和秦汉史,亦渊源于《刘谱》。[④]

《刘向歆父子年谱》是钱穆学术生命中至关重要的一篇文章,是他由一个中学教员跻身大学讲坛的主要学术凭借。钱氏得到史学界实力人物顾颉刚的赏识,自是得力于其尚在草创中的《先秦诸子系年》稿,但他被学术界普遍接受,却由于《刘向歆父子年谱》。

此文之所以能让钱穆登台亮相即获喝彩,是因为它触及了当时学术界共同关心的大问题。晚清以降的经今古文学之争,使当时学者几乎人

---

① 后经修改收入《古史辨》,第 5 册,朴社,1935。1958 年 8 月,钱氏将此文与《两汉博士家法考》(原载 1944 年 7 月中央大学《文史哲季刊》,第 2 卷,第 1 号)、《孔子与春秋》(原载 1954 年 1 月香港大学东方文化研究院《东方学报》,第 1 卷,第 1 期)、《周官著作时代考》(原载《燕京学报》,第 11 期,1932)修订汇编为《两汉经学今古文平议》一书,由新亚研究所出版。该书后收入《钱宾四先生全集》,第 8 册,台北,联经出版事业公司,1998。

② 顾潮:《顾颉刚年谱》,173、175 页,北京,中国社会科学出版社,1993。

③ 钱穆:《八十忆双亲·师友杂忆》,147~148、152、151 页,北京,生活·读书·新知三联书店,1998。

④ 余英时:《犹记风吹水上鳞·序》,见《钱穆与中国文化》,239 页,上海,上海远东出版社,1994。

人头脑中存着古文经是否刘歆伪造、《周礼》、《左传》等古籍是否伪书的疑问。《刘向歆父子年谱》则以《汉书》为基本史料来源，"缕举向歆父子事迹，及新莽朝政，条别年代，证明刘歆并未窜改群经，《周官》、《左氏传》二书皆先秦旧籍，而今古学之分在东汉以前犹未彰著。列举康氏之说不可通者二十八端"①，力辟晚清今文家说尤其痛驳康有为的《新学伪经考》。学者认为，该文"震撼了当时的学术界，使人从康有为《新学伪经考》的笼罩中彻底解放了出来"。《刘谱》出"晚清以来有关经今古文的争论告一结束"②。

《刘向歆父子年谱》的刊布及其围绕该文论题的笔墨来往，为我们考察钱穆与疑古学派的关系，乃至探讨民国史学与晚清经今古文学之争的关系，均提供了极佳的视角。疑古思潮与晚清今文家说有一脉相承的关系，这在当年就已不是秘密，到今天就更为清楚了③。而钱穆的《刘向歆父子年谱》恰是批驳以康有为为主的晚清今文家说的，然此文的刊布既缘疑古学派代表人物顾颉刚之力，后又收入《古史辨》第五册，这在钱穆与疑古学派的关系上似乎有某种象征的意义。而其意味何在，似不易看清。有的学者认为《刘谱》虽然在学术观点、根本精神上与顾氏相悖，但实际上正如钱穆自称的："也只想为顾先生助攻那西汉今文学的一道防线，好让《古史辨》的胜利再展进一程"，以钱穆"为由顾先生发动起来的古史辨运动推波助澜"。④ 有的学者则认为《刘谱》"是钱先生批评疑古学派的开始……这无异于给疑古学派造伪说一瓢当头冷水，是顾颉刚约稿时所万万没有想到的"⑤。若将视野稍为放宽，而不限于钱顾二人的交谊，在《刘谱》面世前后，钱穆与顾颉刚、胡适、钱玄同等疑古学派在

① 青松（刘节）：《评〈刘向歆父子年谱〉》，见顾颉刚编著：《古史辨》，第5册，249页，上海，上海古籍出版社，1982。

② 余英时：《犹记风吹水上鳞·序》、《一生为故国招魂——敬悼钱宾四师》、《〈周礼〉考证和〈周礼〉的现代启示》，见氏著：《钱穆与中国文化》，239、24、134页。

③ 参见王汎森：《古史辨运动的兴起——一个思想史的分析》，台北，台北允晨文化出版公司，1987。

④ 罗义俊：《钱穆与顾颉刚的〈古史辨〉》，载《史林》，1993（4）。罗文引钱说（《评顾颉刚〈五德终始说下的政治和历史〉》，见《古史辨》，第5册，630页），将"程"字误为"层"字，今改正。

⑤ 廖名春：《钱穆与疑古学派关系述评》，见《原道》，第5辑，217页，贵州，贵州人民出版社，1999。

此问题上意见的分合,进一层说,他们与晚清经今古文学之争的关系又是怎样,实有细加考察的必要。钱穆因顾颉刚时"方主讲康有为"①,起而批驳了晚清今文家言,至晚年更常批评疑古学派而斥及康、廖、崔氏诸说,或平议两汉经学今古文问题,驳斥晚清今文家言又扫及疑古学派。然在当年,钱穆是否具有通过批驳晚清今文家说而批评疑古学派的自觉意识呢?反过来说,如果钱穆当年与顾颉刚在精神意气上只是同志,而不是诤友的话,又怎么理解两人治史方向的日益偏离?《刘谱》结束了晚清以来的经今古文学之争,这一点如今已经成为学术界的共识了。②就其长时段的历史效应说,确是如此;但就初始反响来看,情况又不那么简单。以疑古学派三巨头而论,胡适基本上是很痛快就接受了《刘谱》的结论,但钱穆有没有说服顾颉刚、钱玄同呢?晚清今古文经学家聚讼纷纭的问题,民国学人努力加以解决,他们的工作与上辈学者有何区别?他们固然在某些方面沿袭着前辈的陈说和旧径,又在何种意义上超越了前贤?

"但是由于今天新一代的学人对清末民初的今古文经学之争已隔得远了,对于这个问题的意义恐怕不免也有些看不清了。"③余英时说得一点也不错。笔者愿以《刘向歆父子年谱》为线索,对此稍事追查探讨。

二、《刘向歆父子年谱》的学术背景

关于《刘向歆父子年谱》的学术背景,余英时作了精辟的论述:

> 清末康有为的《新学伪经考》支配了学术界一二十年之久,章炳麟、刘师培虽与之抗衡,却连自己的门下也不能完全说服,所以钱玄同以章刘弟子的身份而改拜崔适为师,顾颉刚也是先信古文经学而后从今文一派。钱先生《刘向歆父子年谱》出,此一争论才告结束。④

罗义俊也有清楚的解说:

---

① 钱穆:《八十忆双亲·师友杂忆》,152页。并参见顾潮:《顾颉刚年谱》,168页。
② 除余英时外,罗义俊、陈祖武等均作如是观。
③ 余英时:《钱穆与中国文化》,239页。
④ 余英时:《钱穆与中国文化》,24页。

晚清经学今古文两家各持门户，入主出奴。今文学者自刘逢禄《左氏春秋考证》，鼓说现行本《左传》不传《春秋》，并指摘其书为刘歆所改，及廖平又著《今古学考》，谓汉代古文全是刘歆所伪造。洎后康有为承刘氏余绪袭廖平"辟刘"旧说，著《新学伪经考》，变本加厉，直指斥古文《左传》诸经尽出刘歆伪造。其后，崔适著《史记探源》和《春秋原始》推波助澜斥刘歆，其弟子钱玄同在《重印〈新学伪经考〉序》中附议补充。从此，《新学伪经考》与刘歆遍造古文诸经之说风靡学术界，统治了清末民初的经学研究。①

这两段文字均很扼要，故抄来作为了解《刘向歆父子年谱》的学术背景的底子。

廖平、康有为、崔适，虽不是乾嘉以降经今文学运动的先锋，但支配民国史学界的今文家言实不出这三位的论说。刘逢禄等稍早的今文学家，要通过他们发生影响，其中以康有为最为巨擘。廖平虽启发了康有为，但其学说赖康著传播广远，康有为的《新学伪经考》、《孔子改制考》是玄惑了民国史学界的最主要著作，崔适的《史记探源》、《春秋复始》不过进一步发挥康说而已。

廖平的《今古学考》提出了影响深远的"平分今古"之论（廖平经学六变之初变）。大意为："今学同主《王制》，万变不离其宗"，"古学主《周礼》，隐与今学为敌"。今祖孔子，古祖周公；今祖改制，古祖从周；今为经学，古为史学。且以两派皆源于孔子：今为孔子晚年之说，古为孔子壮年之说。认为两派虽不同而不能偏废。此说出，今文学家康有为、皮锡瑞，古文学家刘师培、章太炎，均持以为说。廖平不是以文字的异同、不是以是否立于学官之别，而是根据许慎《五经异义》的材料，以所主礼制的不同作为划分两汉今古学兴替的界线，并溯源于孔子。② 晚清以前的历代学者，虽常论及今文、古文，却没有以今文为一大派，古文

---

① 罗义俊：《钱穆与顾颉刚的〈古史辨〉》，载《史林》，1993（4）。
② 参见刘梦溪主编：《中国现代学术经典》，《廖平、蒙文通卷》编校者蒙默关于《今古学考》的说明，石家庄，河北教育出版社，1996。

为一大派的,用这样分派的观点来看汉代经学,实始于廖平的《今古学考》。① 要而论之,此后学者或尊今抑古、或尊古抑今,各有偏主,但莫不以廖氏所分之门户为门户。以致当康有为的尊今抑古之见被《刘向歆父子年谱》推翻后,胡适敏锐地指出:"现在应该回到廖平的原来主张,看看他'创为今古之分,以复西汉之旧'是否可以成立。不先决此问题,便是日日讨论枝叶而忘却本根了。"②

钱穆《刘向歆父子年谱》、《国学概论》关于汉代经学及清代考证学部分均驳及此说,后作《中国近三百年学术史》、《两汉博士家法考》有进一步的申论。然而,廖平"平分今古"之论至今笼罩着经学史研究,并渗透到学术史、思想史、文化史等领域,李学勤近有数文,力加匡清③,这是后话。

当时支配民国史学界的却是康有为的尊今抑古之见。

余英时叙钱玄同、顾颉刚的从古入今的经历说明《新学伪经考》的影响力,实很恰当。宽泛一点说,崔适也可包括在内。

据钱玄同所记:

> 崔君受业于俞曲园(樾)先生之门,治经本宗郑学,不分今古;后于俞氏处得读康氏这书(指《新学伪经考》——引者),大为佩服,说它"字字精确","古今无比",于是力排伪古,专宗今文。

钱玄同又说:

> 崔君著《史记探源》、《春秋复始》、《论语足征记》、《五经释要》诸书,皆引申康氏之说,益加邃密。

钱玄同又引崔适于 1911 年 2 月 25 日给他的信:

---

① 李学勤:《〈今古学考〉与〈五经异义〉》,见《古文献丛论》,上海,上海远东出版社,1996。

② 见 1931 年 4 月 21 日胡适致钱穆的信。《古史辨》,第 5 册,637 页。又见耿云志、欧阳哲生编:《胡适书信集》上册(1907—1933),547 页(将"本根"二字倒为"根本"),北京,北京大学出版社,1996。

③ 李学勤:《〈今古学考〉与〈五经异义〉》、《〈说文〉前序称经说》、《谈"信古、疑古、释古"》。均已收入《古文献丛论》。还有《走出疑古时代》(收入氏著:《走出疑古时代》,沈阳,辽宁教育出版社,1994)等文。

> 知汉古文亦伪，自康君始。下走之于康，略如攻东晋《古文尚
> 书》者惠定宇于阎百诗之比。虽若"五德"之说与《穀梁传》皆古
> 文学，"文王称王"、"周公摄政"义并今文说，皆康所未言，譬若
> 自秦之燕，非乘康君之舟车至赵，亦不能徒步至燕也。①

这就把崔适自己的发明以及对康有为饮水思源之意道得清清楚楚。
要而论之，学者从今古不分或信古文经学而改尊今文学派乃至如钱玄同、
顾颉刚等尚要超越今古两派的，均经历了崇信康有为的一环，甚至在一
些根本观点上不越雷池一步。钱穆《刘向歆父子年谱》将康有为作为主
攻对象，"康氏之说破，则诸家如秋叶矣"②，实有他的道理。

再看钱玄同。

崔适为引导钱玄同从今入古的关键人物，老师的故事在学生身上如
悉重演。

钱玄同 15 岁即读毕《春秋》三传，后见刘逢禄《左氏春秋考证》而
"不信任《左传》"。1908 年从章太炎受声韵训诂之学，得见氏著《春秋左
传读叙录》稿，此稿专驳《左氏春秋考证》，钱玄同复取刘著细读，终不
能苟同章说。此即"一九○九年细绎刘申受与龚定庵二人之书，始'背
师'（章太炎师专宗古文，痛诋今文）而宗今文家言"，但那时只就《春
秋》一经排斥《左传》；并不斥及"《书》之马，《诗》之毛"，也不怀疑
"鲁恭王得壁经一事"。"故那时虽宗今文，尚未绝对排斥古文"。1911 年
2 月，钱玄同拜崔适为师，读其《史记探源》稿，而知崔氏的考辨"较刘
氏更进一步，并《左氏春秋》之名亦不认为本有，与太炎师之说成为两
极端"。钱玄同又在崔适极力推荐之下，"始得借读《新学伪经考》"，"始
知刘申受之书虽精，但对于刘歆作伪之大本营（即所谓'孔壁古文'）尚
未探得"，钱氏"读《新学伪经考》及《史记探源》以后，深信'孔壁古
文经'确是刘歆伪造的"。此即"自一九一一读了康崔二氏之书，乃始专
宗今文"。这样，1911 年前后虽有"专宗"与否的不同境界，要而论之，
"我对于'经'，从一九○九至一九一七年，颇宗今文家言"。至 1917 年，

---

① 以上引文均见钱玄同：《重论经今古文学问题》，见《古史辨》，第 5 册，23～24 页。
② 钱穆：《刘向歆父子年谱》，载《燕京学报》，第 7 期，1193 页，1930。

更有进境:"自从一九一七年以来,思想改变,打破'家法'观念,觉得'今文家言'十九都不足信,但古文之为刘歆伪作,则至今仍依康崔之说,我觉得他们关于这一点的考证是极精当的。我现在以为古文是假造的,今文是口说流行,失其真相的,两者都难凭信,不过比较起来,还是今文较可信些。"所谓"现在"的见解,写该文字的时间是1921年3月23日,我们可以看做是其"打破'家法'观念"后的基本主张,未有变化;而钱玄同"关于这一点"的坚持也是至死不渝。[①]

钱玄同治经的经历以及经学见解的转变脉络之所以值得在此稍费笔墨,因为钱氏实乃民国学术界关于经今古文问题研究的首席发言人。他以太炎弟子的身份改投崔适门下,此事当时即传为美谈。这一方面透露了经今古文学两派的势力在民国初年兴替消长的信息,也反映了民国学术界对钱玄同这位经学专家、权威的普遍认同。的确,他的看法不仅左右着学生辈如顾颉刚的思想,甚至连胡适那样的学界领袖人物,也要请他开经学书目,向他请教经学问题,凡有关经今古文之争的讨论均要请他加入。[②]康有为、崔适那刘歆伪造孔壁古文的见解,得了钱玄同的赞助而死灰复燃;[③]章太炎那将圣经历史文献化的经学观,由其传述和发挥,其支配力不让康崔诸君;[④]尤其由于他出入古今,对两派的长处和弊害有亲切的体会,使他能撕裂两厢,发展出"打破'家法'观念"、"离经叛道"的经学观,这对于民国学术界的影响尤为深巨。当然,正如他因浸润过深,对经生门户之见的偏执,不自觉地要超过一般学者一样,这一方面的流弊也极大。

顾颉刚就是一个例子。顾颉刚中学二年级起在祖父指点下读经,经

---

①　此段文字根据钱玄同的《论今古文经学及〈辨伪丛书〉书》(见顾颉刚编著:《古史辨》第1册,北京,朴社,1926年11月第3版)、《〈左氏春秋考证〉书后》、《重论经今古文学问题》(均见顾颉刚编著:《古史辨》,第5册,上海,上海古籍出版社,1982)以及《〈刘申叔先生遗书〉序》(见《钱玄同文集》,第4卷,北京,中国人民大学出版社,1999。该书还收入了上述曾载于《古史辨》的文字),加以整合而成。

②　详后。

③　顾颉刚在《古史辨》,第5册《自序》中说:"今古文的本子问题,清代学者已讨论了好久,但到民国,除了崔觯甫先生(适)在北京大学大家不甚了了的课堂上扬些垂尽的火焰之外,差不多已经绝响了。至于近来热烈的讨论,则由于钱玄同先生和钱宾四先生(穆)的倡导。"

④　参见王汎森:《章太炎的思想(1868—1919)及其对儒学传统的冲击》,台北,时报文化出版事业有限公司,1985。

过一翻探究，"不但魏晋间的古文成问题，就是汉代的古文也成了问题了"。1913 年冬天始听章太炎讲国学，批驳以康有为为主的今文家说。顾颉刚从章太炎那里既获得了不能"通经致用"而应"求真"的治学观念，又获知"依然活跃于当世的学术界上的"今古文学的分歧。认为"古文家主张六经皆史，把孔子当做哲学家和史学家看待，我深信这是极合理的。我愿意随从太炎先生之风，用了看史书的眼光去认识六经，用了看哲人和学者的眼光去认识孔子"，从而"愿意在经学上做一个古文家"。由此找来康有为《新学伪经考》读（1915 年），思想一变，才知道"它的论辩的基础完全建立于历史的证据之上，要是古文的来历确有可疑之点，那么康长素先生把这些疑点列举出来也是应有之事"。又从《不忍杂志》得读《孔子改制考》，而知"三皇五帝的史事"之不足征，从而建立起"上古史靠不住的观念"；且以《孔子改制考》为一部绝好的战国"学术史"，认为"虽则他所说的孔子作六经的话我不能信服，但六经中掺杂了许多儒家的托古改制的思想是不容否认的"。乃知古文家批评今文家是出于"党见"，又过了数年，看清章太炎"只是一个从经师改装的学者"。

仅从以上《古史辨》第一册《自序》的叙述来看，顾颉刚的从古入今似乎主要由于康有为两《考》的说服力，其实未必如此，我们还是由顾氏的夫子自道来获得较为全面的了解吧。1916 年，崔适初到北大，顾颉刚上他的《春秋公羊学》一课，"我先前已受了章太炎先生（炳麟）的影响，深信古文家得经学之真，今文家多妖妄之说。后来购读了《新学伪经考》，虽也知道今文家自有其立足点，古文家亦有不可信处，只因先入为主，仍不能改变我的薄今文而重古文的观念……对于崔先生的课并无好感。那时的见解，似乎以为我既不想作今文家，就不必理会这些"①。可见，无论是康有为的《新学伪经考》还是崔适的《春秋公羊学》课，均不能把顾颉刚从得自章太炎的"薄今文而重古文的观念"下拽出来。"在大学毕业之后，始见钱玄同先生。他屡屡提起今古文问题"，②并"不

----

① 顾颉刚：《〈中国上古史研究课〉第二学期讲义序目》（1930-06），见《古史辨》，第 5 册，258 页。

② 顾颉刚：《〈中国上古史研究课〉第二学期讲义序目》（1930-06），见《古史辨》，第 5 册，259 页。

止一次地"向他说了那一番令他终生难忘的醍醐灌顶的话:"今文家攻击古文家伪造,这话对;古文家攻击今文家不得孔子真意,这话也对。我们今天,该用古文家的话来批评今文家,又该用今文家的话来批评古文家,把他们的假面具一齐撕破,方好显露他们的真相。"① 这使他"眼前一亮,知道倘使不用了信仰的态度去看而用了研究的态度去看,则这种迂谬的和伪造的东西,我们正可利用了它们而认识它们的时代背景"②。

我们可以看到,经学今古文问题历经纷争,莫衷一是,让顾颉刚对此获得一个研究的门径,确立一种理性的态度的,不是章太炎,也不是康有为、崔适,而是钱玄同。钱玄同"打破'家法'观念"后的主张让顾颉刚慑服。可以说,正是钱玄同提供给顾颉刚一个系统、一份纲领,让他知道如何去把握这一复杂的难题。余英时说,顾颉刚和钱玄同一样,都经历了从古入今的阶段,其实这正是钱玄同影响的结果,是钱玄同带他从章太炎的见解下解放出来,经历双重意义上的"背师"(既"背"了章,又欲"背"了康、崔)。

但经学今古文问题毕竟是专门而又艰深的,老师的从旁点拨代替不了学生的亲身阅历。1926 年 8 月起,顾颉刚在厦门大学开经学专书研究课,讲《尚书》。次年 10 月,在中山大学亦开有此课。1928 年上半年在中大续讲《尚书》,下半年又开《春秋》研究。通过这两门课,"我方才对于今古文问题有较深的认识。我知道我们一讲到古代学术,即离不了汉学,因为现在所有的古书都是经过汉代人的笔削的;而一研究汉学,今古文就是一个最大的关键,因为古文学发生时曾把所有的学问从头整理一过,如果我们不把今古文的材料分清,则未有不以古文学家整理的结果认作当初的原状的,于是就受了他们的欺骗了"③。

---

① 顾颉刚:《秦汉的方士与儒生·序》(1954-12),4 页,上海,上海古籍出版社,1998。《〈中国上古史研究课〉第二学期讲义序目》(1930-6),见《古史辨》,第 5 册,259 页,已提到对他有深刻影响的钱玄同此番看法,文意及表述均极相近,不复录。钱玄同的《论今古文经学及〈辨伪丛书〉书》(见《古史辨》,第 1 册),是钱玄同于 1921 年 3 月 23 日给顾颉刚的信,其中也已说到这个意思了。

② 顾颉刚:《〈中国上古史研究课〉第二学期讲义序目》,见《古史辨》,第 5 册,259 页。

③ 顾颉刚:《〈中国上古史研究课〉第二学期讲义序目》,见《古史辨》,第 5 册,259 页。有关年月的确定,根据王煦华:《顾颉刚先生学术纪年》,见《纪念顾颉刚学术论文集》,成都,巴蜀书社,1990。

1927 年 10 月起，顾颉刚在中山大学开"上古史"课，"我始把上古史的材料作系统的收集"。我们且看他治上古史的方法：

> 我便把康先生辨少曍的话钞了出来，以崔先生论终始五德的话校之，更以其他的古史系统证之。始确知《世经》和《月令》的古史系统只是王莽的古史系统，这个系统是为他受禅的张本的。它的原理在五德说；而五德说从《史记·封禅书》和《汉书·郊祀志》看，则其在秦汉间的变迁之迹历历可按。①

1929 年 9 月顾颉刚任教燕京大学，1930 年 2 月底至 6 月初，② 顾氏将此意发挥成一块大文章《五德终始说下的政治和历史》，③ 初刊于 1930 年 6 月《清华学报》第 6 卷第 1 期。

杨向奎认为顾颉刚此文，没有在"层累地造成的古史说"的基础上再前进一步，"它只是重复过去的老路，恢复到今文学派康有为的立场，又来和刘歆作对……是经今文学派的方法，一切委过于刘歆"④。杨氏的看法是很中肯的。早在 1930 年的 10 月 28 日，胡适就在日记中批评说："顾说一部分作于曾见钱谱之后（此文的刊布与《刘向歆父子年谱》几乎同时，均为 1930 年 6 月，而写作时间比《刘谱》晚几个月——笔者），而墨守康有为、崔适之说，殊不可晓。"⑤ 然则，晚清今文家言在当时的势力确非今日的学人所能想象的了。

由此可见，且不论钱玄同的影响，顾颉刚自己的独立研究也"只是重复过去的老路，恢复到今文学派康有为的立场"了。

当然，我们也不能光看到疑古学派精神领袖胡适之在 1930 年 10 月有这种批评的论调，其实，他也深受康有为的影响，只是不再固执前见而已。

《中国哲学史大纲》可谓是民国初年"东周以前无史论"的代表作。

---

① 顾颉刚：《〈中国上古史研究课〉第二学期讲义序目》(1930-6)，见《古史辨》，第 5 册，259～260 页。

② 顾潮：《顾颉刚年谱》，182 页。

③ 顾颉刚：《秦汉的方士与儒生·序》明确地指出："当时曾本崔适先生《史记探源》中所指出的刘歆利用了五德相生说来改造古史系统的各钟证据，加以推阐，写成《五德终始说下的政治和历史》一文，刊入《清华学报》。"

④ 杨向奎：《论"古史辨派"》，见《中华学术论文集》，32 页，北京，中华书局，1981。

⑤ 转引自余英时：《〈犹记风吹水上鳞〉序》，见《钱穆与中国文化》，239 页。

当年康有为出于政治需要,发挥公羊学所渲染的圣人制作的创造精神,建立孔子的权威,为自己的变法维新张目,利用和改造历史,不单把六经的著作权划归孔子,而且把很多重要制度的发明权划归孔子,把尧舜等相传古史人物事迹说成是孔子伪托的,诸子无不托古改制。实质是把孔子以前的历史一笔勾销了,已为"东周以前无史论"开了篇。《中国哲学史大纲》与《孔子改制考》在精神气质上的一脉相承,别人也许不易看清,康有为的论敌章太炎就太明白了,所以他能比柳诒徵更敏锐地看到"六籍皆儒家托古,则直窃康长素之唾余"①。的确《中国哲学史大纲》所怀疑的经书或子书,多用"托古改制"之说解之,"托古改制"成为胡适解释暧昧不清的上古史的最重要的理论。其实他早就接受了此说,留学时期接触的西学概念"乌托邦"则加深了他对这一学说的信仰。②章太炎当年骂康有为"剽窃"廖平,而今讽刺胡适"窃"康有为之"唾余",并不因胡适"最感激"他又稍有假借,表明他反感的强烈。当然他没有忘记指出两者的不同:"长素之为是说,本以成立孔教,胡适之为是说,则在抹杀历史。"③讲国粹、衡国故,康章有相通处,章氏必要以尊国史与康氏之尊孔教立异,这是原则上的分歧(章以康为倡宗教迷信)。在这一尺度下,章太炎虽归咎于旧怨,实尤恶于新恨,所以他说:"此其流弊,恐更甚于长素矣。"④章氏之论不免于过激,但他揭出从康到胡由尊经到疑古的思想史线索,则是极不错的。后来周予同、钱穆⑤等均有此类说法,到今天已是人人皆知的事实了。

　　1919年11月到1920年间,胡适与廖仲恺、胡汉民、季融五、朱执

----

　　①　章太炎:《致柳翼谋书》(1922-06-15),见汤志钧编:《章太炎政论选集》(下),763页,北京,中华书局,1977。

　　②　《胡适留学日记》1916年3月29日,指出"管子"与《周礼》两书乃可以与"柏拉图之《共和国》、穆尔之《乌托邦》"媲美的"吾国之乌托邦"。具体地说,《管子》"乃绝妙之乌托邦也"、"盖后人伪托管子以为乌托邦,近人所谓'托古改制'者是也"。《周礼》"乃世间最奇辟之乌托邦之一也"、"乃战国时人'托古改制'者之作"。《胡适留学日记》,海口,海南出版社,1994。

　　③　章太炎:《致柳翼谋书》(1922-06-15),见《章太炎政论选集》(下),763页。

　　④　章太炎:《致柳翼谋书》(1922-06-15),见《章太炎政论选集》(下),764页。

　　⑤　周予同《经今古文学》对顾颉刚、胡适的新史学与晚清今文学的关系多有涉及,其中谈到"根本观念"上的联系时(第34页)说:"新史学家顾、胡的学说,实在是今文学家而为现社会所不齿的康有为的诸子托古改制说之进一步的讨论",上海,商务印书馆,1929。钱穆《国学概论》中的有关论述,详后。

信等展开"井田辨",在上古史料运用上涉及经学今古文问题。胡适虽自称"我对于'今文''古文'之争,向来不专主一家",但他认为"《周礼》是伪书,固不可信"、"汉代是一个造假书的时代,是一个托古改制的时代"、"刘歆造假书"等,以致怀疑井田制的存在,他甚至自我否定了留学期间所持的《周礼》为战国时之书的见解,而归之于刘歆的伪造。① 其受康、崔诸说的影响益见深重。

胡适一直很重视对经学今古文问题的研究。例如,1921 年 7 月 1 日指导顾颉刚,搜罗整理辨伪之作,要注意"《尚书》的公案"以及"今古文公案"之类"更大的问题";② 1922 年 5 月胡适有《新儒教之成立》之作,"前半是今文家的儒教,后半是古文家的儒教";③ 1923 年 5 月 30 日又提醒顾颉刚:"关于古史,最重要的是重提《尚书》的公案,指出今文《尚书》的不可深信",并要他读"犹太民族的古史——《旧约》",④ 指点他拓宽思路,似有要他超越今古文纷争的意思;1925 年 4、5 月还请钱玄同开《今文家书目》("晚清今文学底书单子"),⑤ 等等。

胡适对海外汉学界关于这个问题的研究的进展,也很敏感。1927 年 4 月,瑞典汉学家高本汉(胡适译作珂罗倔伦)寄赠其著作"On the Authenticity and Nature of the Tso Chuan"(胡适译为《论左传之可信及其性质》)给胡适,胡适当即写出摘要给顾颉刚,并请钱玄同加入讨论。1927 年夏,陆侃如译出全书,易名为《〈左传〉真伪考》,胡适又为之作序。

胡适的摘要(作于 1927 年 4 月 17 日)概括该书的大意:

> 全文分两大段:前段大旨驳康有为的《新学伪经考》,后段从文法上证明《左传》非鲁国人所作,其文法与鲁国文字的文法不同,但是前三世纪以前(焚书以前)的著作。⑥

---

① 《胡适文存》,第 1 集卷 2,《井田辨》卷 2,272、278~280 页,亚东图书馆,1925。

② 《古史辨》,第 1 册,39 页。

③ 参见胡适于 1922 年 5 月 6 日致钱玄同的信,见耿云志、欧阳哲生编:《胡适书信集》上册(1907—1933),300 页。

④ 《古史辨》,第 1 册,200 页。

⑤ 参见胡适于 1925 年 4 月 12 日致钱玄同的信,耿云志、欧阳哲生编:《胡适书信集》上册(1907—1933),360 页。又参见钱玄同于 1925 年 5 月 10 日致胡适的信,杜春和、韩荣芳、耿来金编:《胡适论学往来书信选》(下),1128 页,石家庄,河北人民出版社,1998。

⑥ 《古史辨》,第 5 册,293 页。

胡适的序文(作于 1927 年 10 月 4 日)提出自己的评论:

> 故我以为珂先生用《左传》的特别文法组织来和"鲁语"相比较,证明《左传》的语言自成一个文法组织,决非"鲁君子"所作——这是他的最大成功。其次,他因此又证明《左传》和《国语》在文法上最接近,这是他的第二功。这两个结论和刘逢禄、康有为、崔适、钱玄同诸人的主张的大旨,都可以互相印证。但今文家所主张的枝节问题,如说"《左传》是《国语》里抽出来的","《左氏春秋》变成《春秋》的《左氏传》是刘歆干的"……这些问题还是悬案。珂先生不能证明《左传》原是《春秋传》,今文家也不能根据珂先生的成绩而就断定刘歆的作伪。[①]

要而论之,胡适在经学今古文问题上并无定见。确如所说:"《周礼》一书,我起初只承认他是战国末年的一部大乌托邦。"[②] 到"井田辨"时,认为《周礼》是刘歆伪造的假书,则是退到今文家的立场。看了高本汉的书,看法又有变化。一方面,胡适认为,高本汉证明《左传》非鲁君子所作以及《左传》与《国语》在文法上最接近,与今文家的说法可以相互印证。因为刘逢禄、康有为等人说,刘歆把《国语》的一部分与《春秋》有关的,改作《春秋左氏传》;或是说,当日原有一部《左氏春秋》,刘歆取出一部分做了《春秋左氏传》,剩下的部分做了《国语》。现在,高本汉用文法比较研究的科学方法,证明《左传》与《国语》有那么相近的关系,岂不是能为今文家张目吗?而且,高本汉对中国学者所争论的焦点问题——《左传》传不传《春秋》——未免隔膜,故此书亦不足以推翻今文家所谓"《左传》不传《春秋》"的说法。[③] 这是胡适认为

---

① 《古史辨》,第 5 册,313 页。胡序全文又见《胡适文存》,第 3 集卷 3,《〈《左传》真伪考〉的提要与批评》。

② 《胡适文存》,第 1 集卷 2,278 页。这句话可与前引《胡适留学日记》的看法相印证。

③ 钱玄同对《〈左传〉真伪考》的反应确如胡适所料。在 1928 年 4 月 6 日致胡适的信中,他说:"去岁承赐《〈左传〉真伪考》,谢谢! 我觉得这书所说还不足以解决这问题。盖《左传》虽非《春秋》的传而必是战国时人做的历史,此不但'伪今文家'如鄙人者这样说,就是真今文家也未尝不如此说;不信它是历史者惟廖平一人,然此乃妄人之尤者耳,其说本无成立之价值也。今所当问者,它是否《春秋》的传耳。"杜春和、韩荣芳、耿来金编:《胡适论学往来书信选》(下),1132 页。不仅如此,钱玄同于 1931 年 11 月 16 日所作《重印〈新学伪经考〉序》,以及由此改写的《重论经今古文学问题》,均将高本汉证明《左传》与《国语》语法最接近的结论,作为"《左传》和《国语》本是一部书的一个很强有力的证据"。

今文家的观点的有力的地方。另一方面，高本汉论证《左传》为先秦旧书，胡适认为这与钱玄同主张的《左传》是"晚周人做的历史"的观点①并无不同，这是对的；但钱玄同又认为"刘歆把《国语》底一部分改成《春秋》的传，意在抵制《公羊传》"，②同时认为"壁中古文"为刘歆伪造，③实未脱今文家的门户之见。而胡适则又从当年"井田辨"时所谓"刘歆伪造"的立场撤回，认为刘歆是否主谋等问题仍是"悬案"。这正是钱穆《刘向歆父子年谱》要解决的问题，时距该文刊布不到 3 年。而"枝节"云云，则今文家大体不误也。④

在考察晚清经今古文学之争对民国史学界的影响时，我们不能忽略了另一位重要的学者，就是王国维。李学勤说：

> 王国维先生早年治哲学、文学，1911 年冬东渡日本后始转攻经史小学。他研究经学既不是康有为那样的今文家，也不是章太炎那样的古文家。实际上，他对于清末以来的今古文之争并非漠视，而是做了很多切实重要的研究工作。⑤

从古文字学的角度研究今古文问题，是一条"切实重要"也许还是根本解决问题的途径，李氏对王国维的推崇是理所当然的。笔者只就王氏的研究在当年经今古文问题讨论中的地位，略补几笔。

1916 年 11 月，王国维撰《汉代古文考》3 卷（刊入《学术丛编》第八、九、十三册中），后经改定，按分篇别出，标题也稍作改动，收入《观堂集林》，计有："战国时秦用籀文六国用古文说"、"史记所谓古文说"、"汉书所谓古文说"、"说文所谓古文说"、"说文今序篆文合以古文

---

① 胡适将钱玄同的看法概括为："《左传》是伪的《春秋》传，是真的晚周人做的历史"，很准确，很扼要。

② 钱玄同的看法见《古史辨》，第 1 册，278~280 页。

③ 《左传》为汉世张苍所献古文，不在"壁中古文"之中，王充误以《左传》为"壁中古文"，学者多指出其谬。《左传》不在"壁中古文"之中，这一点钱玄同也是清楚的。

④ 前引胡适 3 年后致钱穆的信（1931-04-21），亦有不能停留于"枝节"云云，可以互参，知其语境，见其思路。详下文。

⑤ 李氏列举王国维在这方面的工作有：始于 1916 年、1925 年还在继续的汉魏石经研究，著《汉魏博士考》、《汉代古文考》；1918 年校唐写本《尚书孔传》和薛季宣《书古文训》；1926 年作名文《桐乡徐氏印谱序》；1917 年和 1920 年，校勘过与古文经学有关的《孔子家语》；《尚书》研究等。李学勤《谈"信古、疑古、释古"》，见《古文献丛论》，333~334 页。

说"、"汉时古文本诸经传考"、"汉时古文诸经有转写本说"、"两汉古文学家多小学家说"、"科斗文字说",都是王国维研究古文字学的重要著作。[1] 收入《观堂集林》的这些文字,并没有渲染晚清今古文学之争这一敏感话题,但是看到这些篇名,再回顾一下康有为《新学伪经考》所谓《史记》所见"古文"字样均刘歆伪窜、又力辟"许学之伪"、又大张"壁中古文"为刘歆所伪造等等说法,就不难理解王国维朴实无华的建设性工作对康崔诸说的破坏性。尤其集中体现在他所提出的"战国时秦用籀文六国用古文说"[2] 上。这可以从钱玄同对此说的反应看出来。

1923 年 5 月,顾颉刚在《努力周报》上发表"层累地造成的中国古史"观以后,激起刘掞藜、胡堇人等之辩论,大为社会注目。[3] 顾颉刚因引《说文解字》有关材料论证禹为大虫非人王,引起柳诒徵《论以〈说文〉证史必先知〈说文〉之宜例》(1924 年 4 月 1 日)一文的激烈批驳。顾颉刚于是作《答柳翼谋先生》(1925 年 11 月 28 日)反驳,文中援引钱玄同的观点为自己壮气:"《说文》是一部集伪古字、伪古义、伪古礼、伪古制和伪古说之大成的书。"

1925 年 12 月 13 日,钱玄同致函声援顾颉刚,此即《论〈说文〉及壁中古文经书》。很可能是钱氏认为,柳诒徵之说不足驳而王国维的学说对他所固执的今文家说构成更为有力的挑战,所以此文征引和针对的主要是王国维的观点。他一方面以"王氏说《说文》中之古文无出壁中书及《春秋左氏传》以外者"为"极对"。另一方面,他一则以"今所存齐、鲁、邾诸国的钟鼎文字跟壁中古文"大不相同,足见战国时秦及六国文字均"大同小异";一则固执康有为《新学伪经考》、崔适《史记探

---

① 袁英光、刘寅生编:《王国维年谱长编》,181 页。天津,天津人民出版社,1996。
② 王国维认为秦时统一文字,"罢其不与秦文合者",其《仓颉》、《爰历》、《博学》三篇为小篆,皆取自《史籀篇》大篆,故知秦文即籀文;六艺(《诗》、《书》、《易》、《礼》、《春秋》)皆用东方(六国)通行文字写成,不流布于秦,六国文字,即为古文。"故古文籀文者,乃战国时东西二土文字之异名,其源皆出于殷周古文。而秦居宗周故地,其文字犹有丰镐之遗。故籀文与自籀文出之篆文,其去殷周古文反较东方文字(原注:即汉世所谓古文)为近。"此说乃王氏创见。又以两汉所传经本所用古文转写,学者解经必先得小学之助,所以两汉古文家兼小学家,如张敞、桑钦、卫宏、贾逵、许慎等皆是。都可以互证前说。此段文字概括王氏"战国时秦用籀文六国用古文说"颇扼要,故亦引录于此,见袁英光、刘寅生编《王国维年谱长编》,181 页。此说实是论证了汉传古文诸经有所本、非伪造。
③ 王煦华:《顾颉刚先生学术纪年》,见《纪念顾颉刚学术论文集》,1018 页。

源》的说法，认为"凡《史记》中'古文'二字都是刘歆们窜入的"、扬雄能识古文奇字为刘歆所误、许慎更是迷信古文经的，凡此皆不足凭信。钱玄同根据上述理由认定王国维"区为'东土''西土'两种文字"之说为"进退失据之论"，他又据康、崔所谓"壁中书之为伪物"的说法，认为把"《说文》中的古文"看作"列国诡更正文之文字"（罗振玉）、"晚周文字"、"东土文字"（王国维）"其实皆无稽之谈也"。①

要而论之，钱玄同与王国维一样都看到"壁中古文与殷周古文不合"，而对其"不合"的原因的解释却大异，王国维给予一种文字演变的历史的解说，而钱玄同则宁肯相信康、崔的刘歆伪造说，至于钱玄同从王国维那里接受的见解，与此并不矛盾，反足以为证据。

当然，此为一专门而艰深的学术问题，学者对此有不同的看法，自不可免。王国维"战国时秦用籀文六国用古文说"提出，罗振玉就不首肯，② 王氏及门弟子容庚尤不苟同。王国维颇欲说服他的学生，1926 年 8 月 18 日，他致函罗福颐：

> 近有人作一种议论，谓许书古文为汉人伪造，更进而断孔壁书为伪造，容希白亦宗此说。拟为一文以正之。兄所集大玺文字，其中与《说文》古文同者如恒字之类当必不少，祈录示……③

同年 8、9 月间王国维复书容庚：

> ……此段议论，前见《古史辨》中钱君玄同致顾颉刚书，实如此说……今人勇于疑古，与昔人之勇于信古，其不合论理正复相同，此弟所不敢赞同者也……钱君及兄所言，似未注意于战国时代多量之事实，且于文字演变之迹亦未尝注意也……④

王国维想用坚确的证据说服容庚，所以求援于罗福颐，而他主要针对的是钱玄同等的"勇于疑古"，这一点王氏颇为自觉。但他说钱玄同等"谓许书古文为汉人伪造，更进而断孔壁书为伪造"则未免倒果为因，于

---

① 以上顾颉刚、柳诒徵、钱玄同的文字均收入《古史辨》，第 1 册。
② 袁英光、刘寅生编：《王国维年谱长编》，182 页。
③ 袁英光、刘寅生编：《王国维年谱长编》，480 页。
④ 袁英光、刘寅生编：《王国维年谱长编》，490~491 页。

钱氏思路未达一间。事实是,钱玄同先接受了康、崔所谓"孔壁书为伪造"这一根本观点,"进而断""许书古文为汉人伪造",用钱玄同的话来说就是"要问这种古文是否真古文,先要问壁中书等是否真物"。[①] 王国维用"老实人"的眼光来看"聪明人"的高论,才会对钱玄同的论说作如此平恕的理解。不过,王国维显然是充分意识到从晚清今文家到钱玄同等的论断的武断和弊害,才起而作严正切实的驳证。这是他不能已于言的根本原因。

1926 年 10 月,王国维借《桐乡徐氏印谱序》重申前论"战国时秦用籀文六国用古文说"。

但容庚接王国维信后,对乃师所下的结论仍难于接受,"即作复书,讨论此事",可惜此信未发,容氏对《桐乡徐氏印谱序》亦不以为定谳,却未与作进一步的商榷,从而留下了永远无从讨教的遗憾。[②]

容庚尚且如此,钱玄同更不必说,王国维的成果甚至被他用来证明康有为的学说:

> 王氏最精于古代文字,以其研究所得证明壁中古文经为用六国时讹别简率之字体所写,适足以补康氏之阙;且得此重要证据,更足以见康氏考辨伪经之精确。[③]

这段文字出于钱玄同《重印〈新学伪经考〉序》,作于 1931 年 11 月 16 日,《刘向歆父子年谱》刊布 1 年之后,距离王国维自沉昆明湖(1927 年 6 月 2 日)已有 4 年多了。可惜的是王国维再也无法反驳他了。后人虽多据工国维的研究批驳钱玄同乃至康、崔诸说,[④] 然而当时却实是康、崔的天下。到 1930 年 6 月,顾颉刚还说:

---

① 《古史辨》,第 1 册,237 页。

② 袁英光、刘寅生编:《王国维年谱长编》,492 页。

③ 钱玄同《重印〈新学伪经考〉序》,126～127 页。方国瑜标点本《新学伪经考》,北平文化学社,1931。

④ 如徐中舒,在《经今古文问题综论》一文中指出:"钱先生因为不相信王国维先生《战国时秦用籀文六国用古文说》,进退失据,既不知古文之足信,又怎么能判断今古文的是非标准呢!"《纪念顾颉刚学术论文集》,72 页。又如李耀仙,也以王国维"战国时秦用籀文六国用古文说"为根据,驳斥廖平所谓"六书文字为孔子所作"之见。参见《〈廖平选集〉(上册)内容评介——代序》,见李耀仙主编:《廖平选集》(上),26 页,成都,巴蜀书社,1998。

说是社会上不知道吧，《新学伪经考》已刻了七次版子，《考信录》也有五种版子，《史记探源》也有两种版子，其铅印的一种已三版：这种书实在是很普及的了；《伪经考》且因焚禁三次之故而使人更注意了。说是他们的学说不足信吧，却也没有人起来作大规模的反攻，除了钱宾四先生（穆）新近作了一篇《刘向歆父子年谱》之外（此文刊入《燕京学报》第七期，将出版）。①

让顾颉刚感慨的是"王莽的历史系统"还未被推倒，社会上相信康、崔诸说的人还太少，但这段话也真切道出了《刘向歆父子年谱》面世前"大规模的反攻"之更少的实况；看过《刘谱》的顾颉刚还要来扬康、崔之残灰，则尤见康、崔辈势力的广大了。

总结地说，1930年以前的民国史学界，被晚清以来的经今古文学之争缠绕着，不知所归。大体而言，今文学派的见解占上风，学者如钱玄同、胡适、顾颉刚等无不浸润过康、崔诸说，有的且固执其成见；王国维要算最不受其牵制的了，② 但他的研究成绩却被钱玄同用来证明康、崔之说，西方汉学界也参加到这个问题的讨论中来，高本汉的《左传真伪考》本是为反驳康有为的，结果却与王国维的著作同其命运。康有为等人的学说的影响力，不仅体现在"上古史靠不住的观念"、"托古改制"的古史解释理论，尤其落实到史学辨伪上对古书真伪的看法，甚至处于"打孔家店"背景下的经学史研究也不能脱其牢笼。③ 确实需要有人起来作"大规模的反攻"了。

---

① 《古史辨》，第5册，256页。

② 但王国维也没有摆脱"平分今古"之见，参见李学勤《〈说文〉前叙称经说》，见《古文献丛论》。

③ 这可以周予同的《经今古文学》为代表。其初稿题为《经今古文之争及其异同》初刊于1925年2、3月间出版的《民铎杂志》，第6卷，第2、3号。1926年2月由商务印书馆列入"国学小丛书"之一出版，改为今题。1929年10月由商务印书馆再版，另编入"万有文库"中。参见朱维铮编：《周予同经学史论著选集》（增订本）所收《经今古文学》之"编者注"，上海，上海人民出版社，1996。《古史辨》第二册又摘录了该书之第五、六、七三章。该书第32页明白声言"我个人是比较倾向今文的"，第七章只谈"经今文学在学术思想上的价值"、第八章只列"经今文学的重要书籍"，而不提"经古文学在学术思想上的价值"，不列"经古文学的重要书籍"。《经今古文学》，上海，商务印书馆，1929。

三、《刘向歆父子年谱》的学术贡献

《刘向歆父子年谱》的学术贡献主要体现在以下四个方面:

(一)推翻刘歆遍伪群经之说。

钱穆从时间、伪造方式、伪造的动机目的等方面,论证了康、崔等力主的此说之不可信,[①] 晚清以来学术史上的最大公案,得有定论。

(二)论证《周官》、《左传》皆先秦旧籍。

《周官》、《左传》是否为刘歆所伪造改窜的伪经,是晚清今古文学之争的焦点,《周官》、《左传》成书年代的推定又关乎上古史研究材料的择别取舍,此事关系重大,钱穆力辟两书为刘歆窜乱之说。

1. 关于《周官》

钱穆引征《汉书·郊祀志》所载"五岳"之说,指出,此说明见宣帝前,其时正行今文,《周礼》等书尚未面世、刘歆尚未出生,非如《新学伪经考》所说:言"五岳"者为伪说或窜入。[②]

钱穆又考汉廷据《周礼》设官,始于孝平帝元始元年(公元1年)二月置"外史闾师"事。[③] 非如《新学伪经考》所说:王莽学周公始于西汉元始三年(公元3年)春,是时《周礼》未成,故建制犹从今博士说;[④] 以及元始五年(公元5年)五月,王莽加九锡。《周官》始尊为经典,朝廷典礼以为依据。[⑤]

钱穆又揭发康有为所谓刘歆伪造《周礼》以媚新莽说之来源。钱穆考方苞阴袭姚际恒之说,其《周官辨伪》至谓《周官》多有莽、歆的窜入。康有为承方氏余绪而尤为变本加厉。[⑥]

---

① 关于此点,可参看汪学群:《钱穆学术思想评传》,第三章《两汉经学与经学研究》,北京,北京图书馆出版社,1998。

② 钱穆:《刘向歆父子年谱》,载《燕京学报》,第7期,1197~1198页,1930。

③ 钱穆:《刘向歆父子年谱》,载《燕京学报》,第7期,1252~1253页。

④ 钱穆:《刘向歆父子年谱》,载《燕京学报》,第7期,1255页。

⑤ 钱穆:《刘向歆父子年谱》,载《燕京学报》,第7期,1261页。

⑥ 钱穆:《刘向歆父子年谱》,载《燕京学报》,第7期,1267~1269、1285~1287、1311~1312页。后经修改收入《古史辨》,第5册的《刘向歆父子年谱》补充道:"又四明万斯大有《学礼质疑》、《周官辨非》诸书。"亦为方氏所闻。《古史辨》,第5册,242页。并进一步指出:"古人辨《周官》为刘歆伪造以媚新莽者,其说似起于南宋。其时自恶王荆公依《周官》行新法而云然。不谓清儒自姚际恒、方苞迄于康氏,遂大肆其焰也。"《古史辨》,第5册,214页。余英时后又发挥乃师此说,详加论证。氏著:《〈周礼〉考证和〈周礼〉的现代启示》,见《钱穆与中国文化》。

钱穆认为《周官》"出战国晚世"。①

2. 关于《左传》

《新学伪经考》认为,"五帝有少暤"说,为刘歆变乱五帝名号,窜之于《左传》、《国语》、《月令》、《史记·历书》,以与今文家为难。② 崔适《史记探源》认为:"终始五德"之说为刘歆出于以新代汉的政治需要而伪造,并托始于邹衍。《吕氏春秋》十二纪、《淮南子·天文训》、《史记》、《汉书》所载有及五德者,皆刘歆伪托窜入。又谓夏尚黑,殷尚白,周尚赤,此因三正,不缘五德。③

钱穆据《汉书·魏相传》,魏相已有奏明引少暤五帝,其引高帝《天子所服》,亦明以月令配服色,不属于三正。④ 至于三皇之说,《庄子》之《外篇·天运》⑤已屡言之。扬雄之《甘泉赋》、《羽猎赋》,均已提及三皇五帝。凡此皆早于莽歆援据三皇五帝五德终始说。钱穆认为三皇五帝固非信史,即今文经说及《史记》所载五帝之说,岂可必信?⑥ 然古有异说,何必全出歆造?⑦

钱穆又指出,刘歆以前或同时的西汉儒生如张敞、翼奉、翟方进、何武、龚胜等引据《左传》,史有明文;张敞、翟方进、陈钦等传习《左传》,渊源有自。⑧

至于刘歆之"引传文以解经",因其获睹中秘《左氏春秋》,见其实事详备,可发明孔子《春秋》之简略,胜于《公》、《穀》虚言义理,故乃分年比附,用相证切。虽当时五经诸儒,亦仅谓左氏不传《春秋》,并

---

① 钱穆:《刘向歆父子年谱》,载《燕京学报》,第 7 期,1280 页,1930。
② 钱穆:《刘向歆父子年谱》,载《燕京学报》,第 7 期,1201、1281 页,1930。
③ 钱穆:《刘向歆父子年谱》,载《燕京学报》,第 7 期,1201 页,1930。
④ 钱穆:《刘向歆父子年谱》,载《燕京学报》,第 7 期,1201 页,1930。
⑤ 后经修改收入《古史辨》,第 5 册的《刘向歆父子年谱》又补充了:《吕氏春秋》之《孝行览》以及"用众"、"贵公"篇。《古史辨》,第 5 册,244 页。
⑥ 钱穆:《刘向歆父子年谱》,载《燕京学报》,第 7 期,1314 页,1930。
⑦ 钱穆:《刘向歆父子年谱》,载《燕京学报》,第 7 期,1281 页,1930。
⑧ 钱穆:《刘向歆父子年谱》,载《燕京学报》,第 7 期,1196、1207～1208、1229、1237、1249、1297 页,1930。后经修改收入《古史辨》第 5 册的《刘向歆父子年谱》又补充了贾谊之作《左氏传训诂》、师丹之引《左传》之"天威"一语等。《古史辨》,第 5 册,142,161 页。

不谓歆遍伪群经。①

(三) 平情考量新莽代汉的历史事实,认为此乃西汉以降历史发展的自然趋势、人心所向。莽政虽多迂腐,但也有可取之处。

"汉为尧后"之说、运数禅让之论,为新莽代汉的思想基础。此类论调均本于《公羊》家三统受命之说,汉儒董仲舒、谷永、眭孟、盖宽饶、甘忠信、夏贺良等先后相倡。此说本以解释汉高祖之以平民为天子,至汉德日衰,乃以警庸主,而后转为新莽斩榛茆、除先道,不可谓得力于刘歆一人之伪。②

至于莽政情好复古、高谈礼制之风,亦从前汉而来。王吉、贡禹皆主兴复古礼以几太平。莽、歆为政,定井田、释奴隶、更币制、倡官卖,皆远承贡禹上复古礼、下恤民生之意而起。何武、翟方进皆治古文、通《左氏》,其学风盖承王吉、韦玄成而启莽、歆,改易官名以慕古昔,盖亦新政先声。③

王莽自元始擅政以来,所重首在理财厚生,元始五年起又及于文献学术,其一时锐思求治之意,未可厚非。附丽于王莽的儒生,颇多俊杰之士。王莽有理想、有魄力,是其长处;而过于迂执,太事铺张,则为败本。④

总之,钱穆努力摆脱"以成败论英雄"和"万世一姓"等的旧史家的成见,使王莽得有解人。

(四) 力证今古学之分在东汉以前犹未彰著,所谓十四博士"道一风同"、今古学势同水火的看法,乃近世晚起之说、廖平等人张皇过甚之论。

钱穆力辟康有为"尊今抑古"的主张,势不能不追剿廖平"平分今古"之见,这实是《刘向歆父子年谱》的一大关键。

西汉诸儒不守家法无分今古。张敞治《左氏》,上封事也用《公羊》

---

① 钱穆:《刘向歆父子年谱》,载《燕京学报》,第7期,1242页,1930。
② 钱穆:《刘向歆父子年谱》,载《燕京学报》,第7期,1195、1199、1221、1233、1249、1266、1278页,1930。
③ 钱穆:《刘向歆父子年谱》,载《燕京学报》,第7期,1206、1210、1231页,1930。
④ 钱穆:《刘向歆父子年谱》,载《燕京学报》,第7期,1260、1262、1273、1294、1301、1304~1309、1315页,1930。

义，当时通学本不分今古。刘向治《穀梁》，疏奏也用《公羊》义，非如后人所谓汉儒经学守家法不相通。刘向作《五行志》①，论及《左氏》事亦多矣。② 即使到东汉光武帝建武四年（公元 28 年），范升疏奏不可立《费氏易》、《左氏春秋》博士，所陈述理由中，既不提及刘歆之伪，又并不分今古文派别，安有如晚近诸儒言今古文之张皇者?③

王莽行政今古文说兼采并用，新朝经师多今文传法，刘歆争立古文经为广道术非为篡圣统。④

西汉人言古文，正谓古籍耳，《诗》、《书》皆古文也。凡《史记》所谓古文诸条，均可以此意解。康、崔皆不识，以古文为指刘歆争立诸经之专名，因疑为尽歆伪窜。⑤

后来钱穆在《两汉经学今古文平议·自序》中，极为扼要地指出："两汉经学之今古文问题"，"其实此问题仅起于晚清道、咸以下"。此意在《国学概论》中已引其端绪，《刘向歆父子年谱》则代表该观点的最早面世，后又续有发挥。此实为钱穆在经学史研究中的一大创见。

---

① 钱穆称"刘向为《五行志》"，微有不当。《汉书·艺文志》著录有"刘向《五行传记》十一卷。"《汉书》本传称"向见《尚书·洪范》，箕子为武王陈五行阴阳休咎之应。向乃集合上古以来历春秋六国至秦汉符瑞灾异之记，推迹行事，连传祸福，着其占验，比类相从，各有条目，凡十一篇，号曰《洪范五行传论》，奏之。"似以"刘向为《五行传记》"或"刘向为《五行传论》"近之。

② 钱穆：《刘向歆父子年谱》，载《燕京学报》，第 7 期，1196～1197、1212、1244 页，1930。后经修改收入《古史辨》第 5 册的《刘向歆父子年谱》又补充了有力的证据：成帝时，汉廷封孔子子孙为殷后，为采纳梅福奏议，将《公羊》家之通三统说，推迹及于《左氏》、《穀梁》。当时所谓今古文界限者安在？《古史辨》，第 5 册，148 页。

③ 钱穆：《刘向歆父子年谱》，载《燕京学报》，第 7 期，1304 页，1930。后经修改收入《古史辨》，第 5 册的《刘向歆父子年谱》又补充说：汉博士经说分家，实起石渠议奏（宣帝甘露三年，即前 51 年）之后，论汉代经学家派不可不知。当时所立梁丘《易》、大小夏侯《尚书》、《穀梁春秋》博士，此即汉帝称制特许之异说。《古史辨》，第 5 册，119～120 页。此段补论，可与《刘谱》自序举出的"然今文自有十四博士，已自相异"条相参。

④ 钱穆：《刘向歆父子年谱》，载《燕京学报》，第 7 期，1239、1290～1293、1296、1298、1301 页，1930。

⑤ 钱穆：《刘向歆父子年谱》，载《燕京学报》，第 7 期，1218 页，1930。后经修改收入《古史辨》第 5 册的《刘向歆父子年谱》对"古文"之意，也作了申论。《史记》、《汉书》所谓"古文"，乃指以五经为主的古籍旧书，是与晚世民间"百家言"相对而称的"前代王官旧书"。刘歆之意乃指壁中古文与朝廷博士诸书同类，非与朝廷博士今文立异。康崔辈以"后世今文古文之见"，对刘歆争立古文经事以及《史记》所言古文多有妄论。《古史辨》，第 5 册，166 页。钱穆对"古文"涵义的疏解已详其早著的《国学概论》第三、四章，后续有发挥。

　　笔者不惮其烦胪列《刘向歆父子年谱》的基本观点及其主要论据，为的是方便读者对钱穆解决晚清以来的经今古文学之争的治学取径有直观的了解，也可以为下文的讨论提供一个切实的基础。有关的研究文章自然颇能道出《刘谱》的精彩之处，而能把《刘谱》的论旨最为清晰地揭示出来的莫过于钱穆本人的这一段文字：

　　　　余读康氏书，深病其牴牾，欲为疏通证明，因先编《刘向歆父子年谱》，著其实事。实事既列，虚说自消。元、成、哀、平、新莽之际，学术风尚之趋变，政制法度之因革，其迹可以观。凡近世经生纷纷为今古文分家，又伸今文，抑古文，甚斥歆、莽，遍疑史实，皆可以返。循是而上溯之晚周先秦，知今古分家之不实，十四博士之无根，六籍之不尽传于孔门而多残于秦火，庶乎可以脱经学之樊笼，发古人之真态矣。而此书其嚆矢也。①

四、《刘向歆父子年谱》的初始反响

　　《刘向歆父子年谱》刊布两月后，1930 年 8 月 25 日，《大公报·文学副刊》第 137 期，发表了署名"青松"（刘节）的《评〈刘向歆父子年谱〉》②。

　　这篇短评，虽然肯定《刘向歆父子年谱》对康说的批驳"皆甚允

---

　　① 钱穆：《刘向歆父子年谱》，载《燕京学报》，第 7 期，1193 页，1930。收入《古史辨》第 5 册时"嚆"字改为"嘴"字，是也。

　　② 后收入《古史辨》第 5 册。"青松"为谁？这似乎是个不小的疑问。作者于 2000 年在台北台湾大学中国文学系参加"纪念钱穆先生逝世十周年国际学术研讨会"时，当场就有学者提出这个问题，我当时从此文的思想倾向判断，认定是刘节，但无佐证，而问题又不是专向我提出，故不便贸然作答。只是私下与一位前辈论及此，他认为我的推测有理。后来与另一位前辈学者聊天时，他也提到编书时欲收此文，问我"青松"是哪位学者，我则断然告以就是刘节。因我素日留心此事，偶见《陈寅恪集·书信集》，235 页，北京，生活·读书·新知三联书店，2001，介绍刘节说："刘节（1901—1977）字子植，号青松……"后又见曾宪礼编：《刘节文集》，广州，中山大学出版社，2004，书首《刘节先生学术小传》有云："刘节，原名翰香，字子植，曾用笔名鲈秋、知非、青松、青、松。""青松"是"号"还是"笔名"无关紧要，《评〈刘向歆父子年谱〉》一文的作者为刘节，可以断定矣。可惜《文集》未收此文。值此修订拙文成书之际，再检《刘节文集》，见该书所收《刘节先生著述目录》有云："《评〈刘向歆父子年谱〉》原载《大公报·文学副刊》，第一百三十七期，1930-08-25，后收入《古史辨》第 5 册"，见《刘节文集》，377 页，所幸推测不谬也。

当"，但他认为这毕竟只是"消极攻击旧说"（尚需"积极分析事实，说明今古学之源流与底蕴，以为讲论学术史者所取资"），因此此文主要是提出"商榷"意见。

首先，他认为"《春秋经》及《公羊传》两者皆非战国以前古籍"，今文学家攻击刘歆伪造《左氏传》、《周礼》，乃五十步笑百步。"且今古学之分，即阴阳五行学说之分"。而《刘向歆父子年谱》以辟康说为主，"未能离开古文家之立足点"，于晚清以降的今古文学之争，"未能超越"。

这种看法与《刘向歆父子年谱》的本旨大相径庭，与今天我们对《刘谱》的了解亦相距甚远，然从此类的即时反应，颇可见当时的学术氛围。钱穆后来回忆说，《刘谱》出，时人"都疑余主古文家言"，[①] 此君的看法可以作为代表。必须指出，刘节这样看，并不是一点道理没有。《刘谱》确实采用了古文家的说法，比如钱穆驳康说不可通之第二十一曰："左氏传授远有渊源，歆既伪托，何以托之翟方进？其子翟义为莽朝反虏逆贼，方进发冢，戮及尸骨，歆何为而伪托于方进？"，据学者研究，其说本于章太炎，氏著《春秋左传读叙录》即以此责刘逢禄"读书而不知论世"。[②] 不过，借用钱玄同、顾颉刚的话来说，这是有取于古文家的"历史考证"，就像成书于《刘谱》之前的《国学概论》[③] 根据章太炎《春秋左传读叙录》、刘师培《论孔子无改制之事》论证《公羊》家"王鲁新周故宋黜杞之说，细按皆不足信"[④]。一样并不是要"主古文家言"。《国学概论》把章太炎与梁启超、胡适摆在一起，将他看作扭转"清儒尊孔崇经之风"、"启蒙发凡"的"最近期之学术思想"的开风气人物，[⑤] 而不认作清代经学的殿军；至于钱穆更不想扬古文经学之残灰，所以《国学

---

① 钱穆：《八十忆双亲·师友杂忆》，160 页。

② 黄彰健：《经今古文学问题新论》，8 页，台北，"中央研究院"历史语言研究所，1982。李学勤指出："钱穆等学者恐怕都没有见过《春秋左传读》"（《章太炎论〈左传〉的授受源流》，见《当代学者自选文库·李学勤卷》，659 页，合肥：安徽教育出版社，1999），这是对的，但钱穆肯定见过《春秋左传读叙录》，写作早于《刘向歆父子年谱》的《国学概论》就征引过它。见下文。

③ 据《国学概论·弁言》，此书于 1926 年夏开始编著，1928 年春完稿。商务印书馆，1931 年 5 月初版。笔者所据《国学概论》即为此版。此书之竣稿早于《刘向歆父子年谱》，而出版面世晚于《刘谱》。初版此书的观点自然早于《刘谱》中的见解。

④ 《国学概论》（上），98~99 页。

⑤ 《国学概论》（下），144 页。

概论》虽高度评价章太炎的子学成就,但批评他:"惟论史重种族之见,论经则专主古文,而深斥今文,持论时涉偏激,是其所短。"① 不过刘节作此番评论时,《国学概论》尚未面世,他对于钱穆的见解不可能有全面的了解,也是情理中的事。但是,他对钱穆的"于史学立场为经学显真是"这一根本点,显然是隔膜的,这是晚清以来今古两家入主出奴之见一时难以匡清的表征。

刘节提出的又一个有力的商榷意见是:"今钱氏之文于刘歆未造伪经之证据颇多,而对于《周官》及《左氏传》之著作年代无具体意见,吾人认为其抨击崔康者仍未能中其要害也。"这个看法是中肯的。《刘向歆父子年谱》以批驳刘歆遍伪群经说为主,涉及《周官》及《左氏传》,也主要说它们在刘歆以前就存在,非其伪造,虽提到《周官》出"战国晚世",② 却没展开论证,至于"《左氏》之与《国语》,洵为一书欤,抑二书欤,此未可以一言决也"③,也还无明确的主张。确定《周官》、《左氏传》等重要典籍的成书年代,实是深入讨论经学今古文问题的需要,也是上古史研究中关键的关键。也许正是在刘节等学者如此这般的质询之下,④ 钱穆很快于1932年6月在《燕京学报》第11期,刊布《周官著作时代考》,充分论证了何休所谓"《周官》乃六国阴谋之书"之说为近情的观点。

刘节以"廖平之《今古学考》、崔适之《史记探源》皆精深宏笃,远在康氏之上",则足见其既昧于康氏之说统治民国学术界的事实,又犹惑于廖、崔诸说。

刘节还认为,钱穆看不到晚清今文经学运动如欧洲文艺复兴那样的"因复古而思想得解放"的"功绩"与"价值",在笔者看来也是未得钱氏见解之全豹。这一点留待下文来说。

不过,学术界对《刘向歆父子年谱》更多积极的评价。这可以傅斯

---

① 《国学概论》(下),141 页。
② 钱穆:《刘向歆父子年谱》,载《燕京学报》,第 7 期,1280 页,1930。
③ 钱穆:《刘向歆父子年谱》,载《燕京学报》,第 7 期,1242 页,1930。
④ 《周官著作时代考》开篇有云:"凡篇中所提供者,以有关积极的论点为主。至于消极方面的辩驳,本文不想过分地用力。"钱穆关于"积极""消极"的用力方向的分辨,似即由刘节的评论语汇而来。

年为代表。据邓广铭的回忆，傅斯年对《刘向歆父子年谱》是有不同看法的，他让邓广铭"不要专信钱先生的一家之言"。① 但他对该文的学术价值却推崇备至。据《师友杂忆》，钱穆到北京后，初识史语所的主帅傅斯年，"孟真屡邀余至其史语所。有外国学者来，如法国伯希和之类，史语所宴客，余必预，并常坐贵客之旁座。孟真必介绍余乃《刘向歆父子年谱》之作者。孟真意，乃以此破当时经学界之今文学派，乃及史学界之疑古派。继此以往，则余与孟真意见亦多不合"②。出乎钱穆意料的是，傅斯年还是请他到北大任教的主事者，傅氏为得钱穆，既请胡适在北大方面做工作，又让顾颉刚向钱穆说项。③ 其渊源应如余英时所说，实为《刘向歆父子年谱》。

钱穆的回忆提到傅斯年当年对他的尊重是因为《刘向歆父子年谱》可以"破当时经学界之今文学派"，非常准确。所谓"乃及史学界之疑古派"云云，则笔者不敢采信，恐是钱氏将后起之意附到当年之事。要决此疑，需深考《刘谱》刊出之初钱穆与疑古学派的关系。

《古史辨》发起人顾颉刚，无疑既是《刘向歆父子年谱》的约稿人也是他的第一读者。对这篇"不啻特与颉刚争议"的文章的作意，顾颉刚当然也是很清楚的。他的雅量不仅表现在将此文刊布出来，而且《五德终始说下的政治与历史》还采纳了"《刘向歆王莽年谱》里不少的取材和意见"，④ 这主要是指《刘谱》"寻出许多替新代学术开先路的汉代材料"（主要是指前揭《刘谱》的学术贡献之第三点）。不过，也只是"在这一点上，我很佩服钱宾四先生（穆）"。⑤ 因为前文说过，《五德终始说下的政治与历史》的根本方法和路径完全承袭了康有为《新学伪经考》崔适《史记探源》的做法。顾颉刚请钱穆批评，钱穆就写了《评顾颉刚〈五德

---

① 邓广铭：《怀念我的恩师傅斯年先生》，载《台大历史学报》，第 20 期；又见《傅故校长孟真先生百龄纪念论文集》，7 页，台湾大学历史系，1996。

② 钱穆：《八十忆双亲·师友杂忆》，168 页。

③ 钱胡美琦：《钱宾四先生年谱》（二）（未定稿）附注①，引顾颉刚于 1931 年 3 月 18 日致胡适的信中有曰："闻孟真有意请钱宾四先生入北大，想出先生吹嘘。我已问过宾四，他也愿意。"见《钱穆先生纪念馆馆刊》，第 4 期，127 页，台北，台北市立图书馆，1996。

④ 《古史辨》，第 5 册，621 页。

⑤ 《古史辨》，第 5 册，483 页。

终始说下的政治与历史〉》。① 这是一篇颇能说明钱穆与顾颉刚学术分合的文字,如果将它与《刘向歆父子年谱》尤其与《国学概论》的相关文字联系起来看,则钱穆与疑古学派在当年的关系就更清楚了,钱穆对晚清经今文学运动的全面看法也能了然。

《国学概论》描述晚清经今文学运动从兴起到演变发展为古史辨运动的历史极有理致。钱穆认为晚清经今文学运动颇秉章学诚等"反经学"稽古、"尚实际"的精神,而"渊源所自,亦苏州惠氏尊古而守家法之遗,而不甘为名物训诂","其后以信公羊而信今文,又以信今文而疑及古文,于是汉学家之以尊古始者,乃遂以疑古终焉。至康有为出,著《新学伪经考》,而后疑古之思乃达于极端焉"。"清儒以尊经崇圣,而发疑古辨伪之思,在晚近今文学家而大盛。今则百尺竿头,更进一步,去其崇圣尊经之见,而专为古史之探讨。(钱穆引征梁启超《清代学术概论》那段"以复古为解放"总结清学史的名论后,说:"梁氏此论极是。然复先秦之古,犹未已也。继此而往,则将穷源拔本,复商周之古,更上而复皇古之古。则一切崇古之见,皆得其解放,而学术思想,乃有新机。此今日考论古史一派,实接清儒'以复古为解放'之精神,而更求最上一层之解决,诚为不可忽视之一工作也。")若胡适之、顾颉刚、钱玄同诸家,虽建立未遑,而破弃陈说,驳击旧传,确有见地。(钱穆指出:"古史之怀疑,最先始于胡氏。其著《中国哲学史》,东周以上即存而不论,以见不敢轻信之意,近数年来,其弟子顾颉刚始有系统见解之发表。"于是钱穆引了"层累地造成的中国古史"说,又引了胡适对此的分析:称其为"剥皮主义"、"用历史演进的见解来观察历史上的传说"等文字;又引顾颉刚《古史辨自序》所谓"我个人的工作,不过在证伪辨古史方面有些主张"而已等话;钱穆还认为,钱玄同"论六经与孔子无涉,谓六经之配成,当在战国之末。虽同为论证未全之说,要其对经史上同为探本穷源之工作,同有可以注意之价值也。")

必须强调的是,钱穆对以经今文学运动为集大成的清儒"精神"——"以复古为解放"——有充分的了解和极高的评价,他甚至认

---

① 原载《大公报·文学副刊》,第 170 期,1931-04-13,亦收入《古史辨》,第 5 册。

为当前的"古史之探讨"不但是本此精神而来，而且要进一步地开展，对这一精神的承接和发扬，与批驳今文学家如康有为等的主观武断之论、门户壁垒之见，不但不相矛盾而且密切相关，复西汉前之古与摆脱今文学家之成见，实乃一事之两面。所以《国学概论》一方面主要在第3、4两章全面批驳晚清今文家加在汉代今古文争论之上的不实之词，又在第9章批评康有为之"疑古"："康氏所疑，多无证武断"，① 但他又能在第10章如此高扬"以复古为解放"的精神；他不取"章太炎不信龟甲文，钱玄同等又疑许氏古文皆伪造"的见解，② 但他却认可钱玄同"论六经与孔子无涉"等观点为"确有见地"。钱穆之批评"疑古"，不待《刘向歆父子年谱》"始"来清算，《国学概论》已有这样的论调了。不过他批评的只是无根的乱疑，并不是"疑古"的思想取向。他当时所谓的"以复古为解放"（归宿于"一切崇古之见，皆得其解放"），其实就是学者经常讨论的"疑古"。

这些基本观点在《刘向歆父子年谱》出来后，只有深化而没有大的变化。《评顾颉刚〈五德终始说下的政治和历史〉》一上来就畅谈："《古史辨》也是一种以复古为解放的运动"，几乎是概要复述了《国学概论》中的见解。他进一步认为《古史辨》运动比今文学家说高明的地方在于：在对上古史料经说的处理上，以"层累地造成的古史观"为代表的"传说（自然）演进的说法"，比康有为等所谓刘歆"特意""人为""伪造"的等武断说法合情理、近实际。在建立这一制高点后，他指出他与今文学家的分歧在于："无论政治和学说，在我看来，从汉武到王莽，从董仲舒到刘歆，也只是一线的演进和生长，而今文学家的见解，则认为其间定有一番盛大的伪造和突异的改换。"这也是当时的他与《五德终始说下的政治和历史》的作者的分歧。因为"顾先生和今文学家同样主张歆莽一切的作伪"。钱穆对顾颉刚的批评是，未能用"历史演进的原则和传说的演变"对古史材料作充分的处理，反而固执今文家的门户之见，所以未能实践《古史辨》运动"以复古为解放"的宗旨。

《评顾颉刚〈五德终始说下的政治和历史〉》刊布前一月，顾颉刚在

---

① 《国学概论》（下），126 页。
② 《国学概论》（下），146 页。

给胡适的信中提到钱穆说："他为学比我笃实，我们虽方向有些不同，但我颇尊重他，希望他对我补偏救弊。"① 这番话很能说明钱穆与顾颉刚的学术关系。在对汉代历史的看法、对古史材料的处理、尤其由此涉及的对晚清今文家的辨伪成果的把握上，可以看到两人为学"方向"的不同。这种不同，在今天看来确实有"疑古"程度的差异，不过对这一点也不能过于夸大，似乎钱穆当时已有意识地在扭转疑古学派的精神方向。事实上，钱穆极力坚持的正是参加《古史辨》的很多学者基本接受的"层累地造成的古史观"（我对这个见解和方法，也抱着相当的赞同），他自己在这个问题上的看法正是在自觉运用该见解和方法（若根据上列见解，顾先生原文所引各种史料及疑点，均可用历史演进的原则和传说的流变来加以说明）。虽然他把它解释为"传说（自然）演进的说法"也许未必完全符合顾颉刚的原意，但他的修正恰恰是"补偏救弊"。钱穆批评顾颉刚的是他从这一路向上倒退下来，重返今文家的旧径，② "会在《古史辨》发展的途程上，要横添许多无谓的不必的迂回和歧迷"。因此他那"助攻"的角色认同，可谓恰如其分。③

但是，顾颉刚并没有接受钱穆的批评，在《跋钱穆"评顾颉刚〈五德终始说下的政治和历史〉"》④ 一文中，他坚持：今文学家"揭发西汉末年一段骗案，这是不错的"，"我以为我们现在正当各认其是，向前走去，看讨论了多少年之后得到什么样的结论。"

讨论到最后，谁也没有说服谁，这时《古史辨》的精神领袖胡适也来参加讨论了，他似乎总是在最关键的时候出现的。这次，他不是支援顾颉刚，而是倾向钱穆。

早在 1930 年 10 月 28 日的日记里，胡适就将他刚看完的《刘向歆父子年谱》与《五德终始说下的政治和历史》两书作了比较、下了评语。

---

①　亦见钱宾胡美琦：《钱宾四先生年谱》（二）（未定稿）附注①，引顾颉刚于1931年3月18日致胡适的信。

②　杨向奎的批评（见前）与钱穆的看法完全一致。而两人又均为"古史辨运动"的参与者。颇可玩味。

③　如果我们不是把《古史辨》运动褊狭地看做只是一个或几个特别有"疑古"思想的人在做"抹杀历史"的工作，对此是可以作平情的历史了解的。当然，这绝不是说，我们今天还要固执"疑古"学派的陈见，正像当年顾颉刚还要固执今文家说一样。

④　《大公报·文学副刊》，第 171 期，1931-04-20，亦收入《古史辨》，第 5 册。

认为"钱谱为一大著作，见解与体例都好"而"顾说一部分作于曾见钱谱之后，而墨守康有为、崔适之说，殊不可晓"。[1] 证明他于 1931 年 3 月 21 日主动致信钱穆讨论老子年代问题前提到对《刘谱》"十分佩服"、称赞《刘谱》"谨严"，[2] 实非泛泛寒暄客套之辞。

1931 年 4 月 17 日胡适又一次主动致信钱穆，一则参加顾颉刚与钱穆争论未决的"五德始终"问题，一则讨论《周官》的本子问题，两者皆深扣经学今古文之争，[3] 与《刘向歆父子年谱》有密切的关系。钱穆于 1931 年 4 月 24 日回信作了答复。[4]

关于前一个问题。钱穆与顾颉刚的讨论中涉及"秦祠白帝之三畤"是否可信的争执。胡适从民俗学的角度支持钱穆的看法，认为顾颉刚不相信"秦祠白帝之三畤"乃是上了崔适的当。当然这涉及讨论的细部，且不去多说。我们来看他对这个问题的基本观点：

> 我以为廖季平的《今古学考》的态度还算是平允，但康有为的《伪经考》便走上了偏激的成见一路，崔觯甫的《史记探源》更偏激了。
>
> 现在应该回到廖季平的原来主张，看看他"创为今古学之分，

① 转引自余英时：《钱穆与中国文化》，239 页。

② 耿云志、欧阳哲生编：《胡适书信集》上册（1907—1933），542 页。

③ 耿云志、欧阳哲生编：《胡适书信集》上册（1907—1933），546～549 页。又见杜春和、韩荣芳、耿来金编：《胡适论学往来书信选》下册，1105 页（信中胡适还附有作于 1931 年 4 月 1 日的关于《周官》的"杂记"，该书将其作为 4 月 1 日胡适致钱穆的另一封信，误。）。

④ 杜春和、韩荣芳、耿来金编：《胡适论学往来书信选》下册，1098～1101 页。原函无年份，该书将此信系于 1928 年，误。《钱宾四先生全集》第 53 册《素书楼徐浦》亦收此信，该书 193 页将此信拟系于"民国二十一年"，亦不确。理由有三：第一，信中说："民国十五年夏，穆在无锡编讲《国学概论》，始注意及此问题（指'今古文问题'——引者）。"又说"六年来见解未有变"。推算起来此信可能写于 1931 年或 1932 年，绝不可能是 1928 年。第二，此信开头说："先生高兴加入今古文问题的讨论，尤所盼望。"应该是就胡适于 1931 年 4 月 21 日致钱穆信开头"你和颉刚讨论五德终始的文字，我都读过了。关于这个问题，我想做一篇文字来参加你们的讨论。"这句话实是由回应胡适的信中"不先决此大问题，便是日日讨论枝叶而忘却本根了"的批评而来。第三，信中又有云："该稿（指《国学概论》——笔者）送商务已逾两年，尚未印成。"《国学概论》，于 1928 年春完稿，1931 年 5 月初版。交稿后"已逾两年"，更不可能是 1928 年，"尚未印成"，则必在 1931 年 5 月之前。若系于 1931 年，则年数恰合，月份亦合。因此，笔者将钱穆写此信的年月日，定为 1931 年 4 月 24 日。

以复西京之旧"是否可以成立。不先决此大问题，便是日日讨论枝叶而忘却本根了。

看胡适的口气，似乎是把钱穆与顾颉刚各拍了五十大板，批评他们的讨论争小节而不识大体。其实如果不是接受了《刘向歆父子年谱》的看法，胡适就不可能有这种论断，联系前面的讨论来看，正是《刘谱》扫清了胡适本以为"悬案"的某些"枝叶"。不仅如此，胡适所谓的"大问题"，在钱穆那里早已"决"了，钱穆所看重的"本根"与胡适所说的相距甚远。

请看钱穆的回复：

> 窃谓西京学术真相，当从六国先秦源头上窥。晚清今文家承苏州惠氏家法之说而来，后又屡变，实未得汉人之真。即以廖氏《古今学考》① 论，其书貌为谨严，实亦诞奇，与六译馆他书相差不远。彼论今古学源于孔子，初年晚年学说不同。穆详究孔子一生及其门弟子先后辈行，知其说全无根据。又以《王制》、《周礼》判分古今。其实西汉经学中心，其先为董氏公羊，其后争点亦以左氏为烈，廖氏以礼制一端划分今古鸿沟，早已是拔赵帜立汉帜，非古人之真。

该函随后概述了对这个问题的系统看法，共讲了 7 条，除了最后一条"详拙稿《莽歆年谱》"，胡适已经看到外，其余均详此时尚未出版的《国学概论》，并且"还拟于晚周学派及秦焚书两端详细发挥，庶或有当于先生'根本'之论乎"？

胡适与钱穆在经学今古文问题上的认识程序的反差，值得注意。胡适是在一定程度上突破了"尊今抑古"的康崔诸说（在这方面，他借重了钱穆的《刘向歆父子年谱》）后，才回到廖平"平分今古"的主张，最终还是没有从今文家说的牢笼挣扎出来。钱穆是先摆脱了"平分今古"的奇谈怪论的束缚，对"尊今抑古"之见就有了势如破竹的胜算。

由此我们又可以看到，钱穆基于史学立场的子学研究对于他解决经

---

① 将《今古学考》写作《古今学考》，查原稿影印件亦如此（见耿云志主编：《胡适遗稿及密藏书信》，第 40 册，244 页，合肥，黄山书社，1994），此或为钱穆笔误。

学今古文问题的重要意义,① 他那由子入经而又归宗于史学立场的治学路径以及他博学自得的治学精神实是他能超越前贤的关键因素。在一定意义上,这也是他忠实地践履"以复古为解放"的治学宗旨的自然结果。而胡适的反应,则显然使他意识到,必须拿出进一步的研究成果才能打破时人犹所执迷的今文学家的最后防线——所谓某种"'根本'之论"。

胡适去信,主要还是为讨论《周官》问题。因他看到钱穆与顾颉刚讨论中提到"近著《周官著作时代考》"(此时尚未刊布)。

该年 3 月份,胡适发现《史记·封禅书》有一则材料引《周官》,而此条却不见于《汉书·郊祀志》,又胡适"遍翻《周礼》,不见此文",只有《周礼·春官》末段有相近的几句话,却"似不是《史记》所引"。这引起胡适的疑问:"近人说《封禅书》是刘歆等'录《汉书·郊祀志》以下'的(崔适《史记探源》卷 4),那么,为什么这一段引《周官》的话独不见于《郊祀志》呢?何以所引《周官》独不见于《周礼》呢?"他先于 3 月 29 日致信向钱玄同请教,又于 4 月 1 日作了一篇"杂记",提出一个假设:司马迁时有一部"伪古书"《周官》,后来便有两种《周官》改本出现。一部是节本《周官》,即《古文尚书》里的《周官》篇;一部是王莽立于学官的《周礼》。"杂记"最后提出对《周礼》的总看法:

> 《周礼》屡说祀五帝,其为汉人所作之书似无可疑。其中制度似是依据《王制》而大加改定的。刘歆等曾颂王莽"发得《周礼》",书中用古文字,也很像王莽的仿古风格。我们说《周礼》是王莽用史迁所见的《周官》来放大改作的,似乎不算十分武断。但我们不能因此说刘歆遍伪群经。

胡适把"杂记"附在信中,让钱穆提意见。②

钱穆的看法与胡适不同:"《周官》,鄙见仍认是先秦书。"

胡适写于 1931 年 5 月 7 日的杂记又说,钱穆查出《史记·封禅书》所引一段出于《周礼·大司乐》,胡适由此所的结论是:"那就更可以证

---

① 钱穆的《先秦诸子系年》不仅是他最重要的著作,而且也是他一生学术的基地。

② 耿云志、欧阳哲生:《胡适书信集》(上)(1907—1933),546~549 页。该"杂记"又见耿云志主编:《胡适遗稿及密藏书信》,第 5 册,457~460 页

明司马迁时代有一部《周官》,而文字大不同;又可以证今本确是大大的改作的结果。"①

我们不难看出,胡适虽然像今文学家一样对王莽、刘歆满怀狐疑,但《刘向歆父子年谱》让他放弃了"刘歆遍伪群经"的看法,钱穆关于《周官》著作年代的研究虽不能让他全盘承受,但也从旁促使他由"伪造"说退到了"改作"说。

钱穆的《周官著作时代考》同样使钱玄同作了"让步",余英时引《重论经今古文学》(此文由《重印〈新学伪经考〉序》改写而成)一文钱玄同论《周礼》的文字作了说明,② 可以补充一点的是,在《重印〈新学伪经考〉序》③ 中,钱玄同还说:

> 他说《周礼》一书是刘歆为王莽而作,故王莽一朝的典礼都与《周礼》相合,乃取《汉书·王莽传》中莽所措施,——与《周礼》相证,成《汉书刘歆王莽传辨伪》一篇。凡所举证,皆极精核。看康氏所举证据,知何休以《周礼》为六国阴谋之书,虽有怀疑之心,还是隔膜之论。④

他把这一条作为"康氏的特识"之第五大点。《重论经今古文学问题》⑤ 则把此点给删掉了,可见钱玄同确实作了重大的"让步",直到临终前一年(1937 年)3 月底作《〈刘申叔先生遗书〉序》还是如此。⑥

不过,《重印〈新学伪经考〉序》以及《重论经今古文学问题》的主旨却是开篇的第一句话:"康长素(有为)先生的《新学伪经考》,是一部极重要极精深的'辨伪'专著。"他还援引胡适概括清代学者"科学方法"的话:"尊重事实,尊重证据"、"大胆的假设,小心的求证",来表彰《新学伪经考》。这尽管是他惯有的看法,但仍让人觉得与钱穆的看法

---

① 耿云志主编:《胡适遗稿及密藏书信》,第 5 册,461~462 页。
② 余英时:《钱穆与中国文化》,135 页。
③ 作于 1931 年 11 月 16 日,收入 1931 年北平文化学社出版、方国瑜标点的《新学伪经考》。
④ 钱玄同:《重印〈新学伪经考〉序》,27 页。
⑤ 载《国立北京大学国学季刊》,第 3 卷,第 2 号,1932,亦收入《古史辨》,第 5 册。
⑥ "《周礼》亦刘氏伪造之书(或战国时人所著而经刘氏所改作,冒充周公所制之礼。)"《钱玄同文集》,第 4 卷,328 页。

反差之强烈（《刘向歆父子年谱》论证了《新学伪经考》乃是一部武断之极的书）。

令笔者不解的是，自《刘谱》出，学者自然将钱穆与钱玄同视为学术观点对立的两派的代表，但无论是《重印〈新学伪经考〉序》还是《重论经今古文学问题》均无一语提及《刘谱》。然而两文均坚持说：

> 总之自《新学伪经考》出世以后，汉古文经之为伪造已成为不易之定论；正与阎若璩的《尚书古文疏证》出世以后，晋《古文尚书》之为伪造已成不易之定论相同。我们现在对于康氏这书，应该做程廷祚、惠栋、江声、王鸣盛、段玉裁、丁晏（均辩驳伪《古文尚书》而对于阎说有所修正者），不应该做毛奇龄、洪良品、王照（均替伪《古文尚书》来辩护者），这是我敢坚决主张的。①

1935 年 1 月，钱玄同把话就说得更明白了：

> 今日对此问题，虽尚有钱宾四、胡适之、徐旭生诸君之反对刘、康、崔诸君，亦正与晋古文《尚书》一案尚有毛奇龄、洪良品、王照诸君之反对梅、阎、惠诸君一样。弟之愚见，则确信刘、康、崔诸君所考证者皆精当不易，故时于汉古文经是伪书之说，认为不必再讨论了。现在要讨论的是今文经之真伪问题。②

可见，钱玄同尽管能够承受钱穆的部分看法，但在根本观点上，无论是《重印〈新学伪经考〉序》还是《重论经今古文学问题》，均可视为对《刘向歆父子年谱》的隐隐针锋相对的即时反应。

然而，话又说回来，钱玄同对经今古文问题的看法，并不像他所表态的那样，与钱穆水火不容。

《重论经今古文学问题》对《重印〈新学伪经考〉序》的一个最大的补正，是系统批驳了近人划分今古文界限的种种谬说。如以"文字之差异"、"经说"派别之对立（如廖平之《今古学考》）、"微言大义"（今）

---

① 钱玄同：《重印〈新学伪经考〉序》，14～15 页。《古史辨》，第 5 册，28～29 页。其实此意全本之于崔适，参见前引崔适致信钱玄同所云："下走之于康，略如攻东晋《古文尚书》者惠定宇于阎百诗之比。"而角色选择的自我意识，益为强烈。

② 《古史辨》，第 5 册之"最后一页"。

与"训故名物"(古)之别、"六经皆史"(古)与"《六经》皆孔子所作"(今)之异等等来奢谈今古文之分者,皆在钱玄同排斥之列。他的看法是:

> 我以为今文与古文之不同,最重要的是篇卷之多少,次则文字之差异;至于经说,虽有种种异义,其实是不值得注意的。①

1935 年 1 月 20 日,钱玄同在给顾颉刚的信中,做了更为重要的修正。他认为,他的所谓《重论经今古文学问题》一文,应该改题为"《继续刘申受、康长素、崔觯甫诸先生而辨伪经》"。理由之一:如前文所引,古文经之伪,已得定谳,不必"重论"。理由之二:"至于'经今古文'这个词的下面加上一个'学'字,此更与鄙见相左。我认为'经今文学'与'经古文学'这两个词,都是根本不能成立的。今文五经分成十四家博士,便有十四种说法了……晚出之古文家也有许多说法……"并没有同条共贯的"今文经学"如"今文《诗》学",也没有同条共贯的"古文经学"如"古文《周礼》学",对历史上的不同经说,"该平等看待"。当然,"今文与古文是一定要考证明白的,因为有真伪之别,在史料上关系甚大,但并无所谓两家之'学'。"总之,钱玄同主张"辨伪",反对"析学"。因此,他推崇康有为的《新学伪经考》,反对廖平的《今古学考》以及"廖倾"的周予同的《经今古文学》。②

在突破廖平的"平分今古"之见这一重大关节上,钱玄同与钱穆一样有着难能可贵的卓见,尽管他们在古文经是否刘歆伪造这一点上有着不可弥合的分歧。我们也许不能就此认定钱玄同接受了钱穆的影响(主要是指前揭《刘向歆父子年谱》的学术贡献之第四点),但我们可以说,这表征着《刘向歆父子年谱》面世后,民国史学界一种日益成熟的健康的趋向。这种趋向意味着:民国学人努力挣脱晚清以来或是"析学"析出来的、或是"辨伪"辨出来的今古文学之争。钱穆、钱玄同、胡适、顾颉刚、傅斯年、刘节等,无不如此,个人由于学术经历不同,见解各异,所作出的成绩有大小,但他们相互影响相互激荡,方向则是一致的。

---

① 《古史辨》,第 5 册,93 页。
② 以上参见《古史辨》,第 5 册之"最后一页"。

五、《刘向歆父子年谱》与经学的史学化

晚清以降的经今文学运动，其归宿是梁启超说得最为明白的"有为所谓改制者，则一种政治革命、社会改造的意味"① 的新托古改制运动，而不单是一种书本文字之学。因而，今古文学之争又牵扯着政争，颇为复杂。② 时过境迁，晚清今古文学之争波及于民国史学界者，则相对单纯，主要是围绕今古文经的辨伪的学术工作，发生影响的主要是康（康有为）章（章太炎）之争。

章太炎与康有为的分歧在哪里呢？诸祖耿《记本师章公自述治学之工夫及志向》引章太炎语云：

> 余幼专治《左氏春秋》，谓章实斋"六经皆史"之语为有见；谓《春秋》即后世史家之本纪列传；谓《礼经》、《乐书》，仿佛史家之志；谓《尚书》、《春秋》本为同类；谓《诗》多纪事，合称《诗》、《史》。谓《易》乃哲学，史之精华，今所称社会学也。方余之一知半解也，《公羊》之说如日中天。学者煽其余焰，簧鼓一世。余故专明《左氏》以斥之。然清世《公羊》之学，初不过人一二之好奇。康有为倡改制，虽不经，犹无大害。其最谬者，在依据纬书，视《春秋经》如预言，则流弊非至掩史实逞妄说不止。民国以来，其学虽衰，而疑古之说代之，谓尧舜禹汤皆儒家伪托。如此惑失本原，必将维系民族之国史全部推翻。国亡而后，人人忘其本来，永无复兴之望。余首揭《左氏》，以斥《公羊》。今之妄说，弊更甚于《公羊》。此余所以大声疾呼，谓非极力排斥不可也。③

梁启超以亲身经历叙说以康有为集大成的经今文学的历史作用："我年轻时，认为他们的主张，便是孔子的真相。近来才觉得那种话，不过

---

① 朱维铮校注：《梁启超论清学史二种》，65页，上海，复旦大学出版社，1985。

② 参见杨向奎：《清代的今文经学》，见《绎史斋学术文集》，上海，上海人民出版社，1983年。并参见刘大年：《评近代经学》，收入朱诚如、王天有主编：《明清论丛》（第一辑），北京，紫禁城出版社，1999。

③ 姚奠中、董国炎：《章太炎学术年谱》，443～444页，太原，山西古籍出版社，1996。

一种手段,乃是令思想变化的桥梁。"① 这一桥梁也就是《清代学术概论》
所发挥的"复古解放"的历史功能。正如章太炎所指出的,以"疑古之
论"为代表的民国史学是彻底承受了它的"疑古惑经"的精神甚至极端
武断的"辨伪"成果。但这只是民国史学的一个重要学术思想来源而已。
其实,章太炎本人针对康有为将孔学宗教化的偏颇,而着力发挥的"六
经皆史"(实质是夷经为史)的主张,这是"疑古"史学的更为重要的
"桥梁",在经今古文问题上尤其是如此。像钱玄同、顾颉刚等虽然都经
历过"弃古从今"的阶段,但并非是尽弃所学而学,"六经皆史"的观点
自他们接受以后一直起着支配性的观念统摄作用,② 钱穆对章氏"等贯经
史"的经学观也是虚心承受的。③ 钱玄同、顾颉刚等鄙斥今文家乱引谶
纬,也得自章太炎的启发。④ 更不用说,钱玄同那"一齐撕破"的经学
观,若不是有康章等相互对峙为前提,怎么提得出来。

　　因此,作为民国史学的切近而重要的学术思想来源,无论是以康有
为为代表的今文学家还是以及以章太炎为代表的古文学家均提供了"桥
梁",与其说是有意识的相互拆台不如说是无意识的同舟共济,为民国学
人的"专为古史之探讨"大开方便之门。

　　不过,有必要强调的是,这只是一种"桥梁"的作用。如果因强调
晚清经今古文学之争对民国史学的"影响",而看不清民国学人的工作性
质,那就会搞不清"过桥人"到底要干什么,也许还可能把当时参与经
今古文问题讨论的学者,不是误认作"今文学家"就是误认作"古文学
家"。

　　笔者认为,民国史学界虽然承受了晚清学人的问题,沿袭了某些看
法或治学的路径,但总的来看,他们是在不同的历史背景下,有不同的
目的,以不同的观念和方式来处理它,尤其赋予了不同的意义。在经今
古文问题研究上的这种不同,最为典型地反映了经学没落史学主位或经
学史学化的趋势。

---

　　① 梁启超:《儒家哲学》(1927),《饮冰室合集》12《饮冰室专集》卷 103,70 页,北京,
中华书局,1989。
　　② 参见王汎森:《章太炎的思想(1868—1919)及其对儒学传统的冲击》。
　　③ 钱穆:《国学概论》(上),10—12 页。
　　④ 参见顾颉刚:《古史辨》,第 1 册《自序》。

这可以从几个方面来看：

第一，从民国学人对康有为的《新学伪经考》的运用处理来看。

康有为的《新学伪经考》是民国学人讨论经今古文问题的中心。今天已经很清楚，它"显然更是一部提倡'变法'的意识形态之作，并非出于学术上的真知灼见"①，"康有为的意向，在于借用原始圣经的权威，以打击中世纪经院哲学的权威"。② 其实，在康有为与朱一新的围绕《新学伪经考》的来往书信，已将它的旨趣说得明明白白，③ 1897年梁启超作《〈新学伪经考〉叙》亦强调乃师此书"其非与考据家争短长"的远大立意。④ 刘歆助莽伪造群经之说，之所以能得康有为的青睐和系统发挥，实是由于他特别看重学术的政治意义，即他所谓的新莽朝亡于古文经学这一意象，他强调直到目前士子们尚沉湎其中的"汉学"和"宋学"不过是"伪经"、"新学"，只是亡国之学，他要把士子们引上救国经世的路，所以不能不作如此狂野的狮子吼。

对于《新学伪经考》的意识形态企图，钱玄同与顾颉刚等人是非常清楚的。钱玄同知道它"本因变法而作"，⑤ 顾颉刚也明白"他们拿辨伪做手段，把改制做目的，是为运用政策而非研究学问"⑥。但他们注重的用钱玄同的话来说："康长素（有为）先生的《新学伪经考》，是一部极重要极精深的'辨伪'专著。"⑦ 用《重印〈新学伪经考〉序》和《重论经今古文学问题》一再引用的顾颉刚的话来说："康有为为适应时代需要而提倡'孔教'，以为自己的变法说的护符，是一件事；他站在学术史的立场上打破新代出现的伪经传又是一件事实。"⑧

钱玄同还认为"《孔子改制考》一书，在考辨史料上，比《新学伪经

---

① 余英时：《钱穆与中国文化》，151页。

② 朱维铮：《新学伪经考·导言》，见《新学伪经考》，11页，北京，生活·读书·新知三联书店，1998。

③ 参见康有为：《与朱一新论学书牍》，见姜义华、吴根梁编校：《康有为全集》1，1018～1059页，上海，上海古籍出版社，1987。

④ 梁启超：《〈新学伪经考〉叙》，见《饮冰室合集》1《饮冰室文集》卷2，62页。

⑤ 《古史辨》，第1册，30页。

⑥ 《古史辨》，第1册，顾颉刚《自序》，43页。

⑦ 以至于汤志钧《试论〈新学伪经考〉》论该书性质，不能不首先来批驳钱玄同的这一论断。此文收入《康有为与戊戌变法》，北京，中华书局，1984。

⑧ 语出《五德终始说下的政治和历史》，见《古史辨》，第5册，551～552页。

考》更进一步，也是一部极重要极精审的书"①，因为"至康长素作《新学伪经考》而伪经之案乃定。康氏又接着作《孔子改制考》发明'托古改制'这一极要极确之义，而真经中的史料之真伪又成问题"②。

与钱玄同、顾颉刚不同的是，《刘向歆父子年谱》论证了《新学伪经考》的武断不实，但把它作为一部考证之作来考量则并无不同，或也可以说是被逼无奈、势有不得不然。③ 尤其值得注意的是，《刘谱》要解决的是刘歆是否伪造群经这样一个纯粹的史学命题，更不必说钱穆一再强调其非常自觉的"史学立场"了。

总之，《新学伪经考》之"经学"经世的精神被搁置起来，其是否可以"与考据家争短长"的"历史考证"却得到了空前的重视。书籍之命运完全取决于看它和运用它的人，以庄严的考证面目出现的《新学伪经考》，恐怕连它的作者都不敢相认了，近代学术思想史上也许是最重要的经学著作被作为史学考证书来讨论，似乎足以象征经学的没落以及史学取代经学的历史趋向了。

第二，从民国学人讨论经学今古文问题的目的以及该问题在史学研究中的地位来看。

一句话，作为古史辨运动一个环节，经学今古文问题的研究讨论主

---

① 《古史辨》，第 5 册，30 页。

② 《古史辨》，第 5 册，3～4 页。又参见《古史辨》，第 1 册，69 页。

③ 稍后的《近百年来之读书运动》一文（原刊于 1935 年 11 月天津《世益报·读书周刊》，今改题《近百年来诸儒论读书》，收入《钱宾四先生全集》，第 24 册之《学钥》）看到康有为"他要把考据工夫来推翻传统的考据"，对他"以《新学伪经考》、《孔子改制考》为以毒攻毒，推翻训诂考据的话柄"虽认为"此等处未免多有可议。"但是，钱穆对《新学伪经考》、《孔子改制考》的经学经世的精神并不漠视。但他的《康有为学术述评》（清华大学学报单行本，1936 年 7 月。该文后稍加修订，成为《中国近三百年学术史》第 14 章。）以"康氏之新考据"为题，认《新学伪经考》为"考证学中之陆王"，意味着清代经学趋于"绝境"。临文末，钱穆引征谭嗣同《仁学》所援引某君批评刘歆的话后说："此处所引，未知何人语，疑非康即梁。要之当时言维新改制，凡以好古不作诸说归罪刘歆，已成风气，所谓非汉非宋非义理考据，而别自成其为一时之学术者。不谓时过境迁，今学者言考据，治汉人经说，尚守其论不变，则所谓惑乱后学之罪，康亦不幸终不得辞也。"（《康有为学术述评》，74 页；《中国近三百年学术史》，708～709 页，上海，商务印书馆，1937。）治史者最当注意"时"与"境"。就康有为所处的"时"与"境"而言，《新学伪经考》、《孔子改制考》主要不是考据之作，这一点，钱穆与钱玄同、顾颉刚一样，均能有历史的了解；所不同的是，就"今学者言考据，治汉人经说，尚守其论不变。"的"时"与"境"而言，钱穆不能不追究康有为的"惑乱后学之罪"。这里所谓"后学"，难道不包括钱玄同、顾颉刚吗？

要着眼于史料辨伪，它所要解决的只是"史学"问题，并不是为了"通经致用"。

古史辨运动对经学今古文问题的专门探讨，可以说起于钱玄同与顾颉刚的书信论学。钱玄同与顾颉刚真堪称是谊兼师友、意气相投。钱玄同指点顾颉刚，辨"伪事"比辨"伪书"重要，"群经"之辨伪比"诸子"之辨伪重要，① 这促使顾颉刚有意"进一步去推翻'孔子删述《六经》'这句话了……'《六经》皆周公之旧典'一句话，已经给'今文家'推翻；'《六经》皆孔子之作品'一个观念，现在也可驳倒了"②。顾颉刚的锐气，反过来引起钱玄同更激烈的回响："我以为不把'六经'与'孔子'分家，则'孔教'总不容易打倒的；不把'经'中有许多伪史这个意思说明，则周代——及其以前——的历史永远是讲不好的。"③

很明显，古史辨运动乃是"新文化运动"的一个环节，钱玄同、顾颉刚等人打破圣经权威的取向，离开"打孔家店"历史文化背景是难以理解的。但是，它是作为一场严肃的史学运动来参与和支持"新思潮"的。

《古史辨》，第一册所收钱玄同给顾颉刚的第一封信就强调"考辨真伪，目的本在于得到某人思想或某事始末之真相，与善恶是非全无关系"。④ 顾颉刚进而批评康有为《新学伪经考》、崔适《史记探源》等摆不脱"家派的节制"，"党争是目的，辨伪是手段；我们则只有辨伪一个目的，并没有假借利用之心，所以成绩一定比他们好"。不用说，"我的性情还是近于史学"的工作乃是"只有辨伪一个目的"的纯学术行当。⑤ 顾颉刚批评"崔述著书的目的是要是要替古圣人揭出他们的圣道王功，辨伪只是手段"的话，也引起钱玄同热烈的赞同："所以我们要看中国书，无论是否研究国学，是否研究国史，这辨伪的工夫是决不能省的。"⑥

这是他们讨论经学今古文问题的出发点。"凡治历史科学，第一步必

① 《古史辨》，第1册，24，40、52页。
② 《古史辨》，第1册，41～42页。
③ 《古史辨》，第1册，52页。
④ 《古史辨》，第1册，24页。
⑤ 《古史辨》，第1册，26页
⑥ 《古史辨》，第1册，80～81页。又参见第29页。

要的工作是'审查史料的真伪',简称'辨伪'."①"'经'是什么?它是古代史料的一部分,有的是思想史料,有的是文学史料,有的是政治史料,有的是其他国故的史料.既是史料,就有审查它的真伪之必要."②正是在这个意义上,钱玄同虽不承认有"今文学"、"古文学"这"两家之'学'",但"今文与古文是一定要考证明白的".③顾颉刚的看法与钱玄同并不完全一致,但他也是把经学今古文问题的讨论作为上古史研究的前提.《古史辨》第五册所收文字是该问题的研究专集,顾颉刚在《自序》的末尾根据《五经异义》的材料,将今古文"两党"的意见分歧罗列出来后,说:"他们讲的都是三代的典章制度,然而任何事项都不同.我们讲到三代的历史时,看它好呢,不看它好呢?要我们作无条件的采取罢,这未免太无别择力.要作无条件的摈斥罢,又嫌太鲁莽.所以我们研究古史,实不得不以汉代的今古文问题作为先决问题;先打破了这一重关,然后再往上去打战国和春秋的关."④

胡适经常指导顾颉刚要注意重提"今古文的公案"也是出于疑古辨伪的史学需要.钱穆在经学今古文问题上,与顾颉刚意见相左得厉害,但他的"复古解放"的主张,与顾颉刚"先打破了这一重关,然后再往上去打战国和春秋的关"的主观愿望是一致的,有所不同的也许是他的史学立场贯彻得更为彻底.他们都在"古史辨运动"的轨道内运作.

20世纪初,梁启超在他的名篇《论中国学术思想变迁之大势》的"近世之学术"部分,列表将近世学术分为四期并标出每期的中心问题如下:①顺康间(程朱陆王问题);②雍乾嘉间(汉宋问题);③道咸同间(今古文问题);④光绪间(孟荀问题、孔老墨问题).⑤

此意在《清代学术概论》得以展开,影响深远.梁启超的看法真能巨眼识其大,学者又多能接受其层层"复古解放"的中心思想,若照他的想法排下来,古史辨运动所讨论的经学今古文问题应置于何处呢?

周予同的《经今古文学》把康有为《孔子改制考》为中心著作的第4

---

① 《古史辨》,第5册,25页.

② 《古史辨》,第5册,27页.

③ 《古史辨》,第5册之"最后一页".

④ 《古史辨》,第5册,顾颉刚:《自序》,18~20页.

⑤ 梁启超:《论中国学术思想变迁之大势》,见《饮冰室合集》1《饮冰室文集》卷7,102页.

期说成"自西汉复于周秦"或"超经传之诸子的研究","其影响直及于现代之古史研究者——如友人顾颉刚君"(或称"新史家的顾、胡的学说")①,钱穆《国学概论》也以顾颉刚、胡适、钱玄同等"今日考论古史一派"的"专为古史之探讨":"继此而往,则将穷源拔本,复商周之古,更上而复皇古之古。"②

这样看来,古史辨运动所讨论的经学今古文问题,只是由汉秦而上复三代的"现代之古史研究"的一个环节,它与道咸间的今古文问题的讨论不可同日而语。一方面,它与当年作为占主导地位的经学之中心问题来讨论不可相提并论;另一方面,作为已经上升为主角之现代史学专门研究的一个环节,旧式经生的经论经说不可与之相提并论。问题还是经今古文问题,但讨论的目的与方式是截然不同了。

第三,从民国学人的经学观来看。

更为重要的是,对经学的根本看法的改变。这关联到整个意义系统的深刻转换。

正像钱穆的《国学概论》所指出的,古史辨运动在"发疑古辨伪之思"上承"晚近今文学家"而来,他比后者进步的地方在于"去其崇圣尊经之见,而专为古史之探讨"。钱穆又敏锐观察到:"清儒尊孔崇经之风,实自三人(指章太炎、梁启超、胡适)之说而变,学术思想之途,由此而广。"③ 这一论断虽就章、梁、胡的"子学"成就而发,我们从由经学到史学的转途来看,也还是成立的。

钱穆将康有为作为清代经学的结束人物,而将章太炎作为新思想新学术的一大开山,此见颇具通识。细加分析,康有为的"尊孔崇经"与"专为古史之探讨"的距离自不用说,章太炎之衡经论史与胡适等人"古史之怀疑"也有相当的差异。

就"经学"观而论,章太炎那"六经皆史"的主张虽有夷经为史的取向,这一倾向为新一代学人所拾取和发挥,但不要忘记了,与这一看法相配合,章太炎那里还有一个更为重要的观念,笔者将它概括为"以

---

① 周予同:《经今古文学》,24 页。

② 钱穆:《国学概论》(下),148~149 页。

③ 钱穆:《国学概论》(下),144 页。

史为经"。就意义系统来看,章太炎所谓的"国史"与康有为的"孔教"非常接近,不同的只是康有为以"孔学"为宗教,而章太炎代之以"国史"为宗教,这是他先是针对康有为而后尤其针对"疑古之说"、"此余所以大声疾呼,谓非极力排斥不可也"的根本原因。

不仅如此,即就夷经为史的取向而言,此实非章氏之独见,乃时代之共识,而新一代学人的见解之激烈新锐,比之章太炎,更不可以道里记。

胡适在1922年1月初版的《章实斋先生年谱》中,对章氏"六经皆史"说发了一番"百余年来"未发之覆:"其实先生的本意只是说'一切著作,都是史料'……其实只是说经部中有许多史料……"[①] 钱穆则认为,章学诚"六经皆史"之说,为其针对顾炎武以下直至戴震时经学中心理念"道在六经"而发,"欲以史学易经学",批评经学稽古,主张史学经世,所以能影响广远,经今文学运动亦颇拾其说。"近人误会六经皆史之旨,遂谓流水账簿尽是史料。呜呼!此岂章氏之旨哉"[②],钱穆批评"近人"不得"章氏之旨",可谓的论。然而,"近人"之"误会",不是个别的见解,实乃时代的意见,"六经皆史"这一命题不过是一座"桥梁"而已。从"史料"的角度论"六经皆史",不只胡适如此,以《春秋》为"流水账簿"的梁启超在1923年1月也说:"章实斋说:'六经皆史',这句话我原不敢赞成;[③] 但从历史家的立脚点看,说'六经皆史料',那便通了。"[④] 梁启超的话,最足以说明近代学人对"六经"的看法上从经学家的立场到"历史家的立脚点"的过渡了。梁氏此时所说的历

---

① 胡适:《章实斋先生年谱》,105~106页,上海,商务印书馆,1922年1月初版,1923年10月再版。后经姚名达订补,改名为《章实斋年谱》,137~138页,上海,商务印书馆,1931年8月初版。

② 钱穆:《中国近三百年学术史》,380~386、392、424页。

③ 此前梁启超有文《太古及三代载记》指出"近儒或倡六经皆史之说,实偏见也",可以了解他"不敢赞成"的理由:"经训本与史籍殊科,经以明义,非以记事……故群经中记载涉及史事者,诚不失为较确之史材。然必欲混经史以同其范围,则其道反为两失。"《饮冰室合集》8《饮冰室专集》之四十三,2~3页。

④ 梁启超:《治国学的两条大路》,见《饮冰室合集》5《饮冰室文集》卷39,111页。

史学，又决非他在 30 年前所谓"史学大半在证经，亦经学也"① 之作为经学附庸之"史学"，而大体接近于陈寅恪所谓"渐能脱除清代经师之旧染，有以合于今日史学之真谛"② 之独立的且取代往日经学之"史学"。

周予同则更为直截了当：

> 就是清末章学诚所叫出的"六经皆史"说，在我们现在研究的阶级上，也仍然感到不够；因为我们不仅将经分隶于史，而且要明白地主张"六经皆史料说"……明显地说，中国经学研究的现阶段是在不徇情地消灭经学，是在用正确的史学来统一经学。③

这一番话最足以反映新时代新史学以史御经的锐气，真不啻史学时代取代经学时代的宣言书。

从"史料"的角度，对"六经"做最不客气的批评的，要推钱玄同。他认为，旧时说经，有"今文家"、"古文家"、"宋儒"三派，都"没有说到它在史料上的价值"。到了近代，章学诚、章太炎都主张"六经皆史"，说"孔丘作六经是修史"，"这话本有许多讲不通的地方"，即是完全让步，承认二章之说："这几部历史之信实的价值远在《史记》、《新唐书》之下，因为孔丘所得的史料远不及司马迁、宋祁、欧阳修诸人，'夏礼殷礼不足征'之语便是铁证。"④

钱玄同的经学观则要更进一步，用他自己的话来说，叫做"离经叛道非圣无法的六经论"⑤ 基本观点为："六经"既不是周姬旦的政典，也不是孔丘的"托古"著作；孔丘无删述或制作"六经"之事；《诗》、

---

① 梁启超：《读书分月课程》（1892 年），《饮冰室合集》9《饮冰室专集》卷 69，4 页。又见丁文江、赵丰田编：《梁启超年谱长编》，30 页，将此文系于 1893 年，上海，上海人民出版社，1983。

② 陈寅恪：《陈垣〈元西域人华化考〉序》（1935-02），见《陈寅恪史学论文选集》，上海，上海古籍出版社，1992。罗志田引陈寅恪的这段话，从中国学术史发展演化的内在理路的角度，说明"民国初年有一个显著的现象，即经学从学术中心落向边缘而史学从边缘移往中心"，非常恰切。参见罗志田《"新宋学"与民初考据史学》，载《近代史研究》，1998（1）。罗氏所揭示的现象，为我们的讨论提供了大的背景，而本书此章所涉及的是，这一趋向已经发展到了经学退位史学当道的局面。

③ 周予同：《治经与治史》，原载《申报·每周增刊》，第 1 卷，第三十六号（1936 年），又见《周予同经学史论著选集》（增订本），622～623 页，上海，上海人民出版社，1996。

④ 《古史辨》，第 1 册，104～105 页。

⑤ 《古史辨》，第 1 册，104 页。

《书》、《礼》、《易》、《春秋》本是各不相干的五部书，《乐经》本无此书；"六经"的配成，在战国之末。① 总之，"六经"不过是"几部无条理、无系统、真伪杂糅、乱七八糟的什么'经'"，② 而且"'（圣）经'这样东西压根儿就是没有的"。③

　　这样，圣人（周公或孔子）与六经"分家"无关了，圣经的神圣性完全打破了，千百年来人人崇信的"大道"所寄的经、经学，作为一个完整统一的（尽管是历史地形成的）意义系统彻底解构了。还剩下什么？那几本古书中还有一鳞半爪颇难采信的史料：

　　　　干脆一句话，现在要知道古代的真历史、真典礼、真制度，最可信据者惟有甲骨刻辞及钟鼎款识等实物耳。（古文经为伪造自不必说——引者）今文经中，孰为史料，孰非史料，惟有以甲骨刻辞及钟鼎款识校之，方能断定其真伪与正误。④

　　"举个例来说：我们若疑今文家所言周代的典礼制度不足信，则应该根据尊彝铭文来推翻它，绝对不应该根据《周礼》来推翻它。"

　　照钱玄同看来，"这是要站在超今文的'历史家'的立场"。⑤

　　尽管在他说这样的话时，并没有摆脱尽今文家的谬见，但超经学的"历史家"的立场选择却并非自我标榜，而是他真实的努力方向。顾颉刚也是这样。他说：

　　　　现在我们所处的时代和他们（指以往的今古文家——笔者）截然不同了：我们已经不把经书当做万世的常道；我们解起经来已知道用考古学和社会学上的材料作比较；我们已无须依靠过去的家派作读书治学的指导。家派既已范围不住我们，那么今文古文的门户之见和我们再有什么关系！⑥

　　在这一点上，他们与梁启超，甚至与钱穆，并无不同。钱玄同没有

---

① 钱玄同：《答顾颉刚先生书》，见《古史辨》，第1册，67～82页。
② 《古史辨》，第1册，52页。
③ 《古史辨》，第1册，46、280页。
④ 《古史辨》，第5册，19页。
⑤ 《古史辨》，第5册，29页。
⑥ 顾颉刚：《古史辨》，第5册，自序3页。

接受《刘向歆父子年谱》的基本观点，一方面固然因为迷信今文家认为"壁中古文为伪造"的见解，更重要的恐怕是，在他看来，今文家的说法，由地下"实物"材料得到了证明。

至于钱穆，《国学概论》基本赞同并吸收了钱玄同关于"六经"的看法，凡"经生"门户之见，亦皆在排斥之列。《刘向歆父子年谱》"脱经学之樊笼，发古人之真态"的意图更为自觉，钱穆后来概括自己的经学研究说："经学上的问题同时即是史学上的问题……全据历史记载，就于史学立场，而为经学显真是。"（见《两汉经学今古文平议·自序》）此论甚谛。然而，"经学"上的问题，怎么就是"史学"上的问题呢？这句话同样经典地表达了从晚清到民国以来，经学消退史学主位的历史趋向。

六、余论：若干需要摆脱的经学今古文之争的消极影响

钱穆的《刘向歆父子年谱》，不可能解决晚清以来经今古文学之争所遗留下来的所有重要问题，但它不愧为筚路蓝缕之作。可惜的是，有相当一段时期，由于众所周知的原因，该文的基本观点以及钱穆关于该论题的其他著作，在大陆没有什么大的影响。我们也不是专为钱穆的一家之言推波助澜，只是深感学术界至今尚不能彻底摆脱今古文学之争的消极影响，尤其是今文家的门户之见（当然，并不是要抹杀晚清今古文学两派尤其是康有为、章太炎的历史作用），而《刘向歆父子年谱》刊布的前后，像王国维、钱玄同、钱穆等学者已经做了超越经学门派的很多切实工作，这是不应该被遗忘的，温故可以知新。

关于经学今古文问题，在大陆学术界占支配性地位的是经学史名家周予同的见解。周氏的基本看法汇集于其成名作《经今古文学》，他认为：今古文的不同，不仅是书写文字的不同，而且字句有不同，篇章有不同，书籍有不同，书籍中的意义有大不同；因之，学统不同，宗派不同，对于古代制度以及人物批评各不相同；而且对于经书的中心人物，孔子，各具完全不同的观念。他以"《六经》的次序"问题为例说明经今古文的异同，他指出，今文家以《诗》、《书》、《礼》、《乐》、《易》、《春秋》为序；古文家以《易》、《书》、《诗》、《礼》、《乐》、《春秋》为序。不同的排列次序有不同的意义：古文家的排列次序是按《六经》产生时

代的早晚，今文家却是按《六经》内容程度的浅深。他又列表举 13 条择
要说明"今文学"与"古文学"的同异：一崇奉孔子，一崇奉周公；一
尊孔子是"受命"的"素王"，一尊孔子为先师；一认孔子是哲学家、政
治家、教育家，一认孔子是史学家；一以孔子为"托古改制"，一以孔子
为"信而好古，述而不作"；一以六经为孔子作，一以六经为古代史料。
一以《春秋公羊传》为主，一以《周礼》为主；一为经学派，一为史学
派；一则经的传授多可考，一则经的传授不大可考；一则西汉都立于学
官，一则西汉多行于民间。一则盛行于西汉，一则盛行于东汉。一则斥
古文经传是刘歆伪造之作，一则斥今文经传是秦火残缺之余；一则今存
《仪礼》、《公羊》、《穀梁》（？）、《小戴礼记》（？）、《大戴礼记》（？）和
《韩诗外传》，一则今存《毛诗》、《周礼》、《左传》；一则信纬书，以为孔
子微言大义间有所存，一则斥伪书为诬妄。①

　　周氏的基本见解如今几乎成了经学史的常识了，而且思想史、文化
史凡涉及两汉经学，颇袭其说。

　　学者已经注意到"周予同先生讲今文经学与古文经学制度不同，所
列之表（该表亦见《经今古文学》，非上文引据之表——笔者）就是全据
廖平此表，稍作类的归纳而成"②。其实，就取材来源而言，廖平、康有
为、章太炎、梁启超、崔适等近人的著作无不在其采择的范围之内，且
作为主要的依据，这似乎是不得已的，然而问题就在这里。

　　笔者认为《经今古文学》的致命伤就在于：它以晚清经今古文学之
争，主要是康有为与章太炎的分歧为依据来划分从汉代到晚清的"今文
学"与"古文学"；认为今古文学，各自道一风同，势同水火，则又不出
廖平的窠臼。

　　上引 13 条中很多只是晚清今古文学家的分歧，如"斥古文经传是刘
歆伪造之作"主要是康有为着力渲染的观点，"以六经为古代史料"主要
是章太炎的见解，周氏所打的问号（？）是崔适等人的看法，未必在汉代
就有这样的"今古文学"之分。至于"六经的次序"问题，原是康有为

————————————

　　①　该书自初刊以来，后虽经修订，然基本见解未有大的变化。此据《周予同经学史论著选
集》（增订本）所收之《经今古文学》。

　　②　黄开国：《廖平评传》，96～97 页，南昌，百花文艺出版社，1993。

为打倒古文经学提出来一项"存案",①其能否成立,大可怀疑。至于周氏"引申"出来的"意义"如"今文家却是按《六经》内容程度的浅深"为序,此点更可商榷。《经今古文学》未注此说所本,由氏著《群经概论》及《中国经学史讲义》②可知其本于董仲舒《春秋繁露·玉杯篇》。《玉杯》篇虽有云:"君子知在位者之不能以恶服人也,是故简六艺以赡养之。《诗》、《书》序其志,《礼》、《乐》纯其美,《易》、《春秋》明其知。"但重在申论"六学皆大,而各有所长",君子贵能"兼得其所长"。以《诗》、《礼》、《乐》、《书》、《易》、《春秋》为序分言"六学"之旨及其"长",并不与所谓今文家的"六经的次序"环环相扣,原文亦未必有"按《六经》内容程度的浅深"之层层递进的深意。

其实早在1935年,周予同的老师钱玄同就已经精辟地指出:

> 友人周予同兄之《经今古文学》,我也以为不对,因为他的见解是"廖倾"的,而且他不仅要析汉之今古文"学",还要析清之今古文"学";而且他竟认所谓清之今古文"学"与所谓汉之今古文"学"是一贯的:这都是弟所反对的。③

学术工作是一项非常艰苦的事业,每一个陈说的突破都是很不容易的。新一代学人,在基础和学养上都很难跟我们所讨论到的任何一位前辈学者相比,只有站在前贤的肩膀上,才有可能将这项事业有所推进,至少可以少走弯路。在经学今古文问题上,前辈学人的努力与曲折,难道不让人深思吗?

---

① 见康有为《新学伪经考》之《史记经说足证伪经考第二》,朱维铮、廖梅校注本有注揭出初刻重刻两本引《礼记·经解》所及六经次序与原文不合,系"窜易"与"漏改"。见该书第25页。

② 《周予同经学史论著选集》(增订本),215、846页。

③ 《古史辨》,第5册之"最后一页"(3)。

第六章　"国史"创制：《国史大纲》"重明中华史学"的新努力

"国史"创制，应该成为书写"中国学术之近代命运"之不可或缺的一章，理想上，应该成为点睛之笔。

为什么这样说呢？原始要终，中国、中国之学术，在近代面临最为深刻而全面的挑战是随着西力东侵而来的西学东渐，晚清以来，中国人遭遇"三千年未有之变局"，持有传统"天下"观的中国，被迫融入新世界，尤其是必须在渗透着强权和暴力的现代民族国家体系中不断地学习适应、改变和重新自我定位，一方面，积累了数不清的"落后挨打"的惨痛经验，一方面经历了无数次"尽弃所学而学焉"的脱胎换骨，一方面也在挥洒数千年积淀下来的智慧、力量与理想，书写着一个人类历史上绵延最久的伟大文明凤凰涅槃的美丽神话。所有这一切必然会凝结成一部的新"国史"。既出于时势激荡下中国人重新界定自我、认识自我的新需要，也是"究天人之际、通古今之变、成一家之言"的学术传统的内在要求。

在晚清，章太炎、梁启超等人就已经有积极的擘画，夏曾佑则出其章节体《中国历史教科书》，均为新通史创制之先驱。到 1945 年，抗战胜利，"中国的历史，从此又将走入一个新的阶段"。顾颉刚编撰完成《当代中国史学》，在"通史的撰述"一节盘点最近的成绩说："中国通史的写作，到今日为止，出版的书虽已不少，但很少能够达到理想的地步。本来以一个人的力量来写通史，是最困难的事业，而中国史上须待考证研究的地方又太多，故所有的通史，多属千篇一律，彼此抄袭。其中较近理想的，有吕思勉《白话本国史》、《中国通史》，邓之诚《中华二千年史》，陈恭禄《中国史》，缪凤林《中国通史纲要》，张荫麟《中国史纲》，钱穆《国史大纲》等。其中除吕思勉、周谷城、钱穆三四先生的书外，其余均属未完之作。钱先生的书最后出而创见最多。"①

　　本章就以《国史大纲》为中心，探讨抗战期间钱穆所致力的"新史学"。自晚清章太炎等提倡"国史"的观念以来，民国时期以钱穆《国史大纲》堪称较为成功的学术实践。我们试图展示其"民族文化史学"的个性，揭示其"士大夫之学"的精神价值。着力发掘其从长时段、从国史发展的长程关注中国现代命运之坚贞努力的深远意义。

　　《国史大纲》是钱穆的代表作②，也是他的著作中最有争议和最有影响的一部，颇为研讨钱穆学术者所注目。《国史大纲》酝酿和草创于20世纪30年代日寇侵凌下的中国，初版于中日两民族生死肉搏未见分晓的1940年6月。学者们均能了解该书面世的时代背景赋予它强烈的民族意识和爱国情感，但对于钱穆由于时局激荡而岌岌谋求"新史学"的创造的努力，则未引起足够的重视、需要进一步的探讨。③ 迫在眉睫的亡国灭

---

　　① 以上两处引文，分见顾颉刚：《当代中国史学》，《引论》，77 页，沈阳，辽宁教育出版社，1998。顾氏之前，陈梦家已有类似评价："在此三年内，我们看到三部新出版的通史，此书（指张荫麟《中国史纲》——引者）是其一。其余两本，一是钱穆先生的《国史纲要》（商务印书馆出版，上下两册），一是顾颉刚先生的《上古史》（云南大学讲义，分章载《文史杂志》），这两部书都是值得读者们再去参考的。钱氏的广博而多新见解，可以作中国通史的纲目看……四年以前，笔者与钱氏同在蒙自，因为看到他的《上古史纲要》而希望他写出一整部国史纲要，这个愿望到底达到了，对于有志史学者真是嘉惠不浅。"陈梦家：《评张荫麟先生〈中国史纲〉第一册》，此书评作于 1941 年 12 月底，原载《思想与时代》，第 18 期，1943，又见《梦甲室存文》，258 页，北京，中华书局，2006。两位先贤的品鉴，是经得起"历史的检验"的。陈氏又提到钱著《国史大纲》的缘起，很重要，请读者与本章下文参看。又据裘锡圭回忆："我记得很清楚，我念谭其骧先生的古代史课程应该已经是在 1953 年到 1954 年间，他在课堂上向我们推荐中国通史方面最好的参考书，就是钱穆的《国史大纲》。"氏著：《"古史辨"派、"二重证据法"及其相关问题——裘锡圭先生访谈录（裘锡圭、曹峰）》，原载《文史哲》，2007（4），又见《裘锡圭学术文集·杂著卷》，287 页，上海，复旦大学出版社，2012。此尚可见海峡两岸分治之初，《国史大纲》在大陆方面的影响。

　　② 钱穆的弟子余英时用"一生为故国招魂"概括乃师的志业，认为"'招魂'意识全幅呈露的绝大著作必推《国史大纲》为第一"。（余英时：《钱穆与中国文化》，27 页，上海，上海远东出版社，1994。）罗义俊甚至强调"若要举其代表作，而且只能一部，那就是《国史大纲》"。罗义俊：《论〈国史大纲〉与当代新儒学——略及钱宾四先生史学的特性与意义》，载《史林》，1992（4）。

　　③ 陈勇的《钱穆传》之第七章"流转西南"的第四节"贯通古今的通史著作——《国史大纲》"，其中叙述钱穆在三十年代对新通史的编撰理论与方法的思考，提及有关的几篇文章：1934 年刊于《大公报·图书副刊》20 期的《评夏曾佑〈中国古代史〉》、1936 年 11 月——1937 年 1 月连续在《中央日报》文史副刊 1 期、6 期、10 期上发表的《略论治史方法》、《论近代中国新史学之创造》等文。认为"《国史大纲》'引论'及其'书成后记'（当做'书成自记'——引者）对通史编撰理论与方法的论述，只不过是他一系列思考的系统总结而已。"该节并有"钱穆理想中的中国新史学"等为题的讨论。（陈勇：《钱穆传》，162～163、184～188 页，北京，人民出版社，2001）可以说已留意及此。桑兵在《近代学术传承：从国学到东方学——傅斯年〈历史语言研究所工作之旨趣〉解析》一文中，讨论到 30 年代钱穆与张荫麟"共有志为通史之学"，张逝世后，钱穆等人借悼念之机，"再度提出'中国今日所需要之新史学与新史学家'的问题，他们显然认为史语所式的道路并不能成就新史学……用意在于标明自己的为学之道，破主流派对史学的主导，并且另立新史学的范畴。"载《历史研究》，2001（3）。桑氏对钱穆等所提倡"新史学"在民国史学史中的意义非常敏感，对钱穆治学的取径也颇有同情的了解，当然，对钱穆为学的宗旨，尚多"发明"的余地。

种的危机以及由此上溯至晚清以降亡天下的忧患,促使他作新华族通史,力造一家之言。这是钱穆所提倡和实践的"新史学"的中心关怀所在,它的结晶就是《国史大纲》。本章紧紧围绕《国史大纲》揭示其所致力的"新史学",期于在已有研究的基础上对钱穆成学的类型、旨趣与个性的了解有所推进,进而在近代学术思想史上对其史学作尽可能恰当的定位。

一、造作新通史——时代的需要与时代的限制

1931 年秋,"九一八事变"爆发。这件事对中国知识分子尤其是中国史学家的震动之大,可以从陶希圣回忆傅斯年的一段文字中充分感受到:

> 民国二十年,孟真在北平,担任中央研究院历史语言研究所所长,同时主持北京大学史学系。我到北京大学教书,九一八事件发生,北平图书馆开了一个会,孟真和我都在座。他慷慨陈词,提出一个问题:"书生何以报国?"大家讨论的结果之一,是编一部中国通史;此后北大史学系即以这一事业引为己任。"书生何以报国"这一句话始终留在同的心里,激励着大家来工作。①

要知道傅斯年是主张"史学即是史料学"的,是"反对'国故'一观念"、"反对疏通"、"不做或反对所谓普及那一行中的工作"的,也是反对"著史"的,是主张为学术而学术而反对"把些传统的或自造的'仁义礼智'和其他主观,同历史学和语言学混在一起的人"的。但是国难的刺激几乎使他根本违背自己的学术理念,而提出"书生何以报国"的问题,从而激发了北大史学同人以"编一部中国通史"这一事业引为己任。②

在傅斯年领导下的北大史学系日夜谋成此事,并在中国通史一课的教学设计上煞费苦心,独担中国通史课一责最后落到进校任教不过两年的钱穆身上:

---

① 转引自傅乐成:《傅孟真先生年谱》,32～33 页。台北,传记文学出版社,1979。
② 所以毫不奇怪日后傅斯年竟"创意要"张荫麟为高中生编一部通史教科书——《中国史纲》。张荫麟《中国史纲·初版自序》(作于 1941 年 3 月)郑重道出:"这部书原不是作者创意要写的。创意要写这部书并且给他以写这部书的机会的是傅孟真先生和钱乙藜先生。"张荫麟撰、王家范导读:《中国史纲》,上海,上海古籍出版社,1999。傅斯年对中国通史的编撰事业的大力倡导与支持,是"在时代压力之下,客观征实、为学问而学问的治学风格之自我调整"的又一个特别生动的例子。其他类似的情况及其分析可参看罗志田主编:《20 世纪的中国:学术与社会:史学卷》,第二编《民国的新史学及其批评者》,济南,山东人民出版社,2001。

沈阳事变以后，傅斯年与北京大学同仁集议，盒以迅速编纂一部足以唤醒国魂的中国通史，为御侮救国的亟务。同时并决定将以前分请将近十五位专家作专题讲演之中国通史一课改请一位教授专任讲授，钱（指钱穆——引者）被推选担任这一教席。民国二十二年秋，钱开始用满腔热忱来讲授，即在严寒冬天，钱仍时时拭额汗不已。相湘当时随班听讲时所亲见。①

又据钱穆回忆，"时国民政府令中国通史为大学必修课"，所以北大此举也是"遵令办理"。②

今天的人们已经很难理解何以当时举国上下一下子突然如此重视一门大学通史课、如此急需哪怕是一部合用的中国通史。一方面是时局对"中国通史"提出了特殊的要求，即必须"足以唤醒国魂"，这当然是很难达到的。一方面是就当时学术界的状况来说，根本满足不了这种要求。钱穆对此有深刻的认识：

> 今日所急需者，厥为一种简要而有系统之通史，与国人以一种对已往大体明晰之认识，为进而治本国政治、社会、文化、学术种种学问树其基础，尤当为解决当前种种问题提供以活泼新鲜之刺激。兹事体大，胜任愉快，骤难其选。又兼年来社会不宁，学人不努力，全以草率苟且从事，何从成此艰巨之业？故社会虽有此需要，而出版界则无此作品。则商务之重印此三十年前一部未完之中学教科书（指夏曾佑的《中国古代史》——引者），列为今日崭新之《大学丛书》者，正是此三十年内中国政治、社会、学术种种方面一极好之写照也。③

造成这一后果的原因自然是十分复杂的，仅就史学界来说，晚清以降史学发展日益专科化日益学院化也日益碎化的风气，实难辞其咎。就近而论，它与以胡适、顾颉刚、傅斯年等人为代表的主流派的学术主张与实践大有干系。钱穆观察到："当时学术界凡主张开新风气者"如胡

---

① 吴相湘：《民国百人传》，第 4 册，《钱穆阐扬传统文化》，台北，传记文学出版社，1971。朱传誉编：《钱穆传记资料》（一），6 页。

② 钱穆：《八十忆双亲·师友杂忆》，171 页，北京，读书·生活·新知三联书店，1998。

③ 钱穆：《评夏曾佑〈中国古代史〉》，原刊于天津《大公报·图书副刊》，第 20 期（笔名"公沙"），1934-03-31，又见《中国学术思想史论丛》（九），280 页，收入《钱宾四先生全集》，第 23 册，台北，联经出版事业公司，1998。

适、顾颉刚、傅斯年于"史学则偏重先秦以上"。如傅斯年"彼似主先治断代史,不主张讲通史",其著述谈论基本不出先秦以上的范围,学生有专治明史有成绩者,傅斯年竟不许其上窥元代,下涉清世。由于胡适与傅斯年等意见相近,"故北大历史系所定课程似先注意于断代史"①。这一点在也是北大学子的史家杨向奎的回忆里得到了印证。他罗列了当年北大史学系诸老师开的课目,也认为:"当时北大的历史系,应当称作中国古代史专业(先秦史专业)。"② 北大史学系在情急之下,由多位能"作专题讲演"的"专家"来拼凑"中国通史一课"。由于"无一条线通贯而下","实增诸位(学生——引者)之不通"。这种拼盘式的讲授不啻是在用断代史的精神来讲通史。被钱穆痛斥为"我们的通史一课实大不通"的现象可以说是当时学风最典型的反映。③

从上述的讨论可知,"九一八事变"后,傅斯年是大力提倡和支持中国通史的编撰的,这其中自然含有在新形势下自觉调整自己的学术观念的意味,但从他不让学生做贯通的研究、不让张荫麟进入史语所和北大史学系④(后虽鼓动张荫麟为高中生编中国通史教科书)等事情来看,他的提倡和支持基本上只是停留在学术领袖登高一呼、谋作"宣传"的层次,而绝不可能身体力行。所以当时虽举国共盼一部像样的中国通史,但真正"有志为通史之学"、有学力才识为"通史大业"充当"马前一卒"的实是凤毛麟角,大约只有钱穆、张荫麟等数人而已。⑤

---

① 钱穆:《八十忆双亲·师友杂忆》,168~169 页。

② 杨向奎:《回忆钱宾四先生》,见中国人民政治协商会议江苏省无锡县委员会编:《钱穆纪念文集》,3 页,上海,上海人民出版社,1992。

③ 参见前引吴相湘的文字以及钱穆《八十忆双亲·师友杂忆》,171 页所记有关内容。

④ 桑兵认为傅斯年的态度反映出他对张荫麟偏向"博通"一途的治学路线有所保留。参见氏著:《近代学术传承:从国学到东方学——傅斯年〈历史语言研究所工作之旨趣〉解析》,载《历史研究》,2001(3)。

⑤ 钱穆自述:"故友张君荫麟,始相识在民国二十三年春夏间。时余与张君方共有志为通史之学。"见氏著《中国今日所需要之新史学与新史学家——本文敬悼故友张荫麟先生》,原载《思想与时代月刊》第 18 期,发表于 1943 年 1 月。收入蒋大椿主编:《史学探渊——中国近代史学理论论文编》,1054 页,长春,吉林教育出版社,1991。钱穆在西南联大任"中国通史"课时,曾对学生李埏提及:"晚近世尚专,轻视通史之学,对青年甚有害。滇中史学同仁不少,但愿为青年撰中国通史读本者,唯张荫麟先生与我,所以我们时相过从,话很投机。"李埏:《昔年从游之乐,今日终天之痛——敬悼先师钱宾四先生》,见中国人民政治协商会议江苏省无锡县委员会编:《钱穆纪念文集》,13 页。

　　吴相湘说，钱穆是"被推选担任这一教席"，其实从后来钱穆的回忆来看，这多半是他不畏艰难毛遂自荐主动请缨所争得。为此，他甚至不愿与陈寅恪分担而力主"独任其全部"。北大同仁有见及多人分授难于一贯，才思变计，又考虑到"但求一人独任，事亦非易"，才提议"由钱某任其前半部，陈寅恪任其后半部"，也可算是很实际的谋划了。况且陈寅恪当时正是声名如日中天、为新旧各派学人所看重的大教授，而钱穆由讲师升为副教授才不久①。但是为了真正贯彻"一条线通贯而下"的授史主张，钱穆真可以说是勇于犯难了。②

　　钱穆确能不负所任。通史精神之贯注、每讲标题之斟酌、全程纲要之写定、《参考材料》之选排、《国史读本》之编撰等，均按计划并根据学生的程度和实际需要，步步奋勉、事事尽心。加之上课态度认真、雄辩滔滔、情感饱满，成为北大最叫座的大课之一。如是者先后四年。③

---

　　①　钱穆于1931年秋任北大史学系讲师，1932年任副教授，1936年任教授。钱胡美琦《钱宾四先生年谱》（二）（未定稿）附注②，据北京大学原始档案。见《钱穆先生纪念馆馆刊》第四期，114～115、127～128页，台北，台北市立图书馆，1996。

　　②　参见前引吴相湘的文字以及钱穆《八十忆双亲·师友杂忆》，171页所记有关内容。钱穆后来向余英时等谈及他与陈寅恪在西魏府兵制的看法上的异同之处，"他很推崇陈寅恪的贡献，但认为专题考证的具体结论和通史所需要的综合论断未必能完全融合无间。"见余英时：《犹记风吹水上鳞——敬悼钱宾四师》，见《钱穆与中国文化》，14页。从中也可以看出钱穆对"通史之学"所悬的标准。

　　③　详情可参见钱穆《国史大纲》的"书成自记"，1940年6月初版1944年1月"渝第一版"，国立编译馆出版，商务印书馆印行；《八十忆双亲·师友杂忆》，171～174页；钱胡美琦《钱宾四先生年谱》（二）（未定稿），《钱穆先生纪念馆馆刊》第四期，116页。本书所用《国史大纲》的版本当略作交代。我曾据1947年国立编译馆所出之上海第3版，为文《抗战期间钱穆所致力的"新史学"——以〈国史大纲〉为中心的探讨》，刊布于中国社会科学院近代史研究所编：《中国社会科学院近代史研究所青年学术论坛2001年卷》，北京，社会科学文献出版社，2002。因篇幅所限，未能将全文登载，是为本章内容先期发表之部分。当时所用已为抗战胜利之后的本子，距离那烽烟象象的中华民族一致对外御侮的岁月，已有年头矣，颇不惬意。该书初版颇难得，后访得1940年6月初版1944年1月"渝第一版"，国立编译馆出版，商务印书馆印行。是为中日对决尚未分出胜负之时陪都重庆所出之本，甚为我所珍爱。虽笔者引文所涉及者，渝本与沪本无何差异，但渝本显然有特殊的价值，本书此章所用改从此版。渝本扉页有"国立编译馆大学用书编辑委员会谨注"云："本书原系教育部史地教育委员会中国史学丛书丙辑第三种，兹经部核定列入部定大学用书。"可见钱穆《国史大纲》影响扩大之一斑，亦可见国家旨在发挥其教育功能以提振民气的深造。扉页又标出以下醒目的文字："本书谨奉献于前线抗战为国牺牲之百万将士——二七、五、一〇——二八、六、一四。"此当为钱氏本人所题。于此，不仅可知该书之撰著时间（1938年5月10日——1939年6月14日），尤其可见该书向为中华民族之生存而不畏牺牲的义勇之士敬礼的深情厚意与学术报国的良苦用心。

对新的中国通史的孕育来说,日本侵华的形势,无疑是根本推动力。时局的发展,进一步催促它的诞生,但也给它带来不少的限制。

1937年7月7日,卢沟桥事变爆发,从此开始中华民族的全面抗战。钱穆携"平日讲通史笔记底稿数册"随学校辗转南迁,于1938年4月到达昆明的蒙自。"自念万里逃生,无所靖献,复为诸生讲国史,倍增感慨。学校于播迁流离之余,图书无多,诸生听余讲述,颇有兴发,而苦于课外无书可读,仅凭口耳。为憾滋深。因复有意重续前三年之《纲要》,聊助课堂讲述之需。"①

尽管如此,当时他还没有把它写成教科书出版的意思。在陈梦家的力劝之下,才有《国史大纲》的面世。钱穆被说服的过程颇堪玩味。从中我们可以看到:钱穆早"有志于通史之学",但他要写的中国通史会是什么样子,还不清楚,正在探索之中。不过,草率编撰一部教科书,决不符其理想。他当时考虑的是等条件许可时"仿赵瓯北《二十二史札记》体裁"写成专题性的考史之作,讲义无当于著述,这是学人很自然会有的名山事业之想。陈梦家那一番不可"为一己学术地位计"而要"为全国大学青年计"、"为时代急迫需要计"的恳切陈词,打动了素以通人自期的钱穆。但是"兹事体大","流亡中"既不得"机会",著述研究条件又不副所需,这又让他很犹豫。而陈梦家则认为正因为"今日生活不安,书籍不富",才好专心一意"来写一教科书"。钱穆这才"改变初衷","余之有意撰写《国史大纲》一书,实自梦家此两夕话促成之"②。

钱穆平生撰述颇为谨慎,"至于此书,独有不然。若自秘藏,虽待之十年,终不能定。而暴寇肆虐,空袭相随,又时时有焚如之虑。因率尔刊布"③。

---

① 参见钱穆《国史大纲》的"书成自记",3页。

② 钱穆:《八十忆双亲·师友杂忆》,216~217页;又参见前引陈梦家《评张荫麟先生〈中国史纲〉第一册》一文。

③ 钱穆:《国史大纲》的"书成自记",3~4页。钱穆于1941年1月20日致学生李埏、王玉哲的信中亦有云:"'史纲'成之太草促,然实穆积年心血所在……最近一年内,拟加插地图,并增注出处及参考书要目,以后并随时增订……本不愿急切成书,特以国难怅触,不自抑耳。相知者当知此意。其中难免疏误,故望弟亦当留心指出,可渐改正也。"李埏:《昔年从游之乐,今日终天之痛——敬悼先师钱宾四先生》,见中国人民政治协商会议江苏省无锡县委员会编:《钱穆纪念文集》,17页。

因此，该书枝枝节节，疏漏谬误处不胜枚举。[①] 此前此后钱穆的其他著作没有一本是这样的。

一部国史与国运之间如此密合的关系，能不让人感慨系之？《国史大纲》就是这样一部国难当头的"尴书"！

二、"新史学"的内涵

自 1933 年秋在北大担任中国通史课以后，钱穆对编撰新的中国通史的宗旨与方法、体裁与内容、框架结构与问题意识等等进行全面而深入的探索，他以此为中心，积极谋求史学的革新，树起"新史学"的大旗并身体力行。这是近代史学史上很值得注意的一页。

（一）"新史学"旨在"重明中华史学"

有学者指出："在梁启超之后，'新史学'的口号不断被提起，作为与前人或同辈划界的标志，相同的概念之下，内涵却有极大分别。所谓'新'，大体是由'西'衍生出来，西学的不同流派，成为国人推陈出新的依据。所以，近代中国文化学术之新，并不依照欧美本来的时序，结果立异往往是创新的变种。"[②] 钱穆的"新史学"自然也难免"西学"的影响，[③] 但他的主旨却

---

① 翟宗沛：《评钱穆先生〈国史大纲〉》，高度评价钱著，并举出初版《国史大纲》较重要的十九处可商榷之点——指正，感慨地说："战争，虽然阻止不了《国史大纲》的刊布，但在抗战前素以记诵渊博、考订精审著称的学者，在抗战中完成的作品，竟不能免除许多可以避免的失误；这也足够证明战争对于学术界的影响的深刻了……"该文原刊《文史杂志》，第 2 卷，第 4 期，1942 年 4 月 15 日出版。朱传誉编：《钱穆传记资料》（二），41 页。笔者曾将 1947 年上海三版的《国史大纲》与商务印书馆北京 1994 年版逐字校阅一过，显见改正之处亦颇多。而翟氏之文刊布于抗战尚未胜利之 1942 年，对于战争给学术带来的影响的体会，是尤为痛切的。

② 桑兵：《近代学术传承：从国学到东方学——傅斯年〈历史语言研究所工作之旨趣〉解析》，载《历史研究》，2001（3）。这一观察大体不错，若要细抠起来，近代中国史学所秉承的"西学的不同流派"，尚可分为："从日本转手的西学"（如梁启超等的"新史学"、郭沫若等的"唯物史观"派）和"直接得自西方的西学"（如胡适、何炳松、陈寅恪、傅斯年等得之于欧美）、还有"从苏俄转手的西学"等。

③ 余英时：《一生为故国招魂——敬悼钱宾四师》，说明钱穆所谓"中国历史精神"的观念承自晚清梁启超的"国风"、《国粹学报》"国魂"、"国粹"以及流行甚广的"黄帝魂"等观念，而"国魂"、"国粹"的观念最初从日本开始，而日本人又受了德国人讲"民族国家精神"的启示。收入氏著：《钱穆与中国文化》。戴景贤《论钱宾四先生"中国文化特质"说之形成与其内涵》，指出钱穆之"生理"与"病理"对立之观点，与 Oswald Spengler 的文化形态观有相近之处，又有重要不同。见台湾大学中国文学系印：《纪念钱穆先生逝世十周年国际学术研讨会论文集》，31～32 页。又据钱穆的早期学生洪廷彦、诸宗海回忆，钱穆对康德、尼采、黑格尔、柏格森、罗素、克罗齐等西方哲学家的思想津津乐道。参见中国人民政治协商会议江苏省无锡县委员会编：《钱穆纪念文集》，34、66 页。

在于超越与"西学"有甚深瓜葛的"革新派"① 和"科学派"② (钱穆不以"传统派"即"记诵派"为主要批评对象,并亦取其"工夫")。诚如其夫子自道,旨在"重明中华史学":

> 近人治史,群趋杂碎,以考核相尚,而忽其大节;否则空言史观,游谈无根。穆之此书(指《国史大纲》——引者),窃欲追步古人,重明中华史学,所谓通天人之故,究古今之变,以成一家之言者。③

所谓"以考核相尚"者,主要指"科学派",也可将"传统派"包括在内。此种取向的流弊,上文已略作交代。所谓"空言史观"者,不仅就"唯物史观"派而言,也包括晚清梁启超等倡导的"新史学"派。钱穆认为"近人治史好言系统,然系统亦未易求,晚近学人言国史系统,不越两途。一谓自秦以来,莫非专制政体之演进。无论历史上任何事项,莫不以帝王专制一语为说"。钱穆"名之曰'近代中国人之维新观',实即是一种'崇洋媚外'观";另一途则"又或根据西洋最近唯物史观一派之论调,创为第二新史观。其治史,乃以社会形态为躯壳,以阶级斗争为灵魂。所论厥为自秦以来,中国社会形态之阶段分别。若谓中国尚在封建社会之阶段中,绝未走上商业资本社会之阶段"。钱穆认为这一派的史观"仅为彼等政治趋向之一种工具,一种说法,惜亦同样无当于国史之实际真相",与上述治史取径不无关系,钱穆又观察到:"近人治史,每易犯一谬见。若谓中国史自秦以下,即呈停顿状态,无进步可说。此由误用西人治史之眼光来治中史,才成此病。"④

在对"中国近世史学"流派的遗产作了认真清理的基础上,钱穆积

---

① 又称"宣传派",主要包括以梁启超为代表的晚清"新史学"以及以郭沫若为代表的"唯物史观"派。

② 又称"考订派",主要是指以胡适为领导的"整理国故"运动、顾颉刚的"疑古"以及傅斯年的"重建"为内容的"史学革命"。

③ 引自钱穆于1941年1月20日致学生李埏、王玉哲的信。李埏:《昔年从游之乐,今日终天之痛——敬悼先师钱宾四先生》,见中国人民政治协商会议江苏省无锡县委员会编:《钱穆纪念文集》,17页。

④ 钱穆:《略论治史方法》(1936),见《中国历史研究法》,151~152、155页,北京,生活·读书·新知三联书店,2001。

极提出建设"新史学"的主张：

> 中国新史学之成立，端在以中国人的眼光，来发现中国史自身内在之精神，而认识其以往之进程与动向。中国民族与中国文化最近将来应有之努力与其前途，庶亦可有几分窥测。否则舍己之田，而芸人之田，究亦何当于中国之史学。①

《国史大纲》把这种"新史学"的追求集中体现在新通史编撰所必备的两大条件上：

> 今日所需要之国史新本，将为自《尚书》以来下至《通志》一类之一种新通史，此新通史应简单而扼要，而又必具备两条件。一者必能将我国家民族，已往文化演进之真相，明白示人，为一般有志认识中国已往政治社会文化思想种种演变者所必要之智识，二者应能于旧史统贯中映照出现中国种种复杂难解之问题，为一般有志革新现实者所必备之参考。前者在积极的求出国家民族永久生命之泉源，为全部历史所由推动之精神所寄，后者在消极的指出国家民族最近病痛之证候，为改进当前之方案所本。此种新通史，其最主要之任务，尤在将国史真态，传播于国人之前，使晓然了解于我先民对于国家民族所已尽之责任，而油然兴其慨想，奋发爱惜保护之挚意也。此种通史，无疑的将以记诵考订派之工夫，而达宣传革新派之目的。彼必将从积存的历史材料中出头，将于极艰苦之准备下，呈露其极平易之面相。将以专家毕生尽气之精力所萃，而为国人月日浏览之所能通贯，则编造国史新本之工作，其为难于胜任而愉快，亦可由此想见矣。②

这真不啻是"新史学"的宣言书！

总结地说，钱穆所致力的"通史之学"，不单自觉承继中国史学通史致用的传统（相对于那些与传统"通史之学"有意疏离的流派来说，他的执著于"旧"反而显出"新"意）；更重要的是，迫于晚清以降西力东压、西学东渐的严重局势，国人对本国的历史文化急遽丧失独立的见解、

---

① 钱穆：《略论治史方法》(1936-11)，见《中国历史研究法》，156 页。
② 钱穆：《国史大纲·引论》，7 页。

清明的自信、求真的意志、"爱""护"的热情,钱穆有感于此,力图"以中国人的眼光"、站在中国人的立场上、饱含中国人的感情,"重明中华史学",揭示"国史"的"精神",展现"国史"的"进程与动向",重建中华民族的自我意识与自信心,以贡献于"中国民族与中国文化"的未来。这是钱穆所揭橥的"新史学"的基本精神。

日本侵华带来的亡国灭种的新危机,最终催促他迫不及待地端出他那久蓄心中的"一家之言"。①。

(二)"新史学"是"一种人事之研究",研究"国史"旨在增进对"国家""民族"之"大我"的自我认识、自信自爱与自我完善

《中国今日所需要之新史学与新史学家》开宗明义第一句话是:"历史乃人事之记载,故史学亦为一种人事之研究。"人事有"持续性",所以"人事乃由过去穿透现在而直达将来,过去与将来凝成一片,而共成其为一有宽度之现在。研究历史者,实即研究此一有宽度之现在事件也。其事活泼现在,而且已直透而达将来,岂得谓历史只属于过去人事"②?不仅如此,"历史乃一时间性的学问","在此(指历史上之时间,而非心理物理上的时间——引者据原文补充说明)进行中,有持续,亦有变动,而自有其起讫,而成为一事业,或为一生命。历史正为一大事业,一大生命。故历史上之过去非过去,而历史之未来非未来,历史学者当凝合过去未来为一大现在,而后始克当历史研究之任务"。进而言之,"历史上之事变","乃尽属一种改变过去与改变将来之事业也","故历史实为人类事业之不断改进,而决非命定。研究历史,即谓之乃研究如何改进现在人事之一种学问,亦无不可"。总之,"研究历史,断不在记忆过去,

---

① 钱穆的学生吴沛澜回忆他上钱穆的"中国通史"课:"那时国难当头,大家关心国家的命运。钱师在课上说,他研究历史是从'九一八'事变后开始的,就是要探究我们国家民族还有没有希望。"吴沛澜:《忆宾四师》,见中国人民政治协商会议江苏省无锡县委员会编:《钱穆纪念文集》,52页。钱穆在'九一八'事变以前已发表有《刘向歆父子年谱》等文章,又出版过《国学概论》等著作,怎么能说"研究历史是从'九一八'事变后开始的"呢? 也许是钱穆的口误? 也许是吴沛澜的回忆不确? 但要说,钱穆致力于"要探究我们国家民族还有没有希望"的以"中国通史"为中心的"新史学",则确是从'九一八'事变后开始的,此段追忆适为有力之旁证。

② 钱穆:《中国今日所需要之新史学与新史学家——本文敬悼故友张荫麟先生》,见蒋大椿主编:《史学探渊》,1046、1048 页。

而在了解现在，把握将来"。①

从这里，我们可以了解《国史大纲·引论》批评"科学派""以活的人事，换为死的材料"是根据于怎样一种义理，可以理解他为什么不满于"革新派"的不顾"事实"却有取于它的"目的"。

国史为"一大事业，一大生命"，"直上直下，无过去无将来"。此种观念集中体现在钱穆自信"可悬国门，百世以俟而不惑也。"的两段名言上：

近者以敌国外患之深侵，而国内渐臻于统一。以一年半之艰苦抗战，而国人逐渐知自力更生之为何事。盖今日者，数十年乃至数百年社会之积病与夫数千年来民族文化之潜力，乃同时展开于我国人之眼前……要之我国家民族之复兴，必将有待于吾国人，对我先民国史略有知。此则吾言可悬国门，百世以俟而不惑也。②

所谓对"对我先民国史略有知"，主要是指：

一民族文化之传统，皆由其民族自身递传数世数十世数百世血液所浇灌，精肉所培壅，而始得开此民族文化之花，结此民族文化之果。非可以自外巧取偷窃而得……我国人不自承其为不肖，不自承其为堕落，而谓我先民文化所贻，固不足以争存于斯世。是既疑我先民久为倖生偷存，而我当前之所为抗战与建国者，是不啻仍将效法我先民继为此倖生而偷存也。非然者，我民族国家之前途，仍将于我先民文化所贻自身内部获得其生机（这样才是"更生之变"——引者据原文补充说明）。我所谓必于我先民国史略有知者，即谓此。是则我言仍可悬国门，百世以俟而不惑也。③

这两段郑重道出的警世之言，可以说是《国史大纲》的最终结论。这是钱穆最想告诉读者的，一句话，只要我们不自绝民族文化的生机，而寻求不悖于中国历史文化的精神的"更生之变"，我们的国家民族是大

---

① 参见钱穆：《中国今日所需要之新史学与新史学家——本文敬悼故友张荫麟先生》，见蒋大椿主编：《史学探渊》，1050～1053 页。

② 钱穆：《国史大纲·引论》，26～27 页。

③ 钱穆：《国史大纲·引论》，27～28 页。

有希望的。这一点被有幸听过他的课的学生柳存仁忠实地记录了下来:

> 在这里,我觉得要特别提起令人钦佩钱先生的地方,是时时刻刻蕴藏在他的脑子里面的一股新鲜活泼的动力和精神,因着这种动力或精神的至大至刚的继续不断地扩张、发展,自然而然地扩大了他的研究学问的内容,充实了他的强健不息的身体,其根本的原因,又可从他的治学的基本的态度来表达出来,那可归纳于他几十年来朝夕不忘的一句简短的话,就是:"从三千年来的中国历史的动态波荡仔细的观察思考,今日的中国是绝对的有希望有前途的!"这句话说起来好像很简单,然而它却是钱先生几十年来研究学问积累而得的宝贵的结晶品。①

钱穆的这位北大学生的话,说得真是深切著明!读其书,想见其为人。哲人已逝,今日我们只能通过照片之类一睹钱氏的气象,笔者寡闻,未见对钱穆神采的描摹逼真惬理过于此者。这段话透彻地揭示了,个头矮小但却"实大声宏"、"带着一种'南方之强'的学者气息"的钱宾四先生的"宏""大""刚""强"之所以然。钱穆晚年在给孩子的信中有云:"我今年已八十六岁,自七岁始识字读书,到今恰八十年,自念唯有苦学二字。而因此对爱国家爱民族积有一番信心。"② 因"苦学"而"对爱国家爱民族积有一番信心"。这是钱穆一生的真实写照,也可说是对《国史大纲》的一个最简明的注脚。更值得注意的是,柳存仁的文章刊发在 1940 年 8—10 月间,就是说《国史大纲》甫出版,中日对决正在拉锯之际,钱穆所张扬的那种不可战胜的气概,已经灌注在他的学生辈的胸次了,"而他跋涉于湘滇旅途中所写的一部《国史大纲》,正像马一浮(浮)先生所印的《泰和讲录》,冯芝生(友兰)先生近年所著的《新理学》、《新世训》等书一样,又是一位悲天悯人的学者哲人,在战乱播迁的动荡的时代里,苦口婆心的给予我们整个民族国家的指示、勇气和光

---

① 柳存仁:《北大和北大人》,此文原刊于《宇宙风乙刊》27、29、30 期,1940 年 8、9、10 月。陈平原、夏晓虹编:《北大旧事》,299 页,北京,生活·读书·新知三联书店,1998。

② 钱逊:《父亲给我的三封信》(笔者所引此信写于 1980 年),见《钱宾四先生逝世十周年纪念专刊》(钱穆先生纪念馆馆刊,年刊第八期),248 页,台北,台北图书馆,2000。

明"①。如果用而且只用一句话来概括《国史大纲》的教训，我以为，那就是柳氏所录钱穆洪声宣告的：

> 从三千年来的中国历史的动态波荡仔细的观察思考，今日的中国是绝对的有希望有前途的！

这样的历史意识无疑是充满了对国史的"温情与敬意"，也饱含着对国家民族的自尊与自信。不过仍然必须强调的是，这是"仔细的观察思考"的产物，是"钱先生几十年来研究学问积累而得的宝贵的结晶品"。事实上，只有建立在理性认知基础上的民族情感才是有意义的。这不仅集中表现在他对中国中唐以下"社会积病"与"挽近中国之病"②的分析与诊治等问题的看法上（当然，对钱穆来说，对最近病痛之证候的针砭的前提乃在于对于我国家民族永久生命之泉源的认取），对国史特性的认知也是如此。钱穆认为与西洋史相比较，中国史有一个显豁的特点："即我民族文化常于和平中得进展是也。"并设喻说明："中国史如一首诗，西洋史如一本剧"，"西洋史正如几幕精彩的硬地网球赛，中国史则直是一片琴韵悠扬也"③。乍看起来，这样的中西对比甚至都远远超出了学者所批评的"对历史作玄学的解释"④，而近于对自家故物大唱其赞美诗了。不过，就钱穆的本意来看，这样的隐喻也只限于说明"中国史上大规模从社会下层掀起的斗争，常不为民族文化进展之一好例也"，告诫国人不要忽视"中国史非无进展，中国史之进展，乃常在和平形态下，以舒齐步骤得之"。而其中蕴涵的多元的历史文化观，我们则更不应忽视。但是，他对中唐以来在和平形态下逐步形成的"一平铺散漫的社会"隐藏的危机是非常清醒的，且反复三致意焉。事实上，钱穆正是由此引出对晚近"社会积病"的分析。⑤他对这种社会的无力感的深刻认知从如下闲

---

① 柳存仁：《北大和北大人》，见陈平原、夏晓虹编：《北大旧事》，301 页。

② 详见《国史大纲》。集中的讨论见《国史大纲·引论》。其中钱穆举出"挽近中国之病"主要有："晚清革命之难局"、"民国以来缔构中央统一政权之难局"、"民国以来社会中坚势力未能形成之难局"、"士大夫之无识"等。

③ 《国史大纲·引论》，11 页。

④ 胡绳：《论历史研究和现实问题的关联——从钱穆先生的〈国史大纲引论〉评历史研究中的复古倾向》，参见《胡绳文集》(1935—1948)，250 页，重庆，重庆出版社，1991。

⑤ 《国史大纲·引论》，23～24 页。

闲一语透露无遗:"中国社会,实已走上了一条比较和平而稳定的路,而适为狭义的部族政权(指满洲——引者)所宰制。"①

而自晚清以降,加以西力东侵,西学东渐,复加以东邻压境,国势日塞,惟钱穆以为仍不可、尤不可丧失"信心"。我们已经说道,《国史大纲》就是钱穆"苦学"所"积"充分表达他"爱国家爱民族"的"一番信心"的"一家之言"。不难理解,他当然是针对晚清以来同样为"爱国家爱民族"之情所缠绕但却对民族文化丧失"信心"的国人而发。

国难当头,在钱穆看来不啻为"文化自谴"的悲观论调也益发激越了。胡适在"九一八事变"的周年纪念发表的《惨痛的回忆与反省》一文,就可以作为代表。他在文中痛切地说:

> 我们的大病源,依我看来,是我们的老祖宗造孽太深了,祸延到我们今日。二三十年前人人都知道鸦片、小脚、八股为"三大害";前几年有人指出贫、病、愚昧、贪污、纷乱为中国的'五鬼';今年有人指出仪文主义、贯通主义、亲故主义为"三个亡国性的主义"。(《独立》第十二号)……这些大毛病都不是一朝一夕发生的,都是千百年来老祖宗给我们留下的遗产。这些病痛,"有一于此,未或不亡",何况我们竟是兼而有之,种种亡国灭种的大病都丛集在一个民族国家的身上!向来所谓"东亚病夫国"……即如"缠脚"……又如"八股"……这些老祖宗遗留下来的孽障,是我们这个民族的根本病……病根太深,是我们的根本困难。但是我们还有一层很重大的困难,使一切疗治的工作都无从下手。这个大困难就是我们的社会没有重心,就像一个身体没有一个神经中枢,医头医脚好像都搔不着真正的痛痒……②

我们之所以说胡适的文字可为代表,不光因其身份与地位之重要,也是由于其议论并不完全皆出于一己之创造,而是汇集了晚清以来的一系列自我批判以及外来批评的声音。除了此处罗列的诸如"三大害"、"五鬼"、"三个亡国性的主义"等劣根性毛病之外,日后胡适还补充了许

---

① 《国史大纲》,603 页。

② 胡适:《惨痛的回忆与反省》(作于 1932-09-11),见《胡适文存》,第 4 集卷 4。

多类似的"我们所独有的"、"国粹"、"固有文化"。比如《信心与反省》一文，就列举了"我们所独有的宝贝：骈文、律诗、八股、小脚、太监、姨太太、五世同堂的大家庭，贞节牌坊，地狱活现的监狱，廷杖板子夹棍的法庭……"注意：这个省略号是胡适本人而非笔者所加。胡适那"中国不亡，是无天理"的"愤慨""悲叹"之辞也广为流传。[①] 1932 年，"全盘西化"论的代表作——陈序经著《中国文化的出路》出版后，作为知识界领袖的胡适也为文应和，以至日后被人视为该论的代表人物。胡适等人是愈走愈远了。

类似的论调，虽出于时局的激荡，却反映了晚清以降国人普遍的心态，正如钱穆所观察到的：

> 这次跟日本人打，中国人还有股劲：我就是看不起你，你跟我学的，倒反来欺侮我！假如现在侵略我们的不是日本，而是英、美等国，中国人内心里早就认输了。一切都不如他们，哪敢跟他们拼？[②]

"全盘西化"的声音未必不是表达了一种民族主义的亢奋情绪，未必不带有一种理智的"反省"精神，未必不代表了一种"仁者的怀抱"，但是对钱穆来说，像这样戕害民族自信心的做法，"唯求尽废故常"的心理，恰恰反映了西力东侵、西学东渐以来中华民族自我失落的严重情势，反映了"士大夫之无识"——晚近以来中国社会百病缠身中的"根本病"（钱穆认为这才是"根本病"！也许连这一用词都承自胡适？！）。其错误的根源在于看国史"只横切一点论之"，尤其是"指生原为病原"：

> 人类历史之演进，常如曲线形之波浪，而不能成一直线以前向。若以两民族两国家之历史，相比并观，则常见此时或彼升而我降，

---

① 胡适在《信心与反省》（作于 1934-05-28）中说："寿生先生引了一句'中国不亡是无天理'的悲叹词句，他也许不知道这句伤心的话是我十三四年前在中央公园后面柏树下对孙伏园先生说的，第二天被他记在《晨报》上，就流传至今。"《胡适文存》第 4 集卷 4。柳存仁《北大和北大人》也提及此事："民国十六年的时候，胡适之先生约了孙伏园先生谈天，并且还愤慨地说了一句：'中国不亡，是无天理'的名句，这句话即使说得痛心一点，也只好算是相反而相成的仁者的怀抱。"陈平原、夏晓虹编：《北大旧事》，307 页。柳存仁所记胡适说那句"名言"的时间与胡适本人的自述对不上头，但是却真实地反映了它在北大学生中的流传情况。

② 诵甘：《纪念钱师宾四先生》，见《钱穆纪念文集》，44 页。

他时或彼降而我升。只横切一点论之,万难得其真相。今日治国史者,适见我之骤落,并值彼之突进,意迷神惑,以为我有必落,彼有必进,并以一时之进落,为彼我全部历史之评价,故虽一切毁我就人而不惜。唯求尽废故常,以希近似于他人之万一。不知所变者我,能变者亦我,变而成者依然为我,譬之病人,染病者为我,耐病者亦我,脱病而起者仍我也。一切可变,而我不可变。①

钱穆提出的"我不可变"的问题,真是发人深省!这是寻回民族主体性的沉痛的呼声。这里所谓"我",显然指"民族"、"国家"之"大我",是指"直上直下"、"无古无今"之"国史",对此真正切实的认知,唯赖国人对"国史"之"大体"而不是局部的、通体而不是片段的认知。绝不是"只横切一点论之"所能办到。这样的艰巨使命,大概也只有钱穆所期许的"新通史"才能担当。

因为民族历史文化传统的力量与意义,显然不是局促的目光所能了然(诸如胡适所列举的种种中表现出来的视野)。钱穆对他的学生说:"你们不要以为现在抗战了,如何如何;要知道在将来的历史上,现在这一段时期是一空白!"② 就反映了一种超越的历史意识、一种大历史的眼光。钱穆又说:"我从魏、晋、隋、唐佛学之盛而终有宋、明理学之兴来看,对中国文化将来必有昌明之日,是深信不疑的。"③ 同样反映了巨大的历史感。这与《中国今日所需要之新史学与新史学家》以中日战争为例说明历史事件的绵延性,以及强调"吾国家民族文化之绵历与发皇,吾国家民族文化之奋斗与争存,舍此则皆不足以当历史之主流"等看法,都是一脉相承的,这也是钱穆主张的"将欲于历史研究得神悟妙契,则必先训练其心智,习为一种综合贯通之看法"的命意所在,这就是"新史学"追求的"直上直下,无过去无将来而一囊括尽"的"历史研究之终极意义"所在。④ 当然,抗日战争无疑强化了钱穆的历史意识,而《国

① 《国史大纲·引论》,22 页。

② 吴沛澜:《忆宾四师》,见《钱穆纪念文集》,52~53 页。

③ 吴沛澜:《忆宾四师》,见《钱穆纪念文集》,55 页。

④ 钱穆:《中国今日所需要之新史学与新史学家——本文敬悼故友张荫麟先生》,见蒋大椿主编:《史学探渊》,1049、1053、1049 页。

史大纲》最足以表达这种历史感。

本章一再引到的柳存仁，又有记及钱穆云：

> 他的对于近几十年的大局的议论的起点，是由于他积极的主张我们
> 当前在生活着的这个阶段，从鸦片战争起一直到最近，都不能够说是我
> 们悠久的历史上面的最黑暗的一个时期。在过去几千年里面，中华民族
> 所遇到的几十百次的天灾人祸，黑暗荒淫，亡国播迁的惨痛苦难，结果
> 总是在苦撑中得到支持延续，若干的例证都能够反映出我们民族的抱负
> 着一种自强不息的信仰，具有刚健坚忍的毅力和雄心。①

这是对钱氏见解极为中肯的领悟，我们可以大胆地断言：即使只有
一个学生抱定这样的信念，钱穆的《国史大纲》就没有白作！

（三）"新史学"是立足于经世致用的"问题"史学与"解释"史学

1934 年秋至 1935 年夏，钱穆为配合在北大讲授的"中国通史"课，
编写了《中国通史参考材料》，② 从中可以看到《国史大纲》的蓝图在当
初是如何勾画的：

> ……中国旧史亦不断在改写之中，以求适应各时代之需要。
>
> 最近乃有史以来中国一未有的急剧变动之时代，其需要新历史
> 之创写，尤亟。
>
> 通史为一般治中国政治社会文化思想种种问题所必要之知识。
> 更为一般国民其智识比较的在水平线以上者所必具之知识。故中国
> 通史之重要性乃超乎各种分期史及专门史之上。
>
> 中国通史之编写，应扼要而简单，应有一贯的统系而能映照现
> 代中国种种复杂难解之问题。应从积累的历史材料里寻求，应力求
> 其客观公允。应该从极艰苦的准备里，做出极平易的成绩来。于是
> 编写中国通史之工作，遂极难胜任而愉快。
>
> 以后新历史之创造，与历史新知识之探求，自其性质言之，与
> 以前之不同应有三点：

---

① 柳存仁：《北大和北大人》，见《北大旧事》，299 页。

② 参见余英时关于《中国通史参考材料》的《出版前言》，见钱穆：《中国通史参考材料》，
台北，东升出版事业有限公司，1980。

①民本的,非帝王的。(全部的非特殊的)

②国家的,非朝代的。(系统的非间断的)

③文化的,非权力的。(演化的非争夺的)

应整个的指示中国民族历史演进之经过,以期解释现在,指示将来。①

在一种活泼的历史意识的观照中,在一种鲜明的时代精神指引之下,钱穆立意要书写的是一部"民本的"、"国家的"、"文化的"新通史,她对"中国民族历史演进之经过"必须完成"指示"的任务,对"中国民族"之"现在"必须发挥"解释"的作用,对"中国民族"之"将来"也担负着"指示"的责任。他是自觉地承继了太史公、司马温公以来"究天人之际、通古今之变、成一家之言"的通史家风,在观念、结构与系统性上,又是融汇了新知新学理的新通史。

前文已经提到,《中国今日所需要之新史学与新史学家》认为:"历史实为人类事业之不断改进,而决非命定。研究历史,即谓之乃研究如何改进现在人事之一种学问,亦无不可。"在专科化与学院化成为主导方向的20世纪,如此重视史学与"现在人事"的关联、如此强调史学经世致用的功能的,真不多见。我们验之钱穆的史学实践,《国史大纲》就充分体现了这一学术理念,《国史大纲》呈现的是一种"问题"史学与"解释"史学的典范。

1. 三个基本问题

《国史大纲·引论》标举"今日所需要之国史新本"必具备的第二个条件是"应能于旧史统贯中映照出现中国种种复杂难解之问题,为一般有志革新现实者所必备之参考",旨"在消极的指出国家民族最近病痛之证候,为改进当前之方案所本"。"问题"意识在钱穆的史学中有非同寻常的意义。那么,"现中国种种复杂难解之问题"主要是些什么样的问题呢?1936年9月时他已在思索的问题是:"中国以往历史,究有何等意义?中国以往文化,究有何等价值?中国将来之前途,除却抹杀自己以往之一切而模仿他人以外,究有何等生路?此则尚待真心治史者之努

---

① 钱穆:《中国通史参考材料》,3~4页。

力。"① 1937 年 1 月，又强调："所谓新史学之创建……要能发挥中国民族文化以往之真面目与真精神，阐明其文化经历之真过程，以期解释现在，指示将来。"② 所谓"解释现在"，主要是指对时代提出的问题进行追本溯源的探讨。《国史大纲》着重要解决的是如下三个问题：

(1) 中国二千年来的政治是不是专制政治？

"中国自秦以来二千年，皆专制黑暗政体之历史也"，是晚清维新派与革命派出于现实的政治运动的需要、根据西方的政体分类学说以及将西欧式的政体发展普遍化的模式，对中国历史所作的断案。③ 钱穆对维新派与革命派的政治用心颇为同情，但他认为政论不能代替历史研究，此说不符合历史真相，应该功成身退。④ 他在北大任课之第二年 (1932 年)，就排除阻拦，屡争之下而得开中国政治制度史选修课，⑤ 说明他按捺不住地要对这一流行看法提出异议、昌明己见。终于在《国史大纲》中如愿以偿。

钱穆认为中国传统政治，非"专制政治"一言可以概括。"总观国史，政制演进，约得三级。由封建而跻统一，一也。(此在秦汉完成之) 由宗室外戚军人所组之政府，渐变为士人政府，二也。(此自西汉中叶以下，迄于东汉完成之) 由士族门第再变为科举竞选，三也。(此在隋唐两代完成之)"。这样，考试与铨选，成为维持中国历代政府纲纪的两大骨干，有客观之法规，为公开的准绳，皇帝 (王室代表)、宰相 (政府首领) 不能轻易左右。追本溯源，这些制度背后的意义就是《礼运》所谓"天下为公，选贤与能"之旨，乃战国晚周诸子学所赐，有一种"理性精神"为之指导。在钱穆看来"所谓传统政治，便是一种士人的政治"。这是广土众民的中国为客观条件所限的自然趋向。秦汉以来中国政治的长

---

① 钱穆：《略论治史方法》(1936-09)，见《中国历史研究法》，152 页。

② 钱穆：《略论治史方法》(1937-01)，见《中国历史研究法》，158~159 页。又参见前引《中国通史参考材料》亦有"应整个的指示中国民族历史演进之经过，以期解释现在，指示将来。"云云，连措辞都一样，而发于此前。可见，凡此均与"中国通史"课的讲授有关，为他所一再强调。

③ 参见甘怀真：《皇帝制度是否为专制？》，载《钱穆先生纪念馆馆刊》，第 4 期，台北，台北市立图书馆，1996。

④ 参见《国史大纲·引论》。

⑤ 参见钱穆：《八十忆双亲·师友杂忆》，169~170 页。又参见钱胡美琦：《钱宾四先生年谱》(二)(未定稿)，载《钱穆先生纪念馆馆刊》，第 4 期，115 页。

进,即在政府逐渐脱离王室而独立化。王室代表贵族特权之世袭,政府代表平民合理之进退,而宰相为政府首领,君权相权,互为节制。这种政治进步的健康势头,由于蒙古人入主中原而遭很大的顿挫,至明太祖以私意废宰相制度才有"君主独裁"的局面,到清朝而变本加厉。

钱穆在《国史大纲》中得到系统论证的如上看法,在以后的生涯中,不断有发挥。他把这种"士人政治"又称为"贤能政治",甚至谓之为"东方式的民主"或"中国式的民主"。由于该论点又密切关联着作者的政见,所以它成为各派学者批评钱穆集矢之中心,而不同时期的批评者又出于不同的语境,颇为复杂①。本书不能论定其是非得失,② 不过我们仍然可以对他提出这个问题的良苦用心有同情的了解,并对他的一家之

① 比如胡绳讽刺钱穆"攀龙附凤",显然不只是由于历史观的差异,也是政治立场分歧的表现。胡绳:《评钱穆著〈文化与教育〉》(1944),见《胡绳文集》(1935—1948)。不过,对此的看法也不能化约为政见的分歧就了事了。胡昌智就认为钱穆《国史大纲》反映了钱穆支持和憧憬以知识分子为中心的"训政制度","是替这个当时实行的制度建立它的历史根据"。胡昌智:《钱穆的〈国史大纲〉与德国历史主义》,载《史学评论》,第 6 期,1983。黄克武的看法则是:"我们认为钱穆并不支持当时实行的训政,知识分子参政是钱穆在国史之中观察到的特色,亦是钱穆一生的理想,如果说钱穆为某项制度寻找历史的根据,则此项制度应为孙中山先生的五权宪法而非国民党所实行的训政。我们承认钱穆思想中承认现实的部分,但亦有批判现实的以及以理想提升现实的一面,胡昌智似乎过度强调前者而忽略了后者,以致对前者的认识亦有偏差。"黄克武:《钱穆的学术思想与政治见解》,载《台湾师范大学历史学报》,第 15 期,1987。笔者认为,胡昌智揭出《国史大纲》的社会政治背景,可谓有见,但确如黄克武所说,钱穆有"以理想提升现实的一面"。其实,在《国史大纲》中所反映得极为充分的也是他一生的理念,后来得到明确表述的是:"中国历史上之传统理想,乃是由政治来领导社会,由学术来领导政治,而学术则起于社会下层,不受政府之控制。在此一上一下循环贯通之活泼机体之组织下,遂使中国历史能稳步向前,以日臻于光明之境。"钱穆:《如何研究学术史》,见《中国历史研究法》,75 页。社会固然应配合政府,但"道统"却高于"政统"。

又比如徐复观,他用"良知的迷惘"这样刺激性的字眼来批评钱穆一生坚持的对传统政治的看法,显然是出于担心钱的看法会与中国大陆维护"封建专制"的势力合流的当代语境。徐复观《良知的迷惘——钱穆先生的史学》,见《八十年代》,第 1 卷,第 2 期,1979。朱传誉编:《钱穆传记资料》(一),37~39 页。其实,纯就对历史的看法而论,诸如钱穆高度评价秦始皇统一中国的丰功伟绩而不视为专制帝王代表的见解(在《国史大纲》中已然),与毛泽东的看法确很相近,也未必不是高见。

② 有关讨论可参见余英时:《钱穆与中国文化》;甘怀真:《皇帝制度是否为专制?》,载《钱穆先生纪念馆馆刊》,第 4 期;戴锦贤:《钱穆》,收入王寿南主编《中国历代思想家》(二十四),台北,台湾"商务印书馆",1999;黄俊杰:《钱宾四史学中的"国史"观——内涵、方法与意义》,收入台湾大学中国文学系编印《纪念钱穆先生逝世十周年国际学术研讨会论文集》。

言的意义有较为客观的把握。钱穆也许不是头一个提出"中国秦汉以来的政治并非专制政治"这一创见的学者①，但却是用"演化式的历史意识"② 将这一观点史学化的最重要的学者。他的这一观点之引起各方面的争议，是有志于对中国历史作整体性诠释的史学家的不可避免的命运。徐复观说："我和钱先生有相同之处，都是要把历史中好的一面发掘出来。但钱先生所发掘的是二千年的专制并不是专制，因而我们应当安住于历史传统政制之中，不必妄想什么民主。"③ 平心来说，就政见而言，钱穆并不是要阻拦现实政治走向民主的趋势，而是强调"考试与铨选"等传统政治制度在现代政治运作中有其发挥作用的余地，体制创新要在尊重历史传统的基础上才有生命力。就历史诠释而言，问题不在于钱穆找错了"发掘"的对象，而在于如何处理中国历史的特殊性这个难题。他有意用"中国式的民主"这样的概念，是为了把问题提得尖锐化，他内心深处根本不相信由西方中心主义所支配历史解释模式、概念等等可以说明中国的历史，不过在那样的时代，也只能做那样的抗议罢了。这个问题今天仍然存在于我们的史学研究中，有一位史家精辟地指出："我并不是说封建时代的政体中没有专制政体，而只是想说明，按照西方人从对立东西方出发而给定的专制主义定义来思考似乎是此路不通。应该根据现代政治学的研究成果，结合全世界封建时代的政治组织情况，重新寻找新的概念与定义，也许在这方面能得出合理的看法。"④ 钱穆当时是不可能提出这样的任务来的，不过在"中国传统政治就是专制政治"这一看法几成定论的时代，钱穆能让我们听到另一种声音，不是有助于把讨论引向深入吗？

---

① 华岗：《中国历史的翻案》，31～32 页，指出：在钱穆之前已有张其昀、萨孟武等人从各个方面来论证这一论点。作家书屋，1950。胡绳：《评钱穆著〈文化与教育〉》（1944）也提到此，《胡绳文集》（1935—1948），188 页，只是将"张其昀"误为"张其昀"。或是手民误植。

② 胡昌智认为："演化式的历史意识"一种是超越传统的"例证式的历史意识"的历史思维方式，在中国现代史学中，《国史大纲》是标志着"社会变迁中演化式的历史意识的产生"的典范作品。参见氏著：《钱穆的〈国史大纲〉与德国历史主义》，以及《历史知识与社会变迁》，台北，联经出版事业公司，1988。

③ 徐复观：《良知的迷惘——钱穆先生的史学》，见朱传誉编：《钱穆传记资料》（一），38 页。

④ 马克垚：《说封建社会形态》，见《社会形态与历史规律再认识笔谈》，载《历史研究》，2000（2）。

(2) 中国二千年来的学术思想是否必须全盘抛弃?

"二千年来之政,秦政也,皆大盗也;二千年来之学,荀学也,皆乡愿也。惟大盗利用乡愿;惟乡愿工媚大盗。二者交相资,而罔不托之于孔。"[1] 我们所熟知的谭嗣同的名言,不仅表达了身处危亡之局的晚清革新志士对传统政治的不满,而且表达了对传统学术思想的激烈批判,尤其还表达了对所谓传统政治与传统学术思想的狼狈为奸之真相加以着力揭破的勇气,的确是已发陈独秀等人的言论之先声。再加上康有为倡导的孔教运动与帝制复辟总也脱不了干系。以全面输入西方文化与彻底反传统为特色的新文化运动于是激起,由政治革命转入文化革命。在这时期,"中国自秦以来二千年,皆孔子老子中古时期思想所支配下之历史也",又成为主导的史论。

钱穆曾述及早年对新文化运动的关注:"余幼孤失学,弱冠即依乡镇小学教读为生。然于当时新文化运动,一字、一句、一言、一辞,亦曾悉心以求。乃反而寻之古籍,始知主张新文化运动者,实于自己旧文化认识不真。"[2] 又说:"时余已逐月看《新青年》杂志,新思想新潮流坌至涌来。而余已决心重温旧书,乃不为时代潮流挟卷而去。及今思之,亦余当年一大幸运也。"[3] 凡此虽属事后追忆,证之当年的文字,可知:既"悉心以求"而又"不为时代潮流挟卷而去",确为钱氏对新文化运动的一种特立独行的态度。

钱穆发表于1923年的《王船山学说》就用"杜威一派的'工具主义'(Instrumentalism)"、"'实验主义'派之真理论"、"柏格森(H. Bergson)'创化论'"来诠释王夫之的思想。[4] 同年发表的《斯多噶

① 谭嗣同:《仁学》,见蔡尚思、方行编:《谭嗣同全集》(增订本),337页,北京,中华书局,1981。

② 钱穆:《从中国历史来看中国民族性及中国文化》,序二,见《从中国历史来看中国民族性及中国文化》,8页,收入《钱宾四先生全集》,第40册。

③ 钱穆:《八十忆双亲·师友杂忆》,96页。

④ 钱穆:《王船山学说》,原载上海《时事新报》副刊《学灯》,1923-02-09、10,见《中国学术思想史论丛》(八),收入《钱宾四先生全集》,第22册。

派与〈中庸〉》①、《伊壁鸠鲁与庄子》② 是对中西思想进行比较研究的作品，在后一篇文章中钱氏还指出胡适将庄子的思想解释成生物进化论的不当。1928 年刊发的《〈易经〉研究》也是"借用近人胡适之所称'剥皮'的方法"加以分析。③

最能看出钱氏对新文化运动的态度的，自然推他写于 1926—1928 年的《国学概论》，因为该书最后一章《最近期之学术思想》有大量的篇幅用于对新文化运动的介绍。不过学者们似乎只留意到他对胡适、钱玄同、顾颉刚等的学术思想的肯定性评价，而忽略了该章是以孙中山的三民主义以及戴季陶所发挥的孙中山思想收尾的。钱氏明显有以之"将为今后之南针"的意思。④ 他展望"今日学问界所共趋而齐赴者，亦可以一言尽之，夫亦曰吾民族以前之回顾与认识者为何如，与夫吾民族此后所希望与努力者将何如而已"，又指出"则自此以往，学术思想之所趋，夫亦曰'民族精神之发扬，与物质科学之认识'是已"⑤。他与主流派的思想分歧，可以说早已存在了。只是当时像胡适还没有"全盘西化"的露骨论调，所以钱氏那严正的责其"失其本心"的批评，只以陈独秀、钱玄同等为例子。

"民族精神之发扬"，也就是钱穆今后工作的方向。《国学概论》完成之时，正值"今者北伐告成，全国统一，军事将次结束，政治渐入轨道。学术思想，重入光明之途"，⑥ 似又到了中国历史可以重整旗鼓、大有可为的时代。不意在《国学概论》出版（1931 年 5 月）几个月后，就发生了"九一八事变"。

国难进一步激发了钱氏本已很浓烈的民族意识，他自觉致力的"民

---

① 钱穆：《斯多噶派与〈中庸〉》，原载上海《时事新报》副刊《学灯》，1923-02-22，见《中国学术思想史论丛》（二），收入《钱宾四先生全集》，第 18 册。

② 钱穆：《伊壁鸠鲁与庄子》，此文续《斯多噶派与〈中庸〉》而作，原载上海《时事新报》副刊《学灯》，1923-03-04、05，见《中国学术思想史论丛》（二），收入《钱宾四先生全集》，第 18 册。

③ 1928 年夏，钱穆应苏州青年会学术演讲会之请作《〈易经〉研究》的报告，刊载于《苏州中学校刊》之 17、18 期，1929 年 6 月中山大学语言历史研究所第 7 集 83、84 期周刊转载，见《中国学术思想史论丛》（一），收入《钱宾四先生全集》，第 18 册。

④ 《国学概论》（下），187 页，上海，商务印书馆，1931。

⑤ 《国学概论》（下），188~189 页。

⑥ 《国学概论》（下），187 页。

族精神之发扬"的工作也在向前推进,他对儒家思想的宗主也更坚定更明确了。在他独任中国通史课的那一年,他在一篇发挥儒家义理的文章中已经表达了如下的信念:"儒家思想形成中国民族历史演进之主干,这是无疑的……中国民族之前途,其唯一得救之希望,应在其自己文化之复兴。要复兴中国民族传衍悠久之文化,儒家思想的复兴,应该仍是其最要之主源,似乎也是无疑的。"①

《国史大纲》就是贯穿着上述信念的通史著作。他认为孔子的思想代表着中国的国民性:"孔子思想实综合以往政治历史宗教各方面而成,实切合于将来中国抟成一和平的大一统的国家,以绵延其悠久的文化之国民性。孔子思想亦即从此种国民性中所涵育蕴隆而出也。"② 儒家思想在中国历史演进中的主干作用,主要表现为一种政治意识。汉儒如贾谊、董仲舒等的思想,于汉代的隆盛有塑造之功。隋唐统一政府的复建,其精神渊源,还是"孔子董仲舒一脉相传之文治思想"。③ 即使是在魏晋南北朝的乱世,士家大族也担当起了传承民族文化的重任。至于宋明儒学,在中唐以后日益平铺散漫的中国社会中,发挥"以天下为己任"的士大夫自觉精神或者说是"以学术领导政治之新精神",积极充当了社会的领导力量。明末清初诸大儒的民族大义与气节则成为后世推翻清朝政府的精神渊源。

《国史大纲》所呈现的,正是他早就概括地表明的:"中国二千年来之人才几于皆儒教之人才,故二千年来之历史亦不啻儒术之历史。二千年来之文化亦不啻儒术之文化也。"④

有一段1944年渝版与1947年上海三版均无而见之于1994年新版的文字,特别耐人寻味。这段注文在第七编的最后节"宋明学者学者主持之社会事业"之末尾。旧版正文云:

> 宋、明以下之社会,与隋唐以前不同,世族门第消灭,社会间

---

① 钱穆:《儒家之性善论与其尽性主义》,此稿草于1933年,原载上海《新中华月刊》,第1卷,第7期,见《中国学术思想史论丛》(二),收入《钱宾四先生全集》,第18册,1页。

② 钱穆:《国史大纲》,65页。

③ 参见钱穆:《国史大纲·引论》,15~16页。

④ 钱穆:《〈崔东壁遗书〉序》(1935-12-28),见《中国学术思想史论丛》(八),收入《钱宾四先生全集》,第22册,441页。

日趋于平等，而散漫无组织。社会一切公共事业，均须有主持领导之人。若读书人不管社会事，专务应科举，做官，谋身家富贵，则政治社会事业，势必日趋腐败。其所以犹能支撑造成小康之局者，正惟赖此辈讲学之人来做一个中坚。①

钱穆对"宋明学者主持之社会事业"的历史地位与功能，有深切的了解与阐发。他对"读书人"的社会责任与作用有高度的期望。1994年新版在这段文字后，有注文云：

宋、明理学精神乃是由士人集团，上面影响政治，下面注意农村社会，而成为自宋以下一千年来中国历史一种安定与指导之力量。晚清以来，西化东渐，自然科学之发展，新的工商业与新的都市突飞猛进，亟待有再度兴起的新的士阶层之领导与主持，此则为开出此下中国新历史的主要契机所在。②

笔者暂无从断定这段话补于何时，但这显然是他一直都想说的话也一直都在表达的意思。如他在刊发于1937年2月的《如何研究中国史》中有云：

我不能信全盘西化的话，因为中国的生命，不能全部脱离已往的历史而彻底更生。我认为照上面所述，中国最近将来，其果能得救与否，责任仍是在一辈社会的中层智识分子，即是历史上一脉相传的所谓士人身上。中国的将来，要望他们先觉醒，能负责，慢慢唤起民众。③

那些将中国在晚近以来的病痛归咎于二千年文化传统、从而要将二千年民族文化全然抛弃的知识分子，显然不是钱穆所期待的"新的士阶层"，所以他才会痛切地说："挽近中国之病，而尤莫病于士大夫之无识。"④

---

① 钱穆：《国史大纲》，573 页。
② 钱穆：《国史大纲》，812 页，北京，商务印书馆，1994。
③ 钱穆：《如何研究中国史》，原载《历史教育》，第 1 期，1937，见蒋大椿主编：《史学探渊——中国近代史学理论论文编》，808 页。
④ 《国史大纲·引论》，26 页。

(3) 中国二千来的社会是不是封建社会?

"我中国自秦以来二千年,皆封建社会之历史耳,虽至于今犹然,一切病痛尽在是矣。"钱穆观察到,继文化革命而起者,有经济革命,才引发出此一历史观。

这一历史断案可以说是 20 世纪 30 年代中国社会史论战的产物,也是马克思主义史学着力发挥的基本中国史观。从论证中国历史必然经历奴隶社会,到确认中国有较详细历史记载之时期太半皆处于所谓"封建制"阶段(若说分歧,大体只在于封建社会究竟起于何时)。马克思主义学者之观点,相较于当时已渐有的社会史方面之研究言,最大的差异在于:其观点乃是一种深刻的、整体的、并且为世界史的。[①] 中国社会发展究竟处于一种何样之状态?乃至中国史究竟于演化意义上,何时处于何种阶段?成为较争议中西文化孰优?孰劣?何项为优?何项为劣?更为引人注意之焦点。此种史学争议由学术史转向社会史之发展,就议题之相关性言,具有足以开阔视野、提供研究手段之功能,故其产生导引研究方向之作用,实亦是势有必至。钱穆面对此种史学议题与分析角度之冲击,压力自是极大。[②]

《国史大纲》从几个方面论证了中国非封建社会说。从政制上说,中国自秦以下,即为中央统一之局,其下郡县相递辖,更无世袭之封君。从学术上说,自先秦儒墨唱始,学术流于民间,既不为贵族世家所独擅,又不为宗教寺庙所专有。平民社会传播学术之机会,既易且广,而学业即为从政之阶梯,白衣卿相,自秦以来即尔,并无特殊之贵族阶级。从经济情况上说,中国虽称以农立国,然工商业之发展,战国以来已有可观。唯在上者不断加以节制,不使有甚贫甚富之判。又政府既奖励学术,重用士人,故西汉之季以降,亦非有世袭之贵人也。井田制既废,民间田亩得自由买卖,于是而有兼并。前汉封君之与封户,实同为国家之公民。后世佃户之卖田纳租于田主,亦一种经济契约之关系,不得目田主为贵族为封君,目佃户为农奴为私属。土地既非采邑,即难以封建相比。

---

① 参见戴景贤:《钱穆》,见王寿南主编:《中国历代思想家》(二十四),243~244 页。

② 参见戴景贤:《论钱宾四先生"中国文化特质"说之形成与其内涵》,见台湾大学中国文学系编印:《纪念钱穆先生逝世十周年国际学术研讨会论文集》,31 页。

当然，中国也不是资本主义社会，原因在于中国传统政治观念不许资本势力之成长。

钱穆批评中国二千来的社会为封建社会论者，乃是将西洋历史发展模式（所谓其历史演变，乃自封建贵族之社会，转而为工商资本之社会）套用于中国历史（中国社会必居于此二之一）而削足适履。"然则中国已往政制，尽可有君主，无立宪，而非专制。中国已往社会，亦尽可非封建，非工商，而自成一格。"其落脚点还是在强调中国历史的特殊性。他还批评"国人懒于寻国史之真，勇于据他人之说，别有存心，借为宣传，可以勿论。若因而信之，谓国史真相在是，因而肆意破坏，轻言改革，则仍自有其应食之恶果在矣"①。

《国史大纲》虽强调中国社会的特殊性，但并未指明究为怎样的社会，所以后来提出"四民社会"说②以充实之。③ 钱穆后来有一段话可以让我们明了其针对之所在以及立论基点之所在：

> 马克思对社会演进的看法，主要以生产工具影响经济发展之观点为出发，推论至极，遂成为一种唯物史观。我讲中国历史，则将社会中的"士"的一阶层之地位变化，来指出中国社会演进之各形态。此乃就事论事，根据中国历史社会实况，而分别为以上各时期。（一、游士时期；二、郎吏时期；三、九品中正时期；四、科举时期；五、进士时期——引者据原文补充说明）却非先立下一种哲学的历史观，来勉强作支配。④

钱穆反对近人应用唯物史观来分析中国社会历史，显然与"所谓全民政权与阶级斗争等等的话，似乎与以往历史及现在实况相去皆远"⑤ 这

---

① 参见钱穆：《国史大纲·引论》，19 页。

② 说详钱穆：《国史新论》，北京，生活·读书·新知三联书店，2001。

③ 钱穆：《国史大纲》，561 页，北京，商务印书馆，1994。又有一段重要按语的增补，为1944 年渝版及 1947 年上海三版所无。将士阶层之活动分为四期，旨在说明："中国史之演进，乃由士之一阶层为之主持与领导。此为治中国史者所必当注意之一要项。"其中提到第一期时"中国四民社会以知识分子'士'的一阶层为之领导之基础以奠定"，"四民社会"概念为后来的发挥。

④ 钱穆：《中国历史研究法》，47 页。

⑤ 钱穆：《如何研究中国史》，原载《历史教育》，第 1 期，1937，又见蒋大椿主编：《史学探渊——中国近代史学理论文编》，808 页。

一历史意识反映出来的政治立场相适应①。这又与他把社会变革与民族自救的希望寄托在负有特殊文化使命的"再度兴起的新的士阶层"("一辈社会的中层智识分子")的身上——这一根本学术理念息息相关。

钱穆所概括的三大问题,无一不是晚清以来与社会现实的变革血肉相连的社会思潮所聚焦的中心问题,"应能于旧史统贯中映照出现中国种种复杂难解之问题"固然很多,上述三项确可作为代表。我们甚至可以说《国史大纲》就是为回答上述问题而作,是被时局逼出来的钱穆的政学私言、文化宣言、社会评论。《春秋》对孔子来说是:"我欲托诸空言,不如见之行事之深切著明也。"《史记》对司马迁来说是:"欲究天人之际、通古今之变、成一家之言。"述往事,思来者。钱穆所秉承于中华史学的就是这一传统。接武古旧的传统,处理簇新的问题,这是《国史大纲》的一大特色。

2. 一条主线

钱穆意欲围绕所有这些重大问题,提出自己的一家之言。问题虽涉及国史的各个方面,诠释问题、疏通国史却有其一贯的精神。这也是至为重要的。把政治制度的演进、学术思想的功能、士大夫的作为等等贯穿起来的是民族文化的历程,尤其是民族精神的进展。钱穆所关心的包括上述三大基本问题在所有问题,可以归结为一个总问题,这是个从小就扎根在钱穆心中的问题——中国会不会亡? 在此"国难当头","我们国家民族还有没有希望"? 钱穆认为这个问题取决于对民族文化的历程的了解、对民族精神的发挥。

正如钱穆的早期学生钱树棠(诵甘)精辟地概括的:

> 这部史纲,主要抓住相对于贵族与门阀而言的士人政治,跟相对于御用官学而言的民间学术这两大环节,去看中国历史的演进面,即大一统局面之形成与巩固,以至各地区之开发与向心凝聚,从而

---

① 胡昌智指出:"民国十年到三十年间,许多知识分子要求参政、不愿国家分裂、反对'自下而上'的工农革命,这种政治立场无疑是钱穆历史知识的求知动机。"胡昌智:《钱穆的〈国史大纲〉与德国历史主义》,载《史学评论》,第6期,36页。

阐明中国历史文化精神之所在。①

"中国历史文化精神之所在"正是《国史大纲》的纲领。抓住这一大纲，早就是钱穆立定的目标：

> 有志为此种探讨，其中心注意点，如历代之政治制度，人物思想，社会经济，将以何者为研寻国史新知识之基本要点？此亦难言。中国新史学家之责任，首在能指出中国历史以往之动态，即其民族文化精神之表现。②

"政治制度"、"人物思想"（即《国史大纲》所谓"学术思想"）、"社会经济"是"革新派"史学在三个不同的历史时期所关注的重点所在，钱穆认为这三者大体构成"历史事态"。他进一步提出"治国史之第一任务，在能于国家民族之内部自身，求得其独特精神之所在"。这一点确实成为以《国史大纲》为代表的钱穆史学的个性特点的标志。为实现这一目标，就必须在史学方法与态度上做到"于客观中求实证，通览全史而觅取其动态"：

> 若某一时代之变动在学术思想（例如战国先秦），我即著眼于当时之学术思想而看其如何为变。若某一时代之变动在政治制度（例如秦汉），我即著眼于当时之政治制度而看其如何为变。若某一时代之变动在社会经济（例如三国魏晋），我即著眼于当时之社会经济而看其如何为变。变之所在，即历史精神之所在，亦即民族文化评价之所系。③

这也就是前文已经引到他后来强调的："就事论事""却非先立下一种哲学的历史观，来勉强作支配"。的意思。他试图客观地了解在历史发展中起作用的各种力量，同时，将历史解释建立在"事实"的基础上，而超越于"宣传"的层次也确是《国史大纲》的一个重要用力方向。不过，钱穆也毫不含糊地表露他的思想倾向。他分析传统的政治，认为是

---

① 诵甘：《纪念钱师宾四先生》，见中国人民政治协商会议江苏省无锡县委员会编：《钱穆纪念文集》，46~47 页。

② 钱穆：《略论治史方法》（1937-01），见《中国历史研究法》，159 页。

③ 《国史大纲·引论》，10 页。

一种士人的政治;他分析传统学术思想,尤其强调儒家思想的政治指导功能;他分析传统的社会,还是着眼于士阶层地位的变化。他的历史解释模式可以说是一种"民族精神"决定论的,尤其是士大夫主义的,以至于使人认为《国史大纲》的"主词"是"学术思想",《国史大纲》表明作者的立场只是某种"知识分子"的立场。① 其实《国史大纲》的"主词"更恰当地说应是"民族精神"(或曰"民族文化精神"、"历史精神"、"中国历史文化精神"),② 只是士大夫最有责任承担与发扬"民族精神",这是钱穆看到的最重要的历史"事实",也是最深切的希望。因为在钱穆看来"士大夫"是最具有超越精神的一个社会流品——社会的领导力量。他认为自汉武帝听董仲舒议,罢黜百家,专立五经博士,于是博士性质大见澄清,学术不仅从宗教势力下独立;自此以往,学术地位常超然于政治势力之外,而享有其自由,亦复常尽其指导政治之责任。③ 这种看法明显是针对那种认为二千年来的学术思想与专制政治相协应的观点而发,而又与将知识分子视为一定经济利益的代言人,甚至只是依附于某张"皮"上的某种"毛"的看法大不相同。士大夫在中国历史上究竟发挥了什么样的社会功能?在中国现代化过程中知识分子应该有什么样的自我意识、究竟能起多大的作用?钱穆提出的问题确是令人深思的。

三、从以《国史大纲》为中心的新史学来看 20 世纪中国史学中的钱穆学派

《国史大纲》出版的次年 2 月,周予同在《五十年来中国之新史学》一文中有一段文字涉及钱穆对史料派及考古派的评论:

---

① 参见胡昌智:《钱穆的〈国史大纲〉与德国历史主义》,以及《历史知识与社会变迁》。

② 余英时以"一生为故国招魂"为乃师一生志业的写照,可以说抓住了钱穆"中国历史精神"观念的重要意义,他对这一观念来源的说明也颇恰当。见前文注引氏著《钱穆与中国文化》。戴景贤更将其追溯至:康有为于清末民初主张"孔教"时,曾谓孔教为中国国魂。康氏已点出"国魂"二字,其意义义理言,梁启超承此而改以学术言之。见氏著《钱穆》,见王寿南主编:《中国历代思想家》(二十四),251 页。笔者前文引《国学概论》中的话,可见"民族精神"的概念与孙中山的三民主义思想的关联。不管其思想来源为何(上述渊源亦未必不相通),将"民族精神"作为其对国史作整体解释的核心概念,显然从《国史大纲》始。这种"民族精神"体现在政治制度的进步、国家大一统趋势的绵延、各个时期士大夫的"士气"的高涨等方面。

③ 《国史大纲·引论》,14~15 页。

对于史料派及考古派加以批评的，在现代学人间，还不大见到。就我所知的，只有钱穆。钱氏大概将这两派合称为"考订派"；……钱氏站在"通史致用"的观点，要求治史者"附随一种对其本国以往历史之温情与敬意"，其出发点是情感的、公民的；考古派站在"考史明变"的观点，希望治史者抱一种"无征不信"的客观态度，其出发点是理智的、学究的。钱氏斥责他们为"以活的人事换为死的材料"，其实考古派也可以说是"将死的材料返为活的人事的记载，以便治史者引起对本国以往历史之温情与敬意"。依个人的私见，这两种见解并不是绝对对立的，考古派的研究方法虽比较琐碎，研究的范围虽比较狭窄，但这种为史学基础打桩的苦工是值得赞颂的。钱氏说："治国史不必先存一揄扬夸大之私，亦不必抱一门户立场之见，仍当于客观中求实证，通览全史而觅取其动态。"所谓"于客观中求实证"，考古学派学者不是很好的伙伴吗？①

周予同试图对"考古学派学者"及其批评者钱穆都有同情的了解，且意存调和，真可谓用心良苦。周予同中肯地看到双方在"于客观中求实证"这一取向上的一致之处，但是必须指出的是，在"通览全史而觅取其动态"的层次上，钱氏与主流派必然是越走越远，而这也就是钱穆之谓钱穆之所在。钱氏曾提及当年主流派代表人物之一的"某名学者"对《国史大纲》的反应：

> 抗战中，我在云南宜良，成《国史大纲》。某名学者主持中央某一研究机构，告我一相识，谓："钱某何得妄谈世事。彼之世界知识，仅自《东方杂志》得来。"又谓："钱某著作，我不曾寓目其一字。"其实我与某君亦素稔，彼之深斥于我，特以我《国史大纲》，于我国家民族传统多说了几句公平话。彼之意气激昂、锋芒峻锐有如此，亦使我警悚之至。②

---

① 周予同：《五十年来中国之新史学》，原载《学林》，第 4 期（1941-02），见《周予同经学史论著选集》（增订本），553 页，上海，上海人民出版社，1996。
② 钱穆：《中国知识分子的责任》，见《世界局势与中国文化》，173 页，收入《钱宾四先生全集》，第 43 册。

　　参见《师友杂忆》的相关文字,[①] 可知"某名学者"就是傅斯年,钱穆的那一位"相识"是张其昀(晓峰)。傅斯年颇以留洋而得的"世界知识"的自负,批评钱穆《国史大纲》从宏观上进行中西历史文化比较的不当,尤其不能认同以复兴中国文化来解决民族复兴的政治、社会、文化等现实问题的主张,所以嘲讽钱穆"何得妄谈世事"。可见,钱穆与傅斯年等人的分歧到此时已非常深广了。站在史学的立场来看,对钱穆来说,这是"通览全史而觅取其动态"的取径的必至的结果,此即钱穆所谓"特以我《国史大纲》于我国家民族传统多说了几句公平话"。"亦使我警悚之至"的感慨,让人感受到钱穆所承受的来自主流派的压力的分量,而"钱某著作,我不曾寓目其一字"的愤激之辞,则颇可以标识钱穆与主流派的关系终于从由相知而合流到经独立的发展而不得不分道扬镳了。

　　张其昀曾当场反问傅斯年:"君既不读彼书文一字,又从何知此之详。"傅斯年无言以对。其实,甚至出乎钱穆本人的意料,十年前,正是傅斯年为请他到北大任教的主事者,他因赏识钱穆的《刘向歆父子年谱》,为得钱穆,既请胡适在北大方面做工作,又让顾颉刚向钱穆说项。[②] 傅斯年何以如此推崇钱穆的这篇成名作(初刊于1930年6月《燕京学报》第7期)呢?笔者最近翻阅傅斯年《历史语言研究所工作之旨趣》才得其解。文中有云:

　　　　若干历史学的问题,非有自然科学之资助,无从下手,无从解决。譬如《春秋经》是不是终于获麟,《左氏经》后一段是不是刘歆所造补,我们正可以算算哀公十四年之日食是不是对的?如不对,自然是伪作;如对了,自然是和获麟前《春秋》文同出史所记。[③]

　　于此可见,晚晴的经今古文之争所遗留的种种问题,是如何占据了傅斯年辈新一代知识分子的心头。两年后,钱穆用他扎实的考证,解决了久存于傅氏心中的"非有自然科学之资助,无从下手,无从解决"的

　　① 钱穆:《师友杂忆》,228页。
　　② 参见本书第五章《经学的史学化:〈刘向歆父子年谱〉如何结束经学争议》。
　　③ 傅斯年:《历史语言研究所工作之旨趣》,原载《国立中央研究院历史语言研究所集刊》第1本第1分册,1928。蒋大椿主编:《史学探渊——中国近代史学理论文编》,498页。

这一"历史学的问题",至少是提供了非常过硬的"一家之言",有助于消除对刘歆的怀疑。这也许就是傅斯年器重钱穆的秘密所在。在这个问题上,傅斯年的老师胡适当有相同的观感。经传之中,《中国哲学史大纲》大量采信《诗经》中的材料,其他则多在怀疑之列,因为"《诗经》所记月日(西历纪元前七七六年八年二十九日)、中国北部可见日食"得到"近来西洋学者"天文历算学的应证,有"科学上的铁证"。①(傅斯年思考解决此类"历史学的问题"的思路似亦承自乃师胡适)胡适后来向钱穆承认当时不敢信用《左传》,乃因《刘向歆父子年谱》尚未面世而一时误于今文家言。② 胡适对《刘向歆父子年谱》的"考证谨严"表示十分佩服外,还常常对学生们做义务的宣传。③ 综合上述情况来看,钱穆任教北大绝不是一件偶然的事情。缺少胡适、傅斯年、顾颉刚三人中的任何一位的认可,都是难以想象的。这充分反映了主流派对钱穆的接纳,而认同的基点,在史学上看,就在"于客观中求实证"上,从后来的情况来看,也只是限于这一点。正如钱穆在谈到在北大时与胡适关于老子年代、《说儒》等问题的学术争鸣时说:"惟一时所注意者,亦仅为一些具体材料问题解释之间,而于中国历史文化传统之一大问题上,则似未竟体触及也。"④

随着时局激荡,钱穆把"注意"力愈来愈集中到"竟体触及""中国历史文化传统之一大问题上",而有"新史学"的酝酿,有《国史大纲》的撰著。他与主流派的关系必至于"道不同不相为谋"。傅斯年那决不相容的充满意气的告白,正透露了其中的消息。

至于钱穆与最近的"革新派"史学的第三期——唯物史观派的异同

---

① 胡适:《中国哲学史大纲》(卷上),24 页,北京,商务印书馆,1919 年 2 月初版,1987年 2 月影印第 1 版。

② 钱穆:《师友杂忆》,165~166 页。

③ 柳存仁:《北大和北大人》,说北大教授"他们在上课的时候,常常把自己的学说和学生详细讨论,加意灌输,并且当众攻击另一位教授的议论的缺点。譬如,胡适之先生对钱穆先生的《向歆父子年谱》的考据谨严,折合今古家法,十分佩服,而且常常对学生做义务的宣传。但是,他在课堂里,同样对钱穆、冯友兰、顾颉刚等人的关于老子和《老子》书的时代的论争,却不惜剀切陈辞的大肆批评"。见陈平原、夏晓虹编:《北大旧事》,304 页。柳氏所记,颇可见当时学者之大家风范。

④ 钱穆:《师友杂忆》,167 页。

关系,周予同也有说明:

> 释古派的目的在于把握全史的动态而深究动态的基因;与钱氏所主张的"于客观中求实证,通览全史而觅取其动态",并无根本的冲突。所成为争辩的焦点在于历史应否"求因",及把握什么以作求因的工具而已。[①]

的确,在"通史致用"的治史"目的"上,钱穆与"释古派"的关系远比"史料派及考古派"为亲近,所以即使是对《国史大纲》基本持批判态度的胡绳也能"同意"钱穆区分"历史知识"与"历史材料"的立场。[②] 但是,在对全史的系统看法与解释模式上,钱穆的《国史大纲》代表了对日益上升为新主流派的唯物史观派的最有挑战性、最具竞争力的一派史学。[③]

严耕望对钱穆学派有很好的说明:

> 盖自抗战之前,中国史学界以史语所为代表之新考证学派声势最盛,无疑为史学主流;唯物论一派亦有相当吸引力。先生虽以考证文章崭露头角,为学林所重,由小学、中学教员十余年中跻身大学教授之林。但先生民族文化意识特强,在意境与方法论上,日渐强调通识,认为考证问题亦当以通识为依归,故与考证派分道扬镳,隐然成为独树一帜、孤军奋斗的新学派。而先生性刚,从不考虑周遭环境,有"自反而缩虽千万人吾往矣"之勇决气概,故与考证派主流巨子之间关系并不和谐。[④]

严耕望所指"民族文化意识特强,在意境与方法论上,日渐强调通识,认为考证问题亦当以通识为依归",可以说是点出了钱穆所开辟出的

---

① 周予同:《五十年来中国之新史学》,原载《学林》,第 4 期,1941,见《周予同经学史论著选集》(增订本),559 页。

② 参见胡绳:《论历史研究和现实问题的关联——从钱穆先生的〈国史大纲引论〉评历史研究中的复古倾向》,见《胡绳文集》(1935—1948),240 页。

③ 新中国成立后相当长一段时期,大陆对钱穆史学的批判,集中在《国史大纲》。如:天津师范大学历史系中国古代、中世史教研组:《批判钱穆的"国史大纲"》,载《历史研究》,1959 (2);姚天祜:《钱穆复古主义批判》,载《江海学刊》,1964 (7);等等。

④ 严耕望:《钱穆宾四先生与我》,见《治史三书》,262 页,沈阳,辽宁教育出版社,1998。

"新学派"的基本特征。《国史大纲》则毫无疑问是该学派的奠基之作。这不仅因为"钱先生自《国史大纲》起才公开讨论中西文化问题。他以鲜明的民族文化的立场表明了他在学问上的'宗主'"①，不仅因为《国史大纲》为国人在狂风暴雨的 20 世纪提供了一部宏大的"民族史诗"，② 而且还在于：在抗日局势的激荡之下，钱穆致力于"新史学"的努力，自觉地探索超越"新考证学派"、"唯物论一派"等各派史学的道路，以《国史大纲》这一典范作品为中心，在"意识"、"意境"与"方法论"上提供了一整套别具一格的观念、问题意识、解释模式。

在 20 世纪的中国史学中，钱穆史学的特色何在？这是值得研究的问题。我们从他积极着意"新史学"的努力中，对此可以有所观察。笔者认为，最重要的在于：钱穆立足于当代，把"国史"作为一个绵延不绝的生命有机体，尤其着眼于揭示其前进动力的"民族精神"并展示其"文化进程"，他所看到的是让中华民族争存于世的文化力量。因此，他的史学可以说是一种独特的中华文化史学，或者说是"民族精神"形态学。他的史学具有强烈的主体性，将经世致用的史学功能发挥到了极致。他对历史学的性质和功能的独树一帜的看法，为他的史学实践提供了理论支持。这主要表现在他一反主流派把历史学当做科学（或者是向自然科学看齐或者是以社会科学做底子）的说法，认为历史学是一种贯通古今的活的"人事之研究"。

1935 年 12 月 28 日，钱穆就古史研究中如何处理《六经》及其所称述的尧、舜、禹、汤、文、武、周公、孔、孟古史系统，针对疑古学派说过一段意味深长的话：

> 古史之真相为一事，某一时代人对古史之想象为又一事。当知某一时代人一种活泼之想象，亦为研究某一时代之历史者一极端重要之事项也。③

① 余英时：《钱穆与新儒家》，见《钱穆与中国文化》，40 页。
② 参见黄俊杰：《钱宾四史学中的"国史"观——内涵、方法与意义》，见台湾大学中国文学系编印：《纪念钱穆先生逝世十周年国际学术研讨会论文集》。
③ 钱穆：《〈崔东壁遗书〉序》(1935-12-28)，见《中国学术思想史论丛》（八），441 页，收入《钱宾四先生全集》，第 22 册。

我们可以将这一番意思推展开来,反观钱穆本人的《国史大纲》。笔者当然相信钱穆研求国史之"真相"的诚意,笔者更为钦佩钱穆那一本于"良知"的对国史的"温情与敬意";让笔者多少感到为难的是,面对如此恢弘连贯的大叙事,不知如何分辨何者为国史之"真相"、何者为那一时代人对国史的"想象"? 当然,每一代人各有自己的责任与使命,无论如何,还是钱穆说得好:"当知某一时代人一种活泼之想象,亦为研究某一时代之历史者一极端重要之事项也。"

晚清以来,中国人遭遇"三千年未有之变局",时常处于在新的"世界"格局中不知如何自我定位的尴尬境地。中国大一统的"天下"观,使国人一时不能适应"民族国家"的观念。屡次失败之后,中国知识分子始致力于界定自己的族群,从而有"五族共和"的新的民族认同。而当"民族国家"的认同建立起来以后,中国人所受历史的"普遍性"与"特殊性"以及中国与西方的拉锯之煎熬又是无有已时。① 钱穆就身处在这样的时代,他所面对的是来自西方的、将西方现代化的进程从而将西方历史经验普遍化的一元论的、也是西方中心主义的历史文化观和叙事模式的强大压力②(这就是国人总不免所谓"只横切一点论之"的根源),钱穆的《国史大纲》是非常自觉地站在"中国人"的立场来抵抗这种文化压迫,来矫正国人的"文化自谴",来为处于抗战生死线上的国人打气鼓劲的作品。用他自己的话来说,"余于抗战前期,即写了一部《国史大纲》,用意即在从历史求国人对自我之认识"③,它反映了对祖国民族历史

① 以上的论述参见黄俊杰:《钱宾四史学中的"国史"观——内涵、方法与意义》所引余英时 "Changing Conceptions of National History in Twentieth-Century China" 一文的论点。见台湾大学中国文学系编印:《纪念钱穆先生逝世十周年国际学术研讨会论文集》,152、177 页;许倬云:《傅孟真先生的史学观念及其渊源》,见《庆祝杨向奎先生教研六十年论文集》,657 页,石家庄,河北教育出版社,1998;孙隆基:《清季民族主义与黄帝崇拜之发明》,载《历史研究》,2000(3)。

② 关于中国知识分子套用西方模式来论定中国历史发展阶段的情况,可参见余英时:《中国近代思想史上的激进与保守》,见《钱穆与中国文化》,204~205 页。关于现代西方历史编撰学对其他地区史学的影响及对它的反思,可参见王晴佳:《后现代主义与历史研究》,载《史学理论研究》,2000(1)。

③ 钱穆:《从中国历史来看中国民族性及中国文化》序二,见《从中国历史来看中国民族性及中国文化》,9 页,收入《钱宾四先生全集》,第 40 册。

文化极具信心的一辈知识分子的"自觉"精神而绝不是"自恋"情结①。
钱穆提供的并不是最后的"一家之言",他以"将来新国史之马前一卒"
自许《国史大纲》,并非谦辞。时至今日,"在中国发现历史"已不只是
几个汉学家的事情了,国内史学界几经周折也日益感到中国历史特殊性
必须严肃对待,② 当然,反对西方中心主义而又不拒绝欧美经验、"中"
"西""古""今"之间"相看两不厌",也许是最理想的境界。③ 从这样的
标准来看,钱穆的通史之学所开启的方向,至今仍能给国人以深刻的指
导与无尽的教诲。④

---

① 王家范在张荫麟《中国史纲》"导读"中,比论张荫麟、钱穆、吕思勉等各家所著中国
通史,颇多独到的见解。对钱穆的《国史大纲》也颇多好评,有不少批评也很有道理。不过,对
他"近乎自恋式的本位文化情结"的指责却不能说是平情之论。《国史大纲》确实持中国"本位
文化"立场,但它绝不是"近乎自恋式的"。

② 《社会形态与历史规律再认识笔谈》,载《历史研究》,2000(2)。

③ 李伯重:《"相看两不厌"——王国斌〈转变的中国:历史变迁及欧洲经验的局限〉评
介》,载《史学理论研究》,2000(2)。

④ 胡昌智认为:"中西接触以来,钱先生可说是唯一从多元的观点把中国定位在纷杂的世
界文化中的人,并且是以此多元的世界史观点尝试重整中国人认同的学者。而且他的多元、有机
的历史观是自发性的。是出自内心挣扎整理而提出来的。"又认为"钱先生开创出的思想架构没
有被有系统地推进"。见胡昌智:《怎样看〈国史大纲〉?》,原刊于《联合报》,1990-09-26,见
《钱穆先生纪念馆馆刊》,创刊号,34、35页,台北,台北市立图书馆,1993。胡氏所论均颇有
见地。

本书结论：历史的教训

　　当我将这部书稿作最后的校读即将告一段落之际，诸位师友的意见也纷至沓来。有一种提醒尤其值得重视，即是说本书各章之间相对独立，保留了分文发表时的面貌，但整体来看，不够浑成，若能在起承转合之间，作些加工，岂不更好？

　　这是一种特别为读者着想的建议。我试图遵此方针修订我的书稿，但是作为读者、编者的我每每被作为著者的我当初写作时的气势、意蕴与情感所支配，竟有无从下手之慨！不过，这种指正完全是有道理的，事实上，在若干文字刊发之后即时就有朋友指出，为何文末有那么多问号与叹号，好像颇有意犹未尽之感。我当初的想法是，作为学者（所谓"学者"，兼有学生、研究者、修行者等诸种身份）除了"自娱自乐"之外，或亦应当引导与启发读者自己做出结论，但不必教训人家如何如何。今天看来，若不能用简明的语言概括你的研究所传达的"历史的教训"，则远未尽到史学工作者的责任！是故，为读者计，今略述本书之结论如下。

　　首先，必须对本书内容作一个扼要的总述。本书《自序》，已以"近代中国学术变迁大势略论——《中国学术之近代命运》序"为题，刊发在《清华大学学报》2012年第6期，毫无疑问，其"提要"自然也就是本书的"提要"，特移录于此：

　　　　"中国"从来主要不是地理的区划，而是以追求"王道"为内涵
　　　的政治、文化存在。面对西力东侵、西学东渐的压力，中国学术在
　　　近代历经裂变。首先，经学、史学之更替。章学诚的"六经皆史"
　　　说在学界的沉浮，康有为、章太炎之间的今古文之争及其在后世的

演化，钱穆"就于史学立场"结束经学争议的努力，深刻地反映了中国近代经学的分解衰败及其主导地位被史学所取代、"经学史学化"的趋势。其次，子学之凌驾经学。胡适"诸子不出于王官论"的严重效应是，子书不但成为"哲学史"、"思想史"的优先素材，还产生了顾颉刚所谓"经竟变成了子的附庸"的趋势。再次，"汉宋之争"之折变。以关于戴震研究的公案为例，在梁启超、胡适那里，"汉学"主要是"科学"的类比物，或者是"学术独立"的精神渊源，钱穆则将"宋学"拓展为一种涵盖了经、史、文学在内的包罗万象的学术类型。最后，"国史"创制之新局。钱穆的《国史大纲》代表了着眼于国史长程，反对"文化自谴"，弘扬民族精神的坚贞努力。中国文化时值转运之机，复兴之前途是可以期望的。

在此基础上，我要向读者坦白交代，作如此叙述背后的用意何在，或曰，由此而对中国人文学术可预期之将来的发展方向，是否可以提示若干展望？

第一，经典当知尊重，经学的地位有待恢复。

本书《自序》提出："经学没落、史学提升，经典日益丧失其规训的价值，经学转而融化为史学之一部分，不期然而然蔚为'史学独大'的结局，这实乃中国学术之近代历程中一个最耀眼的或者说是最刺目的现象，也可以说是最基本与最有深意的大趋势。"作为一种对历史现象或历史脉络的揭示或描述，大体或可获得同仁的认可（我也是悬揣），但是，对于此一趋势绵延及当下之意义以及由此而确定何种因应之方略，则不免会有仁智之见。在我看来，出于了解中国历史与文化的传统根源与重温人类普遍价值之需要，我国的经典，实有从破碎的"史料"运用之偏向单一面向等运用方式中解放出来之必要，当有由历史之根兼返价值之源之必要。"经学"之科有重建之必要，其在中国学术与文化中之地位，亦有重新加以贞定之必要。

这一展望，涉及近代以来东西方知识与价值系统的交争与融合的复杂问题，不是简单的结语所能展开讨论的，此处只能略引端绪而已。

本书"经典的没落与章学诚'六经皆史'说的提升"一节，论及王国维晚年学术倾向中偏"旧"的一面。今偶见《余英时访谈录》颇有与之可相参证，颇能助证吾说者：

> 在人文研究的领域中，我们只做到了部分西化，并未完全抛弃自己的研究传统，由此中、西两大系统之间的融合始终不算很成功，虽然也慢慢在进步。早期学者在中国传统学问上的功力深厚，最初虽十分热心于吸收西方的学术分科系统，但时间一久又回到自己的系统中去了，即经、史、子、集的划分。

> 举例言之，如王国维早年接受西方学术，尤其重视哲学，他早年（1906）批评张之洞改学制，没有把哲学列入。他认为哲学是最高的学问，这是明显接受西方的观念。他的少作《静安文集》（似当作"《静庵文集》"——引者）都是讲哲学、伦理学、教育学等西方式的问题。但是中年以后研究中国传统学问而终获大成。他后期绝口不谈"哲学"、"伦理学"、"文学"之类西方概念，而回到中国经、史、子、集的传统中去了。例如《观堂集林》第一叫"艺林"，就是讲六经的；第二叫"史林"，就是子史之学了。所以像王国维这样早年推崇西方的，写过《红楼梦评论》、《宋元戏曲史》的，这都是跟西方学来的，最后回头还是回到经史之学，这就显示出中西两种人文知识系统要想融合起来，非常困难。

> ……现在西方学科系统已取代了传统的一套，从小学、中学到大学、研究院都是一样，提倡国学已不可能存排斥西方文化的心理，否则那是要闹大笑话的。国学系统只有在尖端研究的层面上存在。①

余英时是学贯中西的人物，他的着眼点在于阐发"中西两种人文知识系统要想融合起来，非常困难"，所述颇为亲切到位。他特别举到经学的例子：

> 老辈学者早已看到此中困难所在，谈到儒家"经学"问题，蒙文通（1894—1968）便说：清末学校改制以后，过去"经学"一科便分裂入于数科，如《易》入哲学，《诗》入文学，《尚书》、《春秋》入史学之类。此结果是原有的宏伟"经学"竟化为乌有，这是以西

---

① 《余英时访谈录》，100～103页，北京，中华书局，2012。

方学术的分类取代中国原有学问系统所造成的大弊病。①

所以，近代以来更为普遍的是拿西方的知识与价值系统来宰割统治中国的那一套，经学的碎片化，经典之倒运，可以说堪为代表。行文至此类，不知为什么我的脑际总是浮现要不是钱玄同那句粗率的名言就是胡适那篇收入《胡适文存》四集的名文《我们今日还不配读经》。钱玄同的话我们就不必重复分析他了，胡适的文章以王国维自称"于《书》所不能解者殆十之五；于《诗》，亦十之一二"为例证，认为"在今日妄谈读经，或提倡中小学读经，都是无知之谈，不值得通人的一笑"②，似乎很有说服力。胡氏此文作于 1935 年，距离王国维谢世将近八年了。王氏若地下有知，恐未必赞同甚至很不认可胡适由对自己的抬爱而引发的议论，有一点很明确，在王国维那里是充满了"阙疑"精神的质朴平和的论调，却被胡适挪用来作为高自位置、绝人诵习经典的论据。经典之教育与经学之研究有所区别，当分层次，那是不错的；可为什么难懂就成为不去亲近的理由？为什么偏偏要将目光投射在"难"处而偏偏回避平易之处？古来有"好读书不求甚解"的读法，也有"深者得其深浅者得其浅"的读法，谁给你资格来决定什么人什么时候"配"或"不配""读经"？有意思的是，胡适似乎对于"妄谈"、"提倡"之类的宣传性的议论很敏感，但对于经典本身有时却漫不经心。③ 笔者最近校此书稿而得一个例子，可以很好地说明这一点。众所周知，胡适著《中国哲学史大纲（卷上）》对史料的审查特别严格，而对《诗经》则格外的网开一面。他说：

> 古代的书，只有一部《诗经》可算得是中国最古的史料。《诗经·小雅》说："十月之交，朔日辛卯，日有食之。"
>
> 后来的历学家，如梁虞劂、隋张胄元，唐傅仁均、僧一行，元郭

---

① 《余英时访谈录》，99 页，北京，中华书局，2012。

② 胡适：《我们今日还不配读经》，写于 1935-04-08，原载《独立评论》，第 146 号，1935-04-14，见欧阳哲生编：《胡适文集》5，439～443 页，北京，北京大学出版社，1998。

③ 衡之胡适本人的论调，他对"主义"的关切，甚于"问题"的研究。然观之芸芸之热闹，此岂一人之病乎？

守敬，都推定此次日食在周幽王六年，十月，辛卯朔，日入食限。清朝阎若璩、阮元推算此日食，也在幽王六年。近来西洋学者，也说《诗经》所记月日（西历纪元前七七六年八月二十九日）中国北部可见日蚀。这不是偶然相合的事，乃是科学上的铁证。《诗经》有此一种铁证，便使《诗经》中所说的国政、民情、风俗、思想，一一都有史料的价值了。①

参看《先秦名学史》可知，所谓"后来的历学家"云云皆为胡适后来的补充，真正确定《诗经》"史料的价值"的，乃是"近来西洋学者"的说辞，即《先秦名学史》所谓"经天文学家查证"。② 但蹊跷的是，《诗经·小雅》之《十月之交》的经文明明是："朔月辛卯"，③ 胡适却引为"朔日辛卯"，虽是"日"与"月"一字之差，何故？阮元校刻《十三经注疏》校勘记云："'朔月辛卯'：毛本'月'误'日'，明监本以上皆不误。"④ 是知，胡适盖据误本立说；或者是"日"字与"月"字形近易讹，一时大意引错了，若是手民误植，可怎么后来也未见校正呢？多少知道一点学术研究之甘苦的人，对于引书之讹误当取体谅的态度，因为再认真，也是难免出错的，更何况只是一字之差，而且"朔日"与"朔月"意同，均指日历每月初一。但是，我们仍然要责备一下贤者，胡适在此处要提出的是"科学上的铁证"，为什么对"近来西洋学者"的举证如此上心（以至于恃此标准，偏据一经，而横扫他典），独对本国之经典则这样的掉以轻心呢？从这一小节可见，"尊西人若帝天"的心理若不根本扭转，则国人对经典的平正态度，恐永无建立之望也。笔者并不是要渲染一种"排斥西方文化的心理"，余英时说得好："那是要闹大笑话的。"非此即彼，那是最偷懒的思想陋习。我们要说的是，要"中西两种人文知识系统要想融合起来"，其前提要件，至少不能自乱阵脚。最基本的，经学在"中"国的"人文知识系统"中当有一个合理的定位吧，对经典至

---

　① 胡适：《中国哲学史大纲》（卷上），24页，北京，商务印书馆，1987。

　② 胡适：《先秦名学史》，13页，上海，学林出版社，1983。

　③《毛诗正义》卷12，校勘记，见（清）阮元校刻：《十三经注疏》（全二册）（上），450页，北京，中华书局，1980。

　④《毛诗正义》卷12，校勘记，见（清）阮元校刻：《十三经注疏》（全二册）（上），450页，北京，中华书局，1980。

少当有一点尊重与亲近的态度吧。余氏的老师钱穆有一句说得更好，本书中引过一次，值得再引一次：

> 我从魏、晋、隋、唐佛学之盛而终有宋、明理学之兴来看，对中国文化将来必有昌明之日，是深信不疑的。①

这句话，与本书《自序》所引陈寅恪纵论宋学的名言可以说是"英雄所见略同"。要达成这一目标则任重而道远，至少要使中国之"人文知识系统"恢复到自有的条理与格局上来，第一，经学之合理地位当确立，经典之普遍价值当贞定。② 这是本书最深切的期望。

第二，"诸子不出于王官论"未可必，而"子学"精神当弘扬。

本书对胡适"诸子不出于王官论"，将先秦诸子所依存之文化传统抹杀得太过，提出了批评，这里不再重复。但是我们也肯定其开辟"自由解释"之风气的功效，用钱穆的话来说，一言以蔽之："尝谓近人自胡适之先生造诸子不出王官之论，而考辨诸子学术源流者，其途辙远异于昔。"③ 居今视之，尤要者，在当时学者颇能发挥一种自出手眼、独立评论的精神，这种精神，自"辨章学术、考镜源流"的观念视之，实为一种"子学"精神之复活。尝试论之，清代学者由治经而兼及治子，如戴震之用荀，汪中、孙诒让之彰墨，尤其至章太炎等国粹派巨子将"诸子学"系统地张扬出来，实赋予中国近代学术文化之更生以新的机运；胡适等新文化运动诸君意欲在文化上掀起西方式的"哥白尼革命"，他们努力推动"打孔家店"的运动，其流弊颇有将民族文化传统连根拔起之偏至，惟他们的工作对国民风俗思想习惯之陋习的洗刷亦不为无功，自积极一面观之，正是发挥了传统的"子学"精神的结果。太史公自命其书："亦欲以究天人之际，通古今之变，成一家之言。"《太史公书》就是一部亦史亦子的书，力造"家""言"的精神就是一种"子学"的精神。当时

---

① 吴沛澜：《忆宾四师》，见中国人民政治协商会议江苏省无锡县委员会编：《钱穆纪念文集》，55页，上海，上海人民出版社，1992。

② 如清儒章学诚就说过："孔子立人道之极，未可以谓立儒道之极也。"章学诚：《原道（中）》，见《文史通义》。

③ 参见钱穆：《古史辨》，第4册《钱序》（1933-02-27），上海，上海古籍出版社，1982。

之知识精英，虽立言有时而偏，行为有时过激，但是确有这种风度与气象的。我们就看钱玄同，他说要将线装书扔进茅厕，何其孟浪，但是他对孔子，每每以"他老人家"相称，何其亲切。这种"子学"精神，实际是传统上一脉相承的与"官学"相区隔的"家学"精神，钱穆为罗根泽编著《古史辨》第4册作《序》，阐发其旨云：

> 诸子自儒墨，为民间家学崛兴以承王官学之衰微，其意已详前述。自秦廷焚书，禁以家学议朝政，为儒墨以来家学崛兴一反动。汉承秦设博士，亦欲以王官禄利范围天下学术。然其时仕途尚不限博士，故民间犹得有家学遗垒。陵夷至于隋唐，以科举取士，而后仕途归一，家学竟衰。其高明恬退之士，不屑王官禄利，则遁山林而研禅悦。否则修词藻，竞声华，而为进士。唐之一代，惟得一韩退之，自任以辟佛而倡为古文。一以斥山林之隐沦，一以砭庙堂之利禄。然退之有意乎教世而卒无所以为教，故虽抗颜为人师，师道终不昌。及宋有安定胡翼之、泰山孙明复，远承退之之意，而兴起书院，始立为教之所。遂开宋明六百年私家讲学之风，庶几乎古昔家学之复振矣。然庄子有云："为之斗斛以量之，则并与其斗斛而窃之。"自王介甫慕闻安定之教，以经义取士，而介甫不免自叹："本欲变学究为秀才，不谓变秀才为学究。"其后自二程以迄朱子，于经旨迭有创辟，在当时以伪学见禁，而元明即窃取其说以考士。家学精微，仍为王官利禄所汩。阳明深痛训诂辞章功利之不足以当学，而唱知行合一之教。然明之末叶，良知浮论亦仅以应科举。清儒先反阳明，继及程朱，然意趣向往，极于秦汉博士而止。彼所谓经学者，纵治之异其方，而卒不出古者王官禄利之范围。故中国自秦以来，家学常屈，官学常伸。则宜乎其偃息无生气。至于今则开有史未遇之奇变，科举废，王朝绝，家学复兴，斯其会矣。而时局艰虞，民生无日，有甚于战国。人标新解，家擅独诣，纷纷藉藉，往者家学蓬勃之风，亦郁郁乎其若将复起。而傍徨瞻顾，求其巨识深心，挚诚毅魄，若往昔儒墨开宗孔丘墨翟其人者将何在乎？斯乃关心中国民族文化之前途者所共有之慨想。而知人论世，抚今追古，一时学者均热心为先秦诸子之探讨，夫岂无故而然哉。则此编之集，正

足透露是间之消息。虽文字大体不越乎考据，而意趣之所灌注，潮流之所奔赴，必有不局于考据而已者。

此文作于 1933 年 2 月 27 日，距今将近八十年矣，犹可领悟到当时一种"子学"思潮蓬勃的劲头与趋向。进而言之，八十年来，中国学术界"家学"精神之发挥是否符其所望，实不可知；唯有一点是肯定的，"中国民族文化之前途"，尤待此等精神之张扬。这也是本书深切的期望。

第三，"汉学"之功主于文献之整理，不可灭弃；"宋学"之成果为文化融合与创新之典范，尤具启示性。

近代学术"汉宋"之争，由清盛世争在"宋学"、"汉学"孰得圣人之真，渐演变为考据与义理之治学途径高低优劣之辨，晚近流于一方讥讽文献整理之"没有思想"一方抵斥哲学空谈之玄虚。据实论之，清代考证之学，所得主要在于故国文献之整理，使今人享此恩惠，有可读之书、可据之本；其网罗文献"竭泽而渔"以及考查文献力求确实的精神，亦有惊天地泣鬼神者。本书论及梁启超、胡适以戴震为例，将清学视为中国的"文艺复兴"。居今视之，持论者虽别有怀抱，究竟不免于是一种牵强之附会，此实为文化史上不可避免的经历，盖可相当于中国历史上佛学传入禹域之"格义"阶段，虽不必大惊小怪，却亦难为止境。相形之下，宋儒融汇儒佛道而别创"道学"，实为中国历史上一种文化融合与创新之典范，故有识之士纷纷以此为例展望中西文化融会出新之结果。然宋学因由家学流入官学，又被专制帝王绑架利用，故后儒批评宋学颇有纠缠不清者。如胡适承戴震抵斥宋儒"以理杀人"之余绪而云：

> 至于理欲之辨，诚如方氏（按指方东树——引者）之言，本意是指君主的心术。但古来儒者并不是人人都能像方氏这样认的清楚；他们都只泛指一切人的私欲。理欲之辨的结果遂使一般儒者偏重动机（心术），而忽略效果；自负无私，遂不闵恤苛责人，自信无欲，遂不顾牺牲别人；背着"天理"的招牌，行的往往是"吃人"的事业。①

---

① 胡适：《戴东原的哲学》，188 页，上海，商务印书局，1927。

我们读朱子所上封事，① 可知道学家"格君心之非"，绝不是一句空话。当然，也可说宋朝有对文人不可轻易杀戮之家法，有制度上之保障，有舆论之一定的自由空间，乃能发挥道学家之谏争与教训作用，即使皇帝终不听劝，也能宣尽其说，发挥所学。反观戴震所处之时政，大臣尚居奴才之位，立言者不敢直斥居势夺理者之非，只能批评执政者所假借盗用之学说，何其纠缠，亦何其可悲！虽情有可原，此与宋儒为学之精神岂可同日而语？胡适所处之世与戴震又不同，而仍不加分辨，此与胡氏一向鼓吹的"历史的眼光"距离何其之远也。

要而言之，清人之所谓"汉学"与"宋学"，虽最初有争辩之焦点，究竟而论，乃不同层次上之学问或曰学术取向。善学者，当择善而从，知所趋向，毋庸踏陷过往的门户之争，是为美也。

第四，告别纠结的"国学"研究，走向"中国学术"的悉心探讨。

本书冠名"中国学术之近代命运"，《自序》已揭示其用意，或如友人谬许"《自序》用'破题'的写法阐明研究视角和选题意义"。惟尚有一义未及阐发，即"国学"与"中国学术"之辨是也。

"中国学术之近代命运"，不能省称"国学之近代命运"。其故安在？"国学"这一概念太暧昧。近来热心之士颇有积极主张将"国学"设置为一级学科者，然终无下文，即此一端，可见此概念内涵外延之难以厘清。记得 20 世纪 90 年代初，某出版社曾隆重推出《国学大师丛书》，其第一辑书目赫然列入了胡适、鲁迅、傅斯年诸先贤的评传名单，观之不禁兴叹。上述三君的"国学"修养之好固毋庸置疑，比之今日媒体所封"国学大师"者，必有过之而无不及，惟似传主当多少有弘扬"国学"乃至保存"国粹"之系统观念与明确主张，乃可冠以"国学大师"之名目，至少以上诸君，颇不合适。可见国人提倡"国学"的热情所至之无忌惮有如此者。

本书讨论涉及之大贤，如康有为是主张"孔子之教"为"中国之国魂"的，章太炎是自命"国粹"附体又是精于个论衡"国故"的，梁启超、胡适都是期望"中国的文艺复兴"的，钱穆是从《国学概论》出发

---

① 参见（清）王懋竑撰，何忠礼点校：《朱熹年谱》，169～195 页，北京，中华书局，1998。

阐扬所学的，似均与"国学"有不可分割之关系，何以独取"中国学术"以命斯编乎？

"国学"与近代之日本与西洋有过深的纠结，惟纠结过深，乃易将视野局限在片段之中国，而无暇顾及中国学术悠远深沉自古及今之变与不变。钱穆《国学概论》之"弁言"有云："'国学'一名，前既无承，将来亦恐不立。"今则是其时矣！因此之故，笔者不揣冒昧，不求面面俱到，选取"经学、史学之更替"、"子学之凌驾经学"、"'汉宋之争'"之折变"、"'国史'创制之新局"诸旧目，谱写"中国学术之近代命运"之新篇。讨论所及，经学立场无论宗"今文"宗"古文"，学术取向无论崇"汉学"崇"宋学"，文化观念无论倾向"西化"抑或"中国本位"，不取厚此薄彼，不为强作调人，欲依章学诚所发明"辨章学术、考镜源流"之途辙、胡适所宣扬"历史的眼光"之见地、陈寅恪所称道"同情"的"了解"之心胸、一本乎"中国学术"之立场，梳理来龙去脉，评判是非曲直，揣摩旨趣心声。然欲符所志，极不易易。不陷于门户之见就很难，然欲跳出门户之争，必首当进入各门各户，此难之先在者也；非专题研究之难，贵有通识为难，然通识出于通学，此难之将来者也。故本书决不敢自谓已成之业，实为一种进修之契机也。抑本书又非仅个人自勉之印记，有识之士，若由本书所述诸先贤之道德文章、苦心孤诣，悲其遇、继其志、究天人、通古今，不惟究心于中国学术之历史，甚至阐扬中国文化之价值，予日日引领而望之！

征引文献

一、古代典籍

（清）阮元校刻：《十三经注疏》（全二册），北京，中华书局，1980。

（汉）班固撰、（唐）颜师古注：《汉书》，北京，中华书局，1962。

（宋）范晔撰、（唐）李贤等注：《后汉书·贾逵传》，北京，中华书局，1965。

（清）郭庆藩撰、王孝鱼点校：《庄子集释》（全四册），北京，中华书局，1961。

（清）王先谦撰，沈啸寰、王星贤点校：《荀子集解》（全二册），北京，中华书局，1988。

（清）陈立撰、吴则虞点校：《白虎通疏证》（全二册），北京，中华书局，1994。

刘勰著、范文澜注：《文心雕龙注》（上、下），北京，人民文学出版社，1958。

（唐）韩愈撰、马其昶校注、马茂元整理：《韩昌黎文集校注》，上海，上海古籍出版社，1986。

（宋）苏洵著、邱少华点校：《苏洵集》，北京，中国书店，2000。

（宋）黎靖德编、王星贤点校：《朱子语类》（全八册），北京，中华书局，1994。

二、近世文献

艾尔曼：《再说考据学》，载《读书》，1997（2）。

白寿彝：《钱穆与考据学》，见《学步集》，北京，生活·读书·新知三联书店，1962。

北京鲁迅博物馆编：《钱玄同日记影印本》，福州，福建教育出版社，2002。

仓修良：《章学诚和〈文史通义〉》，北京，中华书局，1984。

仓修良、叶建华：《章学诚评传》，南京，南京大学出版社，1996。

蔡乐苏、张勇、王宪明：《戊戌变法史述论稿》，北京，清华大学出版社，2001。

蔡元培：《五十年来中国之哲学》（1923年12月），收入高平叔编：《蔡元培全集》第4卷，北京，中华书局，1984。

柴德赓：《试论章学诚的学术思想》，载《光明日报》，1963-05-08。

《戴东原二百年生日纪念论文集》，

明明印刷局 1924 年 1 月 20 日印刷，晨报社出版部 1924 年 2 月 1 初版。

陈国庆编：《汉书艺文志注释汇编》，北京，中华书局，1983。

陈来：《化解"传统"与"现代"的紧张》，见《陈来自选集》，桂林，广西师范大学出版社，1997。

陈梦家：《评张荫麟先生〈中国史纲〉第一册》，此书评作于 1941 年，原载《思想与时代》第 18 期，1943，收入氏著：《梦甲室存文》，北京，中华书局，2006。

陈鹏鸣：《试论章学诚对于近代学者的影响》，收入中国历史文献研究会编：《章学诚国际学术研讨会论文集》，北京，北京图书馆出版社，2004。

陈平原：《中国现代学术之建立——以章太炎、胡适之为中心》，北京，北京大学出版社，1998。

陈平原、杜玲玲编：《追忆章太炎》，北京，中国广播电视出版社，1997。

陈平原、夏晓虹编：《北大旧事》，北京，生活·读书·新知三联书店，1998。

陈其泰：《清代公羊学》，北京，东方出版社，1997。

陈启云：《"思想文化史学"论析》，见《中国古代思想文化的历史论析》，北京，北京大学出版社，2001。

陈桥驿：《胡适与〈水经注〉》，收入耿云志编：《胡适评传，上海，上海古籍出版社，1999。

陈以爱：《中国现代学术研究机构的兴起——以北京大学研究所国学门为中心的探讨（1922—1927）》台北，政治大学历史学系出版，1999。

陈寅恪：《陈垣〈元西域人华化考〉序》（1935 年 2 月），见《陈寅恪史学论文选集》，上海，上海古籍出版社，1992。

陈勇：《钱穆传》，北京，人民出版社，2001。

陈祖武：《清初学术思辨录》，北京，中国社会科学出版社，1992。

陈祖武：《章实斋集外佚札二通考证》，见中国社会科学院历史研究所学刊编委会编辑：《中国社会科学院历史研究所学刊》第 3 集，北京，商务印书馆，2004。

陈祖武、朱彤窗：《乾嘉学术编年》，石家庄，河北人民出版社，2005。

戴景贤：《钱穆》，见王寿南主编：《中国历代思想家》（二十四），台湾，商务印书馆，1999。

戴景贤：《论钱宾四先生"中国文化特质"说之形成与其内涵》，见台湾大学中国文学系编印：《纪念钱穆先生逝世十周年国际学术研讨会论文集》，2001。

岛田虔次：《六经皆史说》，见刘俊文主编、许洋主等译：《日本学者研究中国史论著选译》第 7 卷，北京，中华书局，1993。

邓广铭：《怀念我的恩师傅斯年先生》，载《台大历史学报》，第 20 期：《傅故校长孟真先生百龄纪念论文集》，台湾大学历史系，1996。

丁文江、赵丰田编：《梁启超年谱长编》，上海，上海人民出版社，1983。

丁亚杰：《清末民初公羊学研究——皮锡瑞、廖平、康有为》，台北，万卷楼图书有限公司，2002。

杜春和、韩荣芳、耿来金编：《胡适论学往来书信选》（下册），石家庄，河北人民出版社，1998。

樊克政：《龚自珍年谱考略》，北京，商务印书馆，2004。

房德邻：《康有为和廖平的一桩学术公案》，载《近代史研究》，1990（4）。

房德邻：《儒学的危机与嬗变——康有为与近代儒学》，台湾，文津出版社，1992。

［英］冯客著、杨立华译：《近代中国之种族观念》，南京，江苏人民出版社，1999。

冯友兰：《原名法阴阳道德》，原载《清华学报》第十一卷第二期，见《三松堂学术文集》，北京，北京大学出版社，1984。

冯友兰：《中国近年研究史学之新趋势》，见《三松堂学术文集》。

冯友兰：《三松堂自序》，北京，人民出版社，1998。

冯友兰：《中国哲学史》（上册），上海，华东师范大学出版社，2000。

冯自由：《中华民国开国前革命史》第十四章《壬寅支那亡国纪念会》，转引自汤志钧：《章太炎年谱长编》，36页。

冯自由：《中华民国开国前革命史》第十四章《壬寅支那亡国纪念会》，转引自汤志钧：《章太炎年谱长编》，65页。

傅杰校定，章太炎著：《国学讲演录》，197页，上海，华东师范大学出版社，1995。

傅乐成：《傅孟真先生年谱》，台北，传记文学出版社，1979。

傅斯年：《战国子家叙论》（1928年），《傅斯年全集》，第2册，台北，联经出版事业公司，1980。

傅斯年：《历史语言研究所工作之旨趣》，原载《国立中央研究院历史语言研究所集刊》第一本第一分册，发表于1928年10月。见蒋大椿主编：《史学探渊——中国近代史学理论文编》。长春，吉林教育出版社，1991。

傅斯年：《与顾颉刚论古史书》，原载1928年1月23日、31日《国立第一中山大学语言历史学研究所周刊》第二集第十三、十四期。见欧阳哲生主编：《傅斯年全集》第一卷，长沙，湖南教育出版社，2003。

甘怀真：《皇帝制度是否为专制？》，载《钱穆先生纪念馆馆刊》第四期，台北，台北市立图书馆，1996。

葛志毅：《玄圣素王考》，见《谭史斋论稿》，哈尔滨，黑龙江人民出版社，2002。

耿云志主编：《胡适遗稿及密藏书信》，合肥，黄山书社，1994。

耿云志主编：《胡适遗稿及密藏书信》，第5册。

耿云志主编：《胡适遗稿及秘藏书信》，第6册。

耿云志主编：《胡适遗稿及秘藏书信》，第37册。

耿云志主编：《胡适遗稿及密藏书信》，第40册。

耿云志、欧阳哲生编：《胡适书信集》上册（1907—1933），北京，北京大学出版社，1996。

耿云志、王法周：《〈中国哲学史大

纲〉导读》，见胡适：《中国哲学史大纲》，上海，上海古籍出版社，1997。

耿云志：《胡适与五四后中国学术的几个新趋向》，载《浙江学刊》1999(2)。

顾潮：《顾颉刚年谱》，北京，中国社会科学出版社，1993。

顾颉刚编著：《古史辨》第1册，北京，朴社，1926年11月第3版。

顾颉刚编著：《古史辨》第1册《自序》。

顾颉刚：《古史辨》第4册《顾序》(1933-02-12)，见罗根泽编著：《古史辨》（四），上海，上海古籍出版社，1982。

顾颉刚编著：《古史辨》第五册，上海，上海古籍出版社，1982。

顾颉刚：《古史辨》第五册《自序》。

顾颉刚：《〈中国上古史研究课〉第二学期讲义序目》（1930年6月），收入顾颉刚编著：《古史辨》第五册。

顾颉刚：《五德终始说下的政治和历史》，见《古史辨》第五册。

顾颉刚编著：《古史辨》第五册之"最后一页"(3)。

顾颉刚：《中国近来学术思想界的变迁观》，见《中国哲学》（第11辑），北京，人民出版社，1984。

顾颉刚：《秦汉的方士与儒生》之《序》（1954年12月），上海，上海古籍出版社，1998。

顾颉刚：《当代中国史学》，沈阳，辽宁教育出版社，1998。

郭斌龢：《章实斋在清代学术史上之地位》，见《国立浙江大学文学院集刊》第一集，1941。

［美］郭颖颐著、雷颐译：《中国现代思想中的唯科学主义（1900—1950)》，南京，江苏人民出版社，1995。

郭沫若：《中国古代社会研究·序》，上海，上海新新书店，1930年5月20日第3版。

侯外庐：《近代中国思想学说史》，上海，生活书店，1947。

侯外庐：《中国思想通史》第5卷（中国早期启蒙思想史），北京，人民出版社，1956。

侯外庐：《章太炎的科学成就及其对于公羊学派的批判》，原收入《中国近代思想学说史》，生活书店，1947，参见《章太炎生平与学术》，北京，生活·读书·新知三联书店，1988。

胡昌智：《钱穆的〈国史大纲〉与德国历史主义》，载《史学评论》第6期，1983-09。

胡昌智：《历史知识与社会变迁》，台北，联经出版事业公司，1988。

胡昌智：《怎样看〈国史大纲〉?》，原刊于《联合报》，1990-09-26，转载在《钱穆先生纪念馆馆刊》年刊创刊号，台北市立图书馆，1993年6月创刊。

胡楚生：《清代学术史研究》第12节《章实斋〈六经皆史说〉阐义》，台北，台湾学生书店，1988。

胡明编选：《胡适选集》，天津，天津人民出版社，1991。

胡绳：《论历史研究和现实问题的关联——从钱穆先生的〈国史大纲引论〉评历史研究中的复古倾向》，收入《胡绳文集》（1935—1948)，重庆，重庆出版社，1991。

胡绳：《评钱穆著〈文化与教育〉》（1944），见《胡绳文集》（1935—1948）。

胡适：《诸子不出于王官论》，载《太平洋》杂志第1卷第7号，1917-10-15。

胡适：《井田辨》，见《胡适文存》第1集卷2，亚东图书馆，1925。

胡适：《治学的材料与方法》（1928年9月），见《胡适文存》第3集卷2，上海，上海亚东图书馆，1930。

胡适：《归国杂感》（1918年1月），见《胡适文存》，亚东图书馆，1921年12月初版，1940年8月19版，第1集卷4。

胡适：《〈《左传》真伪考〉的提要与批评》，见《胡适文存》第3集卷3。

胡适：《惨痛的回忆与反省》（作于1932年9月11日），见《胡适文存》第4集卷4。

胡适：《信心与反省》（作于1934年5月28日），见《胡适文存》第4集卷4。

胡适：《章实斋先生年谱》，上海，商务印书馆，1923。

胡适：《章实斋先生年谱》，上海，商务印书馆，1922年1月初版。1923年10月再版。后经姚名达订补，改名为《章实斋年谱》，上海，商务印书馆，1931年8月初版，1934年5月版。

胡适著、姚名达订补：《章实斋先生年谱》，见存萃学社编集、周康燮主编：《章实斋先生年谱汇编》，香港，崇文书店，1975。

胡适：《戴东原的哲学》，上海，商务印书局，1927。

胡适：《研究国故的方法》（在东南大学演讲，枕薪笔记），原载《东方杂志》第18卷第16号，发表于1921年8月。见蒋大椿主编：《史学探渊——中国近代史学理论文编》，长春，吉林教育出版社，1991。

胡适：《清代学者的治学方法》，见葛懋春、李兴芝编辑：《胡适哲学思想资料选》（上），上海，华东师范大学出版社，1981。

胡适：《先秦名学史》，上海，学林出版社，1983。

胡适：《中国哲学史大纲》（卷上），北京，商务印书馆，1919初版，1987影印。

胡适：《中国古代哲学史台北版自记》，见胡适：《中国哲学史大纲》（卷上）"附录二"，商务印书馆，1919初版，1987影印。

胡适撰、耿云志等导读：《中国哲学史大纲》，上海，上海古籍出版社，1997。

胡适：《中国哲学史大纲》（卷上）"第一篇导言"，见姜义华主编：《胡适学术文集·中国哲学史》（上），北京，中华书局，1991。

胡适：《几个反理学的思想家》，见姜义华主编：《胡适学术文集·中国哲学史》（下），北京，中华书局，1991。

胡适：《戴东原在中国哲学史上的位置》，见姜义华主编：《胡适学术文集·中国哲学史》（下）。

胡适《当代中国的思想界》（朝鲜日报，1925-01-01）（冯鸿志译于1995-11-02），见《胡适研究丛刊》第2辑，北京，中国青年出版社，1996。

胡适：《胡适留学日记》，海口，海南出版社，1994。

胡适：《胡适留学日记》下册，合肥，安徽教育出版社，1999。

胡适：《附注：答陈独秀先生》（1923-11-29），见张君劢、丁文江等著：《科学与人生观》，济南，山东人民出版社，1997。

胡适：《四十自述》，合肥，安徽教育出版社，1999。

胡适：《实验主义》，本文原系胡适1919年春间的演讲稿，刊于1919年4月15日《新青年》第6卷第4号。同年7月改定，见《胡适文存》第1集卷2，见姜义华主编：《胡适学术文集·哲学与文化》，北京，中华书局，2001。

胡适：《杜威先生与中国》（1921-07-11），见姜义华主编：《胡适学术文集·哲学与文化》。

华岗：《中国历史的翻案》，上海，作家书屋，1950。

黄进兴：《权力与信仰：孔庙祭祀制度的形成》，见《圣贤与圣徒》，北京，北京大学出版社，2005。

黄俊杰：《钱宾四史学中的"国史"观——内涵、方法与意义》，见台湾大学中国文学系编印：《纪念钱穆先生逝世十周年国际学术研讨会论文集》。

黄开国：《廖平评传》，南昌，百花洲文艺出版社，1993。

黄克剑、吴小龙：《胡适"科学的人生观"的得与失》，见耿云志、闻黎明编：《现代学术史上的胡适》，北京，生活·读书·新知三联书店，1993。

黄克武：《钱穆的学术思想与政治

见解》，载《台湾师范大学历史学报》，第15期，1987-06。

黄彰健：《经今古文学问题新论》，台湾，"中央研究院"历史语言研究所，1982。

黄兆强：《近现代章学诚研究评议》，见陈仕华主编、林惠珍编辑：《章学诚研究论丛：第四届中国文献学学术研讨会论文集》，台北，台湾学生书局，2005。

姜义华、吴根樑编校：《康有为全集》第1集，上海，上海古籍出版社，1987。

姜义华、吴根樑编校：《康有为全集》第2集，上海，上海古籍出版社，1990。

姜义华：《胡适学术文集总序》，见姜义华主编：《胡适学术文集·中国哲学史》（上），北京，中华书局，1991。

姜义华：《章炳麟评传》乙编第4章，南京，南京大学出版社，2002。

金毓黻：《中国史学史》，石家庄，河北教育出版社，2000。

康有为：《上清帝第二书》（一八九五年五月二日），史称"公车上书"，见汤志钧编：《康有为政论集》，北京，中华书局，1981。

《〈康有为复章炳麟书〉识语》，原载《台湾日日新报》，1899-01-13，转引自《复旦学报》（社会科学版），1982（3）。

康有为：《朱九江先生佚文序》，陈永正编注：《康有为诗文选》，广州，广东人民出版社，1983。

康有为：《教学通义》，见姜义华、吴根樑编校：《康有为全集》第1集，上海，上海古籍出版社，1987。

康有为：《与朱一新论学书牍》，见姜义华、吴根梁编校：《康有为全集》第1集。

康有为：《康子内外篇》，见楼宇烈整理：《康子内外篇（外六种）》，北京，中华书局，1988。

康有为：《万木草堂口说》，见楼宇烈整理：《长兴学记·桂学答问·万木草堂口说》，北京，中华书局，1988。

（清）康有为撰、陈汉才校注：《长兴学记》，广州，广东高等教育出版社，1991。

康有为：《孔子改制考》，见朱维铮编校：《中国现代学术经典·康有为卷》，石家庄，河北教育出版社，1996。

康有为：《重刻伪经考后序》，见《新学伪经考》，北京，生活·读书·新知三联书店，1998。

抗父：《最近二十年间中国旧学之进步》，原载《东方杂志》19卷3号（1922-02-10）。见《中国近三百年学术史论》，上海，上海古籍出版社，2006。

《科学与人生观》，亚东图书馆，1923年12月出版，1924年2月再版。

孔祥吉：《翁同龢与康有为上清帝第一书》，见《晚清佚闻丛考——以戊戌维新为中心》，成都，巴蜀书社，1998。

赖福顺：《钱穆先生的教学与学术》，见《民间史学》一九九〇年冬钱宾四先生逝世百日纪念专刊，台湾"行政院"新闻局版，1990。

马克垚：《说封建社会形态》，《社会形态与历史规律再认识笔谈》，载《历史研究》，2000（2）。

缪凤林：《评胡氏诸子不出于王官论》，载《学衡》第4期，1922。

黎锦熙：《钱玄同先生传》，见曹述敬：《钱玄同年谱》，济南，齐鲁书社，1986。

李伯重：《"相看两不厌"——王国斌〈转变的中国：历史变迁及欧洲经验的局限〉评介》，载《史学理论研究》，2000（2）。

李季：《胡适〈中国哲学史大纲〉批判》，神州国光社，1931。

李零：《李零自选集》，桂林，广西师范大学出版社，1998。

李学勤：《走出疑古时代》，见《走出疑古时代》，沈阳，辽宁教育出版社，1994。

李学勤：《〈今古学考〉与〈五经异义〉》，见《古文献丛论》，上海，上海，远东出版社，1996。

李学勤：《谈"信古、疑古、释古"》，见《古文献丛论》。

李学勤：《〈说文〉前序称经说》，见《古文献丛论》。

李学勤：《章太炎论〈左传〉的授受源流》，见《当代学者自选文库·李学勤卷》，合肥，安徽教育出版社，1999。

李学勤：《清代学术的几个问题》，见刘东主编：《中国学术》，北京，商务印书馆，2001。

李埏：《昔年从游之乐，今日终天之痛——敬悼先师钱宾四先生》，见中国人民政治协商会议江苏省无锡县委员会编：《钱穆纪念文集》，上海，上海人民出版社，1992。

李耀仙：《〈廖平选集〉（上册）内

容评介——代序》，见《廖平选集》（上），成都，巴蜀书社，1998。

梁继红：《章学诚学术研究》，北京大学博士研究生学位论文，2003。

梁继红：《章学诚〈文史通义〉自刻本的发现及其研究价值》，见中国历史文献研究会编：《章学诚国际学术研讨会论文集》，北京，北京图书馆出版社，2004。

梁继红：《论章学诚校雠理论的发展脉络》，见北京大学中国古文献研究中心编：《北京大学中国古文献研究中心集刊》第4辑，北京，北京大学出版社，2004。

梁启超：《先秦政治思想史》，上海，商务印书馆，1923。

梁启超：《人生观与科学》，见《科学与人生观》，上海，亚东图书馆，1923。

梁启超：《〈新学伪经考〉叙》，见《饮冰室合集》第1册《饮冰室文集》卷2。北京，中华书局，1989。

梁启超：《论中国学术思想变迁之大势》，见《饮冰室合集》第1册《饮冰室文集》卷7。

梁启超：《评胡适之〈中国哲学史大纲〉——在北京大学为哲学社讲演》（1922年），《饮冰室合集》第5册，《饮冰室文集》卷38。

梁启超：《戴东原生日二百年纪念会缘起》，见《饮冰室合集》第5册《饮冰室文集》卷40。

梁启超：《戴东原哲学》，见《饮冰室合集》第5册《饮冰室文集》卷40。

梁启超：《治国学的两条大路》，见《饮冰室合集》第5册《饮冰室文集》卷39。

梁启超：《太古及三代载记》，见《饮冰室合集》第8册《饮冰室专集》卷43。

梁启超：《读书分月课程》，见《饮冰室合集》第9册《饮冰室专集》卷69。

梁启超：《儒家哲学》，见《饮冰室合集》第12册《饮冰室专集》卷103。

梁启超：《清代学术概论》，见朱维铮校注：《梁启超论清学史二种》，上海，复旦大学出版社，1985。

梁启超：《戴东原先生传》，见《梁启超论著选粹》，广州，广东人民出版社，1996。

梁启超：《论中国学术思想变迁之大势》，上海，上海古籍出版社，2001。

廖梅：《汪康年：从民权论到文化保守主义》，上海，上海古籍出版社，2001。

廖名春：《钱穆与疑古学派关系述评》，见《原道》第5辑，贵阳，贵州人民出版社，1999。

廖平：《四益馆经学四变记》，见《廖平选集》（上），成都，巴蜀书社，1998。

林安梧：《章学诚"六经皆史"及其相关问题的哲学反省》，见《中国近现代思想观念史论》，台北，台湾学生书局，1995。

林毓生：《中国传统的创造性转化》，北京，生活·读书·新知三联书店，1988。

林毓生：《民初"科学主义"的兴起与含义——对"科学与玄学"之争的研究》，见《中国传统的创造性转化》。

刘大年：《评近代经学》，见朱诚如、王天有主编：《明清论丛》（第一辑）。北京，紫禁城出版社，1999。

刘贵福：《论钱玄同的疑古思想》，载《史学理论研究》，2001（3）。

刘节（原署名"青松"）：《评〈刘向歆父子年谱〉》，原载《大公报·文学副刊》第137期，1930-08-25，后收入顾颉刚编著：《古史辨》第5册。

刘节：《中国史学史稿》，台北，弘文馆出版社，1986。

刘节：《章学诚的史学》，见《中国史学史稿》。

刘师培著，邬国义、吴修艺编校：《刘师培史学论著选集》，上海，上海古籍出版社，2006。

刘师培著、陈居渊注：《经学教科书》，上海，上海古籍出版社，2006。

柳存仁：《北大和北大人》，此文原刊于《宇宙风乙刊》第27、29、30期，1940年8、9、10月。见陈平原、夏晓虹编：《北大旧事》，北京，生活·读书·新知三联书店，1998。

柳翼谋（诒徵）：《柳教授覆章太炎先生书》，载《史地学报》第1卷第4期，1922-08。

柳诒徵编著：《中国文化史》（下），上海，东方出版中心，1988。

柳诒徵：《论近人讲诸子之学者之失》，原载《史地学报》第1卷第1期，1921年11月；后覆录于《学衡》第73期，1931年1月；柳曾符、柳定生选编《柳诒徵史学论文续集》据《学衡》收入此文。见柳曾符、柳定生选编：《柳诒徵史学论文续集》，上海，上海古籍出版1991。

楼宇烈整理：《长兴学记·桂学答问·万木草堂口说》，北京，中华书局，1988。

楼宇烈整理：《康南海自编年谱（外二种）》，北京，中华书局，1992。

路新生：《梁任公、钱宾四〈中国近三百年学术史〉合论》，载（台湾）《孔孟学报》第68期，1994年9月。

罗炳绵：《〈史籍考〉修纂的探讨》（上），《新亚学报》第6卷第1期，1964；《〈史籍考〉修纂的探讨》（下），《新亚学报》第7卷第1期，1965。

罗义俊：《论〈国史大纲〉与当代新儒学——略及钱宾四先生史学的特性与意义》，载《史林》，1992（4）。

罗义俊：《钱穆与顾颉刚的〈古史辨〉》，载《史林》，1993（4）。

罗志田：《再造文明之梦——胡适传》，成都，四川人民出版社，1995。

罗志田：《"新宋学"与民初考据史学》，载《近代史研究》，1998（1）。

罗志田：《清季民初经学的边缘化与史学的走向中心》，见《权势转移：近代中国的思想、社会与学术》，武汉，湖北人民出版社，1999。

罗志田：《大纲与史：民国学术观念的典范转移》，载《历史研究》，2000（1）。

罗志田主编：《20世纪的中国：学术与社会：史学卷（上下）》第2编《民国的新史学及其批评者》（作者：王汎森），济南，山东人民出版社，2001。

吕思勉：《先秦学术概论》，上海，东方出版中心，1985。

马勇编：《章太炎书信集》，石家庄，河北人民出版社，2003。

蒙文通：《井研廖季平师与近代今文学》，见《经史抉原》，成都，巴蜀书社，1995。

蒙默关于《今古学考》的说明，见刘梦溪主编：《中国现代学术经典》之《廖平、蒙文通卷》编校者蒙默关于《今古学考》的说明。石家庄，河北教育出版社，1996。

牟润孙：《励耘书屋问学回忆——陈援庵先生诞生百年纪念感言》，收入陈智超编：《励耘书屋问学记》（增订本），北京，生活·读书·新知三联书店，2006。

倪德卫（David S. Nivision）著，杨立华译：《章学诚的生平与思想》，台北，唐山出版社，2003。

欧阳哲生：《新文化的源流与趋向》，长沙，湖南出版社，1994。

欧阳哲生编：《胡适文集》9之"早年文存"，北京，北京大学出版社，1998。

（清）皮锡瑞著、周予同注释：《经学历史》，北京，中华书局，2004。

钱胡美琦：《钱宾四先生年谱》（二）（未定稿），载《钱穆先生纪念馆馆刊》第4期，台北，台北市立图书馆，1996。

钱基博：《〈文史通义〉解题及其读法》，上海，龙虎书店，1935。

钱穆：《国学概论》（上、下），北京，商务印书馆，1931。

钱穆：《国学概论·弁言》，见《国学概论》（上）。

钱穆：《刘向歆父子年谱》，载《燕京学报》第7期，1930-06。

钱穆：《刘向歆父子年谱》，见《古史辨》第5册，上海，上海古籍出版社，1982。

钱穆：《古史辨》第4册《钱序》（1933-02-27），见罗根泽编著：《古史辨》（四）。上海，上海古籍出版社，1982。

钱穆：《评顾颉刚〈五德终始说下的政治和历史〉》，原载《大公报·文学副刊》第170期，1931-04-13，见顾颉刚编著：《古史辨》第五册，上海，上海古籍出版社，1982。

钱穆：《康有为学术述评》，清华大学学报单行本，1936-07。

钱穆：《中国近三百年学术史》，上海，商务印书馆，1937。

钱穆：《中国近三百年学术史》，北京，中华书局，1986。

钱穆：《中国近三百年学术史》，北京，商务印书馆，1997。

钱穆：《国史大纲》，1940年6月初版，1944年1月渝第一版。

钱穆：《国史大纲》第3版，上海，国立编译馆，1947。

钱穆：《国史大纲》，北京，商务印书馆，1994。

钱穆：《中国通史参考材料》，台北，东升文化事业有限公司，1980。

钱穆：《如何研究中国史》，原载《历史教育》第1期，1937-02。见蒋大椿主编：《史学探渊——中国近代史学理论文编》，沈阳，吉林教育出版社，1991。

钱穆：《中国今日所需要之新史学与新史学家——本文敬悼故友张荫麟先生》，原载《思想与时代月刊》第18期，1943-01。收入蒋大椿主编：《史学探渊——中国近代史学理论文编》。

钱穆：《宋明理学概述》，见《钱宾四先生全集》第9册，台湾，联经出版事业公司，1998。

钱穆：《斯多噶派与〈中庸〉》，原载《时事新报》副刊《学灯》，1923-02-22，收入《中国学术思想史论丛》（二），见《钱宾四先生全集》第18册。

钱穆：《伊壁鸠鲁与庄子》，此文续《斯多噶派与〈中庸〉》而作，原载1923年3月4、5日上海《时事新报》副刊《学灯》，收入《中国学术思想史论丛》（二），《钱宾四先生全集》第18册。

钱穆于1928年夏，应苏州青年会学术演讲会之请作《〈易〉经研究》的报告，刊登于《苏州中学校刊》之17、18期，1929年6月中山大学语言历史研究所第7集83、84期周刊转载。收入《中国学术思想史论丛》（一），《钱宾四先生全集》第18册。

钱穆：《儒家之性善论与其尽性主义》，此稿草于1933年，原载上海《新中华月刊》1卷7期。收入《中国学术思想史论丛》（二），《钱宾四先生全集》第18册。

钱穆：《王船山学说》，原载1923年2月9、10日上海《时事新报》副刊《学灯》，收入《中国学术思想史论丛》（八），《钱宾四先生全集》第22册。

钱穆：《崔东壁遗书序》（1935年12月28日），收入《中国学术思想史论丛》（八），《钱宾四先生全集》第22册。

钱穆：《评夏曾佑〈中国古代史〉》，原刊于1934年3月31日刊于天津《大公报》图书副刊第20期（笔名"公沙"），收入《中国学术思想史论丛》（九），《钱宾四先生全集》第23册。

钱穆：《近百年来之读书运动》一文（原刊于1935年11月天津《世益报·读书周刊》，今改题《近百年来诸儒论读书》，收入《钱宾四先生全集》第24册之《学钥》）

钱穆：《从中国历史来看中国民族性及中国文化》序二，收入《从中国历史来看中国民族性及中国文化》，《钱宾四先生全集》第40册。

钱穆：《中国知识分子的责任》，原刊于1971年10月10日《"中央日报"》，收入《世界局势与中国文化》，《钱宾四先生全集》第43册。

钱穆：《两汉经学今古文平议》，由新亚研究所出版。该书后收入《钱宾四先生全集》第8册。

钱穆：《两汉经学今古文平议》，北京，商务印书馆，2001。

钱穆：《素书楼馀瀋》，见《钱宾四先生全集》第53册。

钱穆：《素书楼馀瀋》，北京，九州出版社，2011。

钱穆：《八十忆双亲·师友杂忆合刊》，台北，东大图书股份有限公司，1986。

钱穆：《八十忆双亲·师友杂忆》，北京，生活·读书·新知三联书店，1998。

钱穆：《中国史学名著》，北京，生活·读书·新知三联书店，2000。

钱穆：《略论治史方法》（1936年9、11月），见《中国历史研究法》，北京，生活·读书·新知三联书店，2001。

钱穆：《如何研究学术史》，见《中国历史研究法》。

钱穆：《国史新论》，北京，生活·读书·新知三联书店，2001。

钱穆：《记钞本〈章氏遗书〉》，原刊于 1936 年 12 月《北平图书季刊》三卷四期，见《中国学术思想史论丛》（卷八），合肥，安徽教育出版社，2004。

钱穆：《经学大要》，见《讲堂遗录》，北京，九州出版社，2011。

钱玄同：《答顾颉刚先生书》，见《古史辨》第一册，67～82 页。顾颉刚编著：《古史辨》第 1 册，北京，朴社，1926。

钱玄同：《论今古文经学及〈辨伪丛书〉书》（1921 年 3 月 23 日），收入《古史辨》第一册。

钱玄同：《重印〈新学伪经考〉序》（1931 年 11 月 16 日），收入方国瑜标点本《新学伪经考》，北平文化学社，1931。

钱玄同：《重论经今古文学问题》，载 1932 年 6 月《国立北京大学国学季刊》第 3 卷第 2 号，亦收入顾颉刚编著：《古史辨》第五册，上海，上海古籍出版社，1982。

钱玄同：《〈左氏春秋考证〉书后》，收入顾颉刚编著：《古史辨》第五册。

钱玄同：《重论经今古文学问题》，收入顾颉刚编著：《古史辨》第五册。

钱玄同：《钱玄同先生来信》，收入顾颉刚编著：《古史辨》第五册之"最后一页"（3）。

钱玄同：《与顾起潜书》，原载《制言》第 50 期，1939 年 3 月。转引自汤志钧：《章太炎年谱长编》，32～33 页，北京，中华书局，1979。

钱玄同：《钱玄同文集》，北京，中国人民大学出版社，1999。

钱玄同：《废话——原经》，见《钱玄同文集》第 2 卷。

钱玄同：《〈左氏春秋考证〉书后》，见《钱玄同文集》第 4 卷。

钱玄同：《重论经今古文学问题》，见《钱玄同文集》第 4 卷。

钱玄同：《论今古文经学及〈辨伪丛书〉书》、《论〈说文〉及壁中古文经书》，见《钱玄同文集》第 4 卷。

钱玄同：《〈刘申叔先生遗书〉序》，见《钱玄同文集》第 4 卷。

钱逊：《父亲给我的三封信》（笔者所引此信写于 1980 年），收入《钱宾四先生逝世十周年纪念专刊》（《钱穆先生纪念馆馆刊》第八期），台北，台北市立图书馆，2000 年 12 月。

钱智修：《功利主义与学术》，收入陈崧编：《五四前后东西文化问题论战文选》，北京，中国社会科学出版社，1985。

钱钟书：《谈艺录》（补订本），北京，中华书局，1984。

清华大学历史系编：《戊戌变法文献资料系日》，上海，上海书店出版社，1998。

青松（刘节）：《评〈刘向歆父子年谱〉》，原载 1930 年 8 月 25 日《大公报·文学副刊》第 137 期，后收入顾颉刚编著：《古史辨》第五册。

乔治忠：《章学诚学术的百年来研究及其启示》，见瞿林东主编：《史学理论与史学史学刊 2003 年卷》，北京，社会科学文献出版社，2004。

丘为君：《清代思想史"研究典范"的形成、特质与义涵》，载新竹《"清华"学报》第 24 卷第 4 期，1994。

任继愈：《冯友兰先生在中国哲学史领域里的贡献》，原载《冯友兰先生纪念文集》，见郑家栋、陈鹏选编：《解析冯友兰》，北京，社会科学文献出版社，2002。

阮芝生：《论史记中的孔子与春秋》，载《台大历史学报》第 23 期，1999 年 6 月。

《社会形态与历史规律再认识笔谈》，载《历史研究》2000（2）。

桑兵：《近代学术传承：从国学到东方学——傅斯年〈历史语言研究所工作之旨趣〉解析》，载《历史研究》2001（3）。

宋德华：《岭南维新思想述论》，北京，中华书局，2002。

诵甘：《纪念钱师宾四先生》，见《钱穆纪念文集》，上海，上海人民出版社，1992。

孙宝瑄：《忘山庐日记》（上），上海，上海古籍出版社，1983。

孙春在：《清末的公羊思想》，台北，台湾商务印书馆，1985。

孙次舟编：《章实斋著述流传谱》，见《章实斋先生年谱汇编》，香港，崇文书店，1975。

孙德谦：《申章实斋六经皆史说》，原载《学衡》第 24 期（1923 年 12 月），见《中国近三百年学术思想论集（六编）——章学诚研究专辑》，香港，崇文书店，1975。

孙隆基：《清季民族主义与黄帝崇拜之发明》，载《历史研究》，2000（3）。

谭嗣同：《仁学》，见《谭嗣同全集》（增订本），北京，中华书局，1981。

汤志钧：《从〈訄书〉的修订看章太炎的思想演变》，载《文物》，1975（11）。

汤志钧编：《章太炎政论选集》（上），北京，中华书局，1977。

汤志钧编：《康有为政论集》（上），北京，中华书局，1981。

汤志钧：《章太炎在台湾》，载《社会科学战线》，1982（4）。

汤志钧：《重论康有为与今古文问题》，见《康有为与戊戌变法》，中华书局，1984。

汤志钧：《试论〈新学伪经考〉》，见《康有为与戊戌变法》。

汤志钧：《近代经学与政治》第 8 章"经学的终结"，北京，中华书局，1989。

唐德刚译注：《胡适口述自传》，上海，华东师范大学出版社，1993。

唐钺：《论先秦无所谓别墨》，原载 1925 年 7 月 18 日《现代评论》第 2 卷第 32 期。又 1926 年 9 月《国故新探》以此篇及伍非百的《何谓别墨》、唐钺的《先秦"还是"无所谓别墨》，合为《论先秦无别墨》，由唐钺略加改动，见《古史辨》（四），上海，上海古籍出版社，1982。

唐振常：《论章太炎》，载《历史研究》，1978（1）。

天津师范大学历史系中国古代、中世史教研组：《批判钱穆的"国史大纲"》，载《历史研究》，1959（2）。

汪荣祖：《康有为章炳麟合论》，载《"中研院"近代史研究所集刊》第 15 期，1986。

汪荣祖：《从传统中求变——晚清思想史研究》，南昌，百花洲文艺出版社，2002。

汪荣祖：《章实斋六经皆史说再议》，见《史学九章》，台北，麦田出版，2002。

汪荣祖：《槐聚说史阐论五篇》，见《史学九章》。

汪学群：《钱穆学术思想评传》，第三章《两汉经学与经学研究》，北京，北京图书馆出版社，1998。

王尔敏：《当代学者对于儒家起源之探讨及其时代意义》，见《中国近代思想史论》，台北，华世出版社，1977。

王尔敏：《"中国"名称溯源及其近代诠释》，见《中国近代思想史论》，北京，社会科学文献出版社，2003。

王汎森：《章太炎的思想（1868—1919）及其对儒学传统的冲击》，台北，时报文化出版事业有限公司，1985。

王汎森：《古史辨运动的兴起——一个思想史的分析》，台北，允晨文化实业股份有限公司，1987。

王汎森：《一个新学术观点的形成——从王国维的〈殷周制度论〉到傅斯年的〈夷夏东西说〉》，见《中国近代思想与学术的系谱》，石家庄，河北教育出版社，2001。

王汎森：《思想史与生活史有交集吗？——读"傅斯年档案"》，见《中国近代思想与学术的系谱》。

王汎森：《傅斯年对胡适文史观点的影响》，见《中国近代思想与学术的系谱》。

王国维：《海宁王静安先生遗书》第一册。商务印书馆，1940。

王国维：《国朝汉学派戴阮两家之哲学说》，见《静庵文集》，沈阳，辽宁教育出版社，1997。

王国维：《沈乙庵先生七十寿序》，见《观堂集林》（外二种）（下），石家庄，河北教育出版社，2001。

王晴佳：《后现代主义与历史研究》，载《史学理论研究》，2000（1）。

王庆祥、萧立文校注、罗继祖审订：《罗振玉王国维往来书信》，北京，东方出版社，2000。

王煦华：《顾颉刚先生学术纪年》，见《纪念顾颉刚学术论文集》，成都，巴蜀书社，1990。

韦政通主编：《中国哲学辞典大全》中余英时所撰之"六经皆史"条，北京，世界图书出版公司重印，1989。

魏源：《学校应增祀先圣周公议》，见《古微堂外集》卷 1，见《魏源全集》第 12 册，长沙，岳麓书社，2004。

吴海兰：《经世诉求与明后期的尊经重史观念》，见《厦大史学》第 2 辑，厦门，厦门大学出版社，2006。

吴沛澜：《忆宾四师》，见《钱穆纪念文集》，上海，上海人民出版社，1992。

吴其昌：《王观堂先生学述》，载《国学论丛王静安先生纪念号》，1928。

吴天任：《胡著姚订章实斋年谱商榷》，见《章实斋的史学》，台北，台湾商务印书馆，1979。

吴天任：《康有为先生年谱》（上），台北，艺文印书馆，1994。

吴廷嘉、沈大德著：《梁启超评传》，南昌，百花洲文艺出版社，1996。

吴熙钊、邓中好校点：《南海康先生口说》，广州，中山大学出版社，1985。

吴相湘：《民国百人传》，第四册《钱穆阐扬传统文化》，台北，传记文学出版社，1971。收入朱传誉编《钱穆传记资料》（一）。

吴兴刘氏嘉业堂刊：《章氏遗书》序，见《章学诚遗书》，北京，文物出版社，1985。

向燕南：《从'荣经陋史'到'六经皆史'——宋明经史关系说的演化及意义之探讨》，载《史学理论研究》，2001（4）。

吴虞：《吴虞日记》（上），成都，四川人民出版社，1984。

吴展良：《重省中国现代人文学术的建立——陈平原著〈中国现代学术之建立〉述评》，载《台大历史学报》第27期，2001年6月。

夏长朴：《王官学与百家言对峙——试论钱穆先生对汉代学术发展的一个看法》，见《纪念钱穆先生逝世十周年国际学术研讨会论文集》。

［美］萧公权著、汪荣祖译：《近代中国与新世界：康有为变法与大同思想研究》，南京，江苏人民出版社，1997。

谢樱宁：《章太炎年谱摭遗》，北京，中国社会科学出版社，1987。

熊月之：《西学东渐与晚清社会》，上海，上海人民出版社，1994。

小野川秀美：《章炳麟的排满思想》，见周阳山、杨肃献编：《近代中国思想人物论——民族主义》，台北，时

报文化出版事业有限公司，1980。

徐复：《〈訄书〉详注》，上海，上海古籍出版社，2000。

徐复观：《良知的迷惘——钱穆先生的史学》，载《八十年代》第一卷第二期，1979年7月。收入朱传誉编《钱穆传记资料》（一）。

徐中舒：《经今古文问题综论》，见《纪念顾颉刚学术论文集》，成都，巴蜀书社，1990。

许冠三：《新史学九十年》，长沙，岳麓书社，2003。

许倬云：《傅孟真先生的史学观念及其渊源》，见《庆祝杨向奎先生教研六十年论文集》，石家庄，河北教育出版社，1998。

严耕望：《钱穆宾四先生与我》，见《治史三书》，沈阳，辽宁教育出版社，1998。

严绍璗：《日本中国学史》之"白鸟库吉史学与尧舜禹抹煞论——中国史学的奠基性成果"一节，南昌，江西人民出版社，1991。

杨向奎：《论"古史辨派"》，见《中华学术论文集》，北京，中华书局，1981。

杨向奎：《清代的今文经学》，见《绎史斋学术文集》，上海，上海人民出版社，1983。

杨向奎：《回忆钱宾四先生》，见《钱穆纪念文集》，上海，上海人民出版社，1992。

杨向奎：《清儒学案新编》（四），济南，齐鲁书社，1994。

杨向奎：《清末今文经学三大师对〈春秋〉经传的议论得失》，见《杨向奎

学术文选》，北京，人民出版社，2000。

姚奠中、董国炎：《章太炎学术年谱》，太原，山西古籍出版社，1996。

姚天祜：《钱穆复古主义批判》，载《江海学刊》，1964（7）。

（清）永瑢等撰：《四库全书总目》，北京，中华书局，1965。

于省吾：《释中国》，见《中华学术论文集》，北京，中华书局，1981。

余嘉锡：《目录学发微》，见《中国现代学术经典·余嘉锡杨树达卷》，石家庄，河北教育出版社，1996。

余嘉锡：《书章实斋遗书后》，见《余嘉锡文史论集》，长沙，岳麓书社，1997。

余英时：《论戴震与章学诚——清代中期学术思想史研究》，台北，华世出版社，1980。

余英时：《论戴震与章学诚——清代中期学术思想史研究》，北京，生活·读书·新知三联书店，2000。

余英时：《中国近代思想史上的胡适》，台北，联经出版事业公司，1984。

余英时：《从宋明儒学的发展论清代思想史》，见《中国思想传统的现代诠释》，南京，江苏人民出版社，1989。

余英时：《中国知识分子的边缘化》，载《二十一世纪》，1991（8）。

余英时：《钱穆与中国文化》，上海，上海远东出版社，1994。

余英时：《钱穆与新儒家》，见《钱穆与中国文化》。

余英时：《〈犹记风吹水上鳞〉序》，见《钱穆与中国文化》。

余英时：《一生为故国招魂——敬悼钱宾四师》，见《钱穆与中国文化》。

余英时：《〈周礼〉考证和〈周礼〉的现代启示》，见《钱穆与中国文化》。

余英时：《"通古今之变，成一家之言"——〈章学诚的生平与思想〉中译本代序》，见倪德卫（David S. Nivision）著、杨立华译：《章学诚的生平与思想》，台北，唐山出版社，2003。

余英时：《清代学术思想史重要观念通释》，见《文史传统与文化建设》，北京，生活·读书·新知三联书店，2004。

余英时：《朱熹的历史世界：宋代士大夫政治文化的研究》，北京，生活·读书·新知三联书店，2004。

袁英光、刘寅生：《王国维年谱长编（1877——1927）》，天津，天津人民出版社，1996。

翟宗沛：《评钱穆先生〈国史大纲〉》，原刊《文史杂志》第二卷第4期，1942年4月15日出版。见《钱穆传记资料》（二）。

张岱年：《中华的智慧——中国古代哲学思想精粹》，北京，上海人民出版社，1989。

张岱年：《张岱年文集》第2卷，北京，清华大学出版社，1990。

张尔田著、黄曙辉点校：《史微》，上海，上海书店出版社，2006。

张灏：《张灏自选集》，上海，上海教育出版社，2002。

张灏：《宋明以来儒家经世思想试释》，原载《近世中国经世思想研讨会论文集》，"中研院"近代史研究所编，台北，1984。见《张灏自选集》，上海，上海教育出版社，2002。

张君劢：《评梁任公先生清代学术

概论——其中关于欧洲文艺复兴、宋明理学、戴东原哲学三点》,载《中华杂志》(台湾)2:1,1964:1或《民生评论》(香港)15:2,1964:1。

张汝伦:《胡适与杜威——一个比较思想史的研究》,见《现代中国思想研究》,上海,上海人民出版社,2001。

张舜徽:《〈太史公论六家要指〉述义》,收入《周秦道论发微》(北京,中华书局,1982),又收入《张舜徽学术论著选》,武昌,华中师范大学出版社,1997。

张舜徽:《诸子与王官》,原载《学林脞录》卷四,见《张舜徽学术文化随笔》,北京,中国青年出版社,2001。

张煊:《〈墨子经说〉作者考》,此文为《墨子经说新解》之一节,原载1919年4月20日《国故》第2期,见《古史辨》(四),上海,上海古籍出版社,1982。

张荫麟:《中国史纲》,上海,上海古籍出版社,1999。

张勇:《戊戌时期章太炎与康有为经学思想的歧异》,载《历史研究》1994(3)。

张勇:《也谈〈新学伪经考〉的影响——兼及戊戌时期的"学术之争"》,载《近代史研究》,1999(3)。

章太炎:《太炎先生自定年谱》,载《近代史资料》,1957(1)。

章太炎:《诸子学略说》,原载《国粹学报》第二年丙午第八、第九号,1906年9月8日、10月7日出版,署名"章绛"。见《章太炎政论选集》(上),北京,中华书局,1977。

章太炎:《致柳翼谋书》(1922年6月15日),原载《史地学报》第1卷第4期,1922年8月出版,见《章太炎政论选集》(下)。

章太炎:《答梁卓如书》,原载1899年2月5日《台湾日日新报》,转引自《章太炎旅台文录》,《中国文化研究集刊》第1辑,上海,复旦大学出版社,1984。

章太炎:《〈訄书〉初刻本、重订本》朱维铮所作《导言》,北京,生活·读书·新知三联书店,1998。

《章太炎全集》(一),上海,上海人民出版社,1982。

《章太炎全集》(二),上海,上海人民出版社,1982。

章太炎:《检论》之《清儒》篇,见《章太炎全集》(三),上海,上海人民出版社,1984。

《党碑误凿》,原载《台湾日日新报》,1899-01-29,转引自《章太炎旅台文录》,见《中国文化研究集刊》第1辑,上海,复旦大学出版社,1984。

章太炎:《瑞安孙先生伤辞》,见《章太炎全集》(四),上海,上海人民出版社,1985。

章太炎:《国故论衡》"原经",收入刘梦溪主编:《中国现代学术经典》、陈平原编校:《章太炎卷》,石家庄,河北教育出版社,1996。

章太炎:《经的大意》,见《章太炎的白话文》,贵阳,贵州教育出版社,2001。

章太炎:《答铁铮》(原载《民报》第14号,1907年6月8日),见马勇编:《章太炎书信集》,石家庄,河北人民出版社,2003。

章太炎:《论经史儒之分合》,见《章太炎讲演集》,石家庄,河北人民出版社,2004。

章太炎:《清代学术之系统》,见《章太炎讲演集》。

章太炎:《论读经有利而无弊》,见《章太炎讲演集》。

(清)章学诚著、刘公纯标点:《文史通义》,上海,上海古籍出版社,1956。

(清)章学诚著、王重民通解:《校雠通义通解》,上海,上海古籍出版社,1987。

(清)章学诚著、仓修良编:《文史通义新编》,上海,上海古籍出版社,1993。

(清)章学诚著、叶瑛校注:《文史通义校注》,北京,中华书局,1994。

(清)章学诚:《校雠通义》,见《文史通义校注》(下),北京,中华书局,1985。

(清)章学诚著、仓修良编注:《文史通义新编新注》,杭州,浙江古籍出版社,2005。

郑师渠:《晚清国粹派文化思想研究》,北京,北京师范大学出版社,1997。

支伟成:《清代朴学大师列传》,长沙,岳麓书社,1998。

中国社会科学院近代史研究所中华民国史研究室编:《胡适的日记》,香港,中华书局香港分局,1985。

《中国文化研究集刊》第3辑,上海,复旦大学出版社,1986。

钟少华编:《词语的知惠——清末百科辞书条目选》,贵阳,贵州教育出版社,2000。

周昌龙:《新思潮与传统——五四思想史论集》之第二章"戴东原哲学与胡适的智识主义",台北,时报文化出版企业有限公司,1995。

周启荣、刘广京:《学术经世:章学诚之文史论与经世思想》,"中央研究院"近代史研究所编:《近世中国经世思想研讨会论文集》,台北,台湾商务印书馆、台湾学生书局、三民书局有限公司,1984。

周予同:《经今古文学》,北京,商务印书馆,1929。

周予同:《经今古文学》,见《周予同经学史论著选集》(增订本),上海,上海人民出版社,1996。

周予同:《治经与治史》,原载《申报·每周增刊》第一卷三十六号(1936年),见《周予同经学史论著选集》(增订本)。

周予同:《章学诚"六经皆史说"初探》,见《周予同经学史论著选集》(增订本)。

周予同:《五十年来中国之新史学》,原载《学林》第4期(1941年2月),见《周予同经学史论著选集》(增订本)。

周质平编译:《不思量自难忘——胡适给韦莲司的信》,合肥,安徽教育出版社,2001。

周质平:《胡适与冯友兰》,见郑家栋、陈鹏选编:《解析冯友兰》,北京,社会科学文献出版社,2002。

朱敬武著:《章学诚的历史文化哲学》第七章,台北,文津出版社有限公司,1996。

朱维铮、姜义华编注:《章太炎选集》,上海,上海人民出版社,1981。

朱维铮:《〈訄书〉〈检论〉三种结集过程考实》,载《复旦学报》,1983(1)。

朱维铮编校:《章太炎全集》(三),上海,上海人民出版社,1984。

朱维铮编校:《章太炎全集》第三卷《前言》,见《章太炎全集》(三)。

朱维铮校注:《梁启超论清学史二种》,上海,复旦大学出版社,1985。

朱维铮校注:《梁启超论清学史二种》,见《校注引言》。

朱维铮:《康有为和朱一新》,载《中国文化》第5期,1991年12月。

朱维铮编:《周予同经学史论著选集》(增订本),上海,上海人民出版社,1996。

朱维铮:《求索真文明——晚清学术史论》,上海,上海古籍出版社,1996。

朱维铮编校:《中国现代学术经典·康有为卷》,石家庄,河北教育出版社,1996。

朱维铮、廖梅编校,康有为著:《新学伪经考》,北京,生活·读书·新知三联书店,1998。

朱维铮:《新学伪经考·导言》,11页。

朱筠:《安徽学政朱筠奏陈购访遗书及校核〈永乐大典〉意见折》,收入中国第一历史档案馆编:《纂修四库全书档案》上册,上海,上海古籍出版社,1997。

诸祖耿:《记本师章公自述治学之功夫及志向》,原载《制言》第25期,1936年9月,见《追忆章太炎》,北京,中国广播电视出版社,1997。

后 记

　　在我看来，书的《后记》只有两种：一种写感谢的话；一种不写。

　　本书选择前者。

　　首先应该感谢中华书局的祝安顺君，若不是他的大力推促，早该结项的课题至今恐怕还在拖宕中，又枉论本书的面世呢。还有世界史所的胡玉娟研究员，她的鼓励与风喻，也是作者把理稿成书当回事的一个重要因缘。随着时间的流逝，很多东西都会变味，其中友情的变质是最让人惆怅的，这两位挚友而兼畏友，能一如既往全心全意为我打算，真是我的幸运。

　　我要把本书献给社科文献出版社的徐思彦老师，她是除本人之外，为此书付出最多心血的人。书中若干文字的发表由她一手所促成，本书章节的整体设计命名深深得益于她的指导。我所受教于她的，颇有超出于文字因缘之外者。她曾引一位学界同仁的话来说明他们工作的努力方向："不要让200年、500年以后的人瞧不起今天的学问和学人。"我愿意不揣冒昧复述此言，悬为鞭策。徐老师代表了当今学术界中一种正直、健康与成熟的力量，我不时能感受到由此而来的得到鼓励、支持、提携甚至宽慰的温暖，对个人来说，就像空气一样的宝贵。

　　本所所刊的徐秀丽老师、中山大学的桑兵先生，为书名的确定提供了卓越的意见。他们也是对我多有助益的前辈。本书及自序中所用"知识转型"一词，就是为纪念由桑先生主持、几年前在中山大学参加的一次学术讨论会的愉快经历。

　　在本书结构的调整上，最先受教于姜涛先生。他是并不多见的始终保持学者本色的可敬前辈。他费心为我的稿子调整了版式，作者见了，为之动容。他戏称电脑文字处理方面的技术为当代"小学"，作者于此道一窍不通，不限于"小学"，他都能有以教我。他大约也是劳神为我写推荐书之类文字最多的人。与他同研究室的崔志海先生，也在某些环节，提供了宝贵的帮助。

《清华大学学报》的仲伟民老师，慨允本书《自序》能以自序形式发表于该刊，使读者能够预先一睹本书内容之概要，也是至为感谢的。

本所的马勇前辈、台湾大学中国文学系何泽恒教授、台湾东海大学陈以爱博士、浙江大学历史系鲍永军博士、清华大学历史系张瑞龙博士以及中共中央党校党史部卢毅博士，为本书的撰写，或提供资料，或提供建议，在此一并致谢。

黄春生、马忠文、谢维先生先后编过我的稿子，均能使本人的文字增色不少。他们的工作使我由衷地感到，一篇文章或一部书稿至刊出发行，完全不是作者个人独有的，尽管最终会挂到你的名下。我也感谢曾学白老师，她曾经"纵容"了我一篇很长的文字，还加以鼓励，让我放开手脚，畅所欲言，使我久久不忘。当然我更得感谢已故张亦工先生，允许我在他所主编的刊物上发表文字。本所曾业英先生也是如此，他有一次还在公开的场合，不吝赞词地评论我的文章。我欣赏这种老当益壮的率直气概。

我也将此书献给本所前辈、已经在另一个世界的朱宗震先生，以回报他送给我的书文。他在临终前要我帮他打出自拟的讣告，我对他一生追求"专业史学"的志业是充满敬意的，他颇以未得学生之多为憾，他对于学问之超越生命般的执著，让我深为感动。本书《自序》所用"合理期望"一词，就采自他的一篇文章的题名：《中国的文艺复兴——本世纪初期的一个合理期望》，以表示对他的怀念。更忘不了的是，在北京的某一个飘雪的春节，我与刚刚不久有失子之痛的内人，在他家里有幸尝到了由他亲手腌制的上海咸肉，其余味全今还在嘴边……

本所贾维先生与我，亦谊在师友之间。他常促我锻炼身体，还不吝以其乒乓长技教导我，可惜我却不符所期；他还颇有旧诗唱和之雅致，我每每以不能酬答为恨事。他看了我的书稿，即兴赋诗一首曰："百年杏坛漫纷纭，康廖章钱各异军。诸子附庸成巨擘，六经神圣竟消沉。学者苦心别汉宋，大师舌敝辨古今。史论从来兼政论，欲凭青史铸国魂！"我想，这是对本书主旨最好的概括了。

本所科研处杜承骏先生，对本书之出版，亦有推动作用，特此致谢。

我在近代史所工作已经十多年了，在资料上得益于图书馆同仁的辛勤工作,在生活上也受到过后勤方面的照应,在学风上受到本所注重实证的底线的规范。必须指出,本人深深得益于:自作者进所起开始的一年一度的青年学术讨论会制度。本书的大部分篇幅的完成由这一制度所推动,并在其中一再得到鼓励与肯定,年复一年,曾经活跃在这一舞台的王奇生、夏春涛诸君均已调离本所,我的青春也消逝了。

而引我进这样一个科研机构的,得力于李洪岩、蒋大椿先生为多,这是不能忘记的。

导师清华大学的钱逊先生,是这部书稿绝大部分内容的第一读者,他的父亲就是本书主人公之一的钱穆先生。钱老师写过《先秦儒学》,译解过《论语》,他的"先秦人生哲学"一课对我的经典意识的建立有过润物无声般的影响,他谦逊而温厚,不擅表达情感,我与他之间有着超过通常所有的师生情谊,我不知道这种难得的缘分,是来自他对我这位偏科严重的青年学子的不放弃、来自他本人对我的言传身教、还是来自我对其父学问持久的兴趣与热情?但是我分明地知道,在若大个北京,我为有他那样至亲的长辈,深感快慰。

导师彭林先生,也帮我修订了本书要目。他使我深深认识到,所谓导师,不仅是永远比你高明的人,还是在你最需要的时候,不遗余力帮助你的人。他对经学研究的倡导,也促使我更为关注经典与经学的命运。

关于这本书的远源,也应该略作交代,不过这就不能不提到个人的成长经历。

作者生在 20 世纪 60 年代最末一年,可以说长在"文化大革命"之后。故乡是并没有多少学术传统的东海中的一个小岛,唤作浙江省嵊泗县大洋山,如今已是国际知名的大海港了。祖上是渔民,简单淳朴的渔村生活从小赋予作者质朴直率的气质,这是最可宝贵的人生财富。老家虽小,但环岛皆海也,水天一色的深邃与壮阔,每每让心灵为之涤荡,为之神往。

作者曾就读于大洋中心小学、运河小学、菜园中心小学、嵊泗中学若干年。其中小学阶段的薛维英老师、中学阶段的朱文娟老师对个人作文兴趣的培养颇有启蒙之功。今于家母处得知,朱老师已然病逝,闻之不禁涕下。

自 1988 年就读于浙江师范大学历史系,适值《河殇》热播,由单锦珩先生启发，始关心中国文化的历史与命运，则已经 24 年了。单老师已经作古，我也愿意将此书献给在另一个世界中的他。

电视片《河殇》播出之际，恰逢个人思想启蒙的阶段。不管观众是否同意其中的观点，该片对母亲河的灼烈感情的渲染倾泻、对固有文明兴衰沉浮之溯洄究索等，在懵懂少年心目中燃起的热血沸腾的感觉，足以转化为求知的劲头。多少年过去了，那些犀利激越的拷问似乎还在胸中回荡。要说本书的问题意识发端于 20 世纪八九十年代的文化热，那是一点也不过分的。

家父是一位刑侦出身的老公安，本书中不时流露出侦破公案的冲动，这难保不是先天的遗传所使然；家母是一位善良、敏感而优雅的教师，她在行事中表现出来的精益求精的乃至追求完美的劲头，或许也影响到了我；但是拖沓与散漫的作风，完全是个人后天修为不力所致，就像本书中的所有纰漏与错误均由本人负责一样。

内子杨氏，即小女阿詠的母亲，常常对我说："你应该生活在古代。"从事史学工作的同仁大约都能明白，这句话在一定程度上体现了她对作者相当的理解，知道我们心神游寄之所乡，不局促于周身所在的当下；从另一方面看，则包涵了深刻的批评，其锋刃所向，是说个人对家庭生活之缺乏担当。她的话所指的并不限于三口之家的小家庭，而是整个大家庭，尤其包括父母双亲。我真是无言以对！无辞以自解！

什么叫有所担当？……对自己？对别人？还是……我也说不清楚。这是到了不惑之年的男人迷惑转增的深刻见证，而见证恰来在不早不晚之际。无论如何，此书之出版是一个交代。正在这个当口，适逢北京师范大学出版社的谭徐锋君，几年前他是关心过这部书稿的，而今由他主事出版此书，与学术界一股劲锐的清新力量结缘，在我，是一种荣幸。这种缘分当不完全起于他对我的了解，而是来自对本书主题的关切。希望本书为有兴趣考察中国学术之近代命运的人们打开一个窗口，如果由此而引发读者对这个伟大文明的历史与价值多一分关心的话，则参与本书制作的各位的心血就不会白费了！

2012 年 10 月 28 日于北京方庄桥东寓所

图书在版编目（CIP）数据

中国学术之近代命运/刘巍著. —北京：北京师范大学出版社，
2013.6（2020.9重印）
　（中华学人丛书）
　ISBN 978-7-303-16114-0

　Ⅰ．①中… Ⅱ．①刘… Ⅲ．①学术思想－思想史－
中国－近代 Ⅳ．①B25

中国版本图书馆 CIP 数据核字（2013）第 059682 号

营　销　中　心　电　话　　　010-58808006
北京师范大学出版社谭徐锋工作室微信公众号　　　新史学 1902

ZHONGGUO XUESHU ZHI JINDAI MINGYUN
出版发行：北京师范大学出版社 www.bnup.com
　　　　　北京市西城区新街口外大街 12-3 号
　　　　　邮政编码：100088
印　　刷：北京京师印务有限公司
经　　销：全国新华书店
开　　本：730mm×980mm　1/16
印　　张：24.5
字　　数：350 千字
版　　次：2013 年 6 月第 1 版
印　　次：2020 年 9 月第 2 次印刷
定　　价：68.00 元

策划编辑：谭徐锋　　　责任编辑：刘松弢　谭徐锋
美术编辑：王齐云　　　装帧设计：蔡立国
责任校对：李　菡　　　责任印制：马　洁